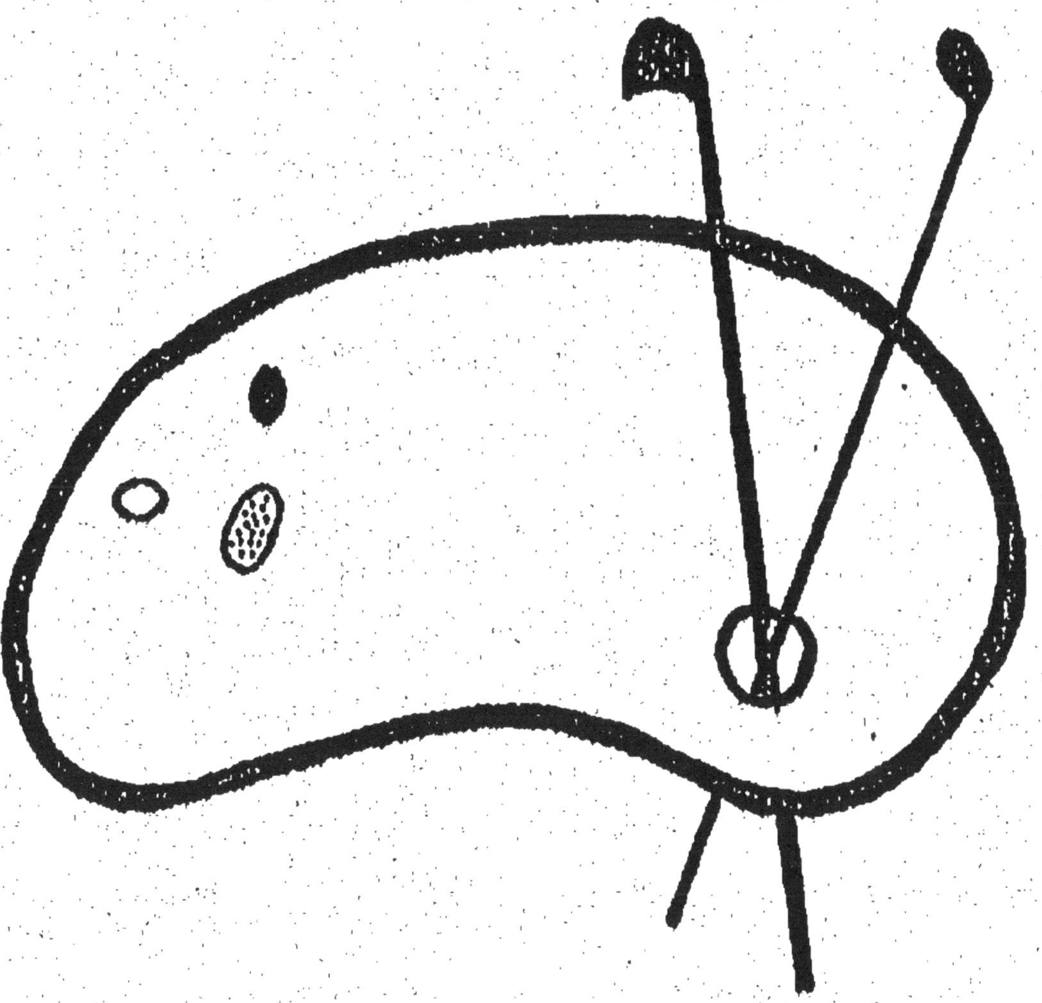

LA MAISON

DE LAVAL

1020-1605

ÉTUDE HISTORIQUE ACCOMPAGNÉE

DU CARTULAIRE DE LAVAL ET DE VITRÉ

PAR

LE COMTE BERTRAND DE BROUSSILLON

ILLUSTRÉE DE NOMBREUX SCEAUX ET MONUMENTS FUNÉRAIRES

PAR

PAUL DE FARCY

TOME V

NOUVELLES RECHERCHES

TABLE DES NOMS, PAR EUGÈNE VALLÉE

PARIS

ALPHONSE PICARD ET FILS, ÉDITEURS

82, rue Bonaparte.

1903

OUVRAGES DU MÊME AUTEUR

Documents inédits pour servir à l'histoire du Maine (1572-1594) ; 4 fascicules, in-8°, 1876-1882.

Le Saint Graal ou le Joseph d'Arimathie, publié par M. E. Hucher, compte-rendu à la Société du Maine, in-8°, orné de 4 vignettes, 1879.

Mémoire de Maucourt de Bourjolly sur la ville de Laval, suivi de la chronique de Guitot de la Houllerie ; 2 vol. in-8°, 1886.

Sigillographie des Seigneurs de Laval (1095-1605) ; in-8°, orné de 209 vignettes, 1888.

Lettre escrite par l'un des gentilshommes du marquis de Villaines, 1590 ; in-18, 1892.

René d'Orange, poète du Bas-Maine (XV° siècle) ; in-8°, 1892 (tiré à cent exemplaires).

Une lettre écrite en 1802 par le futur cardinal de Cheverus, in-8°, 1893 (tiré à cent exemplaires).

La Maison de Craon (1050-1480), étude historique accompagnée du *Cartulaire de Craon* ; 2 vol. in-8°, ornés de 206 vignettes, 1893 (tirés à 200 exemplaires numérotés), honorés d'une mention par l'Académie des Inscriptions et Belles-Lettres.

Le Cartulaire de Saint-Michel de l'Abbayette (997-1421) ; in-8°, orné de 4 fac-similés et de 12 vignettes, 1894 (tiré à 175 exemplaires numérotés).

Notes sur Laval en 1751 de Le Blanc de la Vignolle, in-8°, 1894 (tiré à cent exemplaires numérotés).

Cartulaire de Saint-Victeur du Mans (994-1400) ; orné de 6 fac-similés et de 45 vignettes, 1895 (tiré à 150 exemplaires numérotés).

La Maison de Laval (1020-1605), in-8°, 5 vol., 1894-1903, ornés de 26 planches et 195 vignettes, avec une table dressée par Eugène Vallée (tirés à deux cents exemplaires numérotés).

La Charte d'André II de Vitré et le siège de Karac en 1184, 8 p in-8°, avec fac-simile.

Cartulaire de l'Evêché du Mans et **Cartulaire d'Assé-le-Riboul**, publiés aux tomes I et III des *Archives historiques du Maine*.

Les Laval-la-Faigne et leur livre de raison (1452-1533), Documents inédits, in-8°, 1898 (tiré à 100 exemplaires numérotés).

Table du Cartulaire de l'abbaye du Ronceray d'Angers, dressée par M. Eugène Vallée, in-8°, orné d'une planche et de deux vignettes (tiré à 120 exemplaires numérotés).

Robert de Vitré, chanoine de Saint-Julien du Mans et chantre de Notre-Dame de Paris (1197-1208), tiré à 100 exemplaires.

Cartulaire de Saint-Aubin d'Angers, 3 vol. in-8° (tirés à 150 exemplaires numérotés.)

Imp. Em.-M. Lelièvre. — Laval et Paris.

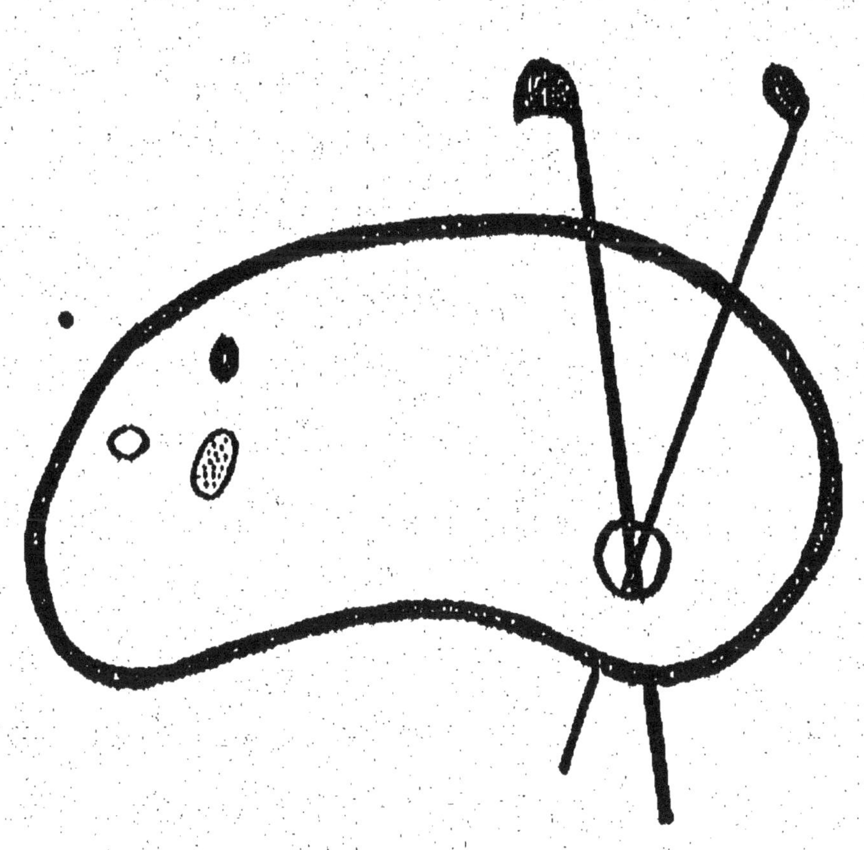

FIN D'UNE SERIE DE DOCUMENTS
EN COULEUR

LA
MAISON DE LAVAL

Tiré à deux cents exemplaires.

N° 171

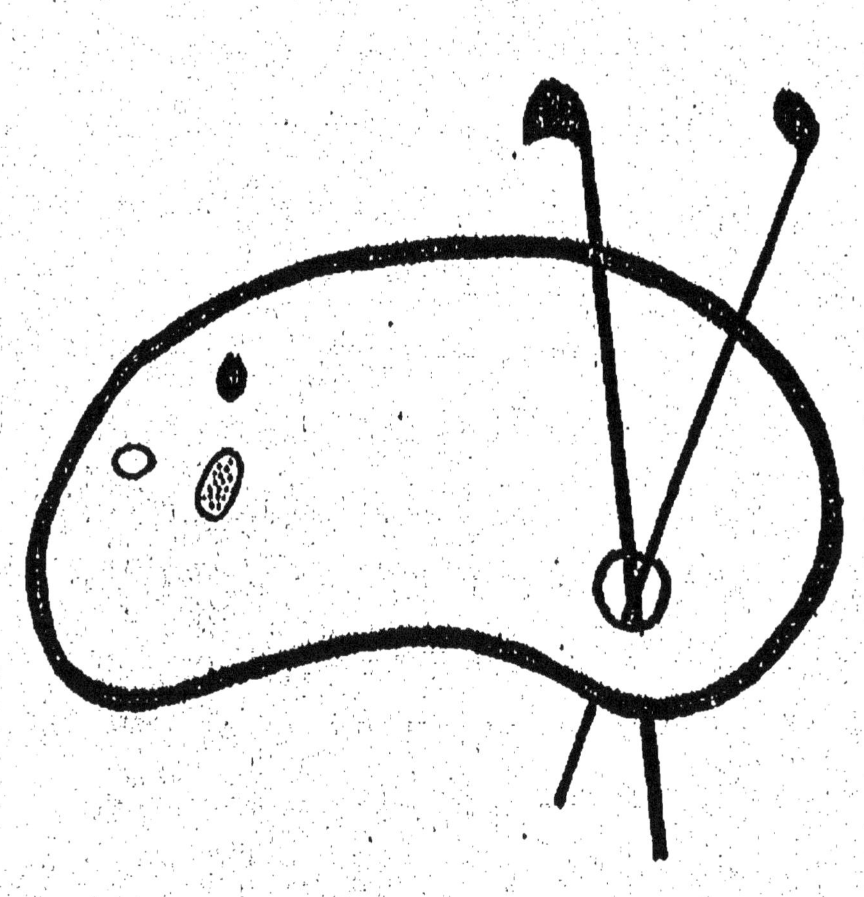

LA MAISON
DE LAVAL
1020-1605

ÉTUDE HISTORIQUE ACCOMPAGNÉE

DU CARTULAIRE DE LAVAL ET DE VITRÉ

PAR

LE COMTE BERTRAND DE BROUSSILLON

ILLUSTRÉE DE NOMBREUX SCEAUX ET MONUMENTS FUNÉRAIRES

PAR

PAUL DE FARCY

TOME V

NOUVELLES RECHERCHES
TABLE DES NOMS, PAR EUGÈNE VALLÉE

PARIS

ALPHONSE PICARD ET FILS, ÉDITEURS

82, rue Bonaparte.

1903

LA MAISON DE LAVAL

CARTULAIRE DE LAVAL ET DE VITRÉ

NOUVELLES RECHERCHES

1020-1605

Pendant les huit années consacrées à la confection et à la mise au jour des vingt-cinq chapitres qui constituent *La Maison de Laval*, les dépouillements n'ont pas cessé ; et, grâce à l'apparition de nouveaux travaux, grâce à la publication de nouveaux inventaires, au moment où se termine la publication du cartulaire relatif à Guy XX, on se trouve les mains pleines de pièces qui n'ont pas pu prendre place à leur rang chronologique. On les trouvera ici sous les numéros 3.171 et suivants. En outre, on rencontrera çà et là un certain nombre de notes et de rectifications relatives aux documents publiés ci-dessus ; elles seront données sous les numéros assignés autrefois aux pièces qu'elles éclairent [1].

1. Afin que celles-ci soient plus faciles à retrouver on donne ici le tableau des numéros du *Cartulaire* contenus dans chacun des volumes :
Tome I, numéros 1 à 468.
Tome II, numéros 469 à 1103.
Tome III, numéros 1104 à 2140.
Tome IV, numéros 2141 à 3170.

1. — Nous n'avons rien à retirer de ce que nous avons dit de ce document. Depuis l'impression de la note qui le concerne, nous avons eu occasion d'examiner à la Bibliothèque Nationale le volume 32.633 du *fonds français*, qui contient en copies certifiées conformes par M. de Goué, conseiller au Grand Conseil, tous les documents des archives de Goué. Nous avons pu y constater que toutes les pièces appartenant aux époques un peu reculées sont fausses. En même temps M. l'abbé Angot mettait au jour ses deux brochures *Les Croisés de Mayenne en 1158* et *Les Croisés et les premiers seigneurs de Mayenne*, dans lesquelles il établissait d'une façon indiscutable la fausseté de la fameuse liste des croisés de 1158 et démontrait que l'auteur du faux n'était autre que Jean-Baptiste de Goué, conseiller au Grand Conseil, celui-là même qui l'avait communiquée à Ménage et qui a certifié conformes les copies du volume *français*, 32.633.

4. — 1028 ou 1030 est la date assignée à cet acte par l'éditeur du *Cartulaire de Saint-Georges de Rennes*, p. 89.

3171. — 1015-1026. — Charte par laquelle le duc de Bretagne, Alain III, fait don à Marmoutier du tiers de l'église de Servon ; Rivallon le Vicaire est témoin (Imprimé, La Borderie, *Recueil d'actes inédits*, n° IV).

3172. — 1032. — Charte par laquelle Alain, duc de Bretagne, accorde à l'abbaye de Saint-Georges de Rennes Saint-Pierre de Marcheil; Rivallon le Vicaire, témoin (*Cartulaire de Saint-Georges*, 102).

3173. — 1034. — Diplôme du duc Alain faisant don au monastère de Saint-Georges de Rennes, où sa sœur est abbesse, de la paroisse de Plébihan ; Rivallon le Vicaire est témoin (*Cartulaire de Saint-Georges*, n° XV).

3174. — 1034. — Charte du duc Alain en faveur de Saint-Georges de Rennes ; Rivallon et Triscan, son fils, sont au nombre des témoins (*Cartulaire de Saint-Georges*, 100).

3175. — Vers 1034. — Charte par laquelle le duc Alain fait don à Saint-Georges de l'île d'Arx ; Rivallon le Vicaire témoin (*Cartulaire de Saint-Georges*, 115).

3176. — Vers 1050. — Notice par les moines de Marmoutier du don qui leur fut fait par Thibaut le Destrée de la mansura d'Alard en Marcillé ; Robert de Vitré et Ennoguen, sa mère, autorisent ce don (Imprimé, *dom Morice*, I, 403). Acte à placer vers 1050 et non vers 1000 comme cela a eu lieu sous le numéro 68.

3177. — 1055-1057. — Notice dans laquelle les moines de Marmoutier relatent le don qui leur fut fait par le comte Geoffroy Martel, en présence de Grécia, son épouse, de la terre de Carbay, destinée à leur servir d'abri, pendant la guerre que se faisaient André I de Vitré et Briant (Marchegay, *Archives d'Anjou*, I, 1 et 3).

3178. — Vers 1070. — Compte des deniers fournis aux moines pour la construction de la Trinité de Laval (Imprimé, *Province du Maine*, V, 43).

3179. — Entre 1090 et 1140. — Adam, fils de Thibaut, donne à Saint-Serge une terre près Bréal, appelée Renier, contiguë à la forêt commune entre Guy de Laval et André I de Vitré (*dom Housseau*, n° 309).

71. — Article à rayer, l'acte est d'André II et le Robert, dont le sceau est apposé, est le chantre de l'église de Paris.

3180. — 1090-1105. — Notice des moines de Marmoutier, d'une vente qui leur fut faite par Rivallon, prieur de Vitré, et dont les cautions furent mises entre les mains de Robert, frère d'André, seigneur de Vitré (Imprimé, *dom Morice*, I, 480). Ci-dessus cet acte avait été mal daté sous le numéro 95.

3181. — 1104. — Fin des oppositions mises à la paisible possession d'Erbrée par les moines de Marmoutier ; André de Vitré témoin (*Pouillé de Rennes*, IV, 557).

92 et 93. — Ces deux actes doivent être datés 1104-1111, car ils ne peuvent être postérieurs à la nomination du doyen de l'église du Mans, Geoffroy, à l'archevêché de Rouen.

3182 — 1105-1124. — Charte par laquelle Juhel de Mayenne fait don à Marmoutier de la chapelle de son château de Mayenne ; Hugues de Laval est au nombre des témoins (copie, B. N., *latin* 12879, 38, et 12880, 244).

3183. — Vers 1117. — Lettre dans laquelle Geoffroy de Vendôme reproche au légat Girard, évêque d'Angoulême, le trafic de la main de la fille d'André I de Vitré, dont il était accusé (Imprimé, *Lettres de Geoffroy de Vendôme*, I, lettre XXI).

...Audivimus itaque et dolemus Andream de Vitreio filiæ suæ vobis conjugium vendidisse, illud etiam a vobis filium vicecomitis de Maloleone comparasse. Quorum alter quingentorum solidorum pretium dedit conjugii, alter vero quindecim marcas argenti.

3184. — Vers 1120. — Notice dans laquelle les moines de Marmoutier relatent le don qui leur fut fait par Maurice d'Ancenis et par Hervé d'Oldon, de tous les tonlieus sur leurs terres ; Agnès, épouse d'André I de Vitré, et Hélie, son fils, sont au nombre des témoins (Marchegay, *Archives d'Anjou*, II, 88).

3185. — 1120. — Acte par lequel Foulques V, comte d'Anjou, statue sur le différend qui existait entre Pierre de Moncontour et Raoul, abbé de Saint-Jouin de Marne; Hugues de Laval y est compté au nombre des juges (*Cartulaire de Saint-Jouin*, p. 27).

3186. — Vers 1125. — Charte en vers rimés, qui raconte un jugement de Dieu en faveur du Ronceray d'Angers ; Odeline de Laval y est mentionnée (*Cartulaire du Ronceray*, chartes CDL et CCLXVII).

114. — 1132. — La charte d'Hamelin existe encore en original (B. N. *latin*, *nouv. acquisitions*, 2300, 1).

135. — La bulle est du 21 mai 1155 (voir Jaffé).

127. — Mention à effacer ; l'acte émane d'André II et doit être daté : vers 1200.

3187. — Vers 1158 — Charte de Robert III de Vitré portant don à Savigny d'une rente à la Vernaye (*Archives de la Manche*, Savigny).

3188. — 1158-1161. — Acte par lequel Robert III de Vitré, d'accord avec André, son fils, fait don à Savigny d'une rente de douze deniers (Imprimé, *Maison de Laval*, I, 285)

143. — 1161, 1er avril. — L'original aux Archives Nationales possède encore sa cire, avec contre-sceau, laquelle a été moulée sous le numéro 3028.

3189 — 1164. — Acte par lequel Robert de Vitré ratifie un

don fait à l'abbaye Saint-Sulpice de Rennes ; Guy V de Laval est au nombre des témoins (B N., *français*, 22325, 205).

Notum sit omnibus tam futuris quam presentibus quod ego, Robertus de Vitreio, presens in ecclesia Beate Marie de Vitreio, interfui quando Alanus, filius Brientii, et Guillermus et Oliverius, filii Jubelli, filii Hamonis, et Guillelmus, filius Hamonis, patruus eorum dederunt et concesserunt in perpetuam elemosinam ecclesie Sancti Sulpicii in manu Nine abbatisse et Herberti, tunc capellani, duas partes decime de Boisco et unam plateam. .

Quia autem hec lata donatio de feodo meo facta est et, pro Dei amore et predecessorum et mei et meorum heredum salute, hanc eandem donationem, pro salute ecclesie, dedi et concessi.

Testibus hiis : Guidone de Lavalle, Rolando de Dinanno, Herberto de Bor, Herveo de Guite et multis aliis.

Actum anno gratie MCLXIV.

151. — 1164 — Alain de Vitré était neveu et non petit-fils de Roland de Dinan.

3190. — 1152-1178. — Accord entre Robert II de Vitré et Pontlevoy au sujet des dîmes de Juvené (B. N., *français*, 22329, 477).

3191. — 1168. — Charte par laquelle le roi Henri II d'Angleterre ratifie la fondation de l'abbaye de Longues : « Ex dono Willelmi Paienelli et Alienoris, uxoris sue, medietatem ecclesie de Ria » (Imprimé, *Gallia*, XI, instr. 83, et P. de Farcy, *Longues*, 25).

3192. — 1184, août, Jérusalem. — Charte par laquelle André II de Vitré fait des dons à divers établissements religieux (Imprimé avec fac-simile au *Bulletin historique et philologique*, 1890, p. 47 et en tirage à part).

190. — 1173-1190. — Cet acte existe en original aux Archives Nationales. Le sceau en a été moulé sous le numéro 3025.

3193. — 1189, 27 juin. — Charte par laquelle Richard Cœur-de-Lion ratifie la vente de sa dot faite par Mathilde de Mayenne à André II de Vitré, avec qui son mariage était déclaré nul (note de Le Baud, *Vitré*, 20).

3194. — Vers le 27 juin 1189. — Lettres par lesquelles la duchesse Constance ratifie la vente de sa dot faite par Mathilde de Mayenne à André II de Vitré, avec qui son mariage était déclaré nul ; Alain de Vitré est au nombre des témoins (note de Le Baud, *Vitré*, 30).

211. — Vers 1190. — Voici in extenso le texte de ce curieux document tel qu'il nous est communiqué par M. de Farcy :

Universis fidelibus, presentibus et futuris, ad quos presentis scripti noticia pervenerit, Willelmus de Guirchia salutem. Noverit universitas vestra quod ego pro ceteris locis eligi domum Savigneii ut ibi habeam sepulturam et dedi memetipsum abbati et monachis Savigneii et in vitam et in mortem. Hec autem donatio mea facta est in capitulo Savigneii coram omni conventu, testibus his : Andrea de Vitreio et Alano de Dinan, fratre ejus.

213. — Cet acte est postérieur à 1206, date probable du mariage d'Aliénor avec le comte de Salisbury.

3195. — 1191. — Charte dans laquelle l'évêque Hamelin constate dans quelles conditions l'abbaye de Clermont est dispensée du paiement de toute dîme ; Geoffroy, prieur de Laval, est au nombre des témoins (*dom Piolin*, IV, 567).

3196. — 1195. — Acte par lequel Guy VI fonde à Clermont un anniversaire en faveur de Gervais de Brée ; Johannes de Vitreio, Hamelinus l'Enfant, Jordanis de Sancto Hilario, et Johannes Havart, témoins (note B. N., *français*, 30044, 5).

3197. — Vers 1195. — Acte par lequel André de Vitré, le jour où Martin, son frère, dit sa première messe, fait don d'une rente de vingt livres ; don ratifié par Emma, sa mère, Alain de Dinan, Robert et Joscelin, ses frères (note de *dom Villevieille*, XCII, où cet acte est par erreur daté de 1230).

3198. — 1196, 21 août. — Accord établi entre Arthur de Bretagne, accompagné de divers seigneurs, et André II de Vitré, par lequel celui-ci, à la suite de la capture de Constance par Richard Cœur-de-Lion, s'engage à se dévouer à la cause d'Arthur (note de Le Baud, *Vitré*, 30).

3199. — 1196, décembre. — Accord entre André II de Vitré et Harscoët de Retz, par lequel celui-ci, ayant en main Emma de Vitré, s'oblige, conformément à la promesse du roi Richard, à ne la conserver en gage que dans le cas seulement où celui-ci rendrait la liberté à la duchesse Constance (note de Le Baud, *Vitré*, 31).

3200. — 1196. — Lettres de l'évêque de Rennes, qui établissent qu'André de Vitré avait confié sa fille, Anne, en otage à Harscoët de Retz, lieutenant de Richard Cœur de-Lion, (note, A. N., MM. 746, 224).

3201. — 1197, 12 août. — Charte dans laquelle Richard Cœur-de-Lion relate l'achat fait par lui, pour trois mille sous, de la terre de Carbay, appartenant à Marmoutier ; André II de Vitré, témoin (Marchegay, *Archives d'Anjou*, II, 13).

3202. — 1197, Angers. — Charte dans laquelle Robert de Tourneham, sénéchal d'Anjou, relate la vente de Carbay faite par les moines de Marmoutier à Richard Cœur-de Lion ; André II de Vitré, témoin (Marchegay, *Archives d'Anjou*, II, 14).

3203. — 1197. — Charte par laquelle Herbert, évêque de Rennes, confirme Marmoutier dans la possession de toutes les églises que l'abbaye possédait dans son diocèse ; Sainte-Croix de Vitré y est mentionnée (Imprimé, *Bulletin de l'Association Bretonne* pour 1851, p. 239).

3204. — Avant 1198[1]. — Charte par laquelle Alain de Dinan fait au prieuré de Lehon un don de bois, que doit fournir la haie de Dinan ; Robert, frère d'Alain, est témoin (Imprimé, *dom Morice*, I, 604, et *Anciens Evêchés de Bretagne*, IV, 359).

3205. — 1198. — Acte dans lequel l'évêque de Paris et le chapitre de Notre-Dame, en reproduisant une lettre à eux écrite par le légat du Pape, décident de mettre fin aux scandales, qui se produisaient à la fête des fous, et règlementent l'office du dimanche de la Circoncision ; R. cantor est Robert de Vitré (Imprimé, *Cartulaire de Notre-Dame de Paris*, I, 72).

3206. — Vers 1199. — Acte par lequel André II de Vitré ratifie l'échange fait entre Sainte-Croix de Vitré et Jean

1. Cet acte a été donné sous la date 1149 ; mais il est certainement de peu antérieur à 1198.

d'Erbrée du tiers des dîmes de la partie des landes du Pertre qu'il tenait de lui-même et de Guy VI de Laval, contre une rente de seigle sur le moulin de la Haye (Imprimé, *dom Morice*, I, 775).

3207. — 1199, v. s., 5 mars[1]. — Contrat de mariage d'André II de Vitré avec Eustachie de Retz (note de Le Baud, 35).

3208. — 1200. — Robert de Vitré, chantre du chapitre de Notre-Dame de Paris, est témoin d'un achat fait par le chapitre (Imprimé, *Cartulaire de Notre-Dame de Paris*, I, 428).

3209. — 1200, 15 octobre. — Acte par lequel est constituée la dot de Clémence de Fougères, veuve d'Alain de Dinan et épouse en secondes noces de Renoul, comte de Chester. Guillaume de Fougères, oncle de Clémence, restitue au frère de celle-ci, Geoffroy de Fougères, tout ce que Raoul de Fougères avait possédé dans la vallée de Mortain ; par contre, il en reçoit la jouissance quinquennale de la terre de Fougères ; Guy VI de Laval confirme l'acte et y appose son sceau[2] (original, *British Museum*, *Harlay ch.* 52, A. 15).

Sciant omnes ad quos presentes littere pervenerint, quod contencio que fuit inter R[anulfu]m, comitem Cestrie, et Willelmum de Filgeriis super maritagio Clemencie de Filgeriis, uxoris predicti comitis et proneptis predicti Willelmi, hoc modo pacificata est : scilicet quod predictus Willelmus reddidit Gausfrido de Filgeriis, pronepoti suo, ad dandum

1. La fausse date du texte, 1180, rappelée en manchette, est rectifiée par le synchronisme indiquant que le contrat fut passé l'année même où Richard Cœur-de-Lion fut tué à Chalus.

2. Cet acte est l'un de ceux du Bristish Museum qui possèdent les fragments du sceau de Guy VI, grâce auxquels M. Paul de Farcy est parvenu à constituer les figures 205-206, où se trouvent au complet le sceau et le contre-sceau de Guy VI, reproduits, non plus comme dans les figures 9-10, d'après des dessins de Gaignières, mais d'après des cires originales, dont aucune n'existe en France. Guy VI est représenté vêtu d'une cotte de mailles, tenant de la main droite l'épée et de la gauche un bouclier dont l'armature et l'umbo sont très visibles et qui ne porte aucun blason ; la légende porte : + SIGILLUM : GIDONIS : JUNIORIS : DE LAVAL. Quant au contre-sceau, il porte dans le champ un léopard marchant au pas et caractérisé par la houpe de poils qui termine sa queue ; la légende, qui commence en face de la tête de l'animal, porte : + ANTE : SIGILLUM : GI.

in maritagio, cum Clemencia, sorore sua, predicto comiti, totam terram quam Radulfus de Filgeriis habuit in valle Moretonii ; et sic de ea seisitus fuit anno et die quo eam dedit Alano de Dinano in maritagio cum predicta Clemencia[1], excepto dominio abbatie Savigneii et exceptis LXI solidis Andegavensium, quos idem Rad[ulfu]s dedit Aeline, nepti sue, que est monialis apud Moretonium, habendos quamdiu ipsa vixerit, per manum servientis de Romeigneio, et post decessum ipsius monialis reverterent predicte Clemencie et heredibus suis. Et preterea dabit predictus Willelmus predicto comiti centum libras Andegavensium annuatim a Natali Domini, quod est anno Verbi incarnati millesimo ducentesimo primo, usque ad quinque annos, in Nativitate sancti Johannis Baptiste, solvendas. Preterea, concessit predictus Willelmus predicto comiti unum maritagium in denariis par. taillie de Angulto, habendum per totam terram Filgeriarum, excepta villa Filgeriarum, que combusta erat.

Inter predictum vero Willelmum de Filgeriis et Gaufridum, pronepotem suum, hec est convencio, per consilium amicorum ejusdem, Gaufridi facta : videlicet quod predictus Willelmus totam terram de Filgeriis, sicut Radulfus de Filgeriis eam illi comisit fideliter custodiendam, tenebit a predicto Natali usque in quinque annos. Et si quis ei super hoc contraire aut eum vexare voluerit, predictus comes et Willelmus de Humeto et alii amici Gaufridi et homines terre Filgeriarum, qui hanc convencionem fideliter tenendam juraverunt, predicto Willelmo erunt auxiliantes et consulentes pro posse suo. Completis autem quinque annis predictis, prefatus Willelmus reddet predicto Gauffrido, pronepoti suo, totam terram Filgeriarum, sine contradictione, sicut Radulfus de Filgeriis eam illi commisit custodiendam fideliter. Quam cum reddiderit, idem Gaufridus, quando a predicto Willelmo requisitus fuerit, de jure suo terre Filgeriarum, per consilium amicorum et utriusque partis et hominum terre Filgeriarum, illi faciet quod facere debebit. Et si, per consilium amicorum suorum et hominum terre, inter se concordari non poterint, per judicium curie domini Bri-

1. Voici ici révélé pour la première fois le nom de l'épouse d'Alain de Vitré, dit de Dinan, mère de Gervaise de Dinan, que nous avions vainement cherché jusqu'ici (Voir ci-dessus *Maison de Laval*, I, 287).

tannie, sine dilatione illi faciet quod facere debebit. Et si alter uter illorum contra hoc venire voluerit, tam homines terre Filgeriarum quam amici utriusque partis auxiliantes erunt illi qui hanc convencionem tenere voluerit, et nocentes ei qui eam tenere recusaverit. Si autem contigerit Clemenciam, uxorem predicti comitis Cestr[ie], decedere infra quinque annos predictos, ipse comes dicto Willelmo de Filgeriis terram de Vallo Moret[onii] quiete reddet, si de predicta Clemencia heredem non habuerit. Et si Gaufridus de Filgeriis infra predictos quinque annos decesserit, idem Willelmus terram Filgeriarum integre et sine contradictione aliqua et absque termino Clemencie et... [1] reddet. Et ipsa Clemencia et spons[us] ejus tenebunt predicto Willelmo conventionem quam Gaufridus de Filgeriis et amici sui ei tenere debebant. Amplius, Willelmus .... dib[us] quocumque posuerit in castello Filgeriarum, infra quinque annos jurare faciet quod si ipsum in fata quiescere contigerit, ipsi..... Gaufrido de Filgeriis vel predicte Clemencie, sorori sue, si ipsa ei superstes fuerit. Et in hac conventione remanserunt..... man[er]ia in Anglia, scilicet Imford et Westkinton, que Radulfus de Filgeriis, frater ejus, illi dedit pro homagio suo et ser..... Radulfi legitime testantur, et insuper eidem Willelmo remanet manerium de Belington quod fuit maritagium...... contingit jure hereditario ex parte matris sue.

Has conventiones fecit Willelmus de Filgeriis ad scaccarium apud..... et Clemencia, uxore ejus, et cum Willelmo de Humeto quem idem comes et Clemencia, uxor sua, loco suo assignaverant.. .. super hoc ageret, ratum habiturum.

In presencia Samsonis, abbatis Cadomi, et Hugonis de Chaucum, ... Guicerii de Mota, et decani sancti Juliani[2], tunc justiciariorum domini Regis. Has conven[ciones].... tam predictus comes Cestrie quam Willelmus de Filgeriis. Et, ex parte comitis, juraverunt isti : Hugo..... Amper (?) ; Petrus de Sancto Hilario ; Petrus Roaud ; ex parte Willelmi de Filgeriis juraverunt..... ial (?) ; Herveius de Vitreio ; Gaufridus de Sancto Brycio ; Willelmus de Sancto Brycio.

1. A partir de ces points, un fragment de l'acte a été déchiré de gauche à droite.

2. Le doyen du chapitre de Saint-Julien du Mans était, depuis 1180, Nicolas, devenu évêque du Mans le 27 mai 1214.

Et hoc ipsum in..... R..... de Fontenay. Ut autem hec conventiones firme et inconcusse permaneant....., annellis Norm. et Willelmi de Filgeriis et Alani, filii comitis, et Guidonis de Laval confirmate.

Actum est autem hoc nonis octobris, anno Incarnationis Domini MCC.

205-206. -- Sceau et contre sceau de Guy VI de Laval.

3210. — Vers 1200. — Acte par lequel Guy VI de Laval fait à l'abbaye de Se by le don de Karkalhul[1] (original, *British Museum*, add. ch., 22323).

Omnibus hominibus suis, Francis et Anglis, et omnibus christianis presentibus et futuris, Gwido de Laval, salutem. Sciatis me dedisse et hac mea presenti carta confirmasse Deo et Sancte Marie et abbatie de Sulebi et canonicis ibidem Deo servientibus, pro salute mea et antecessorum et heredum meorum, in puram et perpetuam elemosinam, terram in campania de Navesbi, que vocatur Kakalhul, integre et plenarie, sicut continetur, intra viam vicecomitis et divisam de Sulebi, liberam et solutam et quietam ab omni servicio et consuetudine et exaccione seculari in perpetuum.

1. Cet acte possède un fragment du sceau de Guy VI, donné ici au complet d'après plusieurs empreintes du British Museum. Cet établissement possède ainsi l'original de ce curieux monument, qui n'existe en France nulle part. (Voir figures 205-206).

Hiis testibus : Hamelino Infante ; Roberto Wischardo ; Hamelino, clerico ; Adam Biseth ; Philippo de Daventre ; Ricardo de Westuon ; Eustacio de Ardeno ; Willelmo, clerico, fratre ejus ; Roado Britun ; Gaufrido, filio Willelmi ; Helya de Erdnesby ; Henrico, persona de Colesbroc ; Symone de Borvilla ; Reinaldo, filio Walteri de Nortuno ; Hugone de Navesbi.

3211. — 1195-1206. — Acte de Guy VI, en faveur de l'abbaye de Chaloché (copie B. N., *français*, 22450, 365).

Guido, dominus Lavallensis, sextus, universis ad quos littere iste pervenerint, salutem.

Noverit universitas vestra me, pro salute anime mee et antecessorum meorum et heredum, dedisse in perpetuam elemosinam et concessisse monachis Calociaci costumas ex omnibus rebus quas per terram meam, ad proprios usus abbatie sue, portabunt.

Testibus his : G[aufrido], abbate Claremontis, Petro decano Sabolii, Haoisia domina Lavallense, R. de Broio, J. Havart, J. Mathof.... G., seniore Raufredi et pluribus aliis.

3212. — 1201. — Robert de Vitré, chantre du chapitre de Notre-Dame de Paris, est témoin d'un acte relatif aux vignes du pays de Laye (Imprimé, *Cartulaire de Notre-Dame de Paris*, II, 69).

3213. — 1202, Vitré — Acte dans lequel André II de Vitré et Hervé de Denée font accord au sujet des dîmes de Denée ; Robert, chantre de l'église de Paris, est au nombre des témoins (Imprimé par Didot *Armorial Général*, VIIe registre (supplémentaire) : *Notice sur du Plessis d'Argentré* p. 15).

3214. — 1202. — Acte par lequel André II de Vitré, s'étant accordé au sujet des dîmes de Denée avec Hervé, seigneur du lieu, sans s'être entendu avec Jean d'Erbrée, fait don à celui-ci des droits qu'il possédait sur Brielles ; Robert, frère d'André II, était témoin (Imprimé par Didot dans *Armorial Général*, VIIe registre (supplémentaire) : *Notice sur du Plessis d'Argentré*, p. 15).

3214 bis. — 1203. — Acte dans lequel les délégués du pape Innocent III, au nombre desquels figure Robert de

Vitré, chantre du chapitre de Notre-Dame de Paris, décident que le prieur de Cannes a droit de percevoir les dîmes de la maison de Flagi, qui lui étaient contestées (original scellé [1], A. N., L. 875).

207. — Sceau de Robert de Vitré, chantre de l'église de Paris, 1203.

3215. — 1203-1208. — Guy VI est témoin de l'acte mentionné au *Cartulaire* sous le numéro 277.

3216. — 1204, Lehon. — Charte par laquelle Gervaise de Dinan fait un don à Sainte-Marie de Boguen ; André II de Vitré ratifie le don de sa nièce (Imprimé, *Anciens Evêchés de Bretagne*, III, 225).

3217. — 1205. — Charte dans laquelle Yves le Franc, seigneur de Saulges, relate l'accord établi entre l'abbaye de la Couture et Adam de Valeste (n° CLXXXIII de la *Couture*).

3218. — Vers 1205. — Charte par laquelle Yves le Franc donne une portion de dîmes à la Couture (n° CLXXXIV de *la Couture*).

1. Ce sceau qui a été moulé sous le numéro 7648 est dessiné ici sous le numéro 207. On y voit un personnage debout tête nue revêtu d'une aube et ayant un manipule au bras. Il tient un calice sur la poitrine. On remarque dans le champ un croissant et une étoile à huit pointes. De la légende on ne lit plus que ...*berti de Vitreio Paris. can.*

282, ligne 8. – Ajouter *est* après dissaisitus et lire Briwer au lieu de Brower.

3219. — 1206, juillet, alors que Philippe-Auguste était maître de toute la Bretagne. — Enquête sur les droits de l'évêque de Nantes, faite par Robert de Vitré, chantre de Paris, et R. de Apigny, commis par Philippe-Auguste (*Dom Morice*, I, 802).

3220. – 1206 — Acte par lequel André II de Vitré, d'accord avec son frère, Robert, chantre de l'église de Paris, et avec André, son fils, et Emma, sa fille, fait un don à l'abbaye Saint-Sulpice de Rennes (copie, B. N , *français*, 22325, 203).

Universis sancte matris Ecclesie filiis ad quorum noticiam presens scriptum pervenerit, Andreas, dominus Vitreii, salutem, gaudium et pacem.

Noveritis me, de consilio et assensu dilecti fratris mei Roberti, Parisiensis cantoris, et fidelium meorum, hanc conventionem fecisse cum A[norda vel Amelina d'Ecosse], venerabilis abbatissa Sancti Sulpicii et toto conventu ejusdem domus : videlicet quod dicta abbatissa et dictus conventus mihi dederunt et heredibus meis...

Hoc totum concessit Andreas, filius meus, et E[mma], filia mea, et, ut hoc firmitatis perpetue robur obtineat inconcussum, presentem cartam sigilli mei munimine roboravi.

His testibus : J. de Erbreia, tunc senescallo de Vitreio, A. Pilet, W. de Brova et multi alii.

Actum anno MCCVI.

3221. — 1207, mai. — Contrat de mariage d'Emma de Vitré, fille d'André II, avec Alard de Château-Gontier (note de Le Baud, p. 37).

3222. — 1207. — Acte portant accord entre Guy VI de Laval et Yves le Franc (Bibl. de Laval, papiers Couanier de Launay).

Sciant tam presentes quam futuri quod contencio erat inter dominum Guydonem de Lavalle et Hamelinum Francum, super multimodis querelis, de quibus facta est pax et composicio, sicut in presenti carta continetur :

Dominus etenim Guydo suam esse dicebat villicacionem de Bazoga et de Chemereio ; sed, pro bono pacis, dedit eam et concessit Ivoni Franco, filio Hamelini, in hereditatem tenendam ab ipso Guydone cum aliis feodis suis, sine augmentatione servicii ; ita quod pro eadem villicatione ipse Ivo et heredes sui homines erunt domini Guidonis et heredum suorum.

Dictus vero Hamelinus et heredes sui quittaverunt domino Guidoni totum feodum quod in Concisia reclamabant ; et dominus Guido recognovit et concessit eidem Hamelino feodum in foresta de Fragol, sicut Vulcanus et Cornessa eam dividunt, versus terram Hamelini, et pasturam hominibus suis, exceptis nemoribus votitis, videlicet parco et eragio, et nemoribus que dominus Guido dedit monachis Clarimontis. Sed idem homines per quadraginta dies abstinebunt a pastura, quando communis pastus erit in foresta, porcos autem ibi sine pasnagio non habebunt, sed idem Hamelinus proprios porcos sine pasnagio ibi habebit, quando foresta erit clamata.

Ab eodem autem nemore non poterit dominus Guido non poterit (sic) ejicere capras de terra Hamelini, quandiu aliquas capras ibi tolerabit, propter capras monachorum et aliorum religiosorum in exemplis que fient in parco et in alia foresta, sicut Vulcanus et Cornessa eam dividunt versus terram Hamelini, capiet Hamelinus decimam et terragium, exceptis examplis que fient ab hominibus de Gravella, in eadem parte foreste et in parco versus Gravellam, in quibus capiet Hamelinus decimam tantum, sine terragio ; et quoniam dictus Hamelinus quittavit domino Guidoni totum alium feodum quod habebat in parco de Gravella, dominus Guido, pro eschangio, quittavit ei annuatim viginti solidos Cenomanensium de tailliata sua de Augusto, de qua solebat Hamelinus reddere dicto Guidoni centum solidos, sed de cetero non reddet nisi quatuor libras Turonensium.

Si Gervasius Chaorcim de cetero contencionem moverit de tribus estageriis de parco quos, ut dicit, debet tenere de Hamelino, dominus Guido ducet eum per judicium curie sue si Hamelinus inde eum requisierit, et si opportuerit super hoc eschangium fieri, dominus Guido illud eschangium faciet et Gervasius tenebit illud de Hamelino.

Item dictus Hamelinus concessit domino Guidoni elemosinam quam fecerat abbatie Clarimontis de nemore juxta abbatiam in supra dicta parte foreste ; quam elemosinam ipse Hamelinus prius contendebat ; et dominus Guido, assensu

Hamelini et heredum suorum, dedit in perpetuam elemosinam illud nemus eidem abbatie, sicut fossata monachorum dividunt, ita quod in eadem elemosina nec Hamelinus, nec homines ejus, aliquid amplius poterunt reclamare.

Item concessit dictus Hamelinus domino Guidoni quod in terra sua molendinum foleratorium non faciet, nec alii milites domini Guidonis similiter fecerint in terris suis ; sed, si dominus Guido hoc concesserit aliis militibus suis, dicto Hamelino non poterit prohibere. De mengeriis, que dictus Hamelinus reclamabat apud Montem Johannis et apud Ruille et de villicatione quam villici domini Guidonis reclamabant, intra fossata de Monte Johannis, statutum est in hac pace quod, si super hoc de cetero inter Hamelinum et eosdem villicos contencio fuerit, dominus Guido eos ducet per judicium curie sue.

Denique dicebat dominus Guido quod homines Hamelini amplius examplaverant de foresta quod debebant ; sed, pro bono pacis, quidquid in eadem foresta examplaverant usque ad diem quo carta ista facta est, totum eidem Hamelino concessit, excepto dono quod fecerat Hugoni Franco, in quo Hamelinus non potest capere nisi decimam et terragium, et idem Hugo illud donum de domino Guidone in hominagium tenebit.

Actum est hoc, concessione et assensu domini Guidonis et Hamelini Franci et heredum suorum, anno ab incarnatione Domini M°CC°VII°, sub his testibus : Laurentio abbate Clarimontensi, Huberto de Sancto Berthevino, Hamelino Infante, Ivone Franco, Fulcone Franco, Jacobo Franco, Roberto de Brée, Fulcone Infante, Johanne Havart, Guidone de Cortalarii, Petro de Virgulto, Johanne de Cappella, Hugone Machefer, clerico domini Guidonis, et pluribus aliis.

Quod ut firmius teneatur, sigillo domini Guidonis, de una parte, et, ex alia, sigillo Ivonis Franci, sub presenti cyrographo confirmatur.

295. — Dans la *Revue de Bretagne*, tome XXIX, 190, on trouve une analyse de cet acte, faite par M. de la Borderie, qui identifie tous les noms de lieu : Lingan, Vaneroule, Emingé, Noirlon, les Coudriaux, Le Breil de Brieul et Le Breil-Josseaume. L'acte y est daté : vers 1190.

3223. — 1207. — Accord entre l'abbaye de Pontlevoy et les

chanoines du prieuré d'Allion, de l'ordre de Gastines, obtenu par les bons offices de Robert de Vitré, chantre de Paris (B. N., *français*, 22329, 677).

3224. — 1207. — Robert de Vitré, chantre du chapitre de Notre-Dame de Paris, est témoin d'un achat fait par le chapitre (Imprimé, *Cartulaire de Notre-Dame de Paris*, I, 423).

3225. — 1208. — Concile tenu à Laval (Mansi, XXII, 758).

3226. — 1208, 15 mai, Châtillon. — Charte par laquelle André de Vitré dispense Fontaine-Daniel de toutes les redevances dues pour ce que les moines feront passer sur ses terres (*Cartulaire*, 104).

3226 bis. — 1208, 4 octobre, Ferentino. — Lettre par laquelle le pape Innocent III avise le chapitre de Tours qu'il annule l'élection de Robert de Vitré, faite au siège de Tours par une minorité du chapitre, et qu'il valide celle de Jean de Faye, doyen de Tours (Imprimé, *Gallia*, XIV, 100, d'après Baluze, lib. XI, ch. 149).

3227. — 1208. — Chirographe dans lequel sont relatées les conditions d'un accord établi entre André II et Harcois de Retz, son beau-père, réglant le paiement d'une partie de la dot de l'épouse d'André II (Bibliothèque de Laval, Documents Couanier de Launay, 2).

Ego Gaufridus, permissione Dei Nannetensis episcopus, et ego Gaufridus de Castro Brient, senescallus Medie. Notum fieri volumus tam presentibus quam futuris quod super quinquaginta libris annui redditus, quas nobilis vir Harcodus Radesiensis assignaverat in ripagio suo de Nannetensi dilecto nostro domino Andree de Vitro, de maritagio suo, talis pax coram nobis firmata est inter dictum Andream et Harcodum Radesiensem, videlicet quod predictus Harcodus assignavit memorato Andree omne hoc quod habebat in portu Durandi et in Vigneio et in Sancto Stephano et in Dolon, tali modo quod memoratus Andreas in hiis terris famulum mittet et dictus Harcodus similiter suum usque ad unum annum.

Si autem supradicte terre quinquaginta libris redditus annuatim valuerint, computatis redditibus et proventibus per famulos eorum, dictus Harcodus de predictis quinquaginta libris quitus remanebit. Quod si memorate terre quinquaginta libris annui redditus non valuerint, dictus Harcodus, ad consilium domini Nannettensis, residuum redditus dicto Andree plenius assignabit.

Sciendum est insuper quod, si sepedictus Harcodus redditum suum de Ripagio, quem Judicael de Gerranda habet in vadimonio, a dicto Judicaelo liberaverit, jam dictus Harcodus illas quinquaginta libras in eodem redditu, quem Judicael de Gerranda habet in vadimonio de sepedicto Harcodo, memorato Andree fideliter assignabit, et sic sepedicte terre jam dicto Harcodo remanebunt, illis quinquagintis libris taliter assignatis.

De centum libris quas dictus Harcodus debebat jam dicto Andree, ita est quod, si dictus Harcodus in redditu suo, quem Judicael de Gerranda habet in vadimonio de memorato Harcodo, infra unum annum illas quinquaginta libras dicto Andree assignaverit, jam dictus Harcodus de illis centum libris erga dominum Andream quitus remanebit ; quod nisi assignaverit memoratus Harcodus illas centum libras tenetur reddere et persolvere domino Andree de Vitre. Terminus autem incepit die lune crastina medie quadragesime.

Actum anno incarnati Verbi MCCVIII.

Huic autem composicioni interfuit thesaurarius Nannettensis, loco nostri ; et facta fuit sub custodia nostra, tali condicione quod, si predictus Harcodus ab ea resilierit ipsum excommunicabimus, terram suam subponentes interdicto.

Et ut hoc firmum et stabile permaneat in futurum, sub cirographo[1] fecimus scribi et sigilli nostri cum sigillo domini Gaufridi de Castro Briont muninine roborari.

3227 bis. — 1209, 9 octobre et 11 novembre. — Notes du martyrologe de la cathédrale du Mans, relatant le décès de Robert de Vitré, « canonicus Cenomannensis et precentor Parisiensis » (octobris III idus) et note de ce même décès à l'obituaire de Notre-Dame (Imprimé, *Cartulaire de Notre-Dame*, IV, 184).

3228. — 1209, 7 décembre. — Charte par laquelle André II

1. Les mots partis sont les suivants : *Cirographuum inter A. de Vitre et H. de Rais.*

de Vitré, pour le salut de l'âme de son frère Robert, chantre de Paris, de l'âme de feu Eustachie, son épouse, de l'âme d'Emma, sa mère, du consentement de son fils André, et de sa fille Emma, fonde un chapitre dans l'église de la Madeleine de Vitré (Imprimé, *Fondation de la Madeleine*, 1841, in-8, page 2, et *dom Morice*, I, 815, d'après B.N., *français* 22325, 367).

3229. — 1209, Ernée. — Charte par laquelle Juhel de Mayenne, avec l'assentiment de Gervaise, accorde à Saint-Magloire de Lehon confirmation du don d'Alain de Dinan, son prédécesseur, relatif au vin et au bois que l'abbaye pouvait prendre à Dinan (*Anciens évêchés de Bretagne*, IV, 364).

3230. — 1210, peu avant le 25 novembre. — Testament d'André II de Vitré qui laisse à Robert, son fils cadet, ses terres situées hors de Bretagne, et place ses deux fils sous la garde de Nicolas de Coesmes et de Guy le Breton (note de Le Baud, 37).

3231. — 1211, septembre. — Acte par lequel Guy de Thouars, duc de Bretagne, confie à Alard de Château-Gontier le bail d'André III de Vitré, son beau-frère, pour sept années, à partir du 30 novembre (note de Le Baud, *Chroniques*, 39).

319. — Lire nouveau style au lieu de vieux style.

3232. — 1216, 10 septembre, Sunninges. — Mandement de Jean-sans-Terre, relatif à la concession à Henri de la Pommeraye, d'une terre ayant appartenu à André de Vitré (Imprimé, *Rotuli litterarum clausarum*, I, 387).

Mandatum est Roberto de Curtenay, Hasculfo de Suleny et Willelmo Briwerr quod bene placet domino regi quod Henricus de Pomeraye et Guido de Bretevill veniant ad fidem et pacem domini regis et quod habeant terras unde mandaverant domino regi, dum tamen faciant securitatem qualem alii fecerunt domino Winton et Willelmo Briwerr, vel obsides dando, vel bonos plegios inveniendo.

Et cum securitatem illam fecerint, tunc habere facias dicto Henrico terram que fuit Andrea de Vytery in Cornub. et Guidoni terram de Porlemue, quam uxor que fuit Willelmi de Rotomago tenet, et quod facias habere omnibus illis quorum nomina scripta domino regi transmisit, si venire voluerint sicut domino regi mandaverint, plenam sesinam de omnibus terris suis in baillivis suis.

Teste rege, apud Sunning, x die septembris.

334. — Quatrième ligne du texte, lire *loqui*, au lieu de sequi.

3233. — 1217. — Charte par laquelle André III de Vitré constitue à la Roë une rente de vingt sous sur Marcillé ; il s'engage à sceller l'acte dès qu'il sera chevalier et aura un sceau (note B. N., *Trésor généalogique*, XCII).

3234. — 1217, à l'échiquier de Pâques, 26 mars. — Robert III d'Alençon assiste à une séance et c'est lui qui cancelle une charte condamnée comme apocryphe (Léopold Delisle, *Jugements de l'Echiquier*, p. 290 en note).

3235 — 1217, 29 septembre. — Acte par lequel l'Echiquier de Normandie décide qu'il y a lieu de donner à Emma de Laval, veuve de Robert III, un curateur au ventre (*Jugements de l'Echiquier*, n° 213).

Judicatum est quod comitissa de Alenchon, domina de Laval, que gravida est, debet videri et quod dominus rex faciat eam custodiri per ydoneam personam.

3236. — 1219, septembre. — L'échiquier de Normandie prescrit une enquête sur l'usage que l'abbé de Séez avait fait de ses droits dans les forêts du comté d'Alençon (*Jugements de l'Echiquier*, n° 266).

Judicatum est quod inquisitio fiat quomodo abbas Sagiensis utebatur de usuariis suis per cartam suam in forestis comitis Roberti de Alenchon, quando idem Robertus obiit et anno obitus sui, cum filius dicti Roberti sit infra etatem et in custodia domini regis.

3237. — 1219, 2 novembre, Westminster. — Mandement de Henri III, relatif à une terre ayant appartenu à André de Vitré (*Rotuli litterarum clausarum*).

Mandavit dominus rex Henricus filio comitis, sicut alias mandavit, quod sine dilatione plenam sesinam habere faciat Theodorico Teutonico de terra que fuit Andree de Viteri, quam habuit de baillio domini Johannis regis, patris domini regis, et quam ei deforciat.

Teste H. etc., apud Westminster, II^a die novembris.

3238. — 1220, v. s., janvier, Vitré. — Lettres par lesquelles André III de Vitré fait don à Saint-Nicolas de cent sous de rente (*Archives de l'hospice de Vitré*, communiqué par M. P. de Farcy).

Universis Christi fidelibus presens scriptum inspecturis vel audituris ego Andreas, dominus Vitrei, salutem in Domino.

Causa recordationis et memorie, notum facio universis quod ego dedi in puram et perpetuam elemosynam Deo et pauperibus Beati Nicholai centum solidos usualis monete, singulis annis, in minagio meo de Vitreio, de istis denariis qui de minagio venient, per manum illius qui minagium recipiet dictis pauperibus persolvendos.

Si autem potero adquirere in vita mea redditum equivalentem et eisdem competentem quem, cum consilio fratrum Beati Nicholai, eisdem pauperibus conferam, dicti pauperes excambium illud non poterunt recusare; facto eo excambio, dicti centum solidi ad me libere revertentur.

Et ut ratum in posterum illud habeatur pleniter, cartulam sigillo meo munitam eisdem contuli in testimonium et munimen.

Actum publice apud Vitreium, anno gracie M°CC° vigesimo, mense januario.

352. — Voir dans l'*Association Bretonne*, t. II, p. 136, un texte préférable à celui qui a été indiqué.

369. — Cet acte, qui possède l'original de la cire dessinée sous les numéros 37-38, est conservé aux Archives Nationales, Z. 241, 9^2.

3239. — 1221, 26 août, Glocester. — Mandement de Henri III relatif à une terre ayant appartenu à la dame de Laval (*Rotuli litterarum clausarum*, I, 469).

Rex vicecomiti Cornubiæ salutem.

Scias quod comisimus Henrico Theutonico terram cum pertinentiis suis quæ fuit domine de Laval in Tywernail, habendam quamdiu nobis placuerit ad se sustendandum in servitio nostro.

Et ideo tibi precipimus quod eidem Henrico de predicta terra cum pertinentiis suis plenam sesinam sine dilatione habere facias sicut predictum est.

Teste ut supra [H. etc., apud Gloucester], anno regni nostri quinto, per eundem.

3240. — 1223, 10 avril, Westminster. — Mandement de Henri III, relatif à une terre ayant appartenu à André de Vitré (*Rotuli litterarum clausarum*, I, 541).

Mandatum est vice-comiti Cornubiæ quod manum non mittat ad terram quam Henricus Teutonicus tenuit in ballivia sua, que videlicet fuit Andree de Vitori, set eam in pace dimittat in custodia Walerani Teutonici, donec dominus rex aliud inde preceperit.

Teste ut supra [H. etc., apud Westminster, x° die aprilis, anno regni nostri VII°], per eumdem.

3241. — 1227. — Acte par lequel André III de Vitré décharge Geoffroy, Salomon et Gautier de Saint-Aubin, de l'obligation de lui verser trois mille livres qu'ils avaient contractée envers lui, à condition toutefois qu'ils ne sortiront pas de son fief à moins d'y être contraints (Imprimé par Didot, *Armorial Général*, registre VII (supplémentaire), *Notice sur du Plessis d'Argentré*, p. 16).

208. — Sceau de Geoffroy de Laval en qualité de doyen du Mans, 1229 (1)

373. — Cet acte de 1230 est imprimé aussi dans le *Cartulaire de Notre-Dame de Paris*, II, 160.

1. On donne, d'après le moulage 7544 des *Archives*, le dessin du sceau de Geoffroy de Laval en 1229, alors qu'il était doyen du chapitre de la cathédrale du Mans. On y lit la légende : *S. Gaufridi decani Cenomann.*

3242. — 1233. — Lettres de Jean Escorchin et d'Odet de Saint-Berthevin, promettant au sire de Laval (sic) qu'ils se chargeraient de faire accomplir le mariage de son fils avec la fille de Vitré (note, B. N., *français*, 22335, 324).

395, page 228, ligne première. — Après ***heredibus suis***, ajouter : de dicta Katarina in perpetuum habendum et tenendum, totum jus quod dominus Fulco Paganellus et uxor sua et heredes sui habebant in Albignueio et in pertinentiis Albigneii, pro qua nos assignavimus dicto Fulconi et heredibus suis...

3243. — 1237. — Acte par lequel André III de Vitré fait aux sœurs de Saint-Sulpice de Rennes don d'une rente de quarante sous, destinée à payer l'anniversaire de feue Catherine de Thouars, sa femme (B. N., *français* 22325, 135).

Omnibus ad quos littere presentes pervenerint, Andreas, dominus de Vitreio, salutem in Domino.

Noverint universi quod nos, pro Dei amore, dedimus et concessimus sanctimonialibus Sancti Sulpicii quadraginta solidos usualis monete .... ad faciendum anniversarium singulis annis Catherine bone memorie, quondam uxoris nostre... MCCXXXVII.

3244. — 1239, juillet. — Charte par laquelle André III, ne pouvant, par suite de ses besoins pour faire croisade, payer à Sainte-Croix les deux cents livres qu'il devait au prieuré, lui promet paiement de cette somme sur la terre de Vitré, par acomptes annuels de quarante livres (Note, *Trésor généalogique*, XCII).

3245. — 1239, juillet. — Acte d'André de Vitré relatif aux fortifications de Vitré (Imprimé, *Association Bretonne*, XII, 139, d'après B. N., *français*, 22319, 162).

414. — L'original de cet acte, qui possède la cire dessinée sous les numéros 39-40, est conservé aux Archives Nationales, J. 241, 17[1].

3246. — 1242, Mayenne. — Acte par lequel Hamelin Cou-d'Abbé, s'engage à agir de concert avec André III de Vitré dans le litige au sujet de la Tannière (B. N., *latin*, *nouv. acq.*, 2309, 7).

Universis presentes litteras inspecturis vel audituris, Hamelinus Coul d'Abé, miles, salutem in Domino.

Noverit universitas vestra quod ego super sacrosanta juravi, promisi et concessi domino Andree Vitriaci quod ego, ad consilium suum, litigabo et sequar terram de la Thaonnère versus dominum Fulconem d'Orte solum illud quod dictus Fulco d'Orte tenet de dicta terra de Thoanneria.

Et item juravi eidem Andree quod ego pacem ullo modo non faciam cum eodem Fulcone sine consilio et voluntate ejusdem Andree.

Et etiam juravi eidem Andree quod idem Fulconem sequar super dictam terram usque ad finem vel pacem ; et de omni illo quod lucratus ero cum eodem Fulcone habebit dictus Andreas medietatem et ego aliam ita quod idem Andreas et heredes sui illam medietatem tenebunt in perpetuam hereditatem et ego et mei heredes aliam, medietatem similiter tenebimus in perpetuam hereditatem. Et quod de hac pactione non possim aliquatenus resilire, ad majorem confirmationem eidem Andree meas dedi patentes litteras, sigilli mei munimine roboratas, in hujus rei testimonium et observationem. Datum apud Meduanam, anno Domini MCCXLII.

3247. — 1244. — Contrat de mariage de Robert de Vitré, seigneur de Landavran, avec Jeanne Sobrie (note, B. N., *Trésor généalogique*, XCII, et B. N., *français*, 22335, 324).

3248. — 1244, avril. — Acte par lequel André III ratifie le contrat par lequel, moyennant une somme de cent sous, Babin Buisson et Raoul de Domaigné renoncent à leur droit de batelage pendant quinze jours sur le bourg de Sainte-Croix (Note B. N., *Trésor généalogique*, XCII).

3249. — 1248, juin. — Charte dans laquelle André III de Vitré relate l'accord établi entre lui et le prieuré de Béré, au sujet de la terre de Landelle (Note, *Bulletin de la Société de Nantes*, VI, 168, d'après les Archives de la Loire-Inférieure).

3250. — 1248, juin. — Charte par laquelle Guillaume de Beaumont et Jeanne, sa femme, reconnaissent les droits de Jumièges sur le bois de Craines (Le Prévost, *Notes sur le département de l'Eure*, II, 207).

437. — Lire *juillet* au lieu de *juin*.

3251. — vers 1250. — Au *Polyptique du diocèse de Cou-*

tances, publié au tome XXII des *Historiens des Gaules*, André de Vitré est indiqué comme patron des églises de Landelle et de Goupigny à Landelle (503) et de celles du Gast (506) et de Gouvets (507).

3252. — Vers 1250, v. s., janvier. — Acte par lequel l'évêque du Mans, Geoffroy de Loudun, relate la concession viagère faite par les moines de Savigny à Pierre, doyen de Laval, de leur maison, sise près Laval, appelée l'Abandonnée, et de leur grange de Saint-Berthevin, dont ils devaient reprendre possession, sitôt après son décès (Original, A. N., L. 970, 534).

Gaufridus, divina permissione Conomanensis ecclesie minister humilis, universis in Cristo fidelibus ad quos presentes littere pervenerint, salutem in Domino.

Noveritis quod, cum viri religiosi abbas et conventus de Savigneio tradiderint ad firmam Petro, decano de Lavallo Guidonis, domum suam, que vocatur l'Abandonnée, sitam prope Lavallo, cum pressorio, vasis, ustensilibus et omnibus aliis pertinentiis suis, et decimam et grangiam Sancti Bertivini, cum platea et censibus qui percipiantur in partibus Lavallensis et circa, prout in eorum litteris vidimus contineri, ne dicti religiosi super premissis facto tempore dampnum incurrant, ad petitionem dictarum partium concedimus et presentibus litteris statuimus quod, post decessum prefati Petri decani, dictis religiosis res omnes predicte tanquam propriis dominis, absque ulla contradictione, libere revertantur, sicut in litteris dicti Petri decani, quas inde habent dicti abbas et conventus Savignoii, plenius continetur.

In cujus rei testimonium et munimem perpetuum, presentibus litteris sigillum nostrum duximus apponendum.

Datum anno Domini...

3253. — 1253, août. — Acte des exécuteurs testamentaires d'André III de Vitré, relatif à une somme de trois ou de cinq mille livres, selon les cas, à laquelle ils s'engagent à limiter leurs exigences à l'égard de Guy VII de Laval (Original, B. N., *latin*, *nouv. acq.*, 2369, 10).

Universis presentes litteras inspecturis, Johannes, divina miseratione Redonensis ecclesie minister humilis, frater Richardus, de ordine predicatorum, decanus de Meduana,

Babinus Buisson, Herveus Gib[ertus], Radulfus de Mapho, milites, exequutores testamenti bone memorie Andree de Vitreio, salutem in Domino.

Pateat universis quod nos ultra summan trium milium librarum vel quinque milium, secundum modum in li teris super hoc confectis comprehensum, non possumus exigere a domino Guidone de Lavalle, domino Vitreiensi, nec ab heredibus suis, ratione exequutionis testamenti bone memorie Andree de Vitreio defuncti ; nec a nobis, super hoc, ulterius inpetretur, nec heredes ipsius.

In cujus rei testimonium predicto Guidoni presentes litteras nostro sigillo dedimus sigillatas.

Datum anno Domini M° CC° L^mo^ tercio, mense augusti.

3254. — 1254, juillet — Transaction entre Jeanne de Vitré, épouse de Robert de la Haye, et Thomasse de Mathefelon (note, A. N., MM 746, 213).

3255. — 1258 — Note du serment prêté par Gilles I, évêque de Rennes, lors de son entrée, pendant laquelle il fut porté par Guy VII de Laval [1], Geoffroy de Châteaugiron et Geoffroy de la Guerche (Imprimé, *Pouillé de Rennes*, I, 66).

3256. — 1263, novembre, Paris. — Arrêt par lequel le Parlement met la dame de Château-Gontier en possession de sa part de l'héritage paternel que Guy VII ne voulait pas lui remettre, sous prétexte qu'elle la lui avait abandonnée (Boutaric, 778).

474 — Rétablir ainsi la date : 1264, v s , 21 janvier.

3257. — 1267, v s., 28 janvier. — Acte dans lequel Thomasse de Pouancé relate les engagements pris par elle au moment du mariage de sa fille Eustachie avec Olivier de Machecoul (note, B. N., *français*, 2233, 263).

Thomasse, dame de Chasteillon.

Je ai donné par nom de mariaige à monsieur Olivier de Machecoul, chevalier, Eustace, ma fille, o tote la terre que cèle Eustace ha en Normandie, que je lui ferai valoir cent livres de rente, si ce que la femme de monsor Robert tient

1. En sa double qualité de seigneur de Vitré et de seigneur d'Aubigné (près Hédé).

de doère devers celi Robert ne vaut à parfaire lesdites cent livres. Et lui donne outre sept cent livres dont il prendra trois cents sur ce que ladite Eustace doit avoir en mariage sur la terre de Vitré et quatre cents que monseignor Guy de Laval-Guyon défunt ha commandé en son testament rendre à ladite Eustace par ses eslus de ladite terre de Normandie que il avait prises puis que celi Guy m'épousa.

Et ai scellé les présentes de mon sceau [2]

Le samedi avant la Chandeleur l'an de grâce 1267.

404, ligne 7 du texte. — Après *quam* ajouter : *habetis, vel.*

3258. — 1274. — Acte par lequel Guy VII de Laval reconnaît avoir emprunté douze livres aux religieuses de Saint-Sulpice de Rennes (Copie, B. N., *français*, 22325, 187).

Universis presentes litteras inspecturis, Guido de Lavalle, miles, dominus Vitreii, salutem in Domino.

Noverint universi quod nos et dominus Herveus l'Ermite et Thomas le Chevaicier, clericus, clerici nostri, recepimus mutuo a religiosis dominabus abbatissa et conventu Sancti Sulpicii duodecim libras... MCCLXXIV.

3259. — 1276, décembre. — Acte par lequel l'évêque de Rennes constate que Hemeri d'Argenton et Marguerite, sa femme, ont reçu de Guy VIII les quatre cent quarante livres qu'il leur devait pour achat d'une rente de vingt-cinq livres assise sur Vitré (B. N., *français*, 22319, 157).

Mauritius, divina permissione Rhedonensis episcopus, universis presentes litteras inspecturis, salutem in Domino.

Notum facimus quod in nostra presentia constituti Hemericus d'Argenton, miles, et Margarita, ejus uxor, cum auctoritate dicti Hemerici, mariti sui, eidem prestita in jure coram nobis, recognoverunt et confessi fuerunt se habuisse et recepisse a nobili viro Guidone, domino de Valle Guidonis, quadringenta et quadraginta libras monete currentis, ratione venditionis viginti quinque librarum monete currentis annui redditus, quas solebant habere et percipere super costuma de Vitreio.

De qua summa tenuerunt se coram nobis pro pagatis.

Actum mense decembris, anno MCCLXXVI.

2. Ce sceau représente une femme et au contre-sceau deux lions l'un sur l'autre avec ces mots... DNE DE VITRÉ

3260. — 1279, 18 décembre. — Epitaphe d'Olivier de Machecoul, époux d'Eustachie de Vitré (Imprimé, *Bulletin de l'Association bretonne pour 1851*, p. 201 et 263, et *Bulletin de la Société de Nantes*, I, 268, d'après B N., *français*, 22329).

Ci gist home, sage justicier,
Qui ot nom monsour Olivier
De Macheco. Merci li face
Diex. Il transit en l'an de grâce
MCC quatre vinz, un meins.
Priez en touz à jointes mains.
Tu qui liz, à moi doiz entendre.
Oi ce que je te vueil aprendre :
Pence que biauté ne noblèce,
Sens, trésor, vertu ne prouèce,
Ost, chasteau, tour ne forterèce
Ne pèvent nul de mort défendre
Se mon cors gist ici en cendre,
Autre tel dois du tien attendre ;
La mort a sur tous sa détrèce

3261. — 1280, v. s., février. — Acte par lequel Thomasse, veuve de Guy VII, ainsi que leurs enfants, Mathieu, Bouchard et Yolande, font aux Templiers concession d'un droit sur le travers de Conflans (Vidimus de 1410, A. N., M. 14, 3).

Nous Thomasse, dame de Laval et vicontesse de Marueil, Mahi et Bouchart de Laval, frères, escuiers, et damoiselle Yolent, suer des devant diz escuiers, enfanz de ladite dame et de mesire *Gui*, jadis sires de Laval, fesons asavoir à tous que nous, pour la devocion que nous avon au frères de la chevalerie du Temple, et pour le profit de noz ames et de noz antécesseurs, voulon et ottroion que lidit frères du Temple puissent mener et conduire, passer et rapasser des ores à tous jours par le port de Conflanz, tant comme à nous appartient, tous leur biens quel que il soient, creuz en leur propres héritages ou donez de grâce, soit pour leur usage ou pour vendre pour le secours de la Saincte Terre de outre mer, ou achetez pour leur usage. Et ceste franchise voulon nous que leur soit tenue et guardée perpétuelment, sans nul empeeschement de nous et de noz hoirs ou de ceulx qui cause auront de nous.

Et voulon que cil qui conduira les biens des frères du Temple devant diz soit creuz par son serment se il estoit doute que si bien ne fussent du Temple.

En tesmoing de laquel chose nous avon miz noz seeaulx en ces présentes lettres, l'an de grâce mil deux cens et quatre vins, ou mois de février.

3202. -- 1283, 25 avril. — Contrat entre Guy VIII, Jeanne de Vitré et Robert de Villiers, son second époux (note A. N., MM. 746, 213).

515, avant-dernière ligne du texte. — Lire *octieuve* au lieu d'octienne.

3203. — 1288. — Epitaphe d'Eustachie de Vitré, épouse d'Olivier de Machecoul [1]. (Imprimé, *Bulletin de l'Association Bretonne pour 1851*, p. 265).

Andree nata de Vitre dormit humata
Hic, quondam Domini felici dedita fini,
Nobilis uxor heri pridem fuit hec Oliveri
De Machecol, sapiens femina, multa sciens,
Femina morosa, prudens et religiosa,
Femina famosa, verbis gravis atque morosa.
Inter opes humilis, devota Deo, sibi villis,
Membris exilis, constans et corde virilis,
Mente vacans celis, virtutum predita velis,
Sepe fugans telis hostem precis, ore fidelis,
Sobria, casta, gravis gestu, sermone suavis.
Cunctis pauperibus quis fuit illa ? Cibus.
Sicut mente pia coluit te, virgo Maria,
Nati luce tui da pietate frui.
Anno milleno ducentis octuageno
Octavo Christi, filum scidit Atropos isti.

3204. — 1313, 29 juillet. — Acte dans lequel Bouchard de Laval est mentionné comme seigneur pour partie du travers

1. En comparant ce texte avec notre planche 46, on constate que le dessinateur de Gaignières n'a reproduit sur son aquarelle qu'une partie de l'inscription.

de Conflans (Imprimé, *Cartulaire de Notre-Dame de Paris*, III, 219).

605. — Rectifier ainsi la date : 1328, v. s., 25 février.

3265. — 1334, v s., 26 mars, le Val Coquatrix. — Lettres par lesquelles Philippe VI informe le Parlement qu'il a continué en état toutes les causes de Guy de Laval, évêque du Mans, jusqu'aux jours de Normandie du prochain parlement (A. N , X/1a 8846, fol. 4).

626. — Ligne 5 de la notice, lire *à Angers*, au lieu de à la Flèche ; ligne 9 du texte, lire *murs* au lieu de égards.

662. — Ligne 3 de la notice et partout dans le texte lire de Mâcon au lieu de le Maçon ; ligne 24 du texte, lire *Saint-Souvin* (aujourd'hui Saint-Silvin), au lieu de Saint-Sonnin.

3266. — 1349, v. s., février. — Lettres d'état accordées par le Roi à Foulques de Laval, tant en son nom, que comme tuteur de Girard, seigneur de Retz (Note, *Bulletin de la Société de l'histoire de France pour 1898*, p. 213, d'après X/1a 12, 321).

3267. — 1350, 28 juin. — Accord entre Guy XII et l'abbaye de Saint-Denis au sujet de la propriété du cours de la Seine à Épinay (A. N., X/1c 5, 125).

Sur le descort meu et pendent en la court de parlement, en cas de propriété, entre les religieux abbé et couvent de Saint-Denys en France, demandeurs, d'une part, et noble homme feu monseigneur Guy de Laval, chevalier, d'autre, et maintenant pendent entre les diz religieux, d'une part, et Guy, sire de Laval, et hoirs dudit feu chevalier, d'autre ; pour cause de l'eaue de la rivière de Saine, qui est encourant ou en droit une ville que l'en dit Espineil, et pour cause du chemin qui est entre la dicte eaue et la dicte ville d'Espiniel,

Accordé est, entre les dictes parties, que maistre Robert le Coq, advocat du Roy en son parlement, esleu de la partie des diz religiex, et maistre Regnaut d'Acy, esleu de la partie dudit sieur de Laval, lequel a reprins et reprent les pièces et arremens de ceste cause, comme hoir de son dit feu père, lesquels esleus appellans les parties, et ceulx qui seront à appeller, reprenans par dever eulx tous procès faiz par quelconques commissaires autresfois donnez par la court en ceste cause, enquerront la vérité sur les fais et articles des parties, qui baillées leur seront, ja pièça fais et baillées en la court du parlement, et mettront les dictes parties à accort, se il pevent bonnement ; et ou cas que accorder ne les pourront, la vérité enquise sur les dis fais et articles, renvoieront, soubz leurs seaulz enclos et scellé, ce que fait en auront aux jours de la prévosté de Paris du parlement prochain venant avec les parties adjournées pour veoir, recevoir ce que fait sera par les esleuz et procéder en oultre, si comme de raison sera.

679. — Rétablir la véritable date 1356 (note de M. Blanchard, *Revue de Bretagne* de 1898, p. 233).

681. — A supprimer comme faisant double emploi avec 722, lequel figure sous sa vraie date de 1365.

686. — Supprimer cette mention comme double emploi de 720, placé à sa vraie date, 1366.

3268. — 1356. — Aveu fait à Guy XII par Guillaume Ouvrouin, seigneur de Poligné (Imprimé, la Beauluère, *Le Doyen*, p. 308, 518).

707. — Rectifier la date et lire : 1360, 24 août.

3269. — 1361, v. s., 12 février, Vitré, — Contrat de mariage d'Olivier de Clisson avec Béatrix de Laval (original avec trace de sceaux dans la collection Jules Chappée, communiqué par M. l'abbé Denis).

En parlant et faysant le mariage entre nous, Olivier, seigneur de Cliczon, et damoaselle Béatriz de Laval est grayé, fais et acordé entre nous Guy, sire de Laval et de Chasteaubrient, frère ainzné de la dicte damayselle et nous ledit Olivier, en teille manière que nous, ledit Guy, avonz baillié, livré et assigné, baillons, livrons et assignons à héritaige à notre dite seur en mariage : deus mille livres de rente que naguères tenet madame Béatriz de Bretaigne, dame de Laval, notre mère, sur la recepte des foires de Champeigne, à s'en joïr notre dite seur dès à présens, sauff de sept vignz livres que en tient à viaige madame Marie notre ante[1], dont elle se

1. Marie de Bretagne, née en 1302, religieuse à Poissy, en 1323, décédée en 1371 ou 1372 (P. Anselme, I, 451).

joïra sa vie durant tant soullement, et emprès son décès reviendront à notre dite seur ; et notre chastel et chastelenie de Villemonble, comme ils se poursient, o toutes lours appartenances, ainsi toutevayes que la vie durant de notre dicte chère dame et mère nous joïrons et lèverons les fruz et levées d'iceul chastel et chastelenie et en cas que notre dite seur voudroit avoir le joissement d'iceulx chastel et chastelenie dès à présent, il nous demourra desdites deus mil livres de rente jusques au pris et à la vallue de ceulx chastel et chastelenie et à nous en joir la vie durant de notre dicte chière mère ; et à avoir, tenir et poursairs notre dicte seur les chouses desurdites et en faire comme de son propre héritaige en la manière et comme desur est dit.

Des quelles chouses nous ledit Guy suymes tenuz baillier et fère baillier saesine souffisante, à notre dite seur et qui d'ele ara cause.

Et nous, ledit Olivier, prometons et suymes tenuz, volons et octroions que ladite damaiselle seit endoairée, si le cas y avient, en notre terre de Bretaigne ou de Normandie jusques au parfait de son doaire de touz noz héritage quelque part que ils saint ; et en cas que, par faute de heir, avendret la terre de Laval à ladite damayselle, nous ledit Olivier suymes tenuz porter esquartelé des armes de Cliezon et de Laval en cognoessance des armes de Laval qui (devret ?) suffire au regart de deus chevaliers et sera mon cri : Cliezon au sire de Laval.

Et partant nous ledit Olivier avons renuncié et renuncions à toutes successions venues et avenir tant moibles que héritages qui à ladite damayselle pevent et pouvoaint appartenir sauff doudit sires de Laval ou de ses heirs si le cas y avenet.

Toutes et chacune lesquelles chouses desurdites nous ditz Guy et Olivier prometons pour nous et noz hoirs et suymes tenuz guarder, feire et accomplir en bonne fey, sanz jamès venir ne y fere venir en contre.

En tesmoeign desquelles chouses nous les diz Guy et Olivier avons mis et appousé noz seaulx à ces présentes lettres.

Donné et fait à Vitré.

Présenz : Monsieur Jehan de Laval, seigneur de Chasteillon et de Tinténac, Monsieur de Coaymes, Monsieur Macé Garnier, Monsieur Johan de Belotat, le prieur de Vitré Robert d'Argentré, James Bon-Enfant et plusours autres, le sabmedi XIIe jour de février, l'an mil traes cenz seixante et un.

HAMONET. LE TAILLANDIER.

3270. — 1371, 17 juin. — Montre des gens de guerre de Brumor de Laval (copie, B. N., *français*, 21539, 86).

759. — A la notice et dans le texte lire *Gouvieux*, au lieu de Gonnieux.

768. — Lire la date : 1373, 18 septembre. Cet acte existe in extenso aux archives de la Loire-Inférieure (E. 2815), parmi les archives de la paroisse de Saint-Julien de Vouvantes.

775. — Ligne 2 de la notice, lire Saint-Silvin au lieu de Parrigné ; puis dans le texte lire *Saint-Souvin* au lieu de Saint-Sonnin.

3271. — 1375, 28 juin. — Lettres par lesquelles Brumor de Laval, chevalier, s'engage envers Alain de Beaumont à lui rendre deux cent soixante-seize francs d'or (Archives de la Trémoïlle).

3272. — 1387, 18 avril. — Acte par lequel divers seigneurs déclarent avoir vu les « lettres du duc Jean donnant et assignant pour douaire à madame Jeanne de Navarre, son espouse, le comté de Nantes, la ville et seigneurie de Guerrande et généralement tous les acquêts faits le mariage constant ; Guy XII, Raoul de Kergorlay, Jehan, sire de Châtillon, Raoul de Montfort et de Lohéac sont au nombre des seigneurs (B. N., *Clairambault*, 1124, 157).

930. — Ligne 1 de la notice, lire *Vannes* au lieu de Rennes.

3273. — 1398, 8 septembre. — Epitaphe de Jean de Laval-Châtillon (Imprimé, la Beauluère, *Communautés et Chapitres*, 23).

Cy gist noble et puissant seigneur sire Jehan de Laval, chevalier, sire de Chasteillon, de Meslay et de Montsûrs.
Il décéda le VIIIe jour de septembre M CCC XC VIII.

3274. — 1404, juin. — Décret par lequel Adam Chastelain approuve la fondation de deux chapelles en l'église de la

Trinité de Laval à l'autel de Saint-Yves par Jeanne la Huberde, épouse de Jean de Courcerier (Archives du chapitre du Mans, A. 1, fol. 15 et 45).

3275. — 1404, v. s., 8 janvier. — Décret par lequel Adam Chastelain approuve la fondation par Guillemette, veuve de Jean Atry, d'une chapelle au grand autel de la Trinité de Laval (Archives du chapitre du Mans, A. 1, fol. 57).

3276. — 1405, 29 août. — Accord établi entre Guy XII et Jeanne de Laval-Châtillon, d'une part, et Jacques II de Surgères, de l'autre, afin de terminer l'instance ouverte contre Jean de Laval-Châtillon par Jacques I de Surgères et Marie de Laval, dans le but de liquider leurs droits sur les héritages d'André de Laval et d'Eustache de Beauçay (A. N., X1c 90a, 162).

Comme certain plait et procès fust ja pièça meu et pendent en la court de parlement entre nobles personnes feuz messire Jacques de Surgières, seigneur de la Flocelière, et dame Marie de Laval, sa femme, demandeurs, d'une part, et messire Johan de Laval, sire de Chasteillon, deffendeur, d'autre part, au temps qu'ilz vivoient, de ce que lesdiz demandeurs disoit que ledit de Laval avoit donné et octroyé à ladite dame Marie, sa seur, trois cens livres de rente qu'il lui promist asseoir et assigner sur ses chouses, et la somme de trois mil livres tournois à une foiz, qu'il lui promist paier, pour tout droit de partage et succession, à ladite dame Marie appartenant à cause de la sucession de feu messire André de Laval, père dudit deffendeur et de ladite dame Marie, comme lesdiz demandeurs disoient ces chouses et autres plus à plain apparoir par les lettres scellées du seel dudit de Laval sur ce faites, disans yceulz demandeurs les arrérages de ladite rente leur estre deuz depuis le temps de l'obligacion ; et avec ce leur estoit encores deu ladite somme de troys mille livres : et par ce requéroient lesdits demandeurs que ledit de Laval leur paiast les arréragez de ladite rente escheuz depuis le temps de l'obligacion et ce qui en escherroit le plet pendant et que assiète leur fust faite de ladite rente selon le contenu de ladite lettre, é avecques ce ledit deffendeur fust condempné leur paier lesdiz troys mille livres à une foiz, et, ou cas où lesdiz demandeurs ne obtendroient à celles fins et conclusions, ilz requéroient et demandoient avoir la tierce partie du tiers des héritages et autres biens immeubles demourés du déceps dudit feu messire André, laquelle porcion povoit bien valoir six cens livrez de rente et plus, ou au moins telle part et porcion des biens et de la succession dudit feu messire André, comme par raison et la coustume du païs en poust appartenir à ladite dame Marie et les fruiz et levées que en avoit levez ledit deffendeur depuis que ladite dame Marie fut venue à son aage ou en espécial depuis la sommacion par lesdiz demandeurs à lui faite de leur bailler et délivrer leur dite porcion desdiz héritagez et biens immeublez demourez du décès dudit feu messire André.

Et ledit deffendeur deist au contraire, et que oncques ladite donacion ne fut faite, et si aucune chouse en avoit esté, tantost après ladite dame y avoit renoncé ; disant plus que, en traictant et acordant le mariage de ladite dame Marie o ledit messire Jacques, feue dame Eustace de Boussay, mère dudit messire Jehan et de ladite dame Marie, avoit donné et octroyé tant ou nom d'elle que ou nom dudit son filz, à ladite dame Marie, les terres de Bonezay et des Cousdreaux, qui povoient bien valoir troys cens livres de rente ou environ, avecques deux cens livrez de rente que ledit deffendeur avoit sur le paage et port de Lengeès, et la somme de trois mil livrez tornois lesquelz furent paiez audit demandeur à la porte du moustier, paravant les espousailles ; lesquelles chouses données ausdiz demandeurs ilz prindrent et acceptèrent pour tout le partage et porcion qui leur estoit avenu et descendu, et qu'ilz povoient avoir et demander par raison de la succession desdiz feuz messire André et de ladite Eustace après sa mort, quant le cas en avendroit ; donnèrent iceulz demandeurs plainère et générale quictance audit deffendeur de ladite lettre, et du contenu en icelle, promisrent et accordèrent que jamais n'en porroient riens demander à lui ne à ses hoirs : et de ce furent faites et passées entre les parties lettres obligatoires soubz seaulx autentiques. Et depuis ledit mariage fait et consommé lesdiz demandeur et sa femme furent à un et d accord ovecques ledit deffendeur des chouses dessusdites et qu'ils avoient eu bon et suffisant partage et mariage et s'en tenoient pour contens, et que jamais d'icelle donnacion ne porroient riens demander audit deffendeur ne ses hoirs. Et par ce appert à clier que ladite dame Marie fut bien et grandement pourveue et porciònnée des biens et héritages de ses père et mère et en heut trop plus grant porcion qui ne lui appartenoit, considéré que ledit messire André n'avait eu pour tout partage à lui et ses frères et seurs, qui estoient huit effans, fors seize cens livres parisis de rente; et aussi que ledit messire André eust sept enfans, dont ladite Marie estoit l'une, et par ce à elle ne povoit ne devoit appartenir fors la sixième partie du tiers, mis hors l'avantage d'aisnesse. Avecques ce disoit ledit deffendeur que depuis la mort dudit messire André, mesmement depuis le temps du date de ladite lettre, ledit deffendeur, son filz aisné, en avoit tenu et possidé l'oirye et succession par l'espace de quarante ans ou environ, et par espécial trente ans continuelz et plus au temps de ce procès encommencé, excepté ce que en fut baillé à ladite dame Marie, comme dit est, par lequel long tènement il a prescript contre lesdiz demandeurs par la coustume et usage desdiz païs, et par conséquent ne venoient jamais à temps iceulz demandeurs à faire ceste poursuite, ou au moins n'avoient cause ne action. Et par ces raisons et autres plusieurs que ledit deffendeur proposoit, il disoit que desdites demandes et poursuites il devoit demourer quicte et en paiz envers lesdiz demandeurs.

Lesquelz demandeurs deissent en répliquant au contraire, et, combien qu'ilz teinssent Benesay et les Cosdreaux, s'estoit seulement par le don de ladite feue dame Eustace, qui à son vivant en avoit esté dame à cause de sa conqueste, et ne valoient que quatre-vingt livres de rente ou environ, de la sucession de laquelle dame Eustace n'est à présent aucune question. Et, au regart desdiz deux cens livres de rente ou environ sur Longeès, disoient lesdiz demandeurs que oncques n'avoient esté baillées, livrées ne assignées ausdiz demandeurs par ledit deffendeur ne oncques ne les prindrent ou aceptèrent et n'en orent oncques possession ne saisine.

Lequel deffendeur deist en suppliquant au contraire par plusieurs raisons.

Sur lesquels faiz et raisons et plusieurs autres, qui seroient longs à réciter, diz et alléguez d'une part et d'autre, icelles parties heussent esté appointéez en faiz contrairez et en enqueste, pendant lequel procès lesdiz demandeurs et deffendeurs soient alez de vie à trépassement et soit demouré messire Jacques de Surgières, seigneur de la Flocelière, qui à présent est filz et hériter desdiz messire Jacques et dame Marie de Laval, ses père et mère ; et semblablement, après la mort dudit deffendeur, noble et puissante dame madame Johanne, dame de Laval et de Vitré, sa fille, soit demourée son héritière, lequel messire Jacques, d'une part, et noble et puissant seigneur Guy, sire de Laval et de Vitré, et ladite dame, sa femme, d'autre part, aient reprins les procès et arramens de ladite cause l'un vers l'autre, et ayent esté leurs enquestes faictes et parfaictes d'une part et d'autre, et terme assigné aux parties pour icelles enquestes, lettres et autres munimens dont ilz se vouldroient joyr et aider l'une partie contre l'autre mectre devers la court de parlement pour icelles estre receues pour jugez.

Finablement icelles parties, considérans la vray amour et affinité qui est et doit estre entr'eulz, qui sont parens et affins, et désirans eschiver plet et procès entre eulz et lesdiz débaz et contens acorder par voye amiable, cognoissent et confessent sur les contens et débaz par le conseil et advis de plusours leurs amis et conseillers, avoir traictié, paciffié et acordé et par ces présentez paciffient et acordent, en cas qu'il plaira à la court de parlement en la manière qui s'enssuit : c'est assavoir que ledit messire Jacques se départ à plain de la poursuite et demande que sesdiz père et mère et lui, après la mort d'eulz, faisoit et peust faire ausdiz sire et dame de Laval desdiz troys cens livres de rente et arréragez de quatre mille livres qu'il demandoit et de tout le contenu en la lettre dont il se vouloit aider à l'encontre d'eulz et de toute la demande et deppendances d'icelle qu'il en faisoit et peust faire par ladite court de parlement et ailleurs, et s'en tient à content et de tout partage et porcion qui lui povoit compecter et qu'il y povoit demander à cause des sucessions desdiz feuz messire André de Laval et dame Eustace, sa femme, pourveu que lesditez terrez de Bonnesay et des Cosdreaus et leurs appartenances seront et demourent perpétuellement audit messire Jacques ou aux ayans cause de sesdis père et mère et aus leurs. Et promet ledit messire Jacquez acquipter et garentir lesdiz sire et dame de Laval et leurs hoirs desditez pourssuytez et demandez et deppendancez d'icellez vers les sire et dame de Surgières, suer de ladite dame dudit messire Jacquez.

Et avec ce est dit et acordé que lesditez lettrez que ledit messire Jacquez disoit avoir desdites troys cens livres de rente et troys mille livres à une soiz paier seront et demorront comme bien acquiptéez, cancelléez pardevers ledit messire Jacques sans ce que jamais il s'en puisse joyr ne aider ne du contenu d'icelles à l'encontre desdiz seigneur et dame de Laval ne leurs hoirs. Et parmi ce, tant pour eschiver plait et procès entre lesdites parties et les avènemens des jugemens, qui sont doubteux, que pour nourrir et garder paiz, vraye amour et concordance entre les partiez et leurs hoirs, lesdiz sire et dame de Laval ont paié présentement audit messire Jacques la somme de deux mil cincq cens livres tournois paiéz en escu d'or, chacun escu valant vins deux sous six deniers tournois, dont il s'est tenu à content et les en a quiptez, sanz jamais riens leur en demander.

Et par tant ycelles parties se départent dudit plet et procès sans despens ne desdomagemens d'une partie et d'autre.

Et aveeques ce est acordé entre les parties que cent cinquantes livres de rente et les arréragez du temps passé de la somme desdiz deux cens livres de rente, que lesdiz sire et dame de Laval disoient avoir esté donnez et assignez à ladite feu dame Marie par ledit feu messire Jehan de Laval, son frère, sur la terre et paage de Longèes, sont et demorront ausdiz sire et dame de Laval parce que ledit messire Jacques dit que oncques ellez ne furent donnéez à sesdiz père et mère ; et, se aucune chose en avoit esté, il y renonçoit au prouffit desdiz sire et dame de Laval : ainxi qu'il ne sera tenu leur en faire ou porter aucun gariment ne aux ayans leur cause.

Et au regart de cinquante livres de rente que lesdiz sire et dame de Laval disoient estre desdiz deux cens livres de rente données, comme dit est, par ledit feu messire Jehan de Laval, lequel messire Jacques le contredisoit, disant qu'elles avoient esté héritage de feue madame Jehanne, dame de Baussay, qui les avoit donnez en mariage ou autrement à ladite feu dame Marie de Laval, est acordé que lesdiz sire et dame de Laval ne leurs hoirs ou ayans cause n'y porront riens demander, ançoys demourront ycelles cinquante livres de rente en principal et arréragez audit messire Jacques et ses hoirs et les porra poursuyr et demander envers quelzconques personnes que ce puissent ou doyent estre, tout auxi que paravant ce présent acord, et sanz ce que ledit présent acord y puisse aucunement préjudicier ou nuyre.

Fait du consentement de maistre Johan Rabatra, procureur dudit messire Jacques de Surgères, seigneur de la Flocelière, d'une part, et de Hobert Camus, procureur desdiz monsier Guy, seigneur de Laval, et de madame Johanne, dame de Laval, sa femme, d'autre, le xxixe jour d'aoust, l'an MCCCCV.

3277. — 1405, 14 décembre, Laval — Acte de Guy XII portant décharge de fonds employés aux travaux de Vitré (Imprimé, *Association Bretonne*, XII, 159).

3278. — 1405, v. s., 15 janvier. — Arrêt d'homologation du contrat de mariage de Guy XIII et d'Anne de Laval (A. N., X1c 91a, 9).

Comme au traictié du mariage qui nagaires a esté fait et celebré en sainte église et par après consummé entre nobles personnes Guy de Laval, seigneur du Gavre, qui par avant se nommoit et appelloit Johan de Montfort, filz ainsné de monsieur Raoul, seigneur de Montfort et de la Roche, d'une part, et damoiselle Anne de Laval, fille seule et héritière présumptive de monsieur Guy, seigneur de Laval et de Vitré, et de madame Johanne de Laval, dame desdiz lieux, sa femme, certains traictiez, accords, promesses, obligations et convenances aient esté faites entre lesdiz seigneur et damoiselle Anne de Laval et le sire de Quintin, curateur de ladite damoiselle Anne, d'une part, et ledit sire de Montfort, ledit Guy de Laval, seigneur du Gavre, Charles et Guillaume de Montfort, enfans dudit sire de Montfort, et le seigneur de Chasteaubrient, curateur desdiz enfans dudit sire de Montfort, d'autre, plus à plain contenuz, spécifiez et déclairez en certaines lettres sur ce faictes et passées pardevant deux notaires du chastellet de Paris, dont la teneur s'ensuit : A tous etc[1]., lesquelles parties promistrent et enconvenancèrent à passer lesdites lettres de traictié, convenances, accords, obligacions et promesses en la court du parlement du roy

1. Ici le texte in extenso de notre numéro 1025.

nostre sire à Paris, et icelles lettres et, les choses contenues en icelles faire conformer, louer, greer, consentir, ratiffier et approuver par le Roy nostre sire et sadite court de parlement et d'eulz consentir à estre condempnez par ladite court de parlement à tenir ledit traictié et tout le contenu desdites lettres, et pour ce faire aient toutes lesdites parties et chascune d'icelles nommé, constitué et establi certains leurs procureurs nommez esdites lettres dudit traictié et aussi en certaines lettres de procuracion *cy atachées* ; ausquels procureurs ilz aient donné puissance de ce faire ; et pour enteriner, passer et accomplir les choses contenues esdites lettres soient venus et comparus en ladite court de parlement maistre Benoist Pidalet, procureur dudit sire de Montfort en son nom, et dudit seigneur de Chasteaubrient au nom et comme curateur dudit Guy de Laval, seigneur du Gavre, et desdiz Charles et Guillaume de Montfort, ses frères, enfans dudit sire de Montfort, et aussi desdiz seigneurs du Gavre, Charles et Guillaume, ses frères, d'une part, et Hebert Camus, ou nom et comme procureur desdiz seigneur et damoiselle de Laval et dudit sire de Quintin, ou nom comme dessus, d'autre, lesquelz ont voulu, consenti et accordé, veullent, consentent et accordent que ledit traittié de mariage et toutes les choses plus à plain contenues et déclairées esdites lettres et chacune d'icelles soient conformées, ratiffiées et approuvées par ladite court de parlement, et que lesdites parties et chacune d'icelles en droit soy soient condempnées par arrest de ladite court de parlement à tenir et accomplir les choses contenues esdites lettres et chacune d'icelles de point en point selon leur forme et teneur. Fait le xve jour de janvier, l'an mil CCCC et cinq. Per curiam.

Baye.

3279. — 1406, v. s., 15 février. — Lettres par lesquelles André Mingot, l'un des chapelains de Guy XII, reconnaît avoir reçu soixante livres destinées au travaux du château de Vitré (Imprimé, *Association Bretonne*, XII, 161).

3280. — 1409, v. s., 26 janvier. — Accord entre Guy de Laval-Loué et les habitants de Crannes et de Vallon au sujet du guet à Loué (A. N., X1c 99 A, 145).

Sachent touz que comme certaines causes, procès et discors, fussent meuz ja pieeza et pendans, tant par davant le bailli de Touraine, comme pardevant le conestable de France, entre Monseigneur Jehan de Laval, chevalier, seigneur de Loué, filz aisné et héritier de feu Monseigneur Guy de Laval, chevalier, d'une part, et les habitans de Crannes et de Vallon, d'autre part, tant en demandant comme en deffendant, pour raison de ce que ledit feu Monseigneur Guy maintenoit que lesdits habitans estoient tenus de faire guet et garde de nuit et de jour, ou dit fort de Loué, et que c'estoit le plus prouchain fort desdictes villes et l'un des plus nottables du pays et où lesdits habitants 'povaient avoir plus prompt refuge en cas de guerre que ailleurs.

Lesdits habitans, disant au contraire qu'ilz n'estoient tenuz de faire guet ne garde oudit chastel ou fort de Loué, pour ce qu'ils n'estoient aucunement subgiez ne justiciables dudit chevalier, et si estoit ledit chastel si petit que ilz ne s'y povainct touz retraire en cas de nécessité ; et plusieurs aultres choses au contraire.

Et en laquelle court touz les présentes dessus dictes ont esté advoquez par vertu de certaines lettres royaulx impétrées par lesdits habitans.

En nostre court du Bourg-Nouvel en droit par davant nous personnellement establiz lesdites parties, savoir est ledit chevalier en sa personne, et lesdits habitans par Estienne Regnot et Pierre Beri de Vallon, Liger Veau et Jehan Mestaier, procureurs desdits habitans, ainsi qu'il nous est apparu par lettres de procureurs scellées soubz seaulx autentiques, lesdictes parties, par le conseil et advis de Maistre Benoist Pidalet, procureur dudit chevalier, et Maistre Guillaume Lorin, procureur desdits habitans, et aultres leurs amis, pour bien de paiz et amour nourrir entre eulx, ont traicté et accordé en la manière qui s'ensuit, en cas qu'il plaise à la dite court de parlement, c'est assavoir :

Que lesdits habitans seront et demourront d'ores en avant perpétuellement francs, quictez et exemps desdits guet et garde oudit chastel ou fort de Loué, sans ce que ledit chevalier, ne ses successeurs ou temps avenir, les y puissent contraindre aucunement de y faire ledit guet ou garde de nuit, ne de jour, ne pour ce demander aucunes choses les uns aux aultres des cousts et intérests faiz en la poursuite desdictes causes et procès ; ainsi que ledit chevalier et habitans, paeront les lettres dessus de parlement moitié par moitié, et partant se départiront lesdites parties de court, les unes vers les aultres, sans jour, sans terme et sans despens, et sans ce que lesdits habitans puissent jamès rien demander audit chevalier ne aultres, pour cause de ce.

Lesquelles parties ont promis tenir et avoir pour agréablez, les acors et convenances dessusdits, chacun en tant comme li touche. Et ad ce ont obligé et obligent les unes aux aultres, elles et toutes leurs choses moiblez et immoiblez présens et avenir, renoncent en cest faisant à toutes les raisons, alégations qui lont pourraint valloir avenir en contre ses présentes par aucune manière quelconque, l'estrains par les foiz et sermens de leurs corps sur ce donnés en nostre main.

Ce fut donné et adjugé, à tenir et enterigné, par le jugement de nostre court dessusdite en la présence de noble homme Monsieur Guillaume de la Mote, chevalier, sire de Vallon ; Robin de la Mote, escuier ; Guillaume de la Mote, Richart de Courcy, frère Johan Moulart, priour de Loué, Johan Bitoux, Denis le Bernier, Geffroy Dabazt, Johan Poyvet, Hugue Guysneau, Gervaise Chesneau et Guillaume Mouquin, en tesmoignage de vérité le xxvie jour de janvier l'an de grâce MCCCCIX.

G. Mouquin.

1008. — ligne 2. — Compléter l'indication de source : X1c 99b 278).

3281. — 1409, v. s , 7 mars Angers. — Accord établi entre Patry d'Argenton et Jeanne de Sourches, d'une part, et Thibaut de Laval, de l'autre, au sujet de la propriété de Saint-Aubin des Coudrais (original, A. N., X1c 99b, 279).

Sachent touz présens et avenir, que comme content soit meu en la court de parlement, entre Patri d'Argenton et Jehanne de Chources, sa femme, demandeurs, d'une part ; et noble et puissant seigneur messire Thébaut de Laval, chevalier, deffendeur, d'aultre part,

Sur ce que lesdiz demandeurs disoient que feu messire Patri de Chources, chevalier, en son vivant, estoit seigneur en saisine et possession de la terre et appartenances de Saint-

Aubin des Couldrayes et que après son trespassement, lui avoit succédé ladicte Jehanne, sa fille, son héritière seulle et pour le tout, et pour ce, compettoit et appartenoit ausdiz espoux la dicte terre et appartenances de Saint-Aubin, disoient lesdiz espoux demandeurs que ledit messire Thébaut, s'estoit ensaisiné sans cause et sans raison de ladicte terre et appartenances. Et pour ce, requéroient lesdiz espoux que ledict messire Thébaut fust condampné à soi désister de la saisine de ladicte terre, et que elle fust desclairée à eulx appartenir ; et avecques ce, que ledict messire Thébaut fust condampné à leur rendre et restituer les fruiz de ladicte terre et appartenances depuis son torçonnier ensaisinnement ;

Lequel messire Thébaut disoit et alléguoit plusieurs raisons au contraire, c'est assavoir : que ledit feu messire Patry de Chources, en son vivant, avoit transporté à certain et juste tiltre ladicte terre et appartenances de Saint-Aubin, à messire Guy de Laval, son père, lequel par ce moyen et au tiltre dessus dit, estoit entré en saisine et possession de ladicte terre et appartenances ; et lui, estant seigneur vestu et saisi d'icelle, lui avoit transportée par l'héritage et du consentement de messire Jehan de Laval, son filz aisné, lequel messire Thébaut, au tiltre dessus dit, estoit entré en saisine et possession de ladicte terre et appartenances, et l'avoit tenue par lui et ses prédécesseurs par trante, voire par quarante ans, paisiblement et sans contens; et par ces moiens, disoit ledit messire Thibaut, qu'il devoit estre mis hors de procès et que lesdiz espoux n'y avoient cause ne acousion.

Et sur ce, lesdictes parties furent appointées contraires et en enquestes ; finablement, après plusieurs débaz, raisons et altercacions sur ce eues et allégués d'une part et d'autre, en nostre court, à Angers, en droit par devant nous personnellement establies lesdictes parties, soubzmectans eulx, avecques touz et chascuns leurs biens présens et avenir ou povoir et juridicion de nostre dicte court, quant à tout ce qui s'ensuit, confessent de leur bon gré, sans aucun pourforcement que, pour tout contens eschivez et matière de plait oster, et pour bien de paix et amour nourrir entr'eulx, par le conseil, advis et délibéracion de plusieurs leurs amis, ilz sont venuz à bonne paix et à acort, ou cas qu'il plaira à ladicte court de parlement, en la fourme et manière qui s'ensuit.

C'est assavoir, que ladicte terre et appartenances en fons et fruiz, sera et demoura à tousjours mais perpétuellement par héritage, audit messire Thébaut, pour lui, ses hoirs et pour ceulx qui de lui auront cause, sans ce que lesdiz espoux, leurs hoirs ne ceulx qui d'eulx auront cause puissent jamais riens y demander en fons, fruiz ne autres choses quelxconques, à cause dudit feu messire Patri de Chources; et parmy ce, ledit messire Thibaut a promis; et, par la teneur de ces présentes lectre, promet rendre et paier ausdiz espoux, ou à ceulx qui d'eulx auront cause, la somme de doze cens escuz d'or du coyn du Roy, nostre seigneur, vallans vingt deux sols six deniers tournois la pièce.

Pour laquelle somme, et jusques ad ce que ledit messire Thébaut, en ait fait satisfaction et paiement entièrement ausdiz espoux et à ceulx qui d'eulx aurons cause, ledit messire Thebaut. ses hoirs ou les aians sa cause, seront tenuz rendre et paier, parfaire et continuer ausdiz espoux, à leurs hoirs ou à ceulx qui d'eulx auront cause, cent livres tournois de rente par chacun an, au jour de Pasques, le premier terme commanczant à Pasques que l'on dira mil quatre cens et onze; et parmy paiant la dicte somme de doze cens escuz dedens troys ans prochains venant, avecques les arréraiges de ladicte rente, qui deus en seront, pour l'estimacion du temps escheu au temps de la restrusse, ledit messire Thébaut, ses hoirs et les aians cause de lui, seront et demoront à tousjours mais, quictiés et deschargéz de ladicte rente; sans ce que lesdiz espoux, leurs hoirs, ne ceulx qui d'eulx auront cause en puissent jamais aucune chose demander.

Et ou cas que ledit messire Thébaut, ses hoirs, ou les ayans cause de lui laisseront passer lesdiz trois ans, sans eulx deschargez de ladicte rente. ladite terre et appartenances de Saint-Aubin et les autres choses dudict messire Thibaut, seront et demouront à tousjours mais, chargés de la rente dessusdicte.

Et par cest présent accort faisant, ledit Patri a quicté et quicte, à tousjours mais perpétuellement, ledit messire Thibaut, ses hoirs et les aians cause de lui, de touz et chascuns les biens, et autres choses quelxconques, dont il peust faire demande audit messire Thibaut, à cause dudit feu messire Patry de Chourses.

Réservé audit Patri d'Argenton, que si aucun tiert a garanti ledit messire Thibaut, que ledit Patri pourra poursuir son droit contre ledit garant. Et pour passer cest présent accort, lesdictes parties ont promis et promectent comparoir en parlement le mardi après Quasimodo prochain venant, c'est assavoir, en leurs propres personnes, ou par procureurs, aians puissance espécialle de ce faire.

Et pour ce que ladite Johanne, femme dudit Patri, n'est pas présente à cestui présent accort, ledit Patri a promis, promet, doit et est tenu la faire assentir, lier et obliger à tout le contenu en ces présentes, ou fournir audit jour procuration espéciale et suffisant de ladicte Johanne, pour faire et approuver cest présent accort.

Ausquelles choses dessus dites et chacune d'icelles tenir. Et renoncient par devant nous. . Et de tout ce que dessus est dit, tenir et accomplir sans jamais venir en contre ; sont tenues lesdictes parties, chacun pour tant comme lui touche, par les foiz de leur corps, sur ce données en nostre main et condampnées par le jugement de nostre dicte court, à leurs requestes ; présens ad ce : maistre Jehan Bonin, maistre Jehan Dubreil, Jehan Legras et Thomas Legras.

Donné à Angers en double, d'assentiment desdictes parties, le vij^e jour du mois de mars, l'an mil quatre cens et neuf.

Hamon.

3282. — 1409, v. s., 11 mars. — Congé d'accord octroyé par le roi dans la cause mue entre les exécuteurs testamentaires de Guy de Laval-Attichy et certains créanciers de ce dernier (*Original*, A. N., X1c 99b, 235).

Charles, par la grâce de Dieu, Roy de France, à nos amez et féaulx conseillers les gens tenant nostre présent parlement et qui tiendront ceulx advenir, salut et dilection.

Receu avons humble supplicacion de Nicolas Regnault, prestre, et Jehan Quienart, escuier, exécuteurs du testament ou ordonnance de derrenière voulenté de défunct Guy de Laval, jadiz chevalier et seigneur d'Atechy, contenant comme ledit défunct en son testament ou ordonnance de derrenière voulenté, eust ordonné ses exécuteurs lesdiz supplians, pour lequel accomplir après le décès d'icellui deffunct, lesdiz supplians eussent fait faire inventaire des biens meubles demourez d'icellui, et ce fait, iceulx prins et apréhendez et les mis en garde en un certain lieu à Saint-Germain-lez-Compiengne, pour en ordonner comme raison doivoit, sceu le vray estat dudict défunct.

Et il soit ainsi, que à un certain jour passé, Jehan Hémon, nostre huissier et sergent des requestes de nostre palais, à la requeste de nostre amé et féal clerc notaire et secrétaire maistre Jehan de Fleury, et de Katherine Chanteprime, damoiselle, vesve de feu Jehan du Vivier, jadiz nostre orfèvre et varlet de chambre, depuis nagaires se feust transporté pardevers lesdiz supplians et par vertu de certaines lectres de debitis, leur eust fait commandement qu'ilz lui baillassent sans délay la somme de trois cens soixante quatorze livres ou environ, que ledit huissier, disoit estre deuz d'arrérages ausdiz Fleury et Katherine, à cause de certaines rentes à eulx vendues par ledict défunct en son vivant ; en disant que pour icelle somme, il prenoit et mectoit en nostre main, tous les biens meubles dudit défunct, et mesmement ceulx qui estoient en ladicte maison. Lesquelx supplians qui bonnement ne savoient, ne povaient savoir le vray estat dudict defunct, ne que c'estoit de ladicte debte, se feussent opposer ausdiz commandemens et exécucion, en requérant ledict huissier, qu'il les voulsist recevoir à ladicte opposicion, et leur assigner jour, là où il appartiendroit, pour icelle dire et déclairer, et que cependent voulsist surceoir de sadicte exécucion. Lequel huissier n'en voult riens faire, mais respondy que son povoir ne le contenoit pas et que se lesdiz supplians, ne lui aloient ouvrir l'uis de l'ostel, où lesdiz biens estoient, il le romproit ; et de fait, le voult rompre. Dont de cez et d'autres griefz, lesdiz supplians, qui ne savoient quel remède trouver, eussent appelé en nostre court de parlement, lequel appel, lesdiz Fleury et Katherine ayent depuis fait anticiper en nostre dicte court de parlement à certain jour advenir. Néantmoins lesdittes parties, pour bien de paix, accorderoient voulentiers ensemble en ladicte cause d'appel, en laquelle n'a aucun procès par escript, et qui ne nous touche, fors seulemens pour cause de l'amende, qui nous porroit estre deue de la partie desdiz supplians, qui sont exécuteurs comme dit est, s'ilz succomboient. S'il nous plaisoit sur ce, impartir nostre grâce ; requérans humblement lesdiz supplians, que actendu qu'ilz sont dedans les trois mois, de relever leur dit appel, si comme ilz dient, nous leur vueillons sur ce icelle nostre grâce impartir. Pourquoy nous, ces choses considérées, ausdictes parties oudit cas avons donné et octroyé, donnons et octroyons de grâce espécial par ces présentes congié et licence de pacifier et accorder ensemble en la dicte cause d'appel, et départir de court sanz amende, parmy toutes voyes rapportant l'accord, que fait auront par devers nostre dicte court. Si vous mandons, commandons et estroictement enjoingnons que de nostre présente grâce et octroy, vous lesdictes parties faites, souffrez et laissiés joir et user plainement et paisiblement, sanz les molester, ne souffrir estre molestées aucunement au contraire. Car ainsi nous plaist-il estre fait, de nostre dicte grâce, par ces présentes, non obstant que l'amende nous peust estre deue de la partie desdiz supplians s'ils succomboient comme dit est, et quelxconques lectres sur ce portées, à ce contraires. Donné à Paris, le xj° jour de mars, l'an de grâce mil quatre cens et neuf et de nostre règne le xxx°.

Par le Roy à la relacion du Conseil.

Rosset.

3283. — 1409, v. s., 18 mars. — Accord établi entre les exécuteurs testamentaire de Guy de Laval-Attichy et certains de ses créanciers (Original, A N., X1c 99 b, 234).

Comme défunct messire Guy de Laval, jadis chevalier et seigneur d'Attichy, eust vendu en son vivant à maistre Jehan de Fleury, clerc, notaire et secrétaire du Roy, nostre sire, cent livres parisis de rente annuelle et perpétuelle, et à damoiselle Katherine Chanteprime, vesve de feu Jehan du Vivier, jadiz orfèvre et varlet de chambre dudict seigneur, autres cent livres parisis de rente annuelle et perpétuelle, à les avoir et prendre, en et sur certains héritaiges appartenans audit vendeur, déclairés ès lectres sur ce faictes et passées soulz le seel de la prévosté de Paris, et générallement sur tous ses autres biens meubles et immeubles, lesquelz il en charga, obligea et ypothéca ; et ladicte rente promist rendre et paier à certains termes, et s'en obligea tant et si avant, comme l'on peut faire en tel cas.

Lequel vendeur soit alé de vie à trespassement, sans ce que aucun se soit porté pour son héritier, au regard de ses biens meubles, ne au regard des héritaiges, qui lui appartenoient, par la succession de sa mère. Et pour ce que messire Nicolas Regnault, prestre, et Jehan Quionart, exécuteurs du testament ou dournière voulenté dudit défunt, après le décès d'icellui, ont prins et apréhendez les biens meubles, demourez par son décès ; lesdicts maistre Jehan Fleury et damoiselle eussent nagaires par Jehan Hemon, huissier et sergent des requestes du palais à Paris, et par vertu de certaines lectres de debitis, fait faire commandement ausdits exécuteurs que sans delay, ilz lui baillassent la somme de trois cens soixante quatorze livres ou environ, deues d'arrerages ausdicts Fleury et Katherine, à cause desdites rentes, en disant par ledit huissier que pour icelle somme, il prenoit et mettoit en la main du Roy, tous les biens meubles dudict défunct, et mesmement ceulx qui estoient en garde en une maison à Saint-Germain-lez-Compiengne. Lesquelz exécuteurs, qui bonnement ne savoient, ne ne povoient savoir le vray estat du dit defunct, ne que c'estoit de ladicte debte, se feussent ausdits commandemens et exécution opposez, en requérant ledit huissier qu'il les voulsist recevoir à ladicte opposition, et leur assigner jour, là où il appartiendroit, pour icelle dire et déclairer ; et que ce pendant, voulsist surceoir de sa dicte exécution : lequel huissier n'en voult riens faire, en disant que son povoir ne le contenoit pas, et que se lesdicts exécuteurs, ne lui ouvroient l'uis de l'ostel ou lesdits biens estoient, il le romproit ; et de fait, le voult rompre.

Dont de ce, et d'autres griefz, lesdicts exécuteurs, qui ne savoient point lors quel remède trouver, appelèrent en la court de parlement, lequel appel lesdicts Fleury et demoiselle, ont anticipé en ladicte court de parlement à certain jour advenir.

Finablement, lesdictes parties, pour bien de paix, et par le moyen d'unes lectres de congié du Roy, nostre seigneur, obtenues par lesdicts exécuteurs, sont d'accord s'il plaist à la court, en la manière qui s'ensuit, c'est assavoir : que ladicte appellacion, sera et est mise au néant sans amende ; et au surplus, lesdicts exécuteurs, paieront ausdits Fleury et damoiselle, la somme de quarante livres parisis, qui est la neufiesme partie ou environ desdicts arrérages à eulx deubz. Et ou cas que les autres créanciers dudict défunct, paiéz de la neufiesme partie de ce qui leur est deu, aura aucun résidu des biens meubles dudict défunct, lesdicts Fleury et damoiselle viendront à contribucion avecques les autres créditeurs sur ledict résidu ; et par tant se départiront lesdictes parties de court, sans amende et despens d'un costé et d'autre.

Fait et passé du consentement de J. Hougnart, procureur desdicts appellans, et de O. le Compasseur, procureur desdicts Fleury et damoiselle, le xviiie jour de mars l'an MCCCCIX.

BAYE.

3284. — 1410, 4 octobre, Pontoise. — Montre de Guy de Laval-Gavre, écuyer banneret, quatre chevaliers bacheliers, douze écuyers et quatre-vingt douze archers (B. N., *français*, nouv. acq. 8604, 12).

3285. — 1411, 4 juillet. — Accord provisoire entre Guy XII de Laval et Gervais Le Mercier, pourvu irrégulièrement de la direction de la Maison-Dieu de Laval (A. N., X/1c 102a, fol. 11).

Sur ce que hault et puissant seigneur, monseigneur Guy de Laval et de Vitré, disoit et maintenoit que, entre les autres drois, noblesses, seigneuries et prérogatives à lui appartenans à cause de sa terre et baronnie de Laval, il avoit droit et à lui compétoit et appartenoit la donacion, collacion et provision de la maistrise, disposition et gouvernement de la Maison-Dieu et aumosnerie de Saint-Julian de Laval, et que à cause de ce et autrement il avoit droit et estoit en possession et saisine de y mectre et instituer maistre et gouverneur et administrateur toutes et quantesfois que l'office de maistre et administrateur ou gouverneur avoit vacqué ou vacquoit, feust par mort, résignacion ou autrement, sanz ce que les bourgois et habitans dudit lieu de Laval y aient que veoir ne que congnoistre ; en possession et saisine que lesdiz habitans ne pevent ne doivent présenter aucun à révérend père en Dieu, monseigneur l'arcevesque de Tours ne à autre, pour avoir collacion ne provision de la maistrise d'icelle maison ou aumosnerie ; en possession et saisine que ledit monseigneur l'arcevesque ne autre quelconque, à la présentacion ou nominacion d'iceulx bourgois et habitans ou autrement, ne peut ne doit donner ladite maison ou aumosnerie à quelque personne que ce soit ne y mettre ne constituer maistre, gouverneur ou administrateur ; en possession et saisine que, par vertu du don, collacion ou provision faicte par ledit arcevesque à la nominacion ou présentacion desdiz bourgois et habitans, aucun ne peut ne doit prendre la possession d'icelle maitrise ou gouvernement d'icelle Maison-Dieu ou aumosnerie ne se intruire, prendre ne occuper ycelle, ne prendre et percevoir les fruis d'icelle, ne se entremectre du gouvernement d'icelle en aucune manière ; et que desdictes possessions et saisines et autres pertinens au cas il avoit joy et usé, tant par lui que par ses prédécesseurs, seigneurs dudit lieu de Laval, toutes et quantesfois que le cas y estoit advenu, et par les derreniers temps et derreniers exploix, au veu et au sceu dudit monseigneur l'arcevesque, des bourgois et habitans de ladicte ville de Laval et de tous autres... ; et que, ce non obstant, le dit arcevesque, puis un an ençà, eu regard aux lettres de complainte sur ce impétrées par ledit sire de Laval, à la nominacion ou présentacion desdiz bourgois et habitans... ou autrement, avoit donné et conféré, si comme on disoit, la dicte maistrise... à un appelé Gervaise Le Mercier, lequel, par vertu des lettres dudit don... s'estoit boutéz et intrus de fait en la dicte Maison-Dieu ou aumosnerie et s'estoit efforcé de fait d'en prendre la possession et d'en débouter d'icelle Jacques Maurat, prestre, auquel par avant, en usant de son droit, il avoit donné... la dicte maistrise.. ; et, sur ce, le tenoit en procès, à Angiers, par devant le conservateur des privilèges de l'Université d'Angiers ; lesquelles choses avoient esté faictes par lesdiz arcevesque et maistre Gervaise Mercier, en troublant et empeschant ledit sire de Laval en ses drois... ; et, pour ce, avoit obtenu certaines lettres de complainte en cas de saisine et de novelté, à l'exécucion desquelles lesdiz arcevesque et maistre Gervaise Le Mercier s'estoient opposéz, et pour ce avoient esté adjournéz en ladicte court de parlement au XXVI[e] jour du mois de novembre, l'an mil IIII[c] et dix, pour procéder sur ladicte opposicion... ; et aussi ledit sire de Laval, par vertu de certaines autres lettres, avoit fait renvoyer la cause qui pendoit pardevant ledit conservateur entre ledit maistre Gervaise Le Mercier... et ledit Jacques Maura, en ladicte court de parlement, audit XXVIe jour de novembre, pour ce que tout se povoit de mener à une fois.

Ausquels jours lesdictes parties se soient présentées... Finablement, le dit maistre Gervaise Le Mercier a voulu et consenti... que ledit Jacques Maurat ait la recréance de ladicte Maison-Dieu... pendant ledit procès et sans préjudice d'icellui et desdites parties, et que la main du Roy, mise en ycelle, pour le débat des parties, soit levée au prouffit desdiz sire de Laval et Jacques Maurat, et que ce qui a été levé soulz ladicte main du Roy soit baillé et délivré audit Maurat. Ladicte cause est continuée en estat en espérance d'accord jusques aux jours de Vermendois du prouchain parlement à venir, non obstant que lesdictes parties ne soient pas dudit baillage.

Fait du consentement de Hébert Camus, procureur dudit sire de Laval, d'une part, et de maistre Benoist Pidalet, procureur dudit maistre Gervaise, d'autre, le quart jour de juillet, l'an mil IIIIc et onze.

3286. — 1411, 24 novembre. — Quittance de six cents livres délivrée par Thibaut de Laval (Copie, B. N., *français*, 21539, 9).

3287. — 1411, 6 décembre, Etampes. — Montre des gens de guerre de Guy, sire de Gavre (Copie, B. N., *français*, 21539, 56).

3288. — 1412, juin, Paris. — Lettres par lesquelles Charles VI accorde rémission à Jean de Laval, fils naturel de Guy de Laval-Attichy (copie, A. N., JJ. 166, fol. 140).

Charles, etc. Savoir faisons à tous présens et avenir à nous avoir esté humblement exposé de la part de Johan de Laval, escuier, aagé de vingt-cinq ans ou environ, fils illégitime de défunct Guy de Laval, à son vivant seigneur d'Attechi, que ou mois d'avril dernier passé, lui estant dans la dicte ville d'Attechi en son hostel, vint à sa congnoissance que un nostre sergent, en la prévosté de Pierrefons, avoit apporté une commission donnée dudit prévost dudict Pierrefons, pour adjourner ledict escuier en cas d'asseurement, à la requeste d'un appellé Phillippot Asselin, de Soissons, pour laquele cause icelui escuier, mal meu, courroucié et eschauffé de ce, s'en vint dessoubs l'ostel des Pilliers audict Attechi, là où il trouva un appellé Perrin Cordier, maistre sergent en ladicte prévosté, qui, de par nous, exposoit en vente des gaiges, qu'il avoit pris pour une certaine exécution, qu'il avoit illecques faire à la requeste d'aucunes personnes. Auquel Cordier, icelui escuier, tenant un espée en sa main, et cuidant que ce feust celui qui avoit apportée ladicte commission, dis tels paroles ou semblables en substance : « Garçon, villain trayte, paillart, es-tu ce qui as apportée une commission du prévost de Pierrefons pour mon adjornement ? Le prévost de Pierrefons n'a point de povoir de faire quelque ajornement en ceste ville par vertu de ses commisions, car elle n'est pas de la prévosté dudict Pierrefons, ne oncques mais on n'y exploita de ses commissions, ne je obéyray en quelque manière, mais tant qu'il touche aux commissions de Monsieur le bailli, je y obayray voulentiers, et je requière Dieu, se tu es si hardi de exploitter contre moy en quelque manière, je te bateray et torcheray si bien, qu'il ne sera jamais heure qu'il n'y paire, » ou paroles semblables.

Lequel Cordier, qui escrivoit illec et tenoit en main un roolet de papier sur son genoil, se leva devant ledict escuier, en lui disant que se n'estoit-il pas qui avoit apportée ladicte commission, mais le vouldroit servir de tout son pouvoir comme Cordier. Et avecques, celui dist que se il eust eue ladicte commission, il n'eust point laissé à exploicter contre ledict escuier, et que ce, il diroit à monsieur le bailli de Senlis. Et lors, ledict escuier bouta ledict Cordier du poing contre la poitrine, en lui disant : « Or vous seez de par le diable, je ne vous demande riens, » en lui requérant que il le lui pardonnast, en disant oultre : « Malgré Dieu, alons boire, je amenderay tout à vostre voulenté. » Et ce fait, prist de fait le dit roolet de papier, qu'il tenoit sur son genoul, comme dit est, en lui disant que ils allassent boire ensemble, cuidant que icelui escuier, que ce feust pour faire information contre lui, ce qu'il escrivoit. Et lors survint illec vn autre maistre sergent en ladicte prévosté, nommé Jacob Waignemaille, qui avoit apporté ladicte commission, auquel ledict escuier, demanda se il avoit la dicte commission, lequel Waignemalle lui respondi que il en avoit une. Et ce fait, ledict escuier dist audict Waignemaille que il estoit vn mauvais garçon de luy vouloir adjorner, veu que il lui avoit promis que l'on ne feroit riens contre lui, et mesmement que ils avoient demouré ensemble en l'ostel dudict Guy de Laval, père du dict escuier. Et ce fait, prist icelui Waignemaille par la main et le mena dedens l'ostel desdicts Pilliers, eulx deux ensemble tant seulement, et fist tant icelui escuier audict sergent que lui mesme déchira sa dicte commission, sans quelque force si comme il dist assés tost après et plusieurs personnes qui là estoient ; et que de ce il ne demandoit riens audict escuier ; et depuis s'en allèrent boire, eulx tous ensemble, c'est assavoir lesdicts : escuier, Cordier, ledict Waignemaille et plusieurs autres.

Pour lesquels cas, ledict de Laval se doubte estre durement traictés par justice, se sur ce ne lui est impartie nostre grâce, si comme il dit, en nous humblement requérant icelle.

Pourquoy, nous, ces choses considérées et le jeune aage dudict escuier, à icelui escuier oudict cas avons quicté, remis et pardonné, quictons, remectons et pardonnons de nostre grâce espécial, plaine puissance et auctorité royal, les fais et cas dessus dicts, ensemble toute peine, offense et amende corporelle, criminelle et civile, en quoy il est et peut être pour ce encouru envers nous et justice, et tous appeaulx et ban, s'aucuns s'en sont pour ce ensuiz. Et le restituons à sa bonne fame, renommée, au pays et à ses biens non confisquez, parmi ce qu'il demourra huit jours prisonnier au pain et à l'eaue.

Et sur ce, imposons silence perpétuel à nostre procureur, satisfaction faicte à partie civile tant seulement, se faite n'est.

Si donnons en mandement par ces présentes au bailli de Senlis et à tous nos autres justiciers et officiers ou à leurs lieuxtenans présens et avenir et à chascun d'eulx, si comme à lui appartiendra, que ledict escuier facent, seuffrent et laissent joir et user plainement et paisiblement de nostre présente grâce, rémission et pardon. Et se son corps, ou aucuns de ses biens, estoient pour ce pris, saisis, levés ou arrestés, si les lui mectes ou facent mectre tantost et sans délay à plaine délivrance.

Et afin que ce soit ferme chose et estable à tousjours, nous avons fait mettre nostre seel à ces présentes, sauf en autres choses nostre droict et l'autry en toutes.

Donné à Paris, au mois de juing l'an de grâce mil CCCC et douze et de nostre règne le xxxiie.

Par le Roy à la relacion du Conseil : FRENON.

3289. — 1412, 22 novembre. Chartres. — Montre des gens de guerre de Thibaut de Laval (Copie, B. N., *français*, 21539, 10).

3290. — 1415, 12 juin. — Acte duquel il appert que Guy XII et Jeanne de Laval-Châtillon ont acquis la châtellenie de Saint-Ouen et les féages d'Entrammes, dans des conditions telles que Jean de Montenay n'a aucun droit d'y exercer le retrait féodal (original A. N., X/1c 109, 222).

A tous ceulx qui ces présentes lettres verront, Jehan Houdéart, licencié ès droiz civil et canon, arceprestre de Bourgueil, et Guillaume Guérin, advocat en court laye, juges arbitres, esleuz du consentement des parties, d'entre noble homme messire Jehan, seigneur de Montenay, chevalier. d'une part ; et noble et puissante dame madame Jehanne, dame de Laval et de Vitré, d'autre part. si comme par lectre passée soubz les sceaulx des conctraz de la court du Bourg-Nouvel et par certaines lectres royaulx, obtenues par ledit de Montenay, peut apparoir, salut.

Savoir faisons, que comparans aujourduy en jugement par devant nous lesdictes parties, c'est assavoir, ledit chevalier, en la personne de Guillaume de Noirreau, son procureur, suffisamment fondé ; et madicte dame, en sa personne.

De la partie duquel de Montenay, comparant comme dessus, a esté dit, proposé, que deffunt monseigneur de Laval et de Vitré et madicte dame avoient acquis et trait à eulx par tel contrat, que retrait y appartenoit, aux prouchains parens de messire Jehan Larcevesque, seigneur de Parthenay, chevalier, duquel ledit de Montenay est prouchain parent, le chastel et chastelenie de Saint-Ouain et appartenances, avecques certains fiez et féages, appellez les féages d'Entramos, lesquelles choses sont mouvans en la ligne dudit de Montenay, et pour ceste cause, avoit fait adjourner ledit deffunt monseigneur de Laval et madicte dame ès assises du Mans, afin d'avoir ycelles choses par retrait, et puis fut ladicte cause advocquée en la court de parlement. Et ce pendant est alé de vie à trespassement ledit défunt monseigneur de Laval, et laquelle dame a reprins les arremens et procès de ladicte cause, par ce que ladicte terre lui appartient, tant par ce que ce fut l'acquest dudit deffunt monseigneur et d'elle, et que par certaine donnacion que lui en fist ledit deffunt monseigneur de Laval ; faisant conclusion, à l'encontre de madicte dame, si elle congnoissoit les choses dessus dictes que par nous fus condampnée et constrainte à lui bailler et délivrer lesdiz chastel et chastelenie et fiez et féages d'Entrames, parmy lui rendant le juste pris que icelles choses, avoient cousté. Et si elle le nyait, il en ouffroit à prouver à suffisant, avecques condampnacion de despens.

De la partie de laquelle dame, a esté défendu au contraire, disant que ledit de Montenay ne soit à recepvoir, à poursuivre ne demener sadicte demande de retrait et si à recepvoir faisoit, si n'a il cause ne accion, parce qu'elle disoit que par la coustume notoirement gardée ès pays d'Anjou et du Maine, quant aucune partie est ajournée en cause de retrait envers deux prouchains parens d'un vendeur, il doit cessier de la demande du plus loingtain, jusques adoncques il soit discuté de celle du plus prouchain.

Or, disant ladicte dame que la contesse de....... laquelle est plus prouche parente d'icellui de Partenay, que ledit demandeur avoit fait adjourner ledit deffunt monseigneur de Laval et elle en ladicte demande, et par ce, en devoit cessier et si cessiéz n'en devoit, et il doust estre receu, ce que nouz si disoit ladicte dame que ledict deffunt monseigneur de Laval et elle avoient prins à rente lesdictes choses dudict seigneur de Partenay, qui est contract licite par la coustume du pays et par lequel mesmement, par ladicte coustume, n'ont les prouchains cause, ne accion de demander retrait. Concluant madicte dame, congneu ce que dit est, que présentement elle fust absoulx de la péticion et demande dudit de Montenay, et s'il le nyait, en ouffroit à prouve à suffisant, et requéroit despens.

Finablement, parties oyes, à tout ce qu'elles ont volu dire et proposer, d'une part et d'autre, après ce que la dicte dame nous a monstré et exhibé en la présence dudict procureur, les lectres dudict acquest, esquelles est contenu comme ledict seigneur de Partenay bailla, audit deffunt monseigneur de Laval et à ma dicte dame, le chastel et chastelenie de

Saint-Ouain et appartenances avecques lesdicts féages d'Entraines à cinq cens livres de rente, nous avons appointé et ordonné que lediet de Montenay prouvera que ledit acquest fut fait par telle manière que retrait y appartient, selon la coustume du pays.

Après lequel appointement ainsi fait, ledit procureur a respondu qu'il ne se vieult en rien charger de prouvé. Et de ce l'avons jugié et partant avons dit et déclairé présente sentence jugement et à droit, que lediet de Montenay n'est plus partie abille à poursuivre sa dicte demande et d'icelle l'avons débouté et déboutons par ces présentes, et madicte dame avons absoulx d'icelle demande et avons récompensé les despens et pour cause.

Donné soubz noz seaulx et saings manuels le v° jour de novembre l'an mil IIII^{c} et quatorze.

J. Hodeart, Guérin.

3291. — 1415, 19 juillet. — Lettres par lesquelles la solution du litige relatif au guet à Laval, demandé aux habitants de Nuillé-sur-Vicoin et d'Astillé, est remis par le roi à une époque où Anne de Laval aura eu le temps de se renseigner sur ses droits (original, A. N., X/1c 111a, 86).

Charles, par la grâce de Dieu, roy de France. A nos amez et féaulx les gens tenans nostre parlement à Paris, salut et dilection.

Nostre bien aimée cousine Anne, dame de Laval et de Vitré, en son nom et comme aiant le bail, garde, gouvernement et administracion des enfans nés de feu Guy, en son vivant seigneur de Laval, et de ladicte exposante, nous a exposé que comme pendant certaine cause, pieçà introduite par devant le bailli de Touraine, entre ledit feu sire de Laval, d'une part, et les habitans des viles et parroisses de Nuillé-sur-Vicoing et d'Astillé, d'autre part, pour occasion du guet et garde que le dit feu sire de Laval disoit iceulx habitans devoir et estre tenuz faire en ladicte ville de Laval et de certains gaiges et namps que iceulx habitans prétendoient avoir esté prins en leurs hostels par aucuns des gens et officiers dudit sire de Laval, soubz umbre desdiz guetz, certain procureur dudit sire de Laval, qui pour lors estoit ou voiage d'oultre mer, se fust aidé en ladicte cause de certaines lectres d'estat, par nous envoyées audit sire de Laval, de toutes ses causes jusques après son retour du dit voiage; non obstant lesquelles, Jean d'Astillé, soy disant nostre sergent, par vertu de certaines lectres royaulx et de l'exécutoire d'icelles ou aultres appointement sur ce obtenu dudit bailli ou de son lieutenant par lesdiz habitans ou aultrement, eust fait commandement au procureur ou aultres officiers dudit sire de Laval, qu'ilz rendissent et restituassent auxdiz habitans certains gaiges et namps, qu'ilz disoient avoir esté prins pour occasion desdiz guetz.

Contre lesquelz commandemens et exploitz, ledit sire de Laval ou son procureur se fust opposé, et, pour procéder en ladicte opposition, luy eust esté jour assigné par ledit sergent à comparoir par devant ledit bailli ou son lieutenant, pendant laquelle assignation et opposicion, et avant que d'icelle eust esté aucunement discuté et déterminé, ledit sergent de son auctorité ou aultrement de sa volunté non deue se fust efforcié de contraindre les gens et officiers dudit sire de Laval à rendre et à restituer lesdiz gaiges et namps, sans vouloir diférer pour ladicte assignacion et opposition ne les vouloir recevoir à aucune opposicion.

Dont et de certains aultres exploiz et griefz ledit procureur eust appelé à nous et à nostre court de parlement, et en icelle deuement relevé son dit appel, par le moien duquel la cause et débat principal desdictes parties pourroit estre grandement diféré et lesdiz gaiges et namps s'aucuns en avoient esté prins, départis, se par nous n'est sur ce pourveu de remède convenable en nous humblement requérant icelluy.

Pourquoi, attendu ce que dit est, et que ledit sire Laval est alé de vie à trepassement depuis déjà an en çà, et pendant ladite appellacion, et que icelle exposante n'a peu ne puet encores bonnement savoir l'estat et mérite de ses causes et besoignes, et qu'elle vouldroit lesdiz habitans et ses aultres hommes et subgez favorablement traictier et garder de dommaiges et afin que la cause principal puist plus briefment estre déterminée et la vérité du débat desdictes parties sceue et attainte,

Vous mandons et commandons, que l'article dudit appel regetté et lequel en tant que mestier est, nous avons mis et mettons du tout au néant sans amende, parmy ce que lesdiz namps et gaiges, s'aucuns en ont esté prins, seront renduz et restituez ausdiz habitans à leur caucion ou aultre suffisant, jusques à ce que, parties oyes, aultrement en ait esté ordonné, ou cas toutes voies qu'ilz seront en nature de chose, sinon les deniers qu'ilz auront esté venduz et appreciez ; vous les dites parties renvoyez par devant ledit bailli ou son lieutenant, pour procéder en ladicte cause principal et aler avant en oultre selon raison.

Car ainsy nous plaist-il estre fait.

Et à ladicte suppliante l'avons octroyé et octroyons de grâce espécial par ces présentes, non obstant quelxconques lectres surreptices impétrées ou à impétrer à ce contraires.

Donné à Paris, le xixe jour de juillet l'an de grâce mil CCCC et quinze et de nostre règne le xxxve.

Par le Roy à la relacion du Conseil.

THOROUDE.

3201 bis. — 1415, 2 août. — Acte par lequel Guy de Laval, seigneur de Pommerieux, époux de Marguerite de la Macheferrière, fait aveux pour Bazougers au duc d'Alençon (Imprimé en partie au *Bulletin de la Mayenne pour 1902*, p. 178).

3202. — 1415, v. s., 10 mars. — Acte par lequel dans le litige au sujet de guet à Laval demandé aux habitants de Nuillé-sur-Vicoin et d'Astillé, il est décidé que l'affaire est remise aux assises après Quasimodo, afin de laisser à Anne de Laval le temps d'étudier la cause (original, A. N., X/1c 111^{a}, 85).

Comme pendant certaine cause dès piéçà introduicte pardevant le gouverneur des ressors et exemptions de Touraine, entre messire Guy, en son vivant seigneur de Laval, d'une part, et les habitans des paroisses et villes de Nuillé-sur-Vicoing et d'Astillé en la chastellenie et seigneurie dudit lieu de Laval, d'autre, pour occasion de la prinse de certains biens, que on disoit avoir esté saisi sur aucuns des habitans de ladicte parroisse, par défaut d'avoir fait guet et garde audit lieu de Laval, ycellui sire de Laval se feust aidé en ladicte cause de nos lectres d'estat, non obstant lesquelles eust esté dit par ledict gouverneur ou son lieutenant, que lesdiz biens seroient renduz à iceulx habitans à leur caucion ou autrement, jusques à ce que, parties oiyes, autrement en ait esté ordonné. Et depuis Johan d'Astillé, sergent du roy, nostre seigneur, s'est efforcé de contraindre ledit seigneur de Laval par la prinse et explectacion de ses terres à rendre et restituer lesdits biens, à quoy certain procureur dudit sire de Laval se feust opposé, et pour procéder en sadicte opposition eust jour assigné à comparoir par devant ledit gouverneur ou son lieutenant, pour dire la cause de son opposition. Pendant et depuis laquelle assignacion ledit sergent eust prins et mins en la main du Roy, nostre seigneur, certaines terres appartenans audit sire de Laval, et voulu de fait contraindre à rendre et restituer lesdicts biens, sanz vouloir aucunement différer pour ladicte opposition et assignacion. Dont et de certains autres griefs et exploiz le procureur dudit seigneur de Laval eust appellé et relevé son appel en la court de parlement; pendant laquelle appellacion le dit sire de Laval soit alé de vie à trespassement, délaissié madame Anne de Laval, sa femme, et plusieurs enfans mineurs; laquelle Anne ait reprins les procès et arremens de ladicte cause, de laquelle elle n'a peu ne peut encore bonnement savoir les mérites. Et néantmoins lesdictes parties, ou cas qu'il plaira à ladicte court, sont d'accord que ladite appellacion mise au néant selon la forme et teneur des lectres royaulx cy attachées que ledit appointement par lequel il fut appointé que lesdicts biens seroient restitués ausdicts habitans, soit mis à exécucion loyalment et de fait selon sa forme et teneur et que lesdictes parties soient renvoyées par devant ledit gouverneur ou son lieutenant aux prouchaines assises après Quasimodo pour procéder en ladicte cause principal ainsi qu'il appartiendra par raison, et paiera la dicte dame ausdicts habitans les despens de ladicte cause d'appel, telz que de raison. Et par tant se départent de ladicte court.

Fait du consentement de Benoit Pidalet, procureur de ladicte dame, d'une part; et de maistre Estienne de Noucaut, procureur desdits habitans, d'autre, le xe jour de mars CCCCXV.

BARÉ.

3203. — 1416, 4 novembre. — Décret d'Adam Chastellain relatif à la chapelle fondée par feu Aimery Le C[illegible] à l'autel de Saint-Louis dans la Trinité de Laval (Archives du Chapitre du Mans, A. 1, fol. 46).

3294. — 1416, 10 novembre. — Déclaration relative à la fondation de deux chapellenies : 1° celle de la confrérie des prêtres de Laval dans la chapelle de Ropho-Jouberti [?] ; 2° confrérie de Saint-Jacques de la Trinité de Laval (Arch. de Chapitre de la Cathérale, A. 1, fol. 128).

3295. — 1419, v. s., 8 janvier à 1420, 16 décembre. — Extraits des mises ordonnées par Jeanne de Laval-Châtillon pour parfaire le château de Vitré (Imprimé, *Association bretonne*, XII, 163).

1162, ligne 4. — Ajouter : *Olivier, petit-fils de* avant le mot : Charles.

3296. — 1422, v. s., 1er février, Laval. — Testament de Jeanne Ouvrouin, dame des Roches et de Poligné (Duchemin de Villiers, 369).

1187. — A la date, lire *21 août* au lieu de 24 août.

3297. — 1425, v. s., 26 janvier, en parlement à Poitiers. — Accord entre Marie Papin, veuve de Jean de Feschal, et Guy de Laval (A. N., X/1c 131, 8).

Karolus, etc... Notum facimus quod, constitutis in nostra parlamenti curia magistris Jacobo d'Espina, procuratore, nomine procuratorio, dilecte nostre Marie Papin, relicte Johannis de Feschal, militis, quondam domini de Thureyo, nuper defuncti, ex una parte, — et Johanne Viaudi, procuratore, in nomine procuratorio, dilecti nostri Guidonis de Lavalle, militis, ex parte altera, per procuratoria inferius inserta fundatis, — certisque literis accordi, per et inter dictum quondam Johannem de Feschal, dum viveret, suo ac prefate Marie, ejus quondam conjugis, nominibus, ex una, et prefatum Guidonem partibus ex altera, passatis, dicte nostre curie per dictos procuratores traditis ; quarum tenor sequitur sub his verbis : « Saichent touz, etc. Donné à Ang[ier]s en double, d'assentement des parties, le xe jour de septembre, l'an mil IIIIc XXV » ; prefatisque procuratoribus assentientibus seu recognoscentibus quod accordum, in preinsertis litteris contentum, passando certo debato inter dictas partes, videlicet dictos quondam Johannem et prefatum Guidonem, super valore seu existimacione in qua dictus Guido arreragia centum et quinquaginta librarum redditus, de et pro quinque annis seu annatis in termino festi Omnium sanctorum penultime preteriti finitis, de rentis de quibus in dicto accordo cavebatur (sic) solvere teneretur, suborto, ipsi quondam Johannes et Guido, de et super hujusmodi debato, ordinacioni et arbitrio dilectorum et fidelium nostrorum consiliariorum magistrorum Johannis de Vailiaco, primi presidentis in dicto parlamento, et Guillelmi de Lanoy, se submiserant, qui consiliarii nostri... suam ordinacionem et decisionem, in litteris suis, sub eorum sigillis et signis manualibus confectis, sub data xxiiii^e^ diei mensis septembris ultimo preteriti, ad notarios coram quibus dictum accordum passatum fuerat, transmiserant ; quas quidem litteras dicti notarii, de dictarum parcium consensu, in grossa litteras dicti accordi, licet essent in data subsequentes, inseruerant.

Demum, de licencia et auctoritate dicte nostre curie, prenominati procuratores.. dictum accordum ac omnia et singula in preinsertis litteris contenta, unacum dicta ordinacione seu declaracione predictorum nostrorum consiliariorum, laudaverunt... et omologaverunt, et de novo, in quantum opus est vel fuit, tractaverunt... inter se, prout et quemadmodum in eisdem litteris, cum declaracione predicta, est expressum.

Ad quod quidem accordum ac omnia... in presentibus litteris contenta... tenenda... ac perpetuo observanda, prefata curia nostra partes predictas. . condempnavit.

Tenores vero procuratoriorum predictorum sequuntur sub his verbis : « Saichent touz, etc.

Donné et fait le xviiie jour d'octobre, l'an mil IIII^c^ XXV».

In cujus rei testimonium...

Datum Pictavii in parlamento nostro, vicesima sexta die januarii, anno Domini millesimo quadringentesimo vicesimo quinto et regni nostri quarto.

1207, ligne 4 de la notice. — Ajouter à l'indication de source : L'original, avec le sceau de Jeanne, se trouve à la Bibliothèque nationale, *latin* 11827, 24.

3208. — 1430, 20 juin, Rome. — Bulle par laquelle le pape Martin V accorde à Guy XIV et à Isabelle de Bretagne la dispense que leur parenté au quatrième degré rendait nécessaire à la validité de leur mariage (copie, B. N. *français*, 2710, 76).

Martinus, episcopus, servus servorum Dei, dilecto filio nobili viro Guidoni, comiti de Lavalle Cenomanensis diocesis, et dilectæ in Christo filiæ nobili mulieri Ysabellæ, dilecti filii nobilis viri Joannis, ducis Britanniæ natæ, salutem et apostolicam benedictionem.

Romanus pontifex, beati Petri cœlestis regni clavigeri successor et vicarius Jesu Christi, cuncta mundi climata omniumque nationum in eis degentium qualitates paterna consideratione discutit et examinat diligenter, ac ex officii debito, salutem et pacem quærens et appetens singulorum, superna fultus potestate, illa suadentibus rationabilibus causis, propensa deliberatione, salubriter ordinat et rigori canonum, præsertim circa dignitates atque prosapia prærogativa fulgentes, dum pro locorum et temporum qualitate id expediens fore conspicit, dispensatoriam mansuetudinem laudabiliter anteponit.

Sane oblatæ nobis nuper pro parte vestra petitionis series continebat quod vos, communium parentum et consanguineorum vestrorum interveniente tractatu, desideratis ex certis rationabilibus causis invicem matrimonialiter copulari, sed quia quarto consanguinitatis gradu estis invicem conjuncti, hujusmodi vestrum desiderium adimplere non valetis, dispensatione apostolica super hoc non obtenta ; quare pro parte vestra nobis fuit humiliter supplicatum ut vobis super hoc providere de opportunæ dispensationis gratia dignaremur.

Nos igitur ex præmissis et aliis causis nobis expositis hujusmodi supplicationibus inclinati vobiscum ut, impedimento, quod ex consanguinitate hujusmodi provenit, non obstante, matrimonium invicem libere contrahere et in eo, postquam contractum fuerit, remanere licite valeatis, auctoritate apostolica, tenore presentium, dispensamus, prolem ex hujusmodi matrimonio suscipiendam legitimam nuntiando.

Nulli ergo...

Datum Romæ apud Sanctos Apostolos IIIº kalendas Julii, pontificatus nostri anno XIIIº.

3200. — 1430, 29 juin, Rome. — Bulle par laquelle le pape Martin V donne mission à l'évêque de Dol d'annuler le mariage contracté malgré empêchement dirimant entre Isabelle de Bretagne et Louis III d'Anjou (copie, B. N., *français*, 2707, 149).

Martinus, episcopus, servus servorum Dei, venerabili fratri episcopo Macloviensi, ad ecclesiam Dolensem translato, salutem et apostolicam benedictionem[1].

Justis et honestis supplicum votis libenter annuimus eaque favoribus prosequimur oportunis ; exhibita siquidem nobis pro parte dilectæ in Christo filiæ nobilis mulieris Isabellæ, dilecti filii nobilis viri Johannis ducis Britanniæ natæ, continebat petitio quod dudum genitor suus, ipsa adhuc infra pubertatis annos existente, medio juramento, promisit quod ea carissimo in Christo filio Ludovico III°, nunc unico filio Reginaldi illustris, matrimonio jungeretur ; ac deinde ipsa et Ludovicus præfati, non ignorantes impedimentum inter eos existere quominus possent invicem matrimonialiter copulari, matrimonium invicem in facie Ecclesiæ contraxerunt per verba legitime de præsenti ; postmodum vero cum eisdem Ludovico et Isabella, qui in tertio et quarto gradu consanguinitatis se invicem attingere dicebantur, ut, impedimento quod ex consanguinitate hujusmodi proveniebat non obstante, in contracto matrimonio hujusmodi remanere libere et licite possent. Cum autem, sicut eadem petitio subjungebat, ipsa Isabella, postquam ad annos legitimos pervenit, matrimonio et dispensationi hujusmodi consenserit nec tacite nec expresse, ac etiam ipsa dispensatio et eo viribus non subsistat quod ipsa Isabella tertio et quarto consanguinitatis gradibus ex utroque parente præfato est Ludovico conjuncta, quod in præfata dispensatione tacitum fuerat ; et propterea, ipsum matrimonium utpote de facto contractum, ipso jure sit nullum ; et ob id, ipsa Isabella cupiat, ut mater fiat, alteri

1. Etienne Cœuret, évêque de Dol depuis le 6 novembre 1405, était mort le 6 décembre 1429. Son successeur fut Jean de Bruc, évêque de Tréguier depuis le 25 avril 1422. La bulle de Martin V en sa faveur est du 25 septembre 1430.

Quant à l'évêque de Saint-Malo en 1430, c'était Guillaume de Montfort, qui occupait ce siège depuis le 13 octobre 1423, et qui dès le 7 juillet 1424, avait été nommé à Saint-Brieuc, mais n'avait pas accepté son transfert.

Notre bulle 3299 prouve qu'en 1430 il avait refusé son transfert à Dol.

matrimonialiter copulari, pro parte ipsorum ducis et Isabellæ nobis fuit humiliter supplicatum ut eis in præmissis oportune providere misericorditer dignaremur.

Nos igitur ex certis causis nobis expositis, hujusmodi supplicationibus inclinati, fraternitati tuæ de qua specialem in Domino fiduciam obtinemus, per apostolica scripta committimus et mandamus, quatenus de præmissis omnibus et singulis authoritate nostra te diligenter informes, et si per informationem hujusmodi tibi constiterit causa legitima præmissa veritate fulciri, super quo conscientiam tuam oneramus, matrimonium hujusmodi inter ipsum Ludovicum et Isabellam utpote de facto contractum authoritate nostra declares fuisse et esse nullum, ipsique Isabellæ, ut alteri viro alias tamen rite et legitime matrimonialiter conjungi possit eadem authoritate concedas, ac præfatum ducem et quoscunque alios a juramento, super contrahendo hujusmodi matrimonio inter partes olim præstito, præfata authoritate absolvas, decernens Isabellam ad ipsius matrimonii ac ducem præfatos ad juramenti prædictorum observantiam non teneri ac initum et inane quidquid in contrarium a quoquam quavis authoritate scienter vel ignoranter, contigerit attentari in contrarium editis non obstantibus quibuscumque.

Datum Romæ apud Sanctos Apostolos IIIº kalendas Julii, pontificatus nostri anno XIIIº.

3300. — 1430, 7 octobre, Rome. — Bulle par laquelle le pape Martin V déclare que, malgré les dispenses antérieurement obtenues par eux, Louis d'Anjou et Isabelle de Bretagne n'ont pas contracté un lien indissoluble (copie, B. N., *français*, 2710, 74).

Martinus, episcopus, servus servorum Dei, ad futuram rei memoriam.

Romani pontificis providentia circumspecta ea quae plerumque concessit, ne, male intellecta aut aliter quam oporteat interpretatione sensus exorta, scandalum pariant et errorem, ad transquillandos [sic] animos et conscientias serenandas, libenter dilucidat et declarat.

Dudum siquidem, pro parte carissimi in Christo filii nostri, Ludovici, Siciliæ regis illustris, et dilectæ in Christo filiæ nobilis mulieris Ysabellis, — dilecti filii, nobilis viri, Joannis, ducis Britanniæ, natæ, — nobis exposito, quod olim ipsi, non ignorantes se tertio et quarto gradibus consanguinitatis fore conjunctos, quodque ipse Ludovicus, tunc impubes, olim cum quadam puella quæ dictæ Ysabelli similiter, in tertio et quarto consanguinitatis gradibus conjuncta fuerat et quæ post modum, nulla secuta copula, decessit, sponsalia contraxerat, de consensu præfati ducis, genitoris ejusdem Ysabellis, pro pace conservanda, matrimonium, per verba de presenti, legitime dummodo apostolicæ sedis dispensatio suffragaretur eisdem, contraxerunt, carnali tamen copula minime subsecuta, ac pro parte regis et Ysabellis prædictorum nobis humiliter suplicato ut eis super hoc, de oportunæ dispensationis gratia, providere de benignitate apostolica dignaremur : Nos tunc, ex certis causis nobis expositis cum eisdem, ut, impedimentis non obstantibus præfatis, in eodem contracto matrimonio remanere libere et licite valerent, duximus dispensandum prout in litteris nostris superinde confectis plenius continetur. — Cum autem, sicut postmodum non nullorum veridica relatione percepimus, præfata Ysabellis, datæ litterarum nec non contractus eorumdem temporibus, impubes, ac dicti regis in tertio et quarto consanguinitatis gradibus seu altero eorumdem, ex utroque parente conjuncta fuerat, de quibus videlicet quod ipsa Ysabellis præfato regi ex utroque parente in tertio et quarto consanguinitatis gradibus vel altero ipsorum, ut præmittitur, conjuncta, ac etiam tunc minor annis extiterit, nulla prorsus mentio facta fuit, et, licet matrimonium hujusmodi per Ysabellam necnon dicti regis procuratorem duntaxat inter eos contractum ac etiam in facie Ecclesiæ solemnisatum fuerit, præfata tamen Ysabellis, nunc in decimo quinto, vel circa, suæ ætatis anno constituta, asserens litteras nostras antedictas aliquem non debere sortiri effectum, nisi ipsius interveniente consensu hujusmodi, contractum et dispensationem ratificare recusavit et recusat, quin potius desiderat cum alio viro matrimonialiter copulari.

Nos igitur, qui vices Christi, licet immeriti, gerentes in terris, pacem et concordiam maxime inter Christianos principes, studiis indefessis, quærimus, ac ne super litteris præfatis disputendi [sic] materia, quæ dissensiones et scandala parturiat, oriatur, ex certis causis animum nostrum monentibus, auctoritate apostolica, tenore præsentium declaramus nostræ intentionis fuisse et esse per litteras antedictas super expressis, duntaxat in eisdem et si fuerit de consensu partium ac super ei (?) tunc contracto solum matrimónio, dispensare voluisse prædictosque impubertatis et ex utroque parente consanguinitatis defectus, ut præfertur, non expressos minime supplevisse, ac alias litteras ad alia quam in eis specifice expressa, ultra quam jus exposcat, extendi noluisse constitutionibus apostolicis cæterisque, non obstantibus quibuscumque.

Nulli ergo animo hominum liceat hanc paginam nostræ declarationis et voluntatis infringere vel ei ausit temerarie contraire.

Si quis autem hoc attemptare præsumpserit, indignationem omnipotentis Dei et beatorum Petri et Pauli, apostolorum ejus, se noverit incursurum.

Datum Romæ, apud Sanctos Apostolos, nonis octobris, pontificatus nostri anno tertio decimo.

3301. — 1430, 18 octobre. Rome. — Bulle par laquelle le pape Martin V informe Jean V de Bretagne et Jeanne de France, son épouse, qu'il investit divers personnages de la mission de les absoudre de la violation de serment dont ils se sont rendus coupables en se prêtant à la rupture du mariage de leur fille Ysabelle avec Louis III d'Anjou (copie, B. N., *français*, 2710, 73).

Martinus, episcopus, servus servorum Dei, dilecto filio nobili viro Johanni, duci Britanniæ, et dilectæ filiæ inclitæque dominæ Johannæ, primogenitæ regis Francorum, consorti ejusdem, salutem et apostolicam benedictionem.

Ex parte vestra nobis fuit expositum quod jam dudum vos minime ignorantes Ysabellam Britanniæ, vestram filiam, Ludovico, Siciliæ regi, in tertio et quarto cognationi gradibus ex utroque parente invicem attingere ; quo nonobstante ipsam Ysabellam eidem Ludovico in sponsam copulastis et jurastis matrimonium illud inviolabiliter et similiter observare et tenere nec unquam imposterum in contrarium venire. Quod quidem matrimonium in facie Ecclesiæ eamdem Ysabellam tunc impuberem cum dicto regi Siciliæ per procuratorem est solemnizatum, solemnitate in talibus solita interveniente ; adjicientes quod non obstante hujusmodi matrimonio, instantibus parentibus et rata prædicta per nos dissoluta eamdem

Ysabellam cum nobili viro Guidone, comite de Laval, matrimonium iterum contraxit et solemnitate ecclesiastica observata consummavit. Verum quod vos de hujusmodi juramento præstito super observantia prædicti matrimonii cum rege prædicto conscientiam habetis remordentem, concessum est quod discretioni dilectorum fratrum nostrorum episcoporum Venetensis et Leonensis ac etiam dilectorum filiorum officialis Venetensis et confessorum vestrorum committimus et eorum cuilibet vices nostras mandamus per presentes litteras, et a perjurio, si quod occasione præmissorum incurreritis, vos absolvant et penitentiam salutare vobis injungant vobiscumque dispensent et hujusmodi juramento commutantes in aliis operibus charitatis eisdem et eorum cuilibet vices nostras plenarie committentes de plenitudine potestatis.

Nulli ergo omnino hominum liceat hanc paginam nostræ concessionis et voluntatis impugnare vel ei ausu temerario contraire.

Si quis autem in contrarium attentare præsumpserit indignationem omnipotentis Dei et beatorum Petri et Pauli apostolorum ejus se noverit incursurum.

Datum Romæ apud Sanctos Apostolos xv° kalendas novembris, pontificatus nostri anno XIII°.

1235, à la note. — Ajouter : M. le duc de la Trémoïlle possède d'autres actes, appartenant au dossier Serrant, dans lesquels, en 1433 et 1434, Gilles de Retz porte le titre de comte de Brienne. Voir aussi dans la *Revue de Bretagne*, 1901[1], p. 70, ce que dit M. Blanchard à ce sujet.

1239, ligne 1. — Lire Guy XIV au lieu de Guy XII.

3302. — 1431, 5 mai, Avignon. — Lettres par lesquelles Philippe de Coëtquis, archevêque de Tours, donne à divers personnages le pouvoir d'absoudre Jeanne de France, duchesse de Bretagne, des fautes qu'elle avait pu commettre en rompant l'alliance, qu'elle avait juré de maintenir, entre Isabelle, sa fille, et Louis III d'Anjou (Copie, B. N., *français*, 2707, 150).

Philippus, miseratione divina archiepiscopus Turonensis, reverendo in Christo patri et fratri nostro præcarissimo domino Johanni, eadem gratia episcopo Nannetensi, nec non venerabili religioso fratri Guillermo Davy, ordinis Fratrum Prædicatorum, confessori illustrissimæ ac serenissimæ principissæ dominæ Johannæ primogenitæ christianissimi Francorum regis et ducissæ Britanniæ, et omnibus vestris in solidum salutem et sinceram in Domino charitatem.

Quia, perspectis per nos multiplicibus litteris apostolicis et aliis per quas occulatim didiscimus datam a sede Apostolica, auctoritate domini Martini tunc papæ quinti, potestatem pluribus dominis episcopis et aliis absolvendi dictam dominam a certis culpis suis commissis contra ejus juramentum quondam præstitum per eandem, ut dicitur, super quodam matrimonio promisso et contracto inter dominum Ludovicum, serenissimum regem Siciliæ, et clarissimam dominam Ysabellim, unigenitam filiam illustris domini ducis Britanniæ et prefatæ dominæ Johannæ, cum potestate etiam indicendi eidem dominæ Johannæ pœnitentiam salutarem prout in dictis litteris plenius continetur concedentes per vos aut prædictos alios prælatos, ad quos præfatæ apostolicæ litteræ diriguntur, ipsam dominam post auditam ejus confessionem a dictis culpis plenarie absolutam innueritis eidem certis salutaribus pœnitentiis; nos, autoritate metropolitana qua per totam nostram provinciam fungimur, vestris fraternitatibus et cuilibet vestrum in solidum vices nostras quantum possumus tenore præsentium committimus, qua ad audiendum etiam ex parte nostra devotam confessionem prædictæ dominæ et eandem autoritate nostra, si opus fuerit, et ad hoc devotio ejusdem se ostendat, absolvendi in forma Ecclesiæ ab omnibus prædictis culpis et aliis prout nos ipsi in propria faceremus, aut possemus facere si presentes et personaliter interessemus.

Datum apud Avenionem, die quinta mensis maii anno Domini MCCCCXXXI.

Per dominum — Buignon.

3303. — 1431, 21 octobre. — Aveu de la terre de Blossac fait au seigneur de Gavre, de Montfort et de Lohéac (Guy XIV de Laval), par Bertrand de Monbourcher, au nom de sa fille Jeanne (Imprimé en partie, *Bulletin archéologique de l'Association Bretonne*, t. X, 1891, p. 104, d'après l'original conservé au cabinet de M. de la Borderie).

3304. — 1433, 11 juillet. — Accord entre le comte de Vendôme et Jeanne de Laval, sa femme, d'une part, et Anne de

Laval, de l'autre, au sujet du taux de l'hommage des deux mille livres de rente que Jeanne avait reçues en dot (Imprimé, Beautemps-Beaupré, *Coutumes et Institutions*, IV, 346).

3305. — 1433, 11 décembre, Nantes. — Arrangements pris entre Guy XIV, d'une part, Louis de Bourbon-Vendôme et Jeanne de Laval, son épouse, de l'autre, au sujet de la dot de cette dernière (Bibliothèque de Laval, documents Couanier de Launay).

Au jour dehuy en jugement les plez générauls de la court de céans tenens c'est comparu Jehan del Beauce, ou nom et comme procureurs général et privé de hault et puissent seigneur Guy, conte de Laval, sire de Vitré, de Montfort et de la Roche, disent que autreffoiz à certain contrat, troitié et apointement, fait et octroyé entre hault et puissant seigneur Loys de Bourbon, conte de Vendosme et de Chartres [1], ou nom de lui, et de Johanne de Laval, sa compoigne, de sa partie, et ledit conte de Laval, tant en son nom, que comme se fesent fort de Anne, contesse de Laval, mère dudit conte de Laval et de ladite Johanne, sa sœur, contesse de Vendosme, d'autre, touchent le fait du contrat de mariaige d'entre ledit conte de Vendosme et sa dicte compoigne et des promesses lui ottroyées et promises, dont avoit esté fait somme et mémoirre de escripture, quelle celui del Beauce disoit estre signée des mains de Pierres Loiet, Jehan Dubrel, Olivier Grimaud, Alain Rosel et de Lorens Pichois, dont la tenour enssieult :

Comme par le trettié et contrat de mariaige parlé et fait entre hault et puissent seigneur Loys de Bourbon, conte de Vendosme et de Chartres, et damme Johanne de Laval, sa compoigne, seur aiznée de hault et puissent seigneur Guy, conte de Laval, sire de Vitré, de Montfort et de la Roche, et nobles et puissantes mademme Johanne, dame de Laval, et mademme Anne, sa fille, mère dudit conte de Laval et de ladite deme Johanne, sa sœur, contesse de Vendosme, entre autres chousses eussent baillé et transporté auxdits conte et contesse de Vendosme, les terres d'Avrillé, Blou, Brion-en-Anjou, Causillon, Plelans et Saint-Aubin-des-Chasteaux en Bretaigne pour et en assiète de deus mille livres de

1. La Chartre-sur-Loir.

rente promis ès dessusdits conte et contesse de Vendosme, par ladite mademme Anne de Laval, à en joir dès le temps dudit mariaige à tous jours mès perpétuellement, comme du propre héritaige de ladite contesse de Vendosme, o telle condicion que sy lesdites terres ne valoint lesdites dous mille livres de rente à assiète et coustume des pais où elles sont cisses, ladite dame Anne eut promis ce que en deffauldroit les parfaire et embailler assiète en ses autres terres, ou pais de Bretaigne-Gallou ; ainsin que ces chouses et autres apparurent plus à plein par les lettres du contrat de mariage sur ce et faites et passés.

Depuy lesquelles choussses ainsin faites lesdites parties ont procédé assavoir la valour desdites terres sises en Enjou et des terres de Queuzillon, Saint-Aubin-des-Chasteaux et auxi des terres de Neaut et Saint-Jehan-sur-Coeitnon, et, veu le prisaigo d'icelles terres, ledit conte de Vendosme, à cause de sadite compoigne, disoit que elles ne suffisint pas pour paesment et assiète desdits dous mil livres de rente, anczois en défailloit plus de quatre cens livres de rente dont il demandoit lui estre fait assiète, selond la tenour des contraz dudit mariaige em principal avecques les erraiges d'emprès ledit mariaige, qui montent trois mille livres et plus.

Et ledit conte de Laval, ou nom et pour madite damme Anne, sa mère, disoit que lesdites terres et prisées valoint lesdites dous mil livres de rente et plus et par ce ne seroint tenuz de faire aucun parfait ne erraige poier à cause desdites chousses.

En nostre cour de Nantes establiz lesdits contes de Vendosme, tant en son nom, comme à cause de sadite compoigne, d'une part, et ledite conte de Laval, tant en son nom que comme soi faisent fort de ladite damme Anne, sa mère, voulens eschiver plèt et proceix et nourir entre eulx paiz et concorde, ont trensigé et acordé tant pour les faiz dessusdits que sur plusours arguemens et questions qu'ils fesoint d'une part et d'autre sur le fait desdits prisaiges : c'est assavoir que ledite conte de Vendosme, ou nom que dessus, a esté d'acord et d'assentement de avoir et prendre et deffait à prins et acepté lesdites terres sises en Enjou et lesdites terres de Cauzillon, Saint-Aubin-des-Chasteaux, Neaut et Saint-Jean-sur-Coaesnon en l'estact que elles sont, o toutes leurs charges et comme pour toute prises et avalues suffisaument pour paesment et assiète de deiz et neuff cens livres de rente à valoir descharge à ladite mademme Anne de l'assiète desdits dous mille livres de rente par elle promis.

Et en tent que touche les cent livres restens desdits doux mille livres de rente, ledit conte de Laval, ou nom de ladite damme Anne a promis et promet par ces présentes en bailler et faire assiète suffisent auxdit conte et contesse de Vendosme et ce en Bretaigne Gallou, selond la teneure desdites lettres. Et se il y a aucuns hommes et subjets en l'assiète qui sera baillés auxdits conte et contesse de Vendosme, pour lesdites cent livres de rente, ledit conte de Vendosme ne sera tenu de les prendre en lieu de l'obaissance deu su yceulx synon estaigies pour doze deniers en non estaigies pour seix deniers. Laquelle rente de cent livres de rente ledit conte de Vendosme prendra et fera prendre des premiers deniers yssans de la repeete de ladite terre de Plelan, par chacun an, au terme de Nouël : commencent le premier paesment à Nouël quatre cens trente et quatre jucques ad ce que ledit conte de Laval lui ait assus lesdites cent livres de rente. Et d'icelle somme poier sera obligé le repeeveur d'icelle terre, présent et avenir. Et par ce demoure audit conte de Laval la terre de Plelan. Et au regard des erraiges d'avent diz, que demendoit ledit conte de Vendosme, et auxi de cent livres à lui promis pour la réparation des moulins de Cauzillon, ledit conte de Laval, ou nom de sadite mère, lui a promis poier et rendre la somme de ouyt cens livres monnoie de Bretaigne, dedans la Chendelour prochainement venant, ou au temps que seront baillés les lettres du consentement de ce présent troitié et acord ; et, en tant qu'il y a aucune partie des rentes et terres de ladite terre de Cauzillon baillé oudit prisaige contredite par aucuns, ledit conte de Laval ne sera tenu de les parfaire ne faire valoir ne en porter garantie ne autres charges.

Lesquelles chousses dessusdites ledit conte de Laval a promis tenir ; et a promis ledit conte de Laval les fère avoir agréables à ladite mademme sa mère et rendre et bailler audit conte de Vendosme lettres dudit consentement et octroy dedans ladite Chendelour.

Et pareillement, ledit conte de Vendosme a promis tenir lesdites chousses et faire avoir agréable à madite damme

Jehanne, contesse de Vendosme, sa compoigne, et d'en bailler et faire bailler aux dessusdiz contesse et conte de Laval lettres et conssentement dedans ledit temps.

Et demourent en leur force et vertu en autres chousses touz les poins et articles contenuz ès lettres du contrat dudit mariaige, tant de la terre de Blou que autrement.

Escrit et fait à Nentes le onziesme jour de décembre l'an mil IIIIe trente et trois.

3306. — 1434, 19 avril. — Acte par lequel Jean d'Acigné, seigneur d'Acigné et de Fontenay, se reconnaît homme et sujet d'Anne de Laval (original sans sceau au cabinet de M. Jules Chappée).

3307. — 1434, v. s., 26 mars, Vannes. — Acte dans lequel Guy XIV et Isabelle de Bretagne donnent leur formelle adhésion aux mesures prises à leur égard par le duc Jean V dans ses lettres du 2 décembre 1430 et du 9 janvier 1435 (copie, B. N., *français*, 2710, 81).

Guy, comte de Laval, sire de Vitré et de la Roche, et Isabeau, aisnée et seulle fille de mon très redouté seigneur monseigneur le duc de Bretaigne, compagne, espouse de mondit seigneur le comte dessusdit, comtesse et dame desdits comté et seigneuries, autorisée à nostre requeste de mondict seigneur le duc et de mondit seigneur le comte, quant à tout le contenu en ces présentes, à tous ceux qui ces lettres verront ou orront, salut.

Savoir faisons que comme il ait pleu à mon dit seigneur le duc en faveur et pour le fait de mariage de nous dits comte et comtesse nous octrier les lettres dont la teneur s'ensuit :

[Ici le texte des lettres de Jean V, des 2 décembre 1430 et 9 janvier 1434 (v. s.), numéros 1232 et 1290 du Cartulaire].

Nous comte et comtesse dessusdits, bien informéz et acerteniéz de tout le fait et contenu des deux lettres cy dessus insérées, les avons eues et les avons agréables, en nous tenants et tenons contents des dot et droits dessus déclérez, prometans à jamais par nos sermens, en nom de nous et de nos hoirs, jamais aucune chose n'en demander à mondit seigneur le duc, à nos seigneurs ses enfans et hoirs masles ne à leur lignée, issue d'elx en mariage, excepté seullement le payement de la somme de soixante-dix mil escus d'or, selon le contenu esdictes deux lettres, et sauf à nous, à demander et avoir au plus large le droit et portion de nous dicte comtesse et de nostre lignée en la succession de mondit seigneur le duc et de deffuncte madame la duchesse, que Dieu absolle, si le cas avenoit du deffault de nos dicts seigneurs, leurs enfans et hoirs masles et de leur lignée procréée d'elx en mariage, comme dit est, ainsy que faire le pourrions, si ledit dot et octroy ne nous avoit esté ou estoit fait ainsi que dessus, et tout le contenu esdictes deux lettres, avons accordé et accordons o les reservations et limitations y déclairées, en renonciant et renoncions pour nous et nos hoirs en la maire forme, à tout ce que nous pouvoit compéter en plus large esdictes successions, et que pourront dire et alléguer ou demander au contraire.

Et quand à tenir et accomplir loyaument de nostre part, tout le contenu cy dessus, tant en ce que touche le convertissement de la dicte finance en acquest d'héritage, que mesme à faire restitution dudit dot, si le cas en avenoit, et à fournir et entretenir l'effet desdictes lettres, en ce que nous touche, sans jamais aller ne demander encontre par nous, ne nos hoirs, nous comte dessusdit, pour nous et nosdits hoirs, nous obligeons en la maire et plus grand forme des contrats, et avons hipotecqué et hipotecquons par ces présentes tous nos biens meubles et héritages, présens et futurs et chacun d'elx pour le tout, en renonceants et renonceons en outre à touttes exceptions, dillations, grâces ou privilèges que pourrions quérir ou demander au contraire. Et ainsy, le promettons et jurons tenir par les foy et serment de nostre corps.

Et en témoing de touttes et chacune les choses dessusdittes, nous dits comte et comtesse, en nous sousmettant avec tous nos biens à la jurisdicion de la cour de Rennes et à touttes les cours et jurisdicions de mondit seigneur le duc, avons requis et requérons en tesmoing desdictes choses les signes et passements de Jean Estienne et Jean d'Auray, nottaires de ladicte cour de Rennes, estre appouzés à ces présentes avec les seaux des contrats dudit lieu. Et y avons mesme escrit nos signes manuels, et nous dit comte de Laval, appousé nostre seau et avons requis assemblement nous dits comte et comtesse les signes manuels et seaulx de révérend père en Dieu, messire Jehan de Malestroit, évesque de Nantes, notre cousin et compère ; de messire Jean de Saint-Léon, évesque de Rennes ; et de nostre frère Louis de Laval, sire de Chastillon ; et de messire Pierre Eder, chevalier, à maire fermeté de toutes icelles choses.

Donné et fait audit lieu de Vannes, le vingt-sixiesme jour de mars l'an de grâce mil quatre cents trente et quatre avant Pasques. Guy de Laval, Ysabeau, Loys de Laval, Estienne, Jean d'Aubay, et scellé de quatre seaulx de cire sur simple queue.

3308. — 1436, 25 aout. — Acte par lequel André de Laval-Lohéac s'engage à être bon et loyal serviteur du duc de Bretagne (copie, B. N., *français*, 2709, 211).

André de Laval, seigneur de Lohéac, promets et m'oblige par la foy et mon serment de mon corps, sur l'honneur et estat de ma personne, estre et demourer tant que vivroy bon et loyal subgit et serviteur à mon très redouté seigneur, monseigneur le duc de Bretaigne, et loyaulment à mon pouvoir le servir, et mon très redouté seigneur, monseigneur le comte de Montfort, son aisné fils, contre tous celx qui ennuy, guerre ou desplaisir leur feront ou entreprendront faire, à leurs pays et seigneuries en aucune manière ; et avecques ce promets révéler en toute diligence possible à mesdits seigneurs ou à l'un d'eulx tout ce que je sçaurai estre pourchassé au préjudice et dommage de leurs personnes et pays, affin qu'ils y pourvoyent, et me oblige résister et obvier moy mesme à mon povoir.

Et toutes et chacunes les choses dessusdites promets et me oblige, comme dict est, faire, fournir, entériner et accomplir sans en faillir, par commission ne obmission, fraude, barat ne malengin en aucune manière.

Et en tesmoing de ce, j'ay signé ceste lettre de ma main ; et, pour maire fermeté, fais signer à ma requeste des signes manuels de mon très cher seigneur et frère, le comte de Laval, et de mon frère le seigneur de Chasteillon.

Le vingt-cinquiesme jour d'aoust, l'an MCCCCXXXVI. André de Laval, Guy de Laval, Loys de Laval.

1317, à la date. — Ajouter la Roche-Suhart, en la paroisse de Trémusson. Voir aux pages 218-219 ce qui est dit sur les origines de Françoise de Dinan.

3309. — 1437. — Serment de fidélité prêté au duc de Bretagne par les chevaliers du pays de Vitré (copie, B. N., *français*, 2709, 210).

A tous celx qui ces présentes lettres véront et oiront nous, les chevaliers et écuiers du païs de Vitreays, dont partie des noms de nous sont cy dessous de nos mains souscrits, en témoin d'avoir fait le serment qui cy après est contenu et des autres les seaux y mis et aposéz, pource que ne sçavons pas tous écrire, certiffions, que nous avons jurez et par ces présentes jurons à Dieu et ès saints évangiles, que nous serons bons, vrois et léaux au duc, notre souverain seigneur, qui maintenant est, l'aiderons, conseillerons et conforterons à tout notre poair, le temps qu'il vivra et que nous vivrons, au bien et honneur de luy, de sa personne, état, vie et conservation de sa seigneurie, à l'encontre de toutes personnes quelconques, qui se voudront avancer à y entreprendre ou aucun mal y attenter. Et après son décéix, pareillement le feront à nos seigneurs ses enfants masles, et à nos seigneurs enfans masles de ses dits enfents, et qui vendront de degré en degré à la succession du duché; et s'il étoit que Dieu ne veille que eux ou leurs enfents mâles desfaillissent, par quoy la succession vensist à nos seigneurs de Richemont, d'Estampes ou à l'un d'elx ou à leurs enfents mâles, nous jurons pareillement, ainsi que dessur est dit, leur être loiaux, aidants, conseillants et confortants.

Et s'il avenoit que aucuns des dessurdits ou autres voussissent, par quelque manière que ce fust, entreprendre à venir au duché ou gréver, ou porter nuisance en corps, vie ou bien à celuy à qui la succession devoit apartenir, ou seroit successivement écheue selon les degrès dont dessur est touché, nous promettons et jurons comme dessur à tout notre pouvoir impescher et être au contraire à celuy qui ainsi follement se voudroit entreprendre; et y aider et servir le vray héritier avec, et luy révéler et descouvrir tout ce que nous sçaurions que on voudroit à l'encontre de luy, sa vie, postérité et biens pourchacez.

Et s'il étoit que celuy qui seroit proche à la succession du duché, voudroit avancer son droit à succéder au duché, par machination de la mort du duc ou autrement ou aucuns des dessurdits avancer son lieu d'y succéder autrement que douement, nous jurons être aidants à l'en débouter, comme indigne de la seigneurie d'iceluy duché, et être aidants et obéissants au proche après, pour succéder et obtenir le duché.

Et en témoin de ce, ainsi que dessur est dit, à chacun de nous pour soy, avons mis les uns leurs noms et les autres leurs seaux, ainsi que par l'écriture et seaux peut apparoir.

Fait en l'an de l'incarnation Notre-Seigneur mil quatre cent trante et sept.

Ainsi signé : Guillaume de Chanpeaux, Voirest. Marion, J. Chesnel, Loys Domne Doublet, Gérard de Coasmes, J. Le Fèvre, J. Hardi, Tebaut de Donée, Guillaume Chevalier, J. Houdiz, J. de la Reauté, Raoulet, Jehan Montart, S. de Domangné, Guillaume de Chanpeaux, Georges du Gué, G. de Coaymes, Bourmant, Pierre Sarcel, Jehan Marcille, Jehan de Denée.

3310. — 1440, 28 juillet. — Accord entre Guy de Laval-Loué d'une part, et Jean de Rasilly et Regnaud de Bernezay, de l'autre (note B. N., *dom Housseau*, XII², 7514ter).

1410, ligne 1. — Lire *François I*^er^, au lieu de Jean V.

1419, à la date. — Lire 10 décembre au lieu de 30 décembre. (Voir *Revue de Bretagne*, 1901¹, 71).

3311. — 1445, 20 septembre, le Guildo. — Lettres dans lesquelles Gilles de Bretagne, qui se qualifie de seigneur de Châteaubriant, Montafilant et Beaumanoir, mentionne le remboursement d'un prêt que lui avait fait la dame de Montafilant (la mère de Françoise) (Imprimé, *Mélanges des Bibliophiles Bretons*, II, et *Association Bretonne*, 1890, 89).

3312. — 1445, v. s., 2 mars, Chinon. — Lettres par lesquelles Charles VII autorise Guy de Laval-Loué à ajouter un troisième pilier à sa justice de Benais (copie, B. N., *dom Housseau*, IX, 3917).

3313. — 1446, 27 septembre, Candes. — Déposition d'Antoine de Chabannes faite devant le chancelier au sujet de la conspiration du Dauphin ; Louis de Laval-Châtillon y est mentionné (Imprimé, *Preuves de la Maison de Chabannes*, II, 25).

3314. — 1446, 6 décembre. — Etat des joyaux de madame

de Chantocé (Françoise de Dinan) [1]. (Imprimé, *dom Morice*, II, 1406).

3315. — 1446, v. s., 7 janvier. — Décret de Jean d'Hierray pour la fondation par Jeanne Ouvrouin, dame des Roches et de Poligné, d'une chapelle en l'église du Cimetière-Dieu de Laval (Archives du Chapitre du Mans, A. 1, fol. 35).

3316. — 1448, 3 septembre. — Acte par lequel Jean d'Hierray approuve l'accord passé entre Nicolas Sédille, l'un des curés de la Trinité de Laval, et Marguerite de Coesmes, abbesse du Ronceray, d'accord avec Nicolle Cornilleau, prieure d'Avénières (Archives du Chapitre du Mans, A. 1, fol. 50).

3317. — 1448, v s., 26 février, Grenoble. — Lettres par lesquelles Louis de Laval-Châtillon gouverneur du Dauphiné, prescrit le recensement des feux des terres allodiales de cette province (note, Pilot de Thorey : *Catalogue des actes du dauphin Louis II*, I, 242).

3318. — 1450, 3 octobre, Rennes. — Acte par lequel Françoise de Dinan se constitue pour curateur général Guy XIV de Laval, son époux (copie, B. N., *français*, 2710, 186).

Aujourd'huy s'est comparue noble et puissante dame, Françoise de Dinan, dame de Chasteaubrient, de Montafilant et de Beaumanoir, en cest jour enfiancée avec noble et puissant seigneur Guy, conte de Laval, seigneur de Vitré, de Montfort et de la Roche ; icelle dame, apparoissante par l'inspection et évidance de sa personne mesmes, que a esté informé vallablement par messire Jean Labbé, chevalier, seigneur de la Rochefordière, Jehannète Daniel et autres nobles personnes, qu'elle avoit passé et excédé l'auge de douze ans et estoict moindre et sous l'auge de vingt ans.

Celle dame de Chasteaubrient, en présence, authorité, plaisir et consentement dudict conte de Laval, son seigneur et mary, à elle prestée, ordonnée quant à ce, a chousy et esleu son curateur général et universel ledict conte de Laval, quel prist et accepta la charge et curatelle d'icelle dame sa compaigne, promis et jura il y porter bien et deumant le prouffit d'icelle dame faire et son dommaige eschever à son pou-

1. Dans cet acte Catherine de Rohan est encore qualifiée de dame de Montafilant.

voir, et en obligea luy et aultre et d'abondant en mist et constitua en plège et caution pour luy : noble et puissant André de Laval, chevalier, seigneur de Lohéac, mareschal de France ; quel. à la requeste dudict conte de Laval, s'est mist et institué plège et caution pour luy et s'obligea que icelluy conte ainsy le feroit parce que ledict conte de Laval s'obligea et fut condemné l'en aquiter et garentir sans dommaige.

Et de l'aucthorité de la cour, a esté donné pouvoir et licence audict comte de Laval, de créer, instituer, establir et ordonner à la poursuite et desfence des causes de ladicte dame, procureurs esdicts noms un ou plusieurs o tel tiltre et tel pouvoir comme luy plaira et vera l'avoir à faire.

Fait par la cour de Rennes devant maistre Jehan Ducelier, séneschal d'icelle, tesmoing la merche des actes de ladicte cour, le tiers jour d'octobre l'an MCCCCL. R. Macé.

3319. — 1450, 4 octobre. — Acte par lequel Guy XIV et Françoise de Dinan, d'une part, et le duc Pierre de Bretagne de l'autre, s'accordent au sujet des droits que Françoise pouvait faire valoir comme veuve de Gilles de Bretagne. (copie B. N., *français*, 2710, 183).

Comme comtemps et débats peussent mouvoir et ensuir entre haut et puissant prince, Pierre, par la grâce de Dieu, duc de Bretaigne, conte de Montfort et de Richemont, d'une partie ; et noble et puissant seigneur Guy, conte de Laval, seigneur de Vitré, de Montfort et de la Roche, et noble et puissante dame, Françoise de Dinan, dame de Chasteaubriant, de Montafilant et de Beaumanoir, femme et compaigne dudit conte, d'autre partie.

Sur et de ce que ceux conte et sa compaigne deisent et peussent dire vers celuy duc, qu'il tenoit, possédoit et faisoit les levées des chastel, ville, terres et seigneuries de Chasteaubriant et ses apartenances, quels estoient et apartenoient à ladicte Françoise, le héritage de ses prédécesseurs et d'elle, concluans ceux conte et sa compaigne afin que ledict duc leur délaissast ceux chastel, ville et appartenances, leur faire restitution des levés que en avoit fait et peu faire, et avec ce disoient et pussent dire ceux conte et dame de Chasteaubriant, que icelle dame avoit esté conjointe en mariage avecq haut et puissant Gilles de Bretaigne, frère puisné dudict duc, et que, selon la coustume de ce païs de Bretaigne, elle estoit fondée à avoir son douaire coustumier ès seigneuries, terres et hérittages, que tenoit mondit seigneur Gilles et dont il avoit eu en son vivant cause de jouïr par raison, droit ; requérant iceluy luy estre baillé et assis. Mesme disoient ou pouvoient dire ceux conte et sa compaigne par cause d'elle que feu haut et puissant prince, François, duc de Bretaigne, naguière décédé et duquel ledict duc de présent est héritier, il mesmes, à chacun par eux, leurs receveurs, commis et députez, avoient fait et fait faire les levées et revenus des héritages apertenans à celle dame de Chasteaubriant de paravant et depuis le trespas dudict feu monseigneur Gilles, tant des terres et seigneuries dudict lieu de Chasteaubriant, de Montafilant, de Beaumanoir, que d'autres ses héritages à très grant valleur et d'estimation ; desquelles levées iceux conte et dame de Chasteaubriend demandoient et pussent demander restitution.

Aussy, disoit et peust dire celluy conte de Laval, que ledict duc de Bretaigne, naguères décédé, avoit donné et promis bailler et paier audict conte de Laval la somme de vingt mil escus d'or, pour se déporter celuy conte d'aucunes complaintes qu'il faisoit d'avoir celui duc empesché d'estre faict et accomply le mariage autresfois parlé des parans et amis d'icelle dame de Chasteaubriant avecq le seigneur de Gavre, fils aisné dudit conte, et pour il consentir le mariage qui depuis fut fait d'elle avecques ledict monseigneur Gilles ; desquels vingt mil escus, celuy conte de Laval disoit luy rester la somme de dix ou douze mil escus ou environ, tendant vers ledict duc, de présent héritier dudict duc derrein décédé, affin d en avoir paiement.

Lequel duc, ne confessant du tout les choses dessus supposées, dist et pus dire, en se desfendant : premier, au regard desdits chastel et ville de Chasteaubriend o leurs apartenances, que icelle dame de Chasteaubriant, au mariage faisant dudit Gilles de Bretaigne, et à ce qu il fust fait, avoit donné en pur don audict Gilles de Bretaigne, pour luy et ses hoirs à jamais, à hérittages, la tierce partie de tous et chacuns les hérittages et seigneuries d'icelle dame de Chasteaubriant, à en jouir celluy monseigneur Gilles, ses hoirs et successeurs, et a tout le moins, avoit esté celle donnaison faite audict Gilles et ses héritiers, en cas que celle dame de Chasteaubrient décéderoit sans héritier procreéz dudit monsieur Gilles et d'elle, à commancer l'assiette d'icelle tierce partie esdicts chastel, ville et terre et seigneurye dudict lieu de Chasteaubriend, et parachever de prochain en prochain, lequel cas selon toute bonne raison, devoit assez estre censé et réputé comme avenu, pour ce que celuy Gilles estoit décédé, sans ce que de luy et de ladite dame de Chasteaubriant eussent esté néz et procreéz aucuns enfans; laquelle donnaison avoit esté faicte, o l'authorité et consentement de noble et puissante Catherine de Rohan, mère et tutrixe de ladicte dame de Chasteaubriend, et o le conseil et avis de plusieurs ses proches parens et amis, avoit esté icelle donnaison promis, juré tenir par serment et y avoit esté condemné et laquelle avoit esté par cour vallablement décrettée. En vertu de laquelle donnaison, ledict duc décédé avoit eu et obtenu la possession dudict lieu de Chasteaubriend o ses appartenances et s'en avoit ledict duc de présent trouvé saisy et possesseur, laquelle saisine et possession il en avoit maintenu et gardée jusqu'à présent. Et par ceux moiens et autres sauf à déclarer disoit avoir bon droit et juste titre d'avoir et tenir les dictes choses. Et au regard dudict douaire, disoit et peust dire ledict duc, que ledict Gilles de Bretaigne n'avoit ne tenoit au temps de son trépas aucunes hérittages et se aucun droit avoit à y en tenir, c'estoit seullement en droit de bienfait, comme juveigneur; et que par la coustume de ce païs tenue et observée et gardée entre nobles, les fils puisnez ne sont aucunement héritiers, ne ne prennent ès successions nobles de leurs aisnez, fors à viage, par manière de bienfait; par quoy n'avoit icelle dame de Chasteaubriant cause raisonnable d'aucun douaire demander. Et en ce que sont les revenues des hérittages d'icelle dame de Chasteaubriend, disoit et pust dire ledict duc, quelconques levées qui eussent esté faites par lesdicts ducs, leurs receveurs et officiers, elles avoient esté emploiées et que que soit la pluspart d'icelles pour les affaires et estats soustenir desdicts monseigneur Gilles et dame de Chasteaubrient. Et supposé que aucune chose en resteroit, si estoit-il que lesdicts monseigneur Gilles et dame de Chasteaubriend avoient esté ensemble par an et par jour, par quoy leurs biens meubles et dettes estoient selon la coustume du païs communs, lequel monseigneur Gilles, estoit décédé sans héritiers procréez d'eux, et d'eux à luy avoit succédé le duc dernier décédé, duquel celuy de présent est héritier, et par conséquent n'apartient le respons à icelle dame de Chasteaubriend desdictes levées et revenues que pour une moitié, et que que soit celles quy furent faites paravant le trespas dudict feu Monseigneur Gilles, en tant qu'elle voudroit prandre ès biens meubles de la communauté d'entr'eux, quelles celuy duc disoit excéder de moult plus la valleur desdicts biens meubles.

Et en ce que touche la demande dudict conte de Laval, du reste desdicts vingt mil escuz, disoit et pust dire le dict duc que la promesse en faite audict conte avoit esté sous celle condition, ja soit que ce ne fust exprimé ès lettres obligatoires qui de ce furent faites, que ou cas que ledict feu monseigneur Gilles yroit de vye à trespas, délaissé ladite dame de Chasteaubriand, et elle fut conjointe par mariage en la maison de Laval, en celluy cas, celluy conte de Laval avoit promis rendre et restituer audit duc, ou à ses héritiers ladicte somme de vingt mil escuz, ou ce que par luy en auroit esté reçu : et lequel cas estoit avenu, parce que ladite dame de Chasteaubriend estoit conjointe par mariage o ledict sire de Laval, et par conséquent n'estoit cellui seigneur de Laval fondé à aucune chose demander du reste desdicts vingt mil escuz, ains en devoit rendre et restituer audit duc de présent ce que par luy en avoit esté receu et eu, avecq les lettres obligatoires que de ce en avoient eues et obtenues dudict duc, derroin décédé.

A l'ocation desquelles choses dessus touchées, leurs circonstances et despendances, et autresplusieurs que chascunes desdictes parties pourroient remonstrer, tandans chacunes d'elles à sa fin, pouvoient entrevenir plusieurs altercations et longues plaidoiries à leur très grand préjudice et dommaige.

A quoy obvier,paix et amour entr'eux et leurs successeurs acroistre et entretenir, en nostre cour de Rennes en droit, ont esté présens et personnellement establis ledict duc de présent, de sa part, et ledict conte de Laval, tant en son propre et privé nom, que comme curateur universel de ladicte dame Françoise, sa compaigne, ainsy que nous a esté apparu par lettres passées, par ladicte cour de Rennes et scellées à suffire, dont la tenour ensuit :

[Ici in extenso le texte de la procuration du 3 octobre 1450].

Icelle dame mesmes présente en personne, authorisée bien et suffisamment, à la requeste dudict son seigneur mary et curateur quant à faire ce qu'en suit d'autre partie, se submettans celles parties et chacunes par leurs sermans avecq tous leurs biens meubles et immeubles présents et futurs au distroit, jurisdiction et obéissance de nostredicte court, quant à faire et fournir le contenu en ces présentes et qui ensuit. Lesquels dessus nommés et chacun d'une et autre partye, ont esté, sont connoissans et confessans pour certaines justes causes à ce les mouvans, avoir sur les matières dessus touchées et quy ensuivent, leurs circonstances et despandances, transigé, paciffyé et accordé, et de fait par devant nous, transigèrent, pacifièrent et accordèrent en la manière qui ensuit, sçavoir est :

Que ledit duc, aiant à mémoire la grande amour naturelle et consanguine qu'il a aux personnes desdicts conte de Laval et sa compaigne, nièce dudict duc, fille de sa cousine germaine, désirant de tout son cœur le bien et accroissement d'eux et de leur lignée, s'est désisté, délaissé et departi, et, par ces présentes, désiste, délaisse et départ pour luy, ses héritiers et successeurs de tous les drois et pocessions qu'il avoit et pouvoit avoir èsdictes terres et seigneuries de Chasteaubriend et autres, qui apartiennent à ladicte dame de Chasteaubriend, par le moien de donnaison par elle faite audit monseigneur Gilles de la tierce partie de ses hérittages et revenues héritelles ; à laquelle donnaison, à tout son effect, celluy duc a renoncé et renonce ; et en tant que mestier est, en a cédé et transporté à ladicte dame et ses héritiers procréez d'elle tout le droit, raison et action que ledict duc y a et peut avoir, sauf en cas que le décès desdicts conte et de sadite compaigne advendroit sans héritier procréé de leur chair, ou s'ils en avoient et la ligne en défaillist, en ceux cas et chacun, ledit duc, du consentement desdict conte et contesse, a réservé à en jouir pour luy et ses héritiers, selon et au désir de ses droits par les lettres sur ce faites et autrement.

Et lesdits conte et contesse, considérans mesmes les grans

biens, honneurs et advancement que ledict duc de sa courtoisie leur a fait de les avoir assemblez par mariage, disans estre acertennez que icelle dame de Chasteaubriant eut esté contractée par mariage o personne de petit estat, eu esgard à la maison dont elle est issue au très grand abaissement d'elle, se celluy duc de sa grâce n'y eust pourveu et trouvé remède, et de quoy, ceux conte et contesse, se trouvant perpétuellement à luy obligéz, ont quité et délaissé, et par ces présentes quitent et délaissent entièrement audict duc, pour luy et les siens, tout et tel droit de douaire, qui à ladite dame Françoise peut et doit competer et appartenir ès hérittages, richesses et revenues qui furent audit feu monseigneur Gilles de Bretaigne, son premier mary, et desquelles il eut possession et droit de jouïr en son vivant, en quelque lieu et sous quelque jurisdiction qu'ils soient situées et assis, avecq et pareillement de toutes et chacunes les levées et revenues d'héritages, aliénations ou diminutions et autres esmollumans de terres, rentes et revenues de ladicte dame Françoise, que ledict feu duc François a faites ou pu faire, par luy et ses officiers commis et députéz, durant la vie dudit Monseigneur Gilles et depuis ; et de tout ce qu'en a esté receu, baillé, ordonné et distribué par ses mandemans et autrement à quelques personnes que ce soit, sans ce que lesdicts conte et dame Françoise, sa compaigne, ne l'un d'eux en puissent jamais faire question, répétition ne demande audict duc de présent, comme héritier dudict duc son frère ne autrement, ne aux officiers, receveurs ou commis, qui de l'authorité et pouvoir dudict feu duc, se y sont ymiscuéz durant la vie dudict monseigneur Gilles, et depuis jusques au décès dudict feu duc, de ce qu'ils en ont levé ou peu lever, lesquels officiers et commis dudict feu duc en sont et demeurent quittes vers ledict conte et sa compaigne, sauf à en passer entre ledict duc de présent et eux, à son bon plaisir, auquel iceux conte et sadite compaigne en ont cédé et transporté tout leur droit et action, et se les receveurs et officiers comptables de ladicte dame se chargeroient et qu'ils leurs vaulsist en leurs comptes qu'ils ont rendu ou rendront de leurs recettes audict duc, d'aucunes sommes de finances qu'ils n'eussent paiées et acquittées, ledit duc contraindra par effect iceux receveurs à en faire les paiemens et acquis, sans qu'on en puisse avoir répétition, question ou demande à ladicte dame et ses hoirs ou temps avenir ; et par cest fait, est réservé ausdict conte et sa dicte compaigne, leurs actions et demandes vers les partyes qui voudroient aucunement jouir et faire aider des allicnnations par hérittages, s'aucunes sont.

Et d'abondant, celle dame, disant ne voulloir en riens prandre ne avoir ès biens de la communauté d'entre elle et ledict feu monseigneur Gilles, son mary, ains disoit par exprès y renoncer, ont iceux conte et sadicte compaigne cédé et transporté audict duc tout ce qu'ils pouvoient avoir, quérir et demander ès biens de ladicte communauté, voullu et octroié que celle part qu'il pourra trouver desdits biens, qu'il les puisse avoir et recouvrir à soy, et en faire ce que bon luy semblera, sauf audict duc à en départir à icelle dame, pour son droit de troussel, à son bon voulloir et plaisir, parce que ledict duc a promis et s'oblige porter la charge des obits, obcèque et fondation dudict feu monseigneur Gilles, avecq et faire les acquis des debtes créés durant le mariage dudict feu monseigneur et de ladicte Françoise, sauf et excepté des actions, demandes et dettes que dame Janne de Harcourt, dame de Chasteaubriant et d'Ancenis, et dame Catherine de Rohan, dame de Tartas, mère de ladicte Françoise, pouvoient faire, soit en matière de douaire, arréraiges d'iceux, obligations pécuniclles ou autrement ; et aussy des demandes de ceux qui pouvoient demander arréraiges de rente pour cause de droits héritaux, fondations, ou pensions assignées sur les terres et revenues de ladicte dame Françoise et autrement ; desquelles choses, avecques ce que icelle dame Françoise pouvoit devoir par avant le mariage d'elle et dudit feu monseigneur Gilles, ceux conte et contesse, ont promis faire l'acquict et cession en droit. Ladicte dame Françoise, très déplaisante de tout son cœur de la cruelle occision et inhumaine mort ensuivie en la personne dudict feu monseigneur Gilles, son premier seigneur et mary et espoux, a supplyé et requis audict duc, que luy plaise avoir en déplaisance ledict cas et curieusement s'emploier à en faire condigne réparation et justice, offrant ladicte dame donner, quitter et délaisser, et de fait a donné, cédé, quité et délaissé entièrement audit duc, tous les droits et interrest, qui à ladicte dame sont ou pouront estre acquis et apartenir ès biens meubles et hérittages des délinquans, complices et adhérez dudict murdre et délit perpétré en la personne dudict monseigneur Gilles, tant par titre de confiscation, commission que autrement, en voullant ladicte dame que ledict duc en jouisse et fasse à son plaisir, quelque poursuites ou procès que ladicte dame en puisse faire ou temps avenir.

Item, et de ce que sont lesdicts vingt mil escuz, celuy sire de Laval a promis restituer audict duc, ou qui cause aura de luy, toutte et telle somme que sera trouvée ledict comte avoir eue et reçue par luy et autres, ou nom de luy, dudict feu duc François et de ses officiers, sur et en paiement de ladicte somme de vingt mil escus et de ce qu'en restoit estre paié en a quitté et quitte entièrement ledict duc, hoirs et successeurs, sans jamais aucune choses en paier, quérir et demander et aveсq ce, a promis luy en randre et restituer les lettres obligatoires qu'il en avoit eues et obtenues. Et lequel conte de Laval, en s'aquitant de partie du paiement et de ce que pouvoit avoir eu et receu desdicts vingt mil escuz d'or, a baillé, cédé et transporté héritellement par titre de vente audit duc de présent, quy à celluy titre a promis pour luy, ses hoirs et successeurs, les maisons, jardins et apartenances comme ils se poursuivent, qui audict conte de Laval estoient et apartenoient en la ville close de Vennes, situées au lieu autresfois où fist les monnoies dudict lieu de Vennes, aveсq tout ce que luy apartient de maisons et édisfices en ladicte ville ou temps de présent, sans riens en retenir, o les charges sur ce deues pour le prix et somme de quatre mil escus d'or neufs à présent aians cours ; laquelle somme à ladicte cause ledict duc a quittée et rabatue et délaissée audict conte de Laval sur et du reste de ce qu'il avoit receu desdicts vingt mil escus, et ainsy d'icelle vendition, s'est celuy conte tenu contant et deumant satisfait, et en a quitté ledict duc et ses héritiers; voulut et octroia ledict conte, que ledict duc, dés à présent, aiet et prainne de son authorité, sans autre ministaire de justice ne partie appellée, la possession et jouissance de ladicte maison aveсq des tables, bancs, escabeaux, charlis et autres ustancilles de bois, estans en ladicte maison, et en fasse à son plaisir ou temps avenir, promettant et de fait promis ledict conte en faire desfens et garantaige audict duc, par l'hérittage à la coustume. Et au regard du parsus de ce que peut rester que a reçu ledict conte de Laval sur ladicte promesse de vingt mil escus, comme dessus ledict conte en fera bon et loial paiement audit duc, dedans un an prochainement venant pour tout terme.

Et s'il avenoit ladicte dame de Chasteaubriend, ou ses héritiers, venir à l'encontre de ces présentes ou d'aucuns des poincts contenus en icelle par restitution ou autrement, et que des choses dessus touchées ladicte dame, ou ses héritiers pouvoit aucune chose demander et esliger vers ledict duc, ses hoirs ou successeurs, en dérogeant à cest appointement, en celuy cas, s'il avenoit ledict conte de propos dellibéré et pour ce que très bien luy plaist, et en réputant ce pour son propre fait, a promis et s'oblige paier entièrement la charge de ce que elle ou ses héritiers en pouroient esliger vers ledict duc ou les siens, et les en rendre indemnes en principal et interrests.

Et partant par cest présent traicté et apointement, lesdicts duc et conte de Laval et sadicte compaigne sont et demeureront quites l'un vers l'autre et s'entre sont quitez généralement de tout fait et action de meubles, de tout temps passé jusques à cest jour, sauf du dot fait au mariage de luy et de feue dame Ysabel de Bretaigne, sa première compaigne, et sauf l'entérimance de cest apointement. Et quant à faire et fournir le contenu en ces présentes, ont les dessusdits nommez et chacun, pour tant que luy touche, obligé et obligent eux et leurs héritiers, avecq tous et chacuns leurs biens présens et futurs sous quelconque jurisdiction qu'ils soient et puissant estre trouvez.

Toutes et chacunes lesquelles choses dessusdites, ledict duc, lesdicts conte de Laval, tant en son privé nom que comme curateur de ladicte dame de Chasteaubriend, sa compaigne, et icelle dame et chacun d'eux respectivement pour ce que luy touche, ont promis et juré tenir sans jamais en contre venir par eux ne par autres. De quoy ladicte dame Françoise fut bien acertennée et à ce tenir sans jamais aller à l'encontre.

Avons lesdictes parties et chacunes esdicts noms, de leurs assentement et par leurs sermens sur ce faits, condamné et condamnons, donnés tesmoing de ce les sceaux establis aux contracts de nostre dicte court.

Ce fut fait, le quart jour d'octobre l'an M. IIII^c L. — Pierre, Guy de Laval.

3319 bis — 1450, 22 décembre. — Lettres par lesquelles le roi René modère à deux cents livres le montant du droit de rachat dû par Guy XIV pour Candé et Chanzeaux (copie, A. N., P. 1334[5], 32).

3320. — 1450, v. s., février. — Mariage d'André de Laval-Lohéac avec Marie de Laval-Retz (note, Blanchard, *Cartulaire de Rays*, II, 519).

3320 bis. — 1451, 12 décembre, la Côte-Saint-André. — Lettres par lesquelles Louis de Laval-Châtillon, en qualité de gouverneur du Dauphiné fixe pour 1452, l'aide que les Trois États n'avaient pu voter à la même somme que pour 1451 (note, Pilot de Thorey, I, 335).

1484, ligne 4. — Lire *de Prégent* au lieu d'Olivier.

1502, à la date. — Ajouter : *Saint-Aubin-du-Cormier*.

3321. — 1452, 4 septembre. — Lettres par lesquelles Louis de Laval-Châtillon autorise les habitants de Grenoble à chasser à la chouette et au chat-huant, nonobstant toute défense contraire (note, Pilot de Thorey, numéro 969).

3322. — 1453, avant le 17 août. — Mandement par lequel le dauphin Louis II proscrit de payer deux mille livres à Louis de Laval (note, Pilot de Thorey, numéro 1038 bis).

3323. — 1453, 11 et 19 septembre. — Aveu pour Candé et Chanzeaux, rendu par Guy XIV au nom de Françoise de Dinan (original, A. N., P. 332).

3324. — 1454, 3 juillet. — Montre des gens de guerre de Jean le Carbonnel établie par André de Laval-Lohéac, conseiller et chambellan du roi (original, cabinet de M. J. Chappée).

3325. — 1454, 11 juillet, Dieppe. — Rôle des gens de guerre sous les ordres de M. de Torcy, dressé par le maréchal André de Laval-Lohéac (original signé, B. N., *français*, 25778, 1849).

3326. — 1454, 9 septembre. — Entrée solennelle de la reine Jeanne de Laval à Angers (*Revue de l'Anjou*, 1853, 270).

3327. — 1454, 14 septembre, Grenoble. — Lettres par

lesquelles Louis de Laval prescrit au trésorier général du Dauphiné de payer cent cinquante livres pour les réparations de l'hôtel de la trésorerie, à Grenoble, que le dauphin avait habité jusque là, et qui allait devenir la résidence de la dauphine (note, Pilot de Thorey, p. 500).

3328. — 1454, 6 décembre, Cherbourg. — Montre faite par le maréchal de Laval-Lohéac[1] (original, B. N., *français*, 25778, 1852).

3329. — 1454, v. s., 5 février. — Montre des gens de guerre placés sous les ordres de Robert de Floques passée par le maréchal André de Laval-Lohéac (B. N., *français*, 25778, 1857).

3330. — 1454, v. s., 5 février, Honfleur. — Montre faite par le maréchal André de Laval-Lohéac des gens de guerre de Robert de Floques (B. N., *français*, 25778, 1858).

3331. — 1456, v. s., 8 avril, Saint-Priest-en-Dauphiné. — Pouvoir donné par Charles VII à Louis de Laval-Châtillon de régir le Dauphiné, mis en la main du roi[2] (copie, B. N., *français*, 5909, fol. 168).

1578. — Ajouter: voir *Association Bretonne* en 1876, p. 287, où il est dit que la pierre existait encore en 1876 à Notre-Dame de Vitré, dans la chapelle absidale.

3332. — 1457, 22 octobre. — Décret de Martin Berruyer pour la chapelle de la famille Guérin dans l'église de la Trinité de Laval (Archives du chapitre du Mans, A. 1, fol. 92).

3333. — 1457, v. s., 24 janvier, Bruges. — Lettres par lesquelles le dauphin nomme Jean, bâtard d'Armagnac, gouverneur du Dauphiné à la place de Louis de Laval-Châtillon, révoqué pour son infidélité à son égard (Imprimé, Duclos, *Pièces pour servir à l'histoire de Louis XI*, p. 160).

3334. — 1458, 8 avril, Saint-Priest. — Lettres par lesquelles Charles VII maintient Louis de Laval-Châtillon en possession

1. Cet acte possède un fragment du sceau dessiné sous le numéro 115.

2. La copie est précédée au folio 166 du texte des lettres de Charles VII, mettant le Dauphiné en ses mains.

de la charge de gouverneur du Dauphiné (Imprimé, Duclos, *Recueil sur Louis XI*, p. 96).

3335. — 1458, 10 octobre, Vendôme. — Assiette de l'assemblée tenue par Charles VII pour juger Jean II d'Alençon; sur le haut ban à droite du roi — celui où était assis Charles de France, fils du roi — avait pris place Guy XIV (Imprimé, Godefroy, *Cérémonial François*, II, 448).

3336. — 1459, v. s., 17 mars, Tours. — Acte par lequel le maréchal André de Laval-Lohéac commet Pierre de Dinteville à la réception de la montre des gens de guerre sous les ordres de Robert Conyagham (B. N., *français*, 25779, 25).

3337. — 1461, 31 août, Paris. — Lors de l'entrée de Louis XI à Paris, Guy XIV remplit au dîner de la table de marbre les fonctions d'échanson (Relation de l'entrée de Louis XI, *Mémoires de la Société de Paris*, XX, 165).

...Le seigneur de Laval donna à laver au Roy, comme grant essanson du Roy.

1621, ligne 1. — Lire *François II* au lieu de Pierre II.

1623. ligne 2. — Lire *époux de* au lieu de fiancé à.

3338. — 1465, 17 juin. — Traité d'Archaine entre Louis XI et les habitants de Liège; Louis de Laval avait été l'un de ses négociateurs (note, Pilot de Thorey, p. 486).

3339. — 1465, 19 septembre, Paris. — Lettre écrite aux habitants de Troyes par Louis XI, dans laquelle il les invite à recourir au gouverneur de Champagne, Louis de Laval-Châtillon (imprimé, *Lettres de Louis XI*, II, 302).

3340. — 1468, 26 novembre, Laval. — Acte par lequel Catherine de Laval fait, à l'abbaye de Perseigne, remise de l'indemnité à laquelle elle avait droit par suite de l'achat fait par l'abbaye de la métairie de Souton (note, *Cart. de Perseigne*, CCXCIII, accompagnée du dessin du sceau et du contre-sceau.[1])

1. La gravure 149-156 est donnée d'après un dessin de Gaignières. On trouvera ici, numéros 209-210, la gravure de la cire originale détachée, numéro 83 de la collection Bastard. Elle consiste en un grand sceau rond, très finement gravé, mais effacé : au centre un écu rond, parti de Laval et d'Alençon, soutenu de deux

3341. — 1469, v. s., 17 mars, Amboise. — Mandement par lequel Louis XI prescrit au profit de Guy XV d'entériner les lettres relatives à Chaumont-en-Vexin (B. N., *français*, nouv. acq. 7073, n° 38).

209-210. — Sceau et contre-sceau de Catherine d'Alençon, épouse de Guy XV.

De par le Roy (*Allata penultimum aprilis MCCCCLXIX*).

Nos amez et féaulx, nous avons sceu que avez fait et faictez difficulté de entériner les lectres que avons octroyées à nostre très chier et amé neveu et cousin le conte de Montfort, sire de Gavre, touchant la terre et seigneurie de Chaumont-en-Veuxin[1]; dont sommes fort esmerveillez.

Et, pource que nous voulons que nostre dit cousin joïsse entièrement du contenu en nos dictes lectres, sans aucune difficulté, nous voulons et vous mandons bien expressément que incontinant et sans délay, et toutes excusacions cessans, vous expédiez nos dictes lectres d'octroy, selon leur forme et teneur, sans plus y faire de difficulté; et que y faciez en

anges à genoux, les ailes éployées ; sous l'écusson un riche rinceau de fleurs et feuilles. La légende porte en lettres très allongées : KATERINE AISNÉE FILLE DU ... SONNOIS. Le contre-sceau, également rond, porte un écu semblable ; on lit tout autour : CONTRE SIEL DE LA CONTESSE DE MONTFORT DAME DE SONNOIS.

1. Oise, arrondissement de Beauvais.

manière que nostre dit cousin n'ait cause de plus s'en plaindre à nous, ne nous de plus vous escripre.

Si faictes qu'il n'y ait faulte.

Car tel est nostre plaisir.

Donné à Amboise, le XVIIe jour de mars.

LOYS. DEMOULINS.

3342. — 1470, 3 août, Poillé-lès-Angers. — Acte par lequel Louis de Laval-Châtillon nomme le verdier de Neufmarché (B. N., *français*, nouv. acq. 3657, 87).

3343. — 1471, v. s., 3 janvier. — Quittance de trois mille livres délivrée « par François comte de Montfort, sire de Gavre, de la Guierche, de Sonnoys et d'Acquigny, » avec signature autographe (B. N., *français*, 28504, dossier 46278, n° 8).

3344. - Vers 1472, 9 juillet, Harfleur. — Lettre écrite par François de Laval-Marcilly à son oncle M. d'Estouteville (original, B N., *français*, nouv. acq. 6190, 188).

A mon oncle monsieur d'Estouteville.

Mon oncle, je me recommande à vous tant comme je puis.

Je vous envoie le régime que maistre Girard, médecin du Roi, m'a baillé; et me semble que en suivant son conseil vous en trouverez mieulx.

Mon oncle, pour le commun bruyt des Angloys, qui court pour le présent, je vous vouldroys bien pryer qu'il vous pleust m'envoyer vostre cheval, car, puis que le Roy eust le mien, je n'en ay point peu finer pour or ne pour argent. Et je vous promet ma foy que en ce qu'il vous plaira pour recompensse de moy je le vous bailleray.

Priant Dieu, monsieur mon oncle, qu'il vous doint ce que plus désirez

Escript à Harefleu le neuviesme jour de juillet.

Vostre bon et loyal nepveu.

FRANÇOIS DE LAVAL.

3345. — 1472, 13 avril et 6 mai. — Acte par lequel les chapitres du Mans et d'Angers établissent entre eux un lien de confraternité et en fixent les conditions. Le doyen E[gidius] (Gilles de Laval) figure en tête du chapitre

(Imprimé, Dom Piolin, V, 692, d'après Archives du chapitre, B.25, 5).

3346. — 1472, v. s., 15 mars. — Quittance de trois mille livres, délivrée par « Françoys, comte de Montfort, seigneur de Gavre. » (Avec signature autographe, B. N., *français*, 28504, dossier 46278, n° 9).

1812, à la date. — Lire nouveau style au lieu de v. s. et le placer à la suite du numéro 1792. (Voir Blanchard, *Revue de Bretagne*, 1901[1], 71).

3347. — 1475, 5 juillet, Laval. — Charte par laquelle Guy XV et Catherine d'Alençon mandent de laisser l'abbaye de Perseigne jouir de tous ses droits sur le Sonnois (Imprimé, *Inventaire sommaire des archives de la Sarthe*, H. 936).

3348. — 1476, v. s. dernier février, Vitré. — Acte par lequel Jean Tirel et Guyonne, sa femme, reconnaissent tenir de Guy XIV des biens sis à Vitré (original privé de sceau au cabinet de M. Jules Chappée).

3349. — 1477, 20 septembre. — Acte par lequel Robert le Borgne, au nom de Guy XIV, garde naturel de Nicolas de Laval, fait aveu des terres à lui advenue par le décès de Jean de la Roche, décédé en octobre 1476 (B. N., *français*, 18697, 201).

3350. — 1478, 22 avril, Arras. — Lettre écrite par Louis XI à Marie de Laval, dame du Lude (Imprimé, *Lettres de Louis XI*, VII, 29[1]).

1. Nous ajoutons en note trois indications qui n'ont pas pris leur rang chronologique :

3351. — 1462, 23 octobre, Le Coudray-Montpensier. — Acte par lequel Louis de Bournan, chevalier, seigneur « du Couldray-sur Suille » cède à Guy de Laval-Loué, seigneur de Benais, une rente assise sur le Coudray (Original dépouillé de son sceau au Cabinet de M. Jules Chappée).

3352. — 1467, 28 mai. — Entrée d'Hélène de Laval à Châteaugiron (Imprimé, *Revue de Bretagne* 1893[2], 174 et 1900[2], 404, d'après du Paz *Histoire généalogique*, p. 172).

3353. — 1468, 8 décembre, Vitré. — Acte par lequel Jamet le Fevre se reconnaît homme et sujet de Guy XIV (original dépourvu de sceaux au cabinet de M. Jules Chappée).

3354. — [1478], 4 juin, Laval. — Lettre écrite au Roi René par l'archevêque Pierre de Laval, qui lui demande de l'aider à conserver l'évêché de Saint-Brieuc (original, cabinet de M. J. Chappée, communiqué par M. l'abbé Denis).

A mon très redoubté seigneur le roy de Secille.

Mon très redoubté seigneur, je me recommande très humblement de votre bonne grâce, mon très redoubté seigneur, vous plaise savoir que j'ay sceu qu'il vous a pleu escripre à notre Saint-Père et aux cardinaulx, en ma faveur, pour mon éveschié de Saint-Brieux, dont très humblement vous remercie, car je cognoès que tousjours de plus en plus avez mon fait pour recommandé, vous suppliant tant humblement que je puis qu'il vous plaise en escripre derechef à notre dit Saint Père et aux cardinaulx, à ce qu'ilz cognoessent le bon et grant vouloir que votre grâce avez à moy. Et, afin que cognoessez le bon droit que je y ay, je vous envoie le double des bulles qui contiennent tout mon cas, et croy que quant notre dit Saint Père en sera bien adverti qu'il ne me vouldra point oster mon bénéfice sans y estre ouy ou appellé.

Il vous a pleu estre commancement de mon bien en l'Église, je vous suppli qu'il vous plaise y continuer et de tant plus m'obligerez à vous faire service, auquel suis et seroy tousjours prest, quant vous plaira le me commander.

Je pry Dieu, mon très redoubté seigneur qu'il vous donne bonne vie et longue.

Escript à Laval ce IIIe, jour de juing.

Votre très humble et très obéissant serviteur.

PIERRE DE LAVAL.

3355. — 1478, 28 novembre, la Roche près Moslay. — Acte par lequel Guy XV constitue Jean Neveu, dit de France, sergent et garde de sa forêt de Montfort en Normandie (Original, B. N., *Clairambault*, 222, 6).

François, aisné filz du conte de Laval, conte des contez de Montfort en Bretaigne et Normandie, sires de Gavre, d'Acquigny, de Sonnoys, de La Guierche et de Fresnodouz, salut.

Savoir faisons que nous confians ès suffisance loyauté et bonne diligence, et pour les bons et agréables services à nous faiz et affaire de la personne de Jehan Nepveu, dit de France, à icelluy avons donné, et, par ces présentes, donnons l'office de sergent et garde de la forest dudit lieu de Montfort en Normandie, que avoir et tenir souloit Perrin Gibon, lequel nous en avons destitué, deschargé et débouté, et, par ces présentes, deschargeons, auquel Nepveu nous avons donné povoir, puissance et auctorité de oudit office, faire toutes manières d'exploictz deulz et requis par raison et à cause de nostre dite forest, tant qu'il nous plaira, aux gaiges, droiz, proffiz et honneurs audit office acoustumez et appartenans ; duquel Jehan de France nous avons receus, ès mains de nostre maistre d'ostel, verdier de nostre dite forest, Anthoine Collomiran, escuier, de nous aians à ce puissance, le serment en tel cas deu et requis, tant au bien de nous que de nos subgectz.

Si donnons en mandement à tous nos justiciers, officiers, hommes et subgectz, prions et requérons tous autres luy obéir et diligeamment entendre, en excersant sondit office, et luy prestent et donnent conseil, confort et aide, se mestier en a et par luy en sont requis ; et au receveur dudit lieu lui faire payement et continuacion desdits gaiges acoustumés depuis le jour de son institucion ; et, par rapportant ces présentes ou vidimus pour une foiz, avecques quitance suffisante, ilz lui seront allouez et deschargez en claire mise par les auditeurs de nos comptes, auxquels mandons ainsi le faire.

Car tel est nostre plaisir.

Donné à la Roche lès Mellay, le XXVIIIe jour de novembre, l'an mil CCCC soixante dix-huit. FRANÇOYS.

Par mon seigneur le conte. DUCHESNE.

3356. — 1478, v. s., 8 février. — Quittance délivrée par Guy XV, de sa pension de l'année courante (original, B. N *Clairambault*, 222, n° 10).

Nous, Francoys de Laval, conte de Montfort et seigneur du Gavre, conseiller et chambellan du Roy, nostre sire, confessons avoir eu et receu de maistre Guillaume de Nève, aussi conseiller dudit seigneur, trésorier et receveur général de ses finances ès Païs de Languedoc, Lyonnois, Forestz et Beaujouloiz, la somme de cinq mille six cens livres tournois, à nous ordonnée par ledit seigneur sur lesdites finances de Languedoc, pour nostre pension de ceste présente année, commencée le premier jour d'octobre derrenier passé.

De laquelle somme de V^m VI^c livres tournois. Nous tenons pour content et bien payé et en avons quicté et quictons ledit trésorier général et tous autres.

En tesmoing de ce, nous avons signés ces présentes de nostre main, et faict sceller de nostre scel, le VIIIe jour de février, l'an mil CCCC soixante et dix huit. FRANCOYS.

Par monseigneur le conte, le sieur du Besson, et aultres présens. LEBAUD.

1846. — Ligne 4. — Lire *Souché et les Jamonnières en Saint-Aignan et en Saint-Philbert-de-Grand-Lieu*, au lieu de Sourches et des jaumonnières.

1874. — M Vaësen a daté ce document de 1478, v. s. et, à tort, il a identifié François de Laval avec F. de Laval-Châteaubriant.

3357. — 1479, v. s., 2 février. — Acte par lequel Guy de Laval-Loué présente Jean de Courlandon à la cure de Parçay, vacante par le décès de Guillaume Gautier (Arch. de Maine-et-Loire, E. 3024).

3358. — 1480, 16 mai, le Homme. — Acte par lequel Guy XV confie à René de Cornesse l'office de sergent en la forêt de Montfort en Normandie[1] (original, B N , *Clairambault*, 222, 18).

Francoys, aisné filz du conte de Laval, conte des contés de Montfort en Normandie et Bretaigne, sires du Gavre, d'Acquigny, de Sonnoys, de la Guierche et Frenodour, à tous ceulx qui ces présentes lectres verront, salut.

Savoir faisons que pour le bon rapport qui fait nous a esté de la personne de Regné de Cornesse, à iceluy, pour ces causes et autres à ce nous mouvans, avons donné et octroyé, donnons et octroyons par ces présentes l'office de nostre sergent en nos boys et forest dudit lieu de Montfort en Normandie, en tant que est la garde des terres à connins que par cy devant tenoit et excercoit Jehan Le Coingte, en pré-

1. C'est cet acte, déjà mentionné au Cartulaire sous le numéro 1852, qui possède l'empreinte du sceau dessiné, (figure 145-146).

cédent du don et transport à nous fait par monsieur le Roy dudit conté de Montfort, pour doresenavant iceluy office de sergent audit lieu et garde des terres à connins joir et exercer par ledit De Cornesse aux gaiges, droiz, prérogatives, prouffis, honneurs et esmollumens à ce acoustumés et qui appartient ; en ostant et deboutant ledit Le Coingte et tout autre détenteur illicite et non ayant sur ce nos lectres précédentes en dabte les dites présentes.

Sy donnons en mandement à nostre verdier de ladite forest de Montfort ou son lieutenant que prins et receu dudit Cornesse le serment en tel cas acoustumé, iceluy mecte et institue en pocession et saisine dudit office, ensemble le souffre et laisse joir d'iceluy, desdits droiz et prouffis à ce appartenans.

Mandons et commandons à nostre receveur audit Montfort, présent et advenir, que audit De Cornesse il paie, baille et délivre chacun an en continuant à tousjours, notre plaisir durant, les gaiges à ce acoustumés, qui sont de cinq deniers tournois par jour, aux termes et ainsi que deubz sont, mesmes ceulx escheuz depuiz nostre pocession ; et en rapportant ces présentes ou vidimus d'icelles deuement aprouvé, pour uneffoys avecques quictance dudit De Cornesse, iceulx gaiges lui seront allouéz en ses comptes par les gens de nosdits comptes, ausquelz nous mandons ainsi le faire sans difficulté.

En oultre mandons tous et chacun de nos subjectz que audit De Cornesse, en faisant et excersant sondit office, ilz lui prestent et donnent conseil, confort et aide, se mestier en a et par lui requis en sont.

Car tel est nostre plaisir.

Donné au Homme le seixziesmes jour de may, l'an de grâce mil CCCC quatre-vingts. Françoys.

Par monseigneur le conte ; Olivier.

3359. — 1482, 2 avril, le Lude. — Lettre écrite par Marie de Laval-Loué, veuve de Jean de Daillon, à Jean Bourré (original, B. N., *français*, 6603, 90).

Monsieur Du Plesseys.

Monsieur Du Plesseys je me recommande à vous tant comme je puis.

J'ay receu les lettres que m'avez escriptes; par lesquelles m'escripvez que envoyez ceporteur pour appoincter de ventes avecques moy. Monsieur Du Plesseys, quant je pourroye je le feroye de bon cueur, mais je n'y ay point de puissance, ainsi que vous dira cedict porteur.

Monsieur Du Plesseys, je vous remercye de l'euffre que me faictes, à mes enffans et à moy, car eulx et moy avons bien à besongner des bons amis de feu monsieur le gouverneur, à qui Dieu pardone, dont je vous repute pour ung[1] : Et vous pry qu'il vous plaise en ce où vous nous pouvez aider le fère.

En priant Dieu, monsieur Du Plesseys, qu'il vous donne ce que désirez.

Escript au Lude, le IIe jour d'apvril.

MARIE DE LAVAL.

3300. — 1482, 13 mai, Châteaubourg. — Acte par lequel Guillaume de la Fontaine reconnaît tenir de Guy XIV des biens sis à Châteaubourg (original, cabinet de M. Jules Chappée).

3301. — 1482, 31 mai et 1500, 3 décembre. — La Vieuville. — Epitaphe de Jean de Derval et d'Hélène de Laval (Imprimé, Guillotin de Corson, *Grandes Seigneuries*, III, 102).

Cy gisent haultz et puissants monseigneur Jean, sire de Derval, de Combour, de Chasteaugiron, de Rougé et de Foulgeray, qui trespassa le dernier jour du mois de may, l'an de grâce MCCCCLXXXII, et madame Hélène, sa compagne, fille du comte de Laval, laquelle trespassa le tiers jour du mois de décembre, l'an de grâce MCCCCC.

3302. — 1482, 22 juin. — Acte par lequel Guy XV donne quittance de sa pension de l'année courante (original, mutilé, B. N., *Clairambault*, 222, 25).

1. Jean de Daillon, nommé gouverneur du Dauphiné par lettres de Louis XI, données à Senlis le 7 mars 1373, v. s., y mourut de dyssenterie, non pas en 1480, comme le disent les généalogistes, mais le 22 novembre 1481. Le 19 décembre 1481, il fut remplacé par Palamède de Forbin. (Voir Pilot de Thorey, *Catalogue des Actes du Dauphin Louis II*, numéros 1607, 1787, 1788 et tome I, p. 36). Marie de Laval-Loué était devenue sa seconde femme le 8 août 1459.

Nous, Françoys, conte de Montfort, seigneur du Gavre, confessons avoir eu et receu de Michel Le Tanthurier, conseiller du Roy nostre sire, trésorier et receveur général de ses finances ès pays de Languedoc, Lyonnoys, Forestz et Beau Jouloys la somme de trois mille livres tournoiz à nous appoinctée et ordonnée sur lesdites finances pour nostre pension et entretènement, ou service dudit seigneur de ceste présente année, commencée le premier jour d'octobre derrenier passé.

De laquelle somme de III[m] livres tournois nous nous tenons pour content et bien payé, et en avons quicté et quictons ledit trésorier général et tous autres.

En tesmoing de ce, nous avons signé ces présentes de nostre main et fait sceller du seel de noz armes.

Le XXIIe jour de juing, l'an mil CCCC quatre vingts et deux : Françoys.

3363. — 1482, 20 septembre. — Acte par lequel Guy XV confère à Jean Robidas, l'office de garde en la forêt de Montfort en Normandie[1] (original, B. N., *Clairambault*, 222, 24).

Françoys, ainsné filz du conte de Laval, conte dez contés de Montfort en Bretaigne et Normendie, sire de Gavre, de la Guierche et de Sonnoys, à tous ceulx qui ces présentes lectres verront et ourront, salut.

Savoir faisons que, pour considéracion des agréables services que Jehan Robidas, l'un de noz varletz de chambre, nous a par cy devant faiz; et nous confians ès scens, loyaulté, diligence et bonne conduite de la personne dudit Robidas, icelluy, pour ces causes et autres ad ce nous mouvans, avons aujourduy commis, institué, establiz et ordonné, et par la teneur de ces présentes commectons, instituons, establissons et ordonnons garde de la Haye Cathelon en nostre forestz de Montfort en Normendie, qui est à présent vaquant par le décepz de feu Johannuot Morisse, derrenier pocesseur d'icelle, aux gaiges, droitz, honneurs, proufitz et esmolumens audit office y deutz et acostumez, par le serment qu'il nous a fait de bien, léaulment et justement se porter et gouverner, au prouffit de nous et de noz subjectz.

1. Cet acte possède un important fragment du sceau dessiné, figure 145-146.

Sy donnons en mandement, par ces mesmes présentes, au recepveur ordinaire dudit lieu de Montfort, que, audit Jehan il paye et délivre lesdits gaiges en la manière acostumée ; et par apportant ces présentes ou vidimus d'icelles pour une fois seullement, nous voulons lesdits gaiges et ce que payé en aura esté alloué aux comptes dudit receveur par les auditeurs d'iceulx, ausquelz mandons ainsi le faire.

En outre, mandons à tous noz justiciers et officiers et subjectz dudit lieu, que desdits droitz, honneurs, prouffitz et esmolumens le laissent, souffrent et facent jouyr et user, et que, en exersent ledit office, ilz luy soient obéissans et dilige[m]m[ent] actandans, en luy donnant confort, conseil et aide, se mestier est.

Car ainsin nous plaist estre fait.

En tesmoing de ce, nous avons sign[ées] ces présentes de nostre main et fait sceller du scel de noz armes, le XXIX° jour de septembre, l'an mil quatre cens quatre vins et deux :

FRANÇOYS.

Par Monseigneur le Conte, Monsieur le Conte de Nyvelle et autres présens : BAUCHE.

3364. — 1482, v. s., 29 janvier. — Accord entre l'évêque du Mans, Philippe de Luxembourg, et Gilles de Laval, évêque de Séez, resté doyen du Mans, dans lequel on reconnaît à l'évêque du Mans le droit de faire exercer par des officiers nommés par lui les actes de la juridiction du doyen, aussi long temps que celui-ci ne lui a pas montré ses titres et prêté serment (Archives du Chapitre, B. 32).

3365. — 1483, 15 décembre. — Acte par lequel, en suite du décès de Tristan du Perrier, advenu le 24 décembre 1482, Charles Josse, procureur de Jeanne du Perrier, fait aveu au Roi au nom de celle-ci (B. N., *français*, 18697, 200).

3366. — 1483, v. s., 14 février, Tours. — Mandement par lequel les trésoriers de France prescrivent au vicomte de Pont Audemer et du Pont Authou de payer à François de Gavre le montant des revenus de la comté de Montfort, sauf un sixième du terme de la Saint-Michel 1483 (original, B. N., *Clairambault*, 222, 20).

De par les trésoriers de France.

Viconte et receveur ordinaire du Ponteaudemer et Pontautou Monsieur de Gavre nous a dit que avez levé ou fait lever les deniers de la conté de Montfort, assise en vostre dite viconté, des termes de Pasques et Saint-Michel derrenier passé, dont au précédent il joyssoit, pourquoy nous vous mandons et néanmoins enjoingnons que lesdits deniers vous les lui baillez, restituez et rendez ou à ses commis, se ainsi est que les avez receuz, sauf réservé que des deniers dudit terme de Saint-Michel derrenier passé, venuz et yssuz de ladite conté de Montfort en retenez par voz mains la sixiesme partie pour rate de temps du trespas du feu Roy, que Dieu pardoint, pour icelle sixiesme partie et ceulx qui depuis sont escheuz et escherront estre emploiée et convertie ès affaires du Roy nostre sire avec les autres deniers de vostre dite viconté, jusques à ce que autrement en soit ordonné ; et le tout sera couché en vostre estat de ladite année, en nous rapportant ces présentes, sans difficulté, lequel estat aussi vous mandons venir devers nous le faire le plustost que pourrez ; et oultre, que, ce pendant, ne faciez, baillez ou délivrez aucune couppe nouvelle des bois de vostre dite viconté, jusques ad ce que aiez de nous vostre dit estat et charge de ce faire ; et n'y faictes faulte.

Et Adieu. Escript à Tours le xiiime jour de février mil CCCC quatre vings et trois : D'Orgemont.

3367. — 1485, 24 avril. — Mandement par lequel les trésoriers de France prescrivent au vicomte de Pont Audemer et de Pont Authou, de payer à François de Gavre, comte de Montfort, la somme à lui due pour le terme du 29 septembre des cinq sixièmes du revenu de la vicomté (original, B. N., *Clairambault*, 222, 30).

Les trésorier [sic] de France à l'uissier du trésor du Roy nostre sire ou autre sergent Royal sur ce premier requis, salut.

De la partie de Monsieur de Gavre nous a esté exposé que, en faisant par nous l'estat au vicomte et receveur ordinaire du Pont Audemer et Pont Autou, du terme de Saint-Michel MCCCCIIII^xx et trois, fut couché et employé en icelui pour ledit sieur de Gavre, sur le don qu'il avoit du feu Roy, que Dieu absolle, de la terre et seigneurie de Montfort, dont il en prenoit le revenu par ses simples quictances, ainsi qu'il est plus à plain déclairé ès lectres de don sur ce faictes, la somme de sept vings sept livres trois deniers tournois pour les cinq sixièmes du revenu d'icelle terre pour ledit terme; et, combien que ledit sieur de Gavre ait plusieurs foiz requis et fait requérir ledit viconte afin de lui faire paiement de ladite somme, combien qu'elle soit couchée en sondit estat, ce néanmoins il a tousjours différé et diffère encores de la lui paier, à son préjudice et dommage.

Pourquoy vous mandons, en commectant, se mestier est par ces présentes, que s'il vous appert desdites lectres de don et que ladite somme de cent quarante-six livres trois deniers tournois, soit couchée et employée oudit estat, comme dit est, vous, oudit cas, faictes exprès commandement, de par le Roy nostre dit sire et nous, audit viconte de Pont Audemer ou à son commis, qu'il paye, baille et délivre audit sieur de Gavre la dessusdite somme, en prenant pour son acquict sa quictance seulement; en le contraingnant à ce faire et souffrir, aussi ses pleiges et caucions et tous autres qu'il appartiendra et à vous monstrer sondit estat, par toutes voyes deues et raisonnables, et tout ainsi qu'il est acoustumé de faire pour les besongnes dudit sieur, non obstant oppositions ou appellations, clameur de haro et doléances quelzconques.

De ce faire vous donnons povoir, mandons à touz les justiciers, officiers et subgectz d'icelui sire que à vous, en ce fais[ant] soit obéy.

Donné soubz noz seignetz, le XXIIIIe jour d'avril MCCCCLXXXV : D'ORGEMONT.

3368. — 1485, 31 octobre. — Lettres patentes de la reine Jeanne de Laval, pour la chapelle de Saint-Bernardin, fondée aux Cordeliers d'Angers[1] (Bibl. d'Angers, n° 711).

3369. — 1486, 2 novembre, Vitré. — Acte par lequel Guy XV, en ratifiant les dons de ses prédécesseurs à Saint-Nicolas de Vitré, mande à ses officiers de remettre au prieur

1. Cet acte possède, en cire rouge, des fragments du sceau 137-138.

de la Maison Dieu la dîme du pain consommé par sa maison lors de son séjour à Vitré (Archives de Saint-Nicolas, communiqué par M. P. de Farcy)

A cause et par vertu des quelles lettres et donnaisons en icelles contenues, dont ledict de Grasmenil nous a deuement informé, suppliant icelles lettres estre par nous ratifiées et confirmées et le faire joir et avoir, pour les pouvres frères de ladicte Maison-Dieu hospital de Saint-Nichollas, de la dixme de tout le pain despencé en nostre terre et seigneurie de Vitré par nous et nos gens de nostre maison, avec du boais mort de nostre forest de Vitré, pour leur chauffaige, selon et au désir desdictes lettres.

Si est que nous voulons conserver et continuer à ladicte maison les legs et donnaisons de nos prédécesseurs à nostre pouvoir ; et, pour luy servir et valloir à mémoire perpétuel, avons ratiffié et ratifions, louons et approuvons par ces présentes le contenu ès dictes lettres o tout leur effect, voulans et voulons que ses successeurs, prieur et administrateur du dit lieu, en puissent joir et user selon la teneur d'icelles.

Mandons à nos sénéchal, alloué, procureur, lieutenant, recepveur, châtelain, vendeurs, segraié et autres justiciers et officiers dudit lieu de Vitré et à tous autres, à qui ce appartiendra, de ce que dessus souffrir et laisser joir ledict prieur et administrateur et ses dicts successeurs et leur bailler marche et laisser joir pour leur service desdicts pouvres frères de ladicte Maison-Dieu du boais mort en nostre dicte forest, en vertu d'icelle et en les poursuivant et à nos maistre d'osteulx et conterolles, argentiers et autres qui seront au biennemant de nostre maison.

Mandons que chascun mois de nostre biennement baillent relation signée de leurs mains oudict de Grasmenil, oudict nom, de tout le pain qui a esté et sera despensé en nostre maison depuis le décedz de nostre dict seigneur et père, durant le temps qu'avons esté et serons demourans en ce lieu et baronnie de Vitré. Et dudit pain lui mondrer la dixme tant de pain de froment que de pain de seille et lui réduire ledit pain à blé, affin que par autre temps luy baillions assignation de paiement sur nostre chastelain dudit lieu de Vitré.

Car ainsi le voulons, le droict de nous et d'aultruy en tout cas réservé.

Et le double de icelles lettres deuement autentique vauldra à chascun garant et descharge à nous de ce que dessus respectivement quand mestier en sera, pourveu que ledict prieur nous baille adveu par escrit de tout ce que dessus à nos plez généraulx de Vitré.

Donné en nostre chastel dudit lieu de Vitré le II novembre MCCCCLXXXVI, soulz le seel de nos armes pendant à lacs de soye en cire verte.

Signé Guy et sur le reply: par Monseigneur le Conte : l'évesque de Lyde, l'abbé de Clermont, le sire d'Acigné, le prieur de Sainte-Catherine de Laval, le juge et procureur de Vitré.

3370. — 1487, 16 juillet. — Le faubourg du Pont-de-Mayenne à Laval est pillé par les troupes du capitaine Bonestac (Le Doyen, p. 30).

2008. — On trouve dans les *Lettres de Charles VIII*, publiées par M. Pélicier, la fin de cette lettre, donnée ici telle qu'elle figure dans le volume de M. le duc de la Trémoïlle.

3371. — 1488, v. s., 31 mars, Chinon. — Lettre adressée par Charles VIII au Parlement, au sujet de la prise de possession par Guy XV, de la moitié des biens-meubles de la succession de Tancarville (Pélicier, *Lettres de Charles VIII*, II, 305).

3372. — 1490, v. s., 2 mars. — Lettres par lesquelles la reine Jeanne de Sicille présente à la chapelle de Gastines, fondée en l'église Notre-Dame de Beaufort, Guillaume Gasset à la place de feu Michel Chevereau (Bibl. d'Angers, n° 711).

3373. — 1491, 13 juin, Laval. — Procuration donnée par Guy XV à Antoine de Hocourt, gouverneur de ses terres de Normandie et Picardie, pour gouverner aussi sa terre de Noyelle. (Communiqué par M. Jules Chappée, qui en possède l'original en son cabinet).

Guy, conte de Laval, de Montfort, de Caserte, viconte de Rennes, sire de Vitré, du Gavre, de Acquigny, de Monstreul-Beslay, de Sonnois, de la Guierche, de Gournay et de Noyelle sur la mer, grant maistre d'ostel de France, à tous ceulx qui ces présentes verront, salut.

Savoir faisons que nous, confians à plain ès sens, souffisance et loyaulté des personnes de nos chers et bien amez messire Anthoinne de Hocourt, chevalier, notre cousin et gouverneur de nos terres de Normandie et Picardie, et de (laissé en blanc), iceulx, pour ses causes et autres à ce nous mouvans, avons commis et commectons par ces présentes à ouir et examiner les comptes des recepveurs de nos terres et seigneuries de Noyelle sur la mer, Hornoy, Maintenay, Gournay et Gaillefontaines et assigner ou faire assigner jour auxdits recepveurs par devant eulx pour rendre lesdits comptes et à ce les contraindre par toutes voyes et manières deues et raisonnables. Lesqueulx comptes ainsi renduz, examinez et clos par lesdit de Hocourt et.., l'examen et closture d'iceulx et tout ce que par eulx sera faict en l'auditoire, examen et closture desdits comptes voullons estre d'autre effet et valleur comme si fait avoit esté par les auditeurs ordinaires de nos comptes et lesdits recepveurs estre et demourez quictes en baillant le reliqua auxdits de Hocourt et...... et à chacun d'eulx.

Et avec ce, avons donné et donnons par cesdites présentes plain povoir, auctorité et mandement espicial à notre dit cousin de Hocourt de poursuir et contraindre en justice et par toutes autres voyes raisonnables lesdits recepveurs à rendre lesdits comptes en leur reffus par devant tous juges séculiers et d'église.

Et en ce et en tous nos autres affaires et négoces l'avons constitué notre procureur général et espicial auquel notre dit cousin procureur avons donné plaine puissance de substituer pour et ou nom de nous autres procureurs ayans autre et semblable povoir en toutes et chacune nos causes de octroyer pour nous en jugement et dehors en demandant et deffendant et générallement d'y faire tout ainsi que ferions et faire pourions si présens y estions en propre personne, jaczoit que par avanture sourvienne chose qui requière mandement plus espicial, promectant en bonne foy et soubz l'obligacion et ypothèque de tous et chascuns nos biens avoir aggréable tout ce que par notre dit cousin de Hocourt et....., chacun d'eulx sera faict et procuré tant pour nous que contre nous.

En tesmoing de ce nous avons signé et fait seeller cesdites présentes du seel de nos armes.

Donné en notre ville de Laval le XIIIe jour de juyng, l'an mil IIII^{c} IIII^{xx} unze.

Guy.

Par monseigneur le conte, les sires de Nyvelle et de... et autres présens.

BAUCHE[1].

3374 — 1493, 14 avril, Benais. — Acte constatant que Pierre de Laval-Loué, seigneur de Benais, a arrenté à deux personnes de Benais des biens situés dans la paroisse (Original au cabinet de M Jules Chappée).

3375. — 1493. 7 mai. - Acte par lequel René de Laval-Bois-Dauphin présente à la chapelle Saint-Jacques de Louailles Jean Girard, le jeune, à la place de feu Guy Moyenart (Arch. de Maine-et Loire, E. 3024).

3376. — 1493, 17 septembre. — Jeanne de Laval, abbesse d'Étival, tant en son nom qu'en ceux de feu Marguerite de Bouillé, abbesse avant elle, de Marie de la Croix, prieure, et des autres religieuses, fonde en l'église de Loué la chapelle de Notre-Dame des Chênes (Note, *Semaine du Fidèle*, 1866, 168).

2093. — Aux archives de Maine-et-Loire, la pièce possède encore la cire originale intacte, sauf dans sa légende.

3377. — 1495, 20 août. — Lettres de la reine Jeanne de Laval constituant la chapelle de l'Annonciade en l'église Notre-Dame de Beaufort (Bibl. d'Angers, n° 711).

3378. — 1495, 18 novembre, Saumur. — Lettres de la reine Jeanne de Laval portant augmentation de la chapelle de Notre-Dame de la Garde à la Bahalle (Bibl. d'Angers, n° 711).

3379. — 1495. — Inscription que porte l'ancienne cloche communale de la ville de Laval, appelée Luane (Luce-Anne), laquelle servait soit à sonner le tocsin, soit à convoquer pour le lendemain les assemblées de l'Hôtel-de-Ville. Elle sonnait aussi quelquefois pour divers offices dits par les chanoines

✝ POUR DIEU SERVIR EN SON ÉGLISE AUXI DE PAR MES^rs^ DE CHAPITRE ✝ AY EU NOM DE PRINCE POUR TILTRE L'AN MIL CCCC IIII^XX^ QUINZE.

1. Le sceau en cire rouge sur queue de parchemin est entier en dimensions mais les empreintes sont presque effacées par suite de compression.

3380. — 1497, 4 juin, Benais[1]. — Acte qui constate que Pierre de Laval, seigneur de Benais, a donné à bail à Guillaume Fanereau des biens sis à Benais (Original au cabinet de M. Jules Chappée).

211. — Sceau de René I, de Laval-Bois-Dauphin, 1496.

212. — Sceau de Pierre de Laval-Loué, 1496.

1. On donne deux sceaux, d'après des empreintes de l'année 1496, conservées l'une et l'autre aux Archives de Maine-et-Loire : (E. 3024). Le sceau 211 est celui de René I de Laval-Bois-Dauphin. L'écu est de Laval sur laquelle on ne distingue plus les cinq léopards à la bordure. Le casque est sommé d'une tête d'aigle dans un vol. Les supports sont : à droite un griffau, à gauche un lion. La légende est : Seel René de Laval.

Le sceau 212 est celui de Pierre de Laval-Loué ; par le fragment qui en subsiste, on voit qu'il consistait en un écu de Laval, timbré d'un casque et supporté par un lion et un griffon. De la légende on ne lit plus — et avec peine — que Pierre. Ce Pierre, au décès d'Anne de Laval, en 1466, devenu chef des Montmorency-Laval, en prit les armes plaines.

3381. — 1498, 2 novembre. — Lettres par lesquelles la reine Jeanne de Laval présente à la chapelle des Rivettes Jean de Laval, dit de Meslay, à la place de feu Ives Labbé (Bibl. d'Angers, nº 710).

3382. — 1500, 27 juin. — Guy XV présente à la chapelle des Rivettes Jean Garnier, à la place de feu Jean de Meslay (Bibl. d'Angers, nº 710).

3383. — 1502, 3 octobre. — Décès de Gilles de Laval, évêque de Séez (Gams, *Series episcoporum*, Séez).

3384. — 1502, v. s., 15 janvier, Montsabert. — Procédure faite au lieu du décès de Gilles de Laval (Archives du chapitre du Mans, B. 71, communiqué par M. l'abbé Ledru).

A tous ceulz qui ces présentes lettres verront, la garde des seaulx establiz aux contractz royaulx d'Angers, salut.

Savoir faisons que le dimanche, quinzième jour de janvier, l'an mil cinq cens et deux, à la requeste de Etienne Millet, ou nom et comme procureur de hault et puissant seigneur Monsieur Pierre de Laval, seigneur de Loué, de Benays et de Montsabert, maistre Pierre Jarry et Philippe du Fay, licenciez en loix, conseiller. en court laye et notaires jurez desdits contractz, se transportèrent, et en leur compaignie Guillaume Lyvenfet, sergent ordinaire du roy, notre sire, audit lieu d'Angers, d'icelluy lieu d'Angers, où ils sont tous demourans, audit lieu, chasteau et maison de Montsabert, pour assister à voir faire, de la part dudit Millet, ou nom que dessus, certaines protestations, déclaracions et inventaire touchant le faict des biens demourez du trespas de feu Révérend Père en Dieu feu monsieur Gilles de Laval, en son vivant évesque de Saces, frère dudit sieur de Loué, naguères décédé audit chasteau et maison de Montsabert, son corps estant encores dedans la chappelle dudict lieu en une chasse ou cerqueu de boys et à inhumer...

Le lendemain, 16 janvier, vers huit heures du matin, les susdites étaient encore au château avec « nobles personnes Anthoine d'Averton, seigneur de Couldrayau, Franczois d'Aubigné, seigneur de Boys [m]orice, vénérables et discrètes personnes maistre Jehan de la Duranhéré, prêtre curé de la Magdelaine près Saces... »

3385. — 1504, v. s., 18 janvier, Laval. — Lettres par lesquelles Guy XVI, pour la chapelle des Rivettes, présente René de Beaune, à la place de feu Guillaume Bellenger (Bibl. d'Angers, n° 710).

3386. — 1505, juin. — Achat fait par Pierre de Laval-Loué (Original déchiré au cabinet de M. Jules Chappée).

213. — Sceau de François de Laval-Marcilly, 1501 (1).

3387. — 1505, 20 octobre. — Lettres par lesquelles Guy XVI présente au chapitre d'Angers pour la chapelle des Rivettes René Vallée, à la place de René de Beaune, qui l'avait résignée (Bibl. d'Angers, n° 710).

3388. — 1505, 29 novembre, Châteaubriant. — Lettres par lesquelles Jean de Laval-Châteaubriant dispense Charles de Pontbriant du paiement du droit de rachat dû au décès de Simon de Pontbriant, son frère (Original, Arch. Nat., T. 166[9]).

3389. — 1519, v. s., 25 février, Restigné. — Acte qui constate que Gilles de Laval, seigneur de la Haie-en-Touraine et de Maillé, a acheté une pièce de terre sise à Benais (Original au cabinet de M. Jules Chappée).

2250, en note du mot Chitri. — Au lieu de Chitri lire Pydna (Gams, 428). Voir dans la *Bibliothèque de l'Ecole des Chartes* (LXII, 160) une note relative à l'évêque en question C'était

1. Le sceau 213 est celui de François de Laval-Marcilly, donné d'après une cire originale des Archives de Maine-et-Loire (E. 3024), datée de 1501. Il consiste en un écu droit aux armes de Laval. La légende, inscrite sur un listel aux extrémités retournées, porte : S. FRANÇOIS DE LAVAL.

un dominicain, Jean Tisserant, ou Tisserat. Voir aussi dom Piolin (V, 338).

3390. — 1521, 18 avril, Châtillon. — Note du livre de raison des Coligny, donnant la date de naissance de d'Andelot (Imprimé, du Bouchet, *Coligny*, 1088).

Le joudy XVIIIe jour d'avril MDXXI fut né à Chastillon François de Coligny.

3391. — 1522, 1 juin. — Guy XVI présente pour la chapelle des Rivettes Virgille de Rohan, à la place de René Vallin [1] (Bibl. d'Angers, no 710).

3392 — 1525, v. s., 7 mars, Benais. — Acte qui constate que Pierre de Beaumont et Catherine Dampierre, sa femme, ont vendu à François de Laval, seigneur de Marcilly, une rente assise sur le Petit-Mont à Benais (Original dépouillé de son sceau au cabinet de M. Jules Chappée).

3393. — 1526, 16 décembre, Milly-en-Gâtinais. — Testament de Charlotte d'Albret, dame de Lautrec, mère de Claude de Foix (B. N., *français*, 5121, 20).

3394. — 1526, v. s., 12 avril, Benais. — Acte qui constate une baillée à rente consentie par le prieur-curé de Benais à Gilles de Maillé, etc. (Original au cabinet de M. Jules Chappée).

3395. — 1527, 22 juillet, Restigné — Acte qui constate qu'Adam du Vivier, seigneur du Puits-Ferrier et des Granges, se portant fort pour Mademoiselle de Marcil, sa femme, a vendu une rente assise sur Restigné à François de Laval, seigneur de Marcilly et de Saumoussay (Original dépouillé de son sceau au cabinet de M. Jules Chappée).

3396. — 1527, 10 août, Restigné. — Acte qui constate l'achat d'une rente sur Restigné faite par François de Laval, seigneur de Marcilly et de Saumoussay (Original dépouillé de son sceau au cabinet de M. Jules Chappée).

3397. — 1527, 22 août, Benais. — Acte qui constate l'achat d'une rente assise sur Benais fait par François de Laval, sei-

1. Cet acte possède un bel exemplaire du sceau 154-155.

gneur de Mareilly et de Saunoussay (Original dépouillé de son sceau au cabinet de M Jules Chappée).

3398. — 1527, 6 septembre, Restigné. — Acte qui constate l'achat par François de Laval, seigneur de Mareilly, d'une rente assise sur Buston, paroisse de Saint-Germain de Bourgueil (Original, dépouillé de son sceau au cabinet de M. Jules Chappée).

214 215. — Sceau et contre-sceau de la vicomté de Bresteau, 1529 (1)

3399. — 1532, 19 septembre. Acte par lequel Jean de Laval-Châteaubriant, en qualité de tuteur de Guy XVII, présente pour la chapelle des Rivettes Guillaume Poullain, à la place de Régnier Girard, qui l'avait résignée (Bibl d'Angers, n° 710).

3400. — Vers 1535, 28 octobre, la Coutencière. — Lettre

1. On donne ici un beau sceau de la cour de Bresteau, dessiné d'après une cire plaquée en 1529 et conservée aux Archives de Maine-et-Loire (E. 3024). On y voit au centre l'écu de Laval, à la bordure chargée de cinq léopards ; au-dessus les lettres : I et R. La légende qui commence par une rose, est intacte : Sel des contrat de la comté de Brest[eau]. Au contre-sceau figure le même blason avec une palme de chaque côté ; il est sans légende.

Le sceau 216 est celui de Pierre de Laval-Lezay ; il est dessiné d'après une empreinte plaquée en 1563 et conservée aux Archives de Maine-et-Loire (E. 3024), l'écu de Laval, qui y figure, est brisé par un lion au premier quartier.

Le joli sceau dessiné sous le n° 217, est celui du père de Guy XIX : François de Coligny, sieur d'Andelot, bail pendant quelques mois de son fils Guy XIX. Il est dessiné sur la cire originale, qui n'a pas été moulée et qui est attachée à l'acte 2750 du cartulaire.

écrite par Anne de Laval à François de la Trémoïlle, son mari [1] (Original, collection Chappée).

A Monsieur.

Monsieur, depuis ma letre écritte et selle que la... m'a envoyé pour vous, le valet est revenu, que j'avais envoié portés les ventres à Benot, Drouet, lequel m'a mandé de bouche quy l'a aité sy prasé de ses mays quy ne s'et jamès su défaire quy ne leur ay bailé la moietié de son argant, mes quy vous gardera encore myle équs jousques à d'anouiet en huict jous, mès quy ne peuct plus atandre davantage et que, sy n'étoict la grande voulonté q'uyl a de vous faire service, qui l'eut tout balé, et d'otant, Monsieur, sy vous est possible, fedroict aitre icy se jour là, car il i a tant de jans après luy, que vous ne sariés croire.

Il chet quy vous poura bien encore balés seinct sans frans dans troies semènes. L'on dict qu'yl et bien honnête et que vous an pouvés bien avoir un plésir quant vous orés afaire et vouloir mieus. Ne vous artés poiont Angés, car j'arés peur quy balat son argant à d'autres, voyant qu'yl et sy inportuné de seinct ausis, quy ne bouget d'après lui.

Monsieur je me recommande très humblement à voutre bonne grâce et suplye Dieu, monsieur, quy luy plaice vous donnés très bonne vie et longue.

A la Coutansière se XXVIIIe octobre, voutre très humble et très obéysante fame.

Anne de Laval.

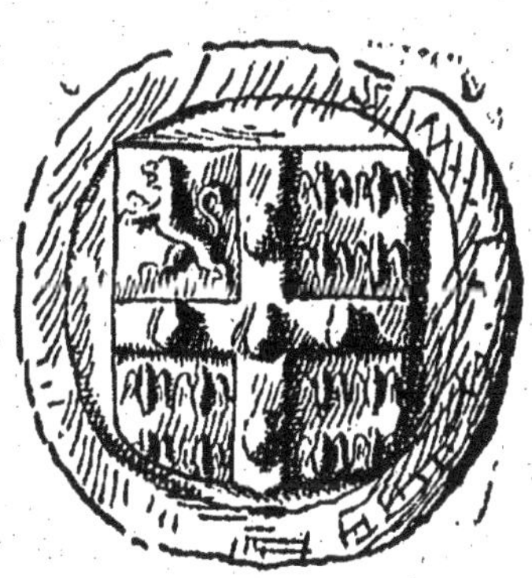

216. — Sceau de Pierre I de Laval-Lezay, 1563

1. Cette lettre n'a pas été imprimée par M. le duc de la Trémoïlle.

3401. — 1539, 28 avril. — Lettres par lesquelles Jean de Laval-Châteaubriant, en qualité de tuteur de Guy XVII, présente pour la chapelle des Rivettes Jean Esnault, à la place de Virgille de Rohan, qui l'avait résignée (Bibl. d'Angers, nº 710).

3402. — 1551, 7 avril. Toul. — Lettre écrite par René de Laval-Bois-Dauphin au comte du Lude (Imprimé, *Archives historiques du Poitou*, XII, 51).

217. — Sceau de d'Andelot, 1561.

218-219. — Sceau et contre-sceau des contrats de Mareilly-sur-Maulne, 1575

1. Sous les numéros 218-219 on donne le beau sceau des contrats de Marcilly sur-Maulne, dessiné d'après une cire de 1575, conservée au Cabinet de M. d'Achon. Il consiste en un sceau rond contenant au centre un écu aux armes de Laval à la bordure besantée, au-dessus duquel figurent deux palmes en sautoir et à ses côtés des engrelures. La légende, en caractères gothiques, débute par une étoile et se lit : Seel aux contraz de la chatellenie de Marcillé. Le contre-sceau, qui n'a pas de légende, possède un écu semblable.

3403. — 1577, 11 juin, Vitré. — Lettre écrite par Guy XIX de Laval à sa tante la marquise d'Assérac. (Copie du 12 décembre 1620, tirée des registres de la baronnie de la Roche-Bernard du jeudi 4 juillet 1577. — Archives de la Loire-Inférieure, E., 1169).

Madame ma tante, madame la marquise d'Assérac

Madame ma tante, je porte avecque ung merveilleux ennuy de ce qu'il a pleu à Dieu d'appeller à soy feu monsieur le marquis, votre mary et mon oncle, car, oultre que je ressens en moy une affliction grande, comme elle est, j'ay pour mon particullier, faict ung extresme perte d'un seigneur qui m'estoit si affectionné parent et bon amy, comme il me l'a faict congnoistre par une infinité de bons effectz, ce qui m'oblige à honorer toutte ma vie sa mémoire et vous randre, madame ma tante, tout le respect et service qu'il me sera possible.

Quand au rachapt, dont vous m'escrivez, qui m'est deub par la mort de feu monsieur le marquis, mon oncle, des biens arivez à mademoiselle votre fille, je le luy donne de très bon cœur et désirerois, en plus grande chose que cela, faire preuve de l'amitié que je luy désire porter, et à vous, madame ma tante, faire service d'aussy bonne vollonté qu'en cest endroict.

Je vous baise bien humblement la main, et prie Dieu, madame ma tante, qu'il vous veuille assister par sa grâce et [à moyen] qu'il congnoistra vous estre nécessaire.

A Vitré, le unziesme jour de juing.

Votre bien obéissant nepveu à vous faire service.

Guy de Laval.

3404. — 1583, 1er février. — Lettre écrite par Villeroy au maréchal de Matignon (Imprimé, *Lettres de Catherine de Médicis*, VIII, 85, sans indication de source).

... On a dit à leurs Majestés que le prince d'Orange a dépéché en toute diligence le sieur de Laval devers le roi de Navarre et les huguenots du Languedoc pour les avertir de ce succès (l'échec du duc d'Anjou à Anvers, le 17 janvier 1583), leur donnant avis de prendre garde à eux et même reprendre les armes pour se réunir et courre dorénavant une même fortune ; et dit on que le dit sieur de Laval est passé déguisé avec trois chevaux, dont j'ai charge de vous avertir, afin que vous preniez garde à vous et à la conservation des places ..., vous priant mettre peine à sçavoir la vérité du voyage du dit sieur de Laval...

220-221. — Deux clefs de voute de l'Église de Marcilly-sur-Maulne.

3405. — 1583, 7 août, le Plessis Bricon. — Contrat de mariage de Guy XIX avec Anne d'Alègre (Copie du XVIIe siècle. (Bibliothèque de Nantes, Collection Dugast-Matifeux, II, 150)[1].

A tous ceulx qui ces présentes lettres verront, Anthoine Quoguin, garde des seaux royaux de la baillie de Senlis, et Pierre Lefeuvre, tabellion establiz de par le roy, nostre sire, ès provostés et chastellenyes de Compeigne et de Choizy, salut.

Sçavoir faisons que par devant Simon Lomiet et Adonis Erin, notaires roiaulx audict Compeigne, sachent tous que sur la procuration et traicté de mariage, a esté faict, celebré et acomply entre très hault et très puissant seigneur messire Guy, comte de Laval, Montfort, Quintin et Harcourt, baron de Vitré, la Roche Bernard et Ancenis, sire de Rieux, Rochefort, la Roche-en-Nord, fils de feu très hault et très puissantz messire Francois de Colligny et dame Claude de Rieux, ses père et mère, et haulte et puissante damoiselle Anne d'Allaigre, fille de hault et puissant seigneur messire Chris-

1. Sous les numéros 220-221, on donne deux clefs de voûte, que M. Paul de Farcy a dessinées lui-même dans l'église de Marcilly. Le numéro 220 porte le blason de Laval-Marcilly. Dans le numéro 221 le blason est parti de Laval-Marcilly et de Bastarnay.

tolle, marquis d'Allaigre, et de haulte et puissante dame Anthoinette Du Prat, seigneur et dame de Blanville, Mareilly, Sainct-André, Nosy, La Motte, Allincourt, Oissery et le Plessis-Brion, ont esté par l'avis, conseil et consentement des parens et amis desdictes parties faictes, conclues, convenues et accordées les promesses, pactions et convenances qui s'ensuivent, et partant ont esté présens et personnellement establies en droit au baillage de Senlis, prévosté et chastelenye de Thourotte ; après deue submission et subrogation de juridiction faicte en icelle, ladicte haulte et puissante dame Anthoinette du Prat, et hault et puissant seigneur Christophle, marquis d'Allaigre, son fils, et dudict feu messire Christofle d'Allaigre, universel et principal héritier d'icelluy et ladicte damoiselle Anne d'Allaigre, demeurans et aians leurs domicilles au chasteau de Blanville, bailliaige de Rouan, d'une part, et ledict très hault et très puissant Guy, comte de Laval, demeurans et aiant son domicile au chasteau de Vitré, au païs et duché de Bretaigne, d'autre, lesquelz seigneurs comte de Laval et damoiselle d'Alaigre, de l'aucthorité, vouloir, consentement exprès de ladicte dame Anthoinette Du Prat et dudict seigneur d'Allaigre, son fils, et frère de ladicte damoiselle, se sont, moiennant la grâce de Dieu, promis et promettent prendre pour vrais et loyaulx mary, femme et espoux. Laquelle promesse ils ont faicte et jurée entre noz mains, avec stipulation réciproque et acoustumée pour vray et entier consentement de mariage présent, qu'ils seront tenus et ont promis solaniser en la fasson accoustumée aux esglises prétendues réformées toutes et quantes foys que l'ung par l'autre, ses parens et amis, en sera sommé, priyé et requis.

En faveur et contemplation duquel mariage, et pour à icelluy parvenir, ladicte dame Anthoinette Du Prat et ledict seigneur d'Allaigre ont promis, promettent et s'obligent paier, bailler et délivrer ausdicts seigneur conte de Laval et damoiselle d'Allaigre, mariés soubs ipotèque de tous et chacuns leurs biens présens et avenir quelzconques, la somme de trente et trois mil trois cens trente trois escuz ung tiers d'escu, paiable, savoir est : vingt mil escuz dedans ung mois prochainement venant et le restant, montant treize mil trois cens trente trois escuz ung tiers d'escu, dedans deulx ans prochainemant venant, à la fin desquelz lesdicts dame et seigneur d'Allaigre seront tenus bailler et paier ausdicts mariés la somme de mil escuz sol, pour la rente desdicts treize mil trois cens trente trois escuz ung tiers d'escu, laquelle somme de trente trois mil troys cens trente trois escuz ung tiers d'escu, sol lesdicts dame et seigneur d'Allaigre ont promis et accordé à icelle damoiselle pour tous et chacuns les droictz qu'elle pourroit avoir et prétendre aux biens meubles et immeubles tant de successions à elle escheues que par le déceps et trespas dudict feu seigneur marquis d'Allaigre, son père, et de François d'Allaigre, son frère puisné, que de la future succession de ladicte dame Anthoinette Du Prat, sa mère, au partage desquelles successions poura néantmoings ladicte revenir, en raportant ou moings prenant, ainsy et à qui il apartiendra, par raison et à la coustume des lieux ou les biens desdictes successions se trouveront sis et situés ; et a ledict seigneur conte de Laval promis, sera tenu et obligé emploier ladicte somme de trente trois mil troys cens trente troys escuz ung tiers d'escu sol, à mesure qu'il la recepvra, en héritage qui sortira et à tenir en propre à ladicte damoiselle et aux siens, et, au deffault d'avoir faict l'employ de ladicte somme en héritage dedans le jour de la disolution dudict mariage, il en faict dès à présent comme pour lors, par ces présentes, assignation à ladicte damoiselle d'Allaigre, à la raison du denier trente, qui revient a mil cent unze escuz sol six solz huict deniers tournoiz de rente chacun an, en valable dommaine non déprissable, avec droict de toute justice sur ladicte baronnie, terre et seigneurie de la Roche Bernard, ses apartenances et despendances, size et située au pais de Bretaigne, pour en jouir par ses mains comme de sa chose propre ; et si ladicte baronnie de la Roche Bernard ne se trouveroit valloir ladicte somme de mil cent unze escuz sol six solz huict deniers tournoiz, ledict seigneur conte Laval a voulu et consanty, veult et consent et accorde que ladicte damoiselle puisse avoir et prendre ce qui s'en défaudra en bon dommaine aiant droict de toute justice sur ses autres terres et seigneuries de proche en proche, au choix d'icelle damoiselle, sans qu'en ladicte somme de mil cent unze escuz sol six solz huict deniers tournoiz de rente les chasteaux et préclostures des lieus, qui luy seront donnez et délivrez pour assiettes assignez, puissent estre evalluez ni précontez, dont néantmoings ledict seigneur conte voult que ladicte damoiselle jouisse oultre et pardesus ladicte rente de mil cent unze escuz sol six solz huict deniers tournoiz, laquelle rente sera rachaptable par ledict seigneur comte de Laval et les siens dedans douze ans, ensuivant la dissolution dudict mariage, en deux diverses fois, à la charge qu'il ne en poura à chacune desdictes fois moings rachapter de ladicte rente que de treize cens livres six solz huict deniers tournoiz de rente.

Et au cas que ladicte damoiselle prédécède ledict comte de Laval sans enfants procréés en ledict mariage, a esté convenu et accordé que icelluy seigneur comte sera quitte dudict assignat en prenant et rendant à ses héritiers ladicte somme de trente trois mil trois cens trente trois escuz ung tiers d'escu sol.

En faveur et contemplation duquel mariage et que autrement ne ce fust faict, ledict seigneur comte de Laval a donné à ladicte damoiselle d'Allaigre de six mil six cens soixante six escuz deux tiers d'escu sol de rente chacun an, ledict seigneur comte de Laval veut, consent et accorde que ladicte damoyselle puisse avoir et prendre ce qui s'en faudra en domaine ayant droict de toute justice sur ses autres terres et seigneuries de proche en proche, au choix d'icelle damoiselle, sans qu'en ladicte rente de six mil six cens soixante deux escuz deux tiers d'escu les chasteaux et preclostures desdicts contéz et chastellenies puissent estre evalluez et précontées, dont neantmoins ledict seigneur comte veut et acorde que ladicte damoyselle jouisse outre et par dessus icelle rente de six mil six cens soixante six escuz deux tiers ; est dict et accordé que si et au cas que lesdicts comtéz et chastellenies vallent chacun an plus que ladicte rente de six mil six cens soixante six escuz deux tiers le surplus sera et demeurera à ses héritiers ; laisse néantmoings ledict sieur comte au choix, option et liberté de ladicte damoyselle d'Allaigre d'accepter ledict douaire préfix de six mil six cens soixante et six escuz deux tiers et y tenir, ou prendre le doyre coustumier, revenant au tiers de tous et chacuns ses biens, lequel tiers ledict sieur comte ne veut ny entend estre en rien donné ny retardé au moien et en conséquense de ladicte rente de mil cent unze escuz sol six solz huict deniers tournoiz, qu'il a voullu et accordé que ladicte damoiselle aye et prenne sur ladicte barronnye de la Roche Bernard, pour l'assignat desdicts trente et troys mil trois cens trente troys escuz sol ung tiers d'escu.

Et a pareillement esté convenu et accordé entre lesdictes partie, en faveur dudict mariage, que lesdicts seigneur comte et damoyselle d'Allaigre seront ungs et commun en tous meubles et acquests immeubles, sans que ladicte damoiselle soit nullement tenue des debtes, charges et ypotecques, que auparavant le passement de ce present contract auront esté créés par ledict seigneur comte ou ses prédécesseurs, et aussy que ladicte damoyselle aura et percevera par preciput, et sans estre subjecte à raport, la somme de dix mil escuz sol pour une fois payée, quite et exante de toutes debtes crées et à créer sur lesdicts meubles et acquest, avant que les héritiers dudict seigneur comte puissent rien prendre, avoir ne prétendre en iceulx meubles ne acquests. De laquelle somme de dix mil escuz, icelluy seigneur comte a faict don par ces présentes à ladictes damoyselle, en faveur dudict mariage, voullant, entendant et consentant, au cas que lesdicts meubles et acquests ne vallussent ladicte somme de dix mil escuz, que lesdicts héritiers luy parfacent ce qu'il en deffaudra sur tous et chacuns ses autres biens, et à ce faire y puissent estre contrainctz par toutes voyes deues et raysonnables ; et puisse ladicte damoiselle d'Alaigre survivante renonser, si bon luy semble, à la communauté d'entre ledict sieur et elle, et prendre et emporter franchement et quitement, et sans paier aulcunes debtes, ses propres, sondict douayre et ledict don de dix mil escuz.

Et affin que cy apprès les articles et conventions préceddantes du présent contract et y contenuz ne puissent en aucune manière estre niés, ne révocquez en doubte, ny disputé, ny sur l'exécution d'iceux estre faict aucunne difficulté par la variété ou rigueur des coustumes des lieulx, lesdictes parties ont expressément desrogé et desrogent à tous droictz et coustumes, qu'en sorte que ce soit pourroient altérer les conventions susdictes, ou y contrarier en tout ou en partie, veullent, entendent et consentent que ceste desrogation aye pareille force, vigueur et efficace que sy lesdictes coustumes contraires avoyent esté mises et insérées de mot à mot à chacun article desdictes conventions contraires ausdictes coustumes, et promettant, sy besoing est, faire insinuer en presence par tout où il appartiendra, mesmes faire controller par tous les lieux où il appartiendra, ont nommé et constitué leurs procureurs généraulx et spéciaulx les porteurs d'icelles, ausquelz ils ont donné plain pouvoir, aucthorité et mandement de ce faire et d'en lever tous actes et instrumentz pour ce nécessayres, stipulantz et acceptans lesdictes parties tout ce que dessus, et lesquelles ont les choses susdictes prominses faire, tenir, garder et observer et accomplir inviolablement, sans jamais aller ny venir au contraire, et promettant ce faire ont promis et juré leurs fois et serment, obligé et hipotecqué tous et ungs chacuns lesdicts biens meubles et immeubles, présents et advenir, à tenir et entretenir ce que dessurs, renonsante à toutes choses à ce contraires.

En tesmoing de ce nous avons mis à ses présentes lesdicts seaux.

Ce fut faict et passé au village de Plessis Brion, au chasteau dudict lieu, bailliage de Senlis, chastellenie dudict Thorotte en relevée, le septiesme jour d'aoust mil cinq cens quatre vingtz trois.

3406. — 1585, 28 mai, Paris. — Lettre dans laquelle Henri III se plaint à M. du Lude, lieutenant-général en Poitou, de la prise d'arme de Bois-Dauphin en faveur de la Ligue (Imprimé, *Archives historiques du Poitou*, XIV, 186).

A monsieur le comte du Lude,

Monsieur du Lude, j'ay entendu que le sieur du Bois-Dauphin, s'aliénant de l'affection et obligation naturelle qu'il me doibt porter, s'est tant oublié que de s'eslever en armes contre mon auctorité et saisy ma ville et chasteau de la Flèche en Anjou, commecttant avec ses troupes infinyes violences et oppressions sur mes subgects. Pour lesquelles réprimer et s'y opposer vertueusement, ainsy que le bien de mon service le requiert, j'ai mandé au séneschal d'Anjou, ou son lieutenant à Baugé, qu'il ayt à assembler le plus de forces de ma noblesse qu'il pourra pour, avec les communes, leur courir sus et les tailler en pièces ; et, pour ce que je sçay que vous avez beaucoup d'affection à mon service, je vous prye de l'assister et vous y employer de vostre part, selon les bons moyens que vous en avez par de là, de telle sorte que le pays en soyt nectoyé et mon peuple deschargé, ainsi que je le désire infiniment. Qui me sera ung service aussy agréable que aultre que je sçaurois recevoir de vous en ceste saison, et dont j'auray bonne souvenance pour le recognoistre en vostre endroict, l'occasion se présentant. Priant Dieu, monsieur du Lude, qu'il vous ayt en sa saincte garde.

Escript de Paris, le xxviiie jour de may 1585.

HENRY. BRULART.

3407. — 1585, 14 juin, Rouen. — Lettre écrite à Walsingham par François de Civile [1], où est mentionné l'accouchechement de la comtesse de Laval au château et comté d'Harcourt, où est né « un petit fils », Guy XX. (Imprimé, La Ferrière, *Normandie à l'Étranger*, p. 201).

3408. — 1586, 25 juin, Montguyon. — Lettre dans laquelle le roi de Navarre — le futur Henri IV — mentionne un engagement qui vient d'avoir lieu entre ses troupes et celles de Bois-Dauphin (Imprimé, *Lettres Missives*, II, 226).

Mon cousin, je vous veus bien advertir comme j'estois venu en ce lieu de Montguyon, en intention d'exécuter quelque chose que je vous manderay dans trois jours; mais le maulvais temps et les pluies ont tellement faict croistre la rivière de Dronne que nous n'avons pas pu passer ce lieu.

Nous faillismes hier la compagnie de Bois-Dauphin, que estoit venu courre ; nous la suivismes jusqu'auprès de Guistre, où elle se retira ; ils estoient quelque cinquante chevaulx et presque autant d'arquebusiers à cheval.

Je m'en retourne à Paris, d'où j'estois party......

3409. — 1600, 8 juin au 26 décembre. — Relation par Pierre Bergeron d'un voyage fait de Paris en Allemagne et en Italie par Louis Potier de Gesvres, ayant fait route avec le maréchal de Bois-Dauphin, qui se sépara de lui à Augsbourg le 31 août (B. N., *français*, 5562, 1-128).

3410. — 1626, 4 janvier, Laval. — Lettre écrite par Tartroux, avocat fiscal à Laval, au duc de la Trémoïlle et relative au boulevard extérieur de Laval (Imprimé, *Province du Maine*, III, 41, d'après les Archives de la Trémoïlle).

1. Voir sur François de Civile une notice par M. de Blosseville insérée aux *Mémoires des Bibliophiles Normands*. Voir aussi la *France Protestante*, 2e édition, p. 378.

ADDITIONS ET CORRECTIONS

TOME I

Page 6, à la fin du 2e alinéa — Ajouter : pour Durtal, voir la charte CCCIV du *Cartulaire de Saint-Aubin d'Angers*, qui relate la construction du château par Geoffroy Martel et le don que celui-ci en fit à Hubert Rasoire, de la maison de Champagne.

P. 13, ligne 10. — Ce Guy II, père de Hamon, est notre Guy I

P. 18, ligne 35. — Lire : *Bonchamp*, au lieu de Beaulieu.

P. 19, ligne 18. — Après Saint-Aubin ajouter : charte CCCXXVII du *Cartulaire*.

P. 21, ligne 24. — Lire *Guy I*, au lieu de Guy II.

P. 45. — Les lignes 5, 6 et 7 doivent être rayées.

P 47, numéro 40. — Ajouter : en présence de Robert I et de ses fils André et Robert.

P. 50, numéro 53, ligne 2. — Après Geoffroy, ajouter : *Botterel*.

P. 55 — Effacer les cinq premières lignes de la page.

P. 60, ligne 23, — Au lieu de Monte Frotmerii, lire : *Monte Frotinerii*.

P. 66, ligne 2. — Lire : 102, au lieu de 100.

P. 67, numéro 75, ligne 5. — Lire : *Guy III*, au lieu de Guy II.

P. 70. A la suite du numéro 81, placer le numéro 95, en le datant : 1093-1105.

P. 75 et 76. —Rayer le numéro 93 *bis*, où figurent non pas des Laval mais des Lavau de la Loire-Inférieure (Note de M. R. Blanchard).

Page 81, numéro 105, ligne 4. — Lire *lui* au lieu de leur.

P. 86, numéro 109, ligne 13. — Lire *armario* au lieu de annario.

P. 93. — A propos du sceau de Juhel de Mayenne on fera remarquer qu'au moment où ce travail a été imprimé le *Dictionnaire* de l'abbé Angot n'avait pas vu le jour et qu'on trouvera ici les seigneurs de Mayenne désignés sous leurs anciens numéros.

P. 98, ligne 11. — Lire *Louise* de Châteaubriant, au lieu de Jeanne.

P. 101. — A la fin de la note c'est à tort qu'on mentionne la présence de Gaultier, à la croisade de 1158 C'est avec raison que M. l'abbé Angot a fait justice du faux audacieux par lequel M. de Goué a trompé Ménage et après lui tous ceux qui ont publié la liste des croisés de 1158.

P. 106, numéro 141, ligne 12. — Oter la virgule entre Guidone et Malenffant.

P 116. — Rayer le numéro 158 mal daté, qui fait double emploi avec le 151, dont la date est exacte.

P. 127, numéro 193. — A la ligne 12 ajouter *illa* après vinea ; à la ligne 14 lire *Havart* au lieu de Havent ; à la ligne 16 ajouter après 1180 les mots : *ab incarnatione Domini*.

P. 130, ligne 17. — Lire *12 juin*, au lieu de 10 juin.

P. 134. — Voir au tome V, p 15, un dessin du sceau de Guy VI donné d'après les originaux du British Museum. La légende y est complète : + SIGILLUM : GUIDONIS : JUNIORIS : DE LAVAL.

P. 137, ligne 9. — Lire : *Grand-père de Roscelin*.

P 164, numéro 277. — Guy VI est l'un des témoins de l'acte.

P. 165, acte 280, ligne 6 du texte. — Lire *Muntfichet*, au lieu de Montfichet.

P. 183. — A propos de la note 1, M. René Blanchard, dans la *Revue de Bretagne*, 1902, 80. assure que la liste en question appartient non pas à l'année 1214, mais bien à 1207 ou 1208.

P. 199, numéro 319. — A la date, lire *nouveau style*, au lieu de vieux style.

P. 205, note 1. — Lire : *Beaumont Pied de Bœuf*, au lieu de du Buret.

P. 207, numéro 334, ligne 4 du texte — Lire *loqui* au lieu de sequi.

P. 213, numéro 352. — Dans le *Bulletin de l'Association Bretonne*, tome XII, p. 136, on trouve de ce document un texte meilleur que celui qui est indiqué ici.

P. 217, numéro 362 — Ajouter *sa grand'mère*, avant Aliénor.

P. 219, numéro 369. — L'original de cet acte, encore orné de son sceau, existe aux Archives Nationales (G. 341, 9e).

P. 241, numéro 426. — La source indiquée est erronée, le document se trouve dans le *Latin* 17123.

P 242, ligne 32 — Lire *loquitur*, au lieu de sequitur.

P. 243, numéro 427, ligne 2. — Lire *André III*, au lieu de Alain III.

P. 251, numéro 437. — A la date lire *juillet*, au lieu de juin, et à la ligne du texte : *1249 mense julio*.

P. 268, n° 468, ligne 2. — Lire *Macé*, au lieu de Marie.

P 272, ligne 22 — Lire *pas*, au lieu de par.

P. 278, note 1, ligne 2. — Ajouter : 40. entre 36 et 53, et ligne 5, ajouter : 40, après second fils.

P. 280, note 1. — A la ligne 1 ajouter : 40, entre 35 et 56 ; et, à la ligne 2, ajouter : 104, entre 100 et 105.

P. 284, note 1, ligne 4. — Lire *Geslin de Bourgogne.*

P. 288, ligne 15. — Ajouter : On est aujourd'hui en état d'ajouter ici que Alain de Dinan eut pour épouse Clémence de Fougères, laquelle, devenue veuve, épousa en secondes noces Ranulfe comte de Chester (Voir au tome V, p. 12, parmi les additions, l'acte 3209).

P. 289, ligne 17. — Lire, après advenu : *en 1209, le 8 octobre ou le 11 novembre.*

P. 294, ligne 3. — Lire *André II*, au lieu de André III. A la ligne 25, ajouter : Le mariage fut fait par l'évêque de Nantes, le 5 mai 1199 (*Bulletin de la Société de Nantes*, I, 268). Eustachie était alors, au dire de M. Guillotin de Corson, veuve d'un seigneur de Blain (*Anciennes seigneuries de la Bretagne*, III, 23).

P. 295, ligne 1. — Lire : *frère*, au lieu de père ; et, ligne 8 de la note 1, *sororis* au lieu de filie

P. 296 et 297. — M. l'abbé Métais, qui a eu occasion d'étudier la famille des Vitré du Drougessin, nous signale comme leur appartenant le sceau, figure 6, et l'acte contenue dans la note 1 de la page 297. Il y a donc lieu de les considérer l'un et l'autre comme étrangers aux Vitré de Bretagne.

P. 298, note 3. — Lire *Jeanne*, au lieu d'Emma.

P. 301 — Ajouter : En 1237, Catherine de Thouars ne vivait déjà plus (Voir au tome V, numéro 3243).

P. 307, note 2. — Lire 475, 492 et 493.

P. 313 — Ajouter : Voir au tome V, sous les numéros 3260 et 3263, les épitaphes d'Olivier de Machecoul (+ 18 décembre 1279) et d'Eustachie de Vitré (+ 1288).

P. 317, ligne 1. — Lire : 1080, au lieu de 1084.

TOME II

Page 16, numéro 469, ligne 22. — Lire ; *Gérigné*, au lieu de Gévigné.

P. 17, numéro 471. — Compléter la date : 1264, v. s., 21 janvier.

P. 23, numéro 475, ligne 5. — Lire : *Gérigné*, au lieu de Gévigné

P. 25, ligne 23. — Lire : *Gérigné*, au lieu de Gévigné.

P. 42, ligne 4. — Lire : *beau-frère*, au lieu de beau-père.

P. 47, ligne 2. — Aux preuves de l'existence de ce Louis de Laval, M. René Blanchard (*Revue de Bretagne*, 1902' 80) ajoute un acte nouveau : une procédure du 7 septembre 1322 (Arch. de la Loire-Inférieure, E. 183), entre ce Louis de Laval et Jean III de Bretagne. Le procureur de Louis était le doyen d'Aubigné, ce qui confirme ce que du Chesne dit de l'entrée d'Aubigné dans le patrimoine de la maison de Laval.

P. 56, n° 494, ligne 9. — Ajouter ; *habetis vel*, après quam.

P. 65, n° 505, ligne 11. — Lire : Guidoni, au lieu de cuidam.

P. 73, ligne 11. — *octieuve*, au lieu d'octienne.

P. 87, ligne 3. — Lire : *Guy V*, au lieu de Guy VI.

P. 101, note 1, ligne 2. — Lire : *six fils*, au lieu de cinq fils.

P. 102, ligne dernière. — Lire : *Arschot*, au lieu d'Archot.

P. 105, note 2. — Ajouter : c'est le 4 juillet que devait se dire à Clermont, la messe annuelle pour l'âme de Béatrix de Gavre.

P. 106, ligne 9. — Ajouter : il ne semble pas y avoir eu à Saint-Georges de Rennes, d'abbesse du nom de Jeanne de Laval (voir *Gallia*, XIV, 785 et *Cartulaire de Saint-Georges*, 404), car on ne connaît aucun document émané d'elle. Si une fille des Laval y a été religieuse, on n'est pas fixé sur son identité, car ceux qui la mentionnent en font, les uns, une fille de Guy IX et de Béatrix de Gavre ; et, les autres, de Guy X et de Béatrix de Bretagne.

P. 107, ligne 16, — Lire : 1345, au lieu de 1351 ; ligne 27, après Rennes, lire : par lettres d'Innocent VI, du 15 avril 1353, dans lesquelles il est qualifié : chanoine du Mans.

P. 108, ligne 15. — Lire : 1339, au lieu de 1338.

P. 113, note 2, ligne 2. — Lire : *du*, au lieu de de.

P. 114, ligne 13 et ligne 19. — Lire : *Péan*, au lieu de Jean, ligne 19, 18, au lieu de 20 ; et, ligne 20, ajouter : Isabelle de Laval, mourut en 1322 (*Revue de Bretagne*, t. LXXVIII, 187).

P. 115, ligne 20. — Ajouter : au dire de M. René Blanchard, Catherine de Laval survécut à son mari, mort en 1336. Elle vivait encore en 1344, lors du trépas de son fils, Girard Chabot IV, puisqu'elle est nommée au 167 du *Cartulaire de Rays*, à propos de son douaire, ce 167 ne doit pas être daté : vers 1373 ; mais, *postérieur à 1344*, il ne saurait descendre au-delà de 1350.

P. 119, n° 542, ligne 2. — Lire : Jean III, au lieu de Jean II.

P. 152, ligne 22, page 153, ligne 28, p. 154, ligne 1. — Lire : *Anast*, au lieu de Avast.

P. 154, n° 591, ligne 3 du texte et n° 592, ligne 1, page 156, ligne 12. — Lire : Corisopitensis.

P. 166. — On place ici le sceau et le contre-sceau de la cour de Loué, omis dans l'ouvrage.

Il est fourni par un dossier des Archives de la Mayenne, où il a été découvert par M. Paul de Farcy (II. 118). Au centre on y trouve l'écu de Laval à la bordure. La légende est détruite. Le contre-sceau porte un écu à l'aigle éployée au-dessus duquel figure un alérion et sur ses flancs deux oiseaux. La légende porte : + CONTRE-SCEAU DE LOE.

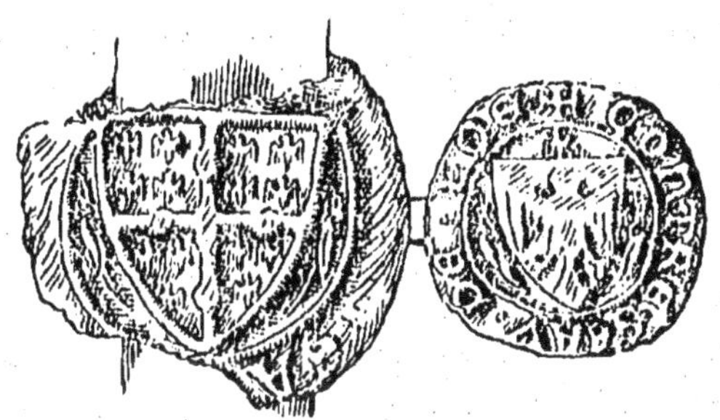

222.-223. — Sceau des contrats de Loué, 1331.

P. 178, ligne 17. — Ajouter : *Vieux style*, après 1361.

P. 208, ligne 1. — Lire : *la micaresme*.

P. 228, ligne 31. — Lire : *Jeanne de Belleville*, au lieu de Louise.

P. 230, ligne 16. — Lire : *deuxième*, au lieu de troisième.

P. 236, ligne 1. — Lire : ACTES au lieu de AIDES. A la légende du sceau 93 lire : *marque des actes*, au lieu de marche des aides.

P. 244. — A la légende du sceau 106 et à la ligne 16, lire : *marque*, au lieu de marche.

P. 245, ligne 1. — Lire : *actes*, au lieu de aides ; et, à la légende du sceau 107, *marque*, au lieu de marche.

P. 261, n° 707. — A la date, lire : 24 août, au lieu de 22 juin.

P. 271, ligne 25. — Lire : *Coucy*, au lieu de Concy

P. 316, ligne 2 par en bas. — Lire : *galice*, au lieu de Galice.

P. 331, n° 874, ligne 2. — Lire : *Olivier IV*, au lieu d'Olivier VI.

P. 332, n° 877, ligne 2. — Lire : *Broerech*, au lieu de Bouëre.

P. 334, n° 886, ligne 3. — Lire : *de Beaumont Pied de Bœuf*, au lieu de du Buret.

P. 356, n° 937, ligne 9, — Lire : *posses* au lieu de passes.

P. 358, n° 940 *bis*. — Lire : 1398, au lieu de 1898.

P 369, n° 960. — Lire à la signature : DE BAYE.

P. 385, ligne 27, lire : *de Boussac*, au lieu de de la Bouesac.

P. 398, n° 1068. — Lire : *d'Argenson*, au lieu d'Argenton ; et à la source mettre ; 99 B, 278.

TOME III

P. 1, au titre. — Lire : *12 août*, au lieu de 20 août ; à la ligne 6, lire : *des six*, au lieu de de six.

P. 2, ligne 25. — Lire : le, au lieu de ce ; à la ligne 2 de la note lire : *Oresof*, au lieu d'Oresvi.

P 6, note 2, ligne 2 ajouter, après seulement : *le 10 avril ;* et, à la fin, ajouter : ou même au mois de juillet 1357, au dire de M. Lemoine (*Bibl. de l'Ecole des Chartes*, 1895).

P. 10. sceau 115. — Voir un autre dessin, d'après une empreinte plus complète, à la page 270.

P. 13, ligne 7. — Lire : *1448*, au lieu de 1447 ; et, à la ligne dernière, lire : *folio 51*, au lieu de folio 15.

P. 15, ligne 14. - Lire : Jean I, au lieu de Jean IV.

P. 16. dernière ligne du texte ajouter : *avant 1429*.

P. 22, note 1. -- La remplacer par celle-ci : En voici l'énumération : Jean V, son beau-frère, fut duc de 1399 à 1442 ; François I et Pierre II, ses beaux-frères, le furent : l'un de 1442 à 1450, l'autre de 1450 à 1467 ; Arthur III, frère de Jean V, de 1457 à 1458 ; François II enfin, neveu de Jean V, le fut de 1458 à 1488.

P. 36, note 1. - Remplacer par la note suivante ; Jeanne de Laval, femme de Guillaume de Courceriers, était fille de Thibaut de Laval-Bois-Dauphin et de Jeanne de Maillé.

P. 45, n° 1178. — Ajouter en note : voir dans la *Revue de l'Anjou* 1899[2], p. 335 ; *Un mariage de grand seigneur en 1422.*

P. 69, n° 1191. — Lire : *Montmurant*.

P. 82, n° 1222. — Lire à la date : *26 janvier*.

P. 85, n° 1239. — Lire : *Guy XIV*, au lieu de Guy XII.

P. 89, n° 1264. — Dans cet acte, au lieu de la forme erronée, Bouerne, il faut sans doute lire : Brienne (voir Blanchard, *Revue de Bretagne*, 1901[1], 71).

P. 100, n° 1316. — Lire : *Montmurant*.

P. 120, n° 1410. — Lire : *François I*, au lieu de Jean V.

P. 122, n° 1419. — Lire : *19 décembre*.

P. 125, n° 1428. — Lire : *des Coudrais*.

P. 129, n° 1440. — Ajouter en note : *à la place de Raoul de Gaucourt* (voir n° 566 de Pilot de Thorey).

P, 142, n° 1484, ligne 4, - Lire ; *Prégent*, au lieu d'Olivier.

P. 159, n° 1501. — Lire 1453, au lieu de 1353.

P. 178, n° 1569. — Rétablir la date : 1456.

P. 193, n° 1621. — Lire : *François II*, au lieu de Pierre II.

P 194, n° 1623 — Lire : *époux* de, au lieu de fiancée à.

P. 196, n° 1632. ligne 3 du texte. — Lire : *Bouloigne*, au lieu de Bourgoigne.

P. 203, n° 1649. — Lire : *août*, au lieu de 6 août.

P. 224, note 1 — Lire : 1980, au lieu de 1984.

P. 227, note 1. — Ajouter : voir n° 2036.

P 236, ligne 9. — Lire 28 janvier 1501, au lieu de 15 mars 1500.

P 238. — Les numéros du sceau et du contre-sceau sont 140 et 141. La tombe doit être numérotée 142.

P 242, ligne 2. — Ajouter : le 14 août 1493.

P 266, numéro 1747. — Lire *Marcilly sur Maulne*, au lieu de Marcillé.

P. 271, — Ajouter : 1767 *bis*. 1473, 8 octobre. — Bulle qui confère à Pierre de Laval, archevêque de Reims, l'administration du diocèse de Saint Brieuc pendant trois ans (Eubel, *Hierarchia*, II, 124, d'après Obl 83, 29).

P. 282, numéro 1825. — Lire : *Sixte IV*, au lieu de Sixte VI.

P. 284, note 1. — La parenté entre Jeanne de Laval, abbesse d'Étival, et Antoinette de Souvré était plus éloignée que le dit la note ; car Yolande de Laval, mère de cette dernière, n'était pas sœur de Jeanne, mais fille de Thibaut de Laval-Bois-Dauphin et d'Anne Maimbier.

P. 293, numéro 1874. — *Marcilly*, au lieu de Marcillé.

P. 307, ligne 28. — Lire : *Ville-Balin*, au lieu de Ville Bolin

P. 312, numéro 1933. — Rayer l'article, dont la date réelle est 1584.

P. 325, ligne 19. — Lire *Marcilly*, au lieu de Marcillé.

P. 328, ligne 8. — Lire *Catherine de Rohan*, au lieu de Catherine de Thouars.

P. 336, ligne 5. — Lire : jusqu'au 3 février 1489 (Pélicier, *Charles VIII*, II, 109).

P. 342, numéro 1981.— Lire *Marcilly*, au lieu de Marcillé.

P. 362, numéro 2031. — *Françoise de Rieux*, au lieu de Françoise de Foix.

P. 366, numéro 2042. — Lire *Marcilly*, au lieu de Marcillé.

P. 369, lignes, 9, 20, 34. — Lire *Marcilly*, au lieu de Marcillé.

P. 373, numéro 2068. — Lire : *Marcilly*, au lieu de Marcillé.

P. 387, numéro 2130. — Lire *Marcilly*.

TOME IV

P. 10, ligne 24. — Lire : né le 13 février 1522 à Vitré.

P. 20, ligne 8. — Lire *Guy XVI*, au lieu de Guy XV.

P. 21, ligne 17. — Jean Gesland, témoin oculaire, dit que c'est au temps de sa viduité que Guy XVI devint père de François de Laval.

P. 35, numéro 2151. — Rectifier la date, laquelle est 27 *mai*, au lieu de 17 mai, et ajouter : l'original de cette lettre appartient à M. Jules Chappée.

P. 43, numéro 2193. — Lire à la ligne 2 : *Sa mère*, au lieu de sa femme.

P. 45, ligne 32. — Lire *Saint-Martin*, au lieu de Saint-Morice.

P. 83, lignes 9 et 12. — Lire *René* au lieu de Henri.

P. 106, ligne 22. — Lire *Guy XIV*, au lieu de Guy XVI.

P. 109, ligne 3 de la note, lire : 13, au lieu de 18.

P. 124, ligne 13. — L'original porte bien quatorzième, au lieu de Seizième.

P 142. — La figure 175 n'est pas le sceau de la cour de Marcilly mais une des clefs de voûte de l'église de Marcilly-sur-Maulne (Voir, t. V, p. 118).

P. 266, numéro 2457. — Lire *Anne Hurault*, au lieu de Marguerite Hurault.

P. 276, ligne 11. — Voir, t. V, p. 118, le texte de leur contrat de mariage, dont nous devons l'indication à M. R. Blanchard.

P 286, numéro 2700. — Lire : 19 mai, au lieu de 29 mai.

P. 304, numéro 2833. — Lire : Janzé, au lieu de Jangé; *Couaide*, au lieu de Covaide Ligne 24 et 25, lire : Bar, Pileste, Troussay.

P 305, ligne 2. — Ajouter : un serrurier

P. 311, numéro 2825, ligne 11 du texte. — Mettre un point après Hennebon.

P. 312, numéro 2837, ligne 9 du texte. — Ajouter en note : La personne qualifiée ici : ma mère, ne peut être que la seconde femme de son père : Françoise de Birague.

P. 320, ligne 1. — Lire deux fois : *Montmorency*, au lieu de Laval.

P. 321, avant le numéro 2880. — Ajouter : 1584, 17 novembre. Contrat de mariage de René de Laval-Auvilers avec Catherine de l'Hôpital (Copie, B. N., *français*, 28954. 282).

P. 340, numéro 2942. Lire : *François de Faudoas*, au lieu de Jean de Faudoas.

TABLE ALPHABÉTIQUE

DES NOMS

A

Abandonnée (l'), maison près de Laval. V, 29.

Abari (Guillelmus d'). II, 222.

Abbaciae. I, 172, 237.

Abbas (Ivo), capellanus de la Chaumissonnière. III, 386.

Abbeville. III, 201 ; IV, 149.

Abbey de la Roque (l'). III, 6.

Abelin (Danel). II, 187. — (Lupin). II, 188. — (Zegre). II, 187, 188.

Achaïe (vicaire d'). Voir Beaumont (Dreux de).

Achard, abbé de Saint-Serge, Achardus, abbas Sancti Sergii. I, 68, 73.

Achmet I, sultan. IV, 330.

Achon (M. le chevalier d'). III, 113, 177, 366, 387 ; IV, 58, 123, 143, 240, 371, 408, 411, 412 ; V, 116.

Acigné, Acigneium. I, 81, 172 ; II, 259. — (le sire d'). II, 186 ; III, 385, 386 ; IV, 86 ; V, 107. Voir Vitré (Renaud de). — (la dame d'). IV, 197. Voir Coasnon (Gilleta de), Montjean (Anne de). — (le protonotaire d'). IV, 86.

Acigné (Alain d'), Alanus de Acigneyo, pater Alani. I, 172.

Acigné (Alain d'), Alanus de Acigneyo, filius Alani. I, 171-173, 227-231, 234 ; II, 68.

Acigné (Amaury d'), évêque de Nantes. III, 242.

Acigné (Jean d') (1357, 1410). II, 259, 308.

Acigné (Jean d'), seigneur d'Acigné et de Fontenay (1434). V, 76.

Acigné (Jean d'), Jehan, sire d'Acigné, baron de Coëtmen (1535). IV, 86, 125.

Acigné (Louis d'), évêque de Nantes, IV, 127.

Acigné (Pierre d'). II, 68, 69.

Acigné (la Motte d'), chapelle. II, 68.

Acquigny (Eure). II, 37, 38, 52, 63, 64, 100, 181, 207, 228, 247, 284, 285 ; III, 26, 36, 37, 53, 142, 169, 171, 186, 253, 256, 260, 264, 281, 303, 310 ; IV, 26, 33, 43, 57, 118. — (seigneur, baronne d'). Voir Laval (Guy XV, Guy XVI et Anne de).

Acreman (François). II, 190.

Acy (Regnaut d'). V, 34.

Adam (Gaufridus). I, 102.

Adam (Herveus), clericus. I, 159.

Adam (Nicolle). IV, 32.

Adam, decanus de Bazogers. I, 101.

Adam, decanus de Ebrone. I, 101.

Adam, fils de Thibault. V, 7.

Adam, père de Guy. I, 61, 103.

Adelardus, clericus. I, 63.
Adelardus, frater Gaufridi. I, 31.
Adèle ou Alice, femme de Jean de Beaumont. II, 36.
Adelelmus, filius Hugonis. I, 28, 31, 34.
Adelelmus, seneschallus. I, 29.
Adélise, femme de Hugues de Lavau. I, 45.
Adorna (Prosper), doge de Gênes. III, 14.
Adrien IV, pape. I, 104.
Advénie, prieure d'Avénières. I, 56.
Adversarius (Petrus). I, 104.
Aeles, uxor Gaufridi Basle. I, 144.
Aelina, monialis, neptis Radulphi de Filgeriis. V, 13.
Agatha, uxor Guidonis V de Valle. I, 111.
Agde (évêque d'). Voir Guiche (Claude de).
Agenais (sénéchal d'). Voir Raffin (Antoine).
Agnes, uxor Gervasii de Breo. I, 226, 227.
Agnès, veuve de Jean de Aunezeis. I, 250.
Aguill. (R.). I, 173.
Aguillon (Guillaume). III, 107.
Aigueu (Guillaume). II, 359.
Aiguillon (Geoffroy). II, 162, 163.
Ahuillé. III, 178.
Ailligné. Voir Aligné.
Ailricus, pater Swani. I, 85.
Ailsus. I, 85.
Aimericus cognomento Effarve. I, 41.
Aimericus, Haimericus, armiger. I, 28, 31, 34.
Aimericus, testis. I, 68.
Ainay-le-Château. IV, 164.
Ainay (vicomte d'). Voir Laval (Urbain de).
Aix en Provence. III, 232, 269, 271, 272, 288; IV, 141. — (Notre-Dame du Mont-Carmel, à). III, 288. — (l'église de Saint-Sauveur, à). III, 288.
Alain, père de Geoffroy Boterel, successeur de Conan. I, 50.
Alain I, évêque de Rennes, Alanus, episcopus Redonensis. I, 100.
Alain II, évêque de Rennes, Alanus, episcopus Redonensis. I, 224-226.
Alain de Châteaugiron, évêque de Rennes, Alanus, episcopus Redonensis. II, 123, 140, 145, 146, 153.
Alain III, duc de Bretagne. I, 20, 21, 25, 273, 274 ; V, 6.
Alain IV, duc de Bretagne. I, 76.
Alain Barbe-Torte. I, 8.
Alanus, clericus. I, 164.
Alanus, filius Brientii. V, 9.
Alanus, filius comitis Cestrie. V, 15.
Alard (la mansura d'), en Marcillé. I, 67 ; V, 7.
Alardus, homo Guarini. I, 72.
Alart de Merer. II, 188.
Alba (comte d'). Voir Beaumont (Pierre de).
Alban de Saint-André (d'). III, 369.
Albano (évêque d'), Albanensis episcopus. Voir Jourdain, Radulfus.
Albericus, castellanus de Lavalle. I, 104.
Albert, abbé de Marmoutier, Albertus, abbas Majoris Monasterii. I, 18, 29, 37, 39.
Alberten (messire). III, 277.
Albigeois (les). I, 180, 202.
Albigneium. Voir Aubigné.
Albret (Alain d'). III, 220, 225, 226, 369.
Albret (Charlotte d'), femme d'Odet de Foix, comtesse de Comminge et de Rethel, dame de Lautrec, Orval et Donzy. IV, 107, 124, 126; V, 113.
Albret (Jacques d'), évêque de Nevers. IV, 205.
Albret (Jean d'), vicomte de Tartas. III, 158, 220.
Albret (Jeanne d'). IV, 223, 286.

Alcoz, Aloez, Alvez (caput Fusche, Tusche, que vocatur les). I, 107, 121, 148.
Alègre (Anne d'), femme d'Antoine de Nantouillet. IV, 338.
Alègre (Anne d'), fille de Christophe d'Alègre et d'Antoinette du Prat, femme de Guy XIX de Laval et de Guillaume de Hautemer, dite la maréchale de Fervaque, dame de Fervaque, comtesse de Grancey. I, XIV; IV, 276-278, 319, 324, 326-328, 330, 332, 334-345, 358, 359, 368-370, 376-379, 386, 387, 392-395, 397-402; V, 118-124.
Alègre (Christophe d'), seigneur de Blanville, Mareilly, Saint-André, Nosy, la Motte, Allincourt, Oissery et le Plessis-Brion. IV, 276; V, 118-123.
Alègre (Christophe d'), fils du précédent. V, 119-123.
Alègre (François d'). V, 120.
Aielmus, échanson d'Hamon de Laval. I, 48.
Alençon, Aleneonium, Alanconium, Alencon, Alenchon, Alencion, Alenczon, Alenson. I, 56, 78, 133, 211, 271; II, 268; IV, 335.
Alençon (le comté, le duché d'). I, 186; III, 300; V, 24. — (comtes, ducs d'). II, 302, 307, 313, 393; III, 27, 77, 78, 318, 328; IV, 14; V, 62. — (comtesses, duchesses d'). II, 393; III, 29, 387. Voir Laval (Emma de).
Alençon (la maison d'). III, 198.
Alençon (Catherine d'), fille de Pierre II, fiancée de Guy de Gavre, femme de Pierre de Navarre, comte de Mortain, et de Louis de Bavière. II, 245, 246.
Alençon (Catherine d'), fille de Jean II et de Marie d'Armagnac, femme de Guy XV de Laval, comtesse de Laval et de Montfort, dame de Sonnois. I, XIII; III, 24, 188-194, 270, 289, 313, 328, 329, 334, 337-339, 342, 344, 350, 351, 371, 372, 379, 381, 385, 388; IV, 25-34, 37, 59; V, 93 [nº 3.340, ligne 2, lire *d'Alençon* au lieu de *de Laval*], 94, 96. Voir Correct., V, 130, concernant la page 194 du tome III.
Alençon (Charles, duc d'). IV, 58, 76, 79.
Alençon (Hercule-François, duc d'). IV, 317, 318. Voir Anjou (Hercule-François, duc d').
Alençon (Jean I, comte d'). I, 184; III, 15 [lire *Jean I*]; V, 130.
Alençon (Jean II, duc d'). I, 184; III, 188-192, 328-330; IV, 25; V, 93.
Alençon (Jean III, duc d'). I, 165, 184, 185.
Alençon (Jean IV, duc d'). III, 15, 214; V, 130. [Au tome III, p. 15, lire *Jean I* au lieu de *Jean IV*.]
Alençon (Pierre II, comte d'), seigneur de Fougères et vicomte de Beaumont. II, 245, 269, 366-374.
Alençon (René d'). III, 229.
Alençon (Robert III, comte d'), mari d'Emma de Laval, Robertus, comes de Alenchon et dominus Lavallis. I, 133, 135, 165, 175, 181, 184-186, 194, 195, 198, 202-209, 213, 221, 242; V, 24.
Alençon (Robert IV, comte d'). I, 185, 186, 195, 211, 213, 271; V, 24.
Alençonnais (l'). I, 211.
Alès, près de Calais. II, 397. Voir Laval (Jean de).
Alesso (François d'). IV, 370.
Alexandre, abbé de Savigny, Alexander, abbas Savigneii. I, 108, 285.
Alexandre VI, pape. III, 378; IV, 42.
Alfredus, pater Lothonis. I, 63.
Alice ou Adèle, femme de Jean de Beaumont. II, 36.
Alienor, uxor Willelmi Paienelli. V, 9. Voir Vitré (Alienor de).
Alienor de Guyenne, femme de Louis VII. I, 53.

Aligné (seigneur d'). Voir Laval (Urbain de).
Aligre (Gabriel d'), seigneur et baron d'Aligre, Saint-Just, Meilhan, Terzet, Saint-Dier et Fussel, garde de la prévôté de Paris. IV, 46.
Allani (Landa). I, 260.
Allemagne (l'). IV, 274 ; V, 124.
Allemands (les). III, 373.
Alleux (prieur des). Voir Torcé (Guillaume de).
Allexain, Alexain, en la baronnie de Mayenne. III, 24, 208.
Allincourt. V, 119.
Allion, prieuré. V, 21.
Allonville (dame d'). Voir Laval (Suzanne de).
Allonville (Charles d'). III, 276.
Allonville (Esprit d'), Dallonville, mari de Suzanne de Laval. IV, 336, 366.
Alloyers. II, 96.
Alluyes. II, 259.
Alluyes (la maison d'). I, 285.
Alluyes (André d'). I, 163, 285.
Alluyes (Hugues V d'), premier mari d'Emma de Dinan, Hugo de Aleia. I, 78, 112, 163, 283-285.
Alluyes (Jean d'), fils d'Hugues V et d'Emma de Dinan, Johannes de Aleia. I, 112, 113, 163, 285, 293.
Alneto (Michael de). II, 263.
Alnetum. Voir Aulnay.
Alodis (Robertus de). I, 112.
Aloez. Voir Alcoz.
Alost (le comte d'). III, 186, 197-199, 271.
Aloué (la forêt d'). III, 159.
Alouis (Victor). IV, 16.
Alphonsus, comes Pictaviensis et Tholosensis. II, 64.
Altanosia. Voir Anthenaise.
Alta Silva. I, 198, 199.
Alvers (ecclesia de). I, 40, 41. Voir Auvers-le-Hamon.
Alvers (Lisiardus de). I, 42.
Alversis (Brunus de). I, 116.
Alversis (Robertus de). I, 116.
Alvez. Voir Alcoz.
Amalri, Amauri (Raginaldus, Rainaldus). I, 107-109, 285.
Amanlis, Amanlix, seigneurie à Poligné. IV, 137, 138. Voir Malestroit (Geoffroy de).
Ambley (Jehan de). II, 193.
Amboise, Ambasia. I, 131 ; III, 178, 242, 258-260, 263, 269, 304, 369, 380 ; IV, 55, 78, 79, 155, 157, 158 ; V, 94, 95. — (l'édit d'). IV, 263.
Amboise (Charles d'), seigneur de Chaumont. III, 336.
Amboise (Françoise d'), femme de Pierre II, duchesse de Bretagne. III, 274.
Amboise (Hugues d'). I, 78.
Amboise (Pierre d'), vicomte de Thouars. II, 396.
Ambrières, Ambreriae. I, 101 ; III, 45 ; IV, 348.
Amelina d'Écosse. Voir Anorda.
Amiens. II, 9 ; III, 93, 269, 370 ; IV, 158, 362, 366.
Amilleyo (masura de). I, 168.
Amiral (l'), l'Admiral. III, 193, 201, 347 ; IV, 70, 73. Voir Bretagne (l'amiral de).
Amorry (Raoul). IV, 216.
Amper. V, 14.
Ampoigné. IV, 368. — (seigneur d'). Voir Tour-Landry (François de la).
Amy (Ambroise). IV, 248.
Amy (Fiacre). IV, 230.
Anast (Thomas de), doyen d'Angers. II, 152-154 ; V, 128.
Anay. IV, 196.
Ancenis, Ancenisium. I, 218, 219.
Ancenis, Ancenys (Gaufridus, dominus de). II, 145, 146. Voir Laval (Guy XIX de), Rieux (Jean de). — (dame d'). Voir Harcourt (Jeanne d'), Rohan (Jeanne de).
Ancenis (Maurice d'). I, 74 ; V, 8.
Ancy-le-Franc. IV, 281.
And. (G.), testis. I, 124.
Andegavensis (Galterus). I, 78.

Andegavinus, I, 170.
Andelot (seigneur d'). Voir Coligny (François de).
Andelot (M. d'), oncle de Guy XX en 1605, Charles de Coligny, marquis d'Andelot. IV, 382.
Andelys (les). II, 150 ; III, 142.
Andigné (Jacquelin d'). II, 274.
Andigné (M. d'), seigneur d'Angrie. IV, 94.
Andouillé. IV, 263. — (curé d'). Voir Gautherot (Denis).
Andre (Folia), juxta Faiel. I, 125.
André (Jean). III, 279.
André (Pierre). III, 183.
André, fils de Salomon, sergent d'André II de Vitré. I, 142.
André, cuisinier. IV, 304.
Andreas, frater Gaudefridi, parens Fulcoini. I, 28.
Andreas, socer Roaldi. I, 226.
Andreas, thesaurarius Beate Marie Magdalene de Vitreio. I, 298.
Angennes (Charles d'), évêque du Mans. IV, 234, 263, 267, 283.
Angeou (Robert d'). II, 351.
Angerii (Herveus). I, 170.
Angerius, forestarius. I, 117.
Angers, Angiers, Andegavi, Andegavina, Andegavum, Andegavense (castrum). I, 38, 43, 49, 54, 71, 155, 214, 215, 268, 270 ; II, 74-76, 78, 84, 90, 144, 145, 154, 183, 197, 247, 248, 279, 281-283, 316, 345, 350, 351, 376, 379, 385, 386, 388, 391, 396, 398 ; III, 52, 54, 86, 123, 124, 143, 162, 168, 172, 175, 177, 184, 193, 194, 203, 230, 232, 242, 253, 264, 265, 273, 274, 281, 282, 291, 292, 297, 301, 303-305, 307-309, 311, 342, 343, 351-354 ; IV, 40, 55, 88, 270, 302, 303, 347, 352, 359, 360, 373, 394, 401, 409 ; V, 11, 31, 46-49, 54, 64, 91, 111, 115. — (maire d'). Voir Dumesnil.
Angers (le chapitre, le diocèse, l'église Saint-Maurice d'). II, 68, 74-77, 197, 301, 316, 331, 359, 391, 396 ; III, 194, 195, 200, 202, 232, 237, 258, 273, 289, 291, 292, 339, 345, 380, 386 ; IV, 13, 289, 290 ; V, 112. — (doyen d'). Voir Anast, Cornilleau, Laval (Pierre de), Machecoul (Raoul de), Vignolle (Jean de la). — (l'official d'). II, 74-77, 82, 83, 144, 146.
Angers (l'évêque d'), Andecavensis (episcopus). I, 40 ; II, 359 ; III, 45 ; IV, 318. Voir Balue, Bueil (Hardouin de), Hardouinus, Machecoul (Raoul de), Mathefelon (Foulques de), Michel, Nicolaus, Renaud, Ruzé (Guillaume).
Angers (les Bernardins d'). III, 292. — (les Bons-Hommes d'). I, 155. — (les Cordeliers d'). II, 183 ; III, 232, 233 ; V, 105. — (les Frères Mineurs d'). I, 269 ; III, 316. — (la Monnaie d'). II, 250. — (l'hôtel de Reculée, à). III, 194. — (l'abbaye du Ronceray, de Saint-Aubin, de Saint-Nicolas, de Saint-Serge, de Toussaint, à). Voir ces noms. — (Saint-Laud d'). II, 247, 283, 316. — (chantre de Saint-Jean d'). Voir Guillelmus. — (organiste de Saint-Maurice d'). Voir Daniel (Jean).
Angers (la porte Angevine, à). II, 197. — (la rue Baudrière, à). II, 197.
Angerus (Petrus), forestarius. I, 109.
Angerus, Ansgerus, nepos Ruelloni. I, 146, 147.
Angevin (Jéhan). III, 140.
Angevine (Droetus), valletus. II, 78.
Angevine (la porte), à Angers. II, 197.
Angicourt (Ansont de), sergent. II, 150.
Anglais (les), Angli. I, 37, 45, 224, 292 ; II, 230, 269 ; III, 7, 12, 20, 54, 72, 73, 80, 179, 213, 295, 342, 373 ; IV, 73, 74, 199 ; V, 15, 95.

Angleterre (l'), Engletesre (l'), Anglia. I, 44, 53, 59, 114, 130, 137, 140, 151, 200, 203, 241, 242 ; II, 177, 275 ; III, 54, 117, 127, 221, 329 ; IV, 73, 74, 81, 318, 375, 376 ; V, 14. — (roi d'), Anglie, Anglorum (rex). I, 79, 84, 183, 184, 219 ; III, 43, 44. Voir Édouard, Geoffroy Plantagenet, Guillaume Ier, Guillaume II, Henri Ier, Henri II, Henri III, Henri V, Henri VI, Henri VII, Richard-Cœur-de-Lion.

Angot (l'abbé A.). I, v-ix, 54, 57, 58, 67 ; II, 47, 99, 166, 201, 204, 254, 258, 260, 299, 302, 355, 376 ; III, 17, 49, 71, 82, 372 ; IV, 41, 262, 281, 330, 331, 359 ; V, 6, 125.

Angoulême. IV, 97, 144. — (duc d'). Voir France (François de). — (évêque d'). Voir Girard.

Angoulême (la comtesse d'). III, 256, 260, 264, 281.

Angoulême (Jehan, comte d'). III, 171, 172.

Angoulême (Marguerite d'), reine de Navarre. IV, 158, 159, 199, 200.

Angrie. IV, 94. — (seigneur d'). Voir Andigné (M. d').

Angrin (Durandus). I, 153.

Angulto (taillia de). V, 13.

Aniciensis (episcopus), l'évêque du Puy. Voir Gougeul.

Anisy (Léchaudé d'). III, 159.

Anjou (l'), le comté, le duché d'Anjou, d'Angers. I, 5, 16, 110, 183, 198, 266 ; II, 105, 112, 212-214, 219, 220, 241, 249, 253, 255, 258, 265, 277, 383 ; III, 6, 9, 27, 50, 52, 58, 63, 71-73, 117, 124, 161, 162, 164, 169, 184, 226, 232, 254, 266, 269, 282, 290, 301, 302, 309, 312, 313, 343, 360, 365 ; IV, 9, 27, 32, 39, 40, 45, 51, 87, 88, 152, 195, 303, 347, 348, 351, 368, 388, 394, 397, 403, 409-411 ; V, 59, 73, 74, 123.

Anjou (la maison d'). III, 86, 215, 217.

Anjou (le comte, le duc d'). I, 5, 16, 266 ; II, 68, 78, 121, 124, 140, 216, 217, 276, 277, 295, 297, 298, 303, 316, 374, 385-388 ; III, 28, 45, 63, 94, 120, 387. Voir Foulques Nerra, Foulques Réchin, Foulques V, Geoffroy Martel, Geoffroy Martel le Jeune, Geoffroy Plantagenet, Henri III, Jean II, Valois (Charles de).

Anjou (la duchesse d'). II, 315, 316, 359. Voir Laval (Jeanne de).

Anjou (le bailli d'), Andegavie (baiulus). II, 53.

Anjou (procureur d'). Voir Seillons (Abel de).

Anjou (le sénéchal d'), Andegavie (senescallus). I, 203 ; V, 123. Voir Beauvau (Louis de), Bueil (M. de), Roches (Guillaume des), Tourneham (Robert de).

Anjou (Béatrix d'), femme de Jean I d'Alençon. I, 184.

Anjou (Charles I d'), comte du Maine, Charles, fils Loys roy de France, cuens d'Angeou, de Prouvence et de Foucauquier et marchis de Prouvence, Karolus, filius regis Francie, Andegavie, Provincie, Fourquaquerii et Hainoie comes et marchisius Provincie, rex Sicilie. I, 192, 263, 264, 268 ; II, 13, 28, 35, 38, 53, 54, 60-62, 67, 100.

Anjou (Charles II d'), Carlo II d'Angio. II, 53, 54.

Anjou (Charles IV d'), comte du Maine. III, 125, 143, 201, 226, 253.

Anjou (Hercule-François, duc d'Alençon, puis d'), Monsieur, frère de Charles IX et d'Henri III. IV, 274, 303, 304, 317, 318 ; V, 117.

Anjou (Louis I d'). II, 282 ; III, 232.

Anjou (Louis II d'), Ludovicus, rex Jerusalem et Sicilie. I, xi ; II, 316, 335, 355, 396 ; III, 25.

Anjou (Louis III d'), roi de Sicile. III, 31, 48, 86, 214, 215, 217, 228, 230; V, 67-72.
Anjou (Nicolas d'), baron de Mézières au Maine. IV, 95.
Anjou (Nicolas d'), fils du précédent, seigneur de Mézières. IV, 95, 102.
Anjou (Pierre d'), seigneur de la Roche-Talbot. III, 8, 71, 73.
Anjou (René d'), roi de Jérusalem et de Sicile, duc d'Anjou, de Bar et de Lorraine, comte de Provence, de Forcalquier et de Piémont, mari de Jeanne de Laval. I, XIV; II, 396; III, 14, 123, 124, 132, 143, 158, 160-167, 177, 184, 188, 193, 194, 201, 226, 230-235, 258, 259, 264-266, 269, 271, 272, 274, 288, 290-292, 297, 301, 302, 308, 312, 316, 361, 386; V, 91, 97.
Anjou (Yolande d'), Yolens, regina Jherusalem et Sicilie, ducissa Andegavie. II, 396; III, 31, 86, 87, 215, 228, 236.
Anne (sainte). IV, 11.
Annebault (le sieur d'). IV, 121.
Annebault (Claude d'), amiral. IV, 219.
Annonciade (la chapelle de l'), en l'église Notre-Dame de Beaufort. V, 109.
Anorda vel Amelina d'Ecosse, abbatissa Sancti Sulpicii Redonensis. V, 18.
Anscherius, pater Drochonis. I, 68.
Ansegisus, abbas Sancti Maxentii. I, 60, 61.
Anselme (le P.). I, 11, 97; III, 17, 241, 242, 285, 388; IV, 102, 141, 165, 246; V, 35.
Ansfredus, pater Lothonis. I, 48.
Anthenaise (sire d'). Voir Chamaillart (Guillaume et Simon). — (la maison d'). I, 80.
Anthenaise. Altanosia (Fulco, Fulquerannus, Forqueran de). I, 106, 110, 112, 117.
Anthenaise. Altanoisa (Gauslinus de). I, 42.
Anthenaise. Altanosia (Hamelinus de). I, 48, 49, 64, 73, 266, 267.
Anthenaise. Altanosia (Herbertus de). I, 49.
Anthenaise. Altanosia (Petrus de), senescallus Lavallis, decanus Sabolii. I, 106, 110, 127, 129, 156, 158. Voir Petrus, decanus Sabolii.
Anthenaise. Altanosa (Savaricus de), I, 152.
Anthonoise (le fief d'). III, 190.
Antoigné. IV, 41.
Antoing (Henricus d'). II, 320.
Antragues (le seigneur d'). IV, 249.
Antraigues (Marie d'). IV, 354.
Antrame, Antrasme. Voir Entrammes.
Anvers. IV, 274, 318; V, 117.
Apania, Pamiers. II, 64.
Apestigny, Apesleguy, Apesteguy, Apestuy (le général d'). IV, 174, 179, 187.
Apestigny (Jeanne d'), femme de Jean de la Chapelle. IV, 174, 213.
Apigny (R. de). V, 18.
Apodiata (Quercus). I, 198, 199.
Appigneo (Robertus de). I, 154.
Apprilleium. Voir Avrillé.
Apvrill (Thomas). II, 145.
Aquila (Ingenulfus de). I, 37.
Aquille (comes). Voir Johannes.
Aquilon (Radulfus). I, 158.
Aquitaine (le grand prieur d'). II, 392.
Aragon (l'). II, 307, 308.
Aragon (Alphonse d'). IV, 9.
Aragon (César d'). IV, 9.
Aragon (Charlotte d'), femme de Guy XVI de Laval, princesse de Tarente. III, 370, 389; IV, 5, 7-10, 17, 18, 20, 25, 35, 36, 38, 52, 56, 103, 106, 229.
Aragon (Ferdinand d'), duc de Calabre. IV, 9.
Aragon (Frédéric III d'), roi de Naples, père de Charlotte d'Aragon. IV, 7-9.

Arc (Jeanne d'), la Pucelle. III, 9, 10, 75-79, 213.
Archaine. V, 93.
Archevêque (Barthélemy l'). II, 375.
Archevêque (Guillaume VI l'), seigneur de Parthenay et de Taillebourg. II, 109, 375.
Archevêque (Guillaume VII l'). II, 260, 396.
Archevêque (Guy I l'). II, 375.
Archevêque (Guy II l'), seigneur de Taillebourg et de Saint-Savinien. II, 375.
Archevêque (Guy III l'). II, 375.
Archevêque (Hugues l'). II, 124.
Archevêque (Jean l'), fils de Louis l'Archevêque. II, 375.
Archevêque (Jean l'), fils de Guillaume VII l'Archevêque et de Jeanne de Mathefelon, seigneur de Parthenay. II, 396; V, 58, 59.
Archevêque (Jeanne l') ou de Parthenay, II, 375.
Archevêque (Louis l'), seigneur de Taillebourg, mari en deuxièmes noces de Jeanne de Beaumont. II, 375.
Archevêque (Louis l'), fils du précédent. II, 375.
Archevêque (Marie l'), ou de Parthenay, fille de Guillaume VI l'Archevêque, femme de Girard Chabot III. II, 109, 150.
Archevêque (Marie l'), fille de Guy I l'Archevêque. II, 260, 375.
Archevêque (Pétronille l'), ou de Parthenay. II, 375.
Archiac. IV, 286.
Archipresbyter (Radulphus). I, 153.
Archot (la maison d'). Lire Arschot.
Ardene (Eustacius de). V, 16.
Ardene (Willelmus de), clericus. V, 16.
Ardonia (pratus de). I, 170.
Argenlieu (M. d'). IV, 304.
Argenlieu (Mlle d'). IV, 322.
Argenson (Patry d'), et non d'Argenton. II, 398; V, 46-49, 129.
Argentan. I, 175; II, 370, 374.
Argenton (le seigneur d'). III, 77.
Argenton (dame d'). Voir Vitré (Marguerite de).
Argenton (la maison d'). I, 308.
Argenton (Aimery d'), mari de Marguerite de Vitré, Hemoricus d'Argenton, miles. I, 308; II, 98; V, 31.
Argenton (Guy d'), fils d'Aimery d'Argenton et de Marguerite de Vitré. I, 308.
Argenton (Patry d'). Lire d'Argenson.
Argentré, Argentreium, Argentreyum. I, 259, 260; II, 274; IV, 299.
Argentré (Bertrand d'), sénéchal de Vitré. IV, 238, 239, 289.
Argentré (Jean d'), prieur de Saint-Nicolas de Vitré. IV, 169-171.
Argentré (Pierre d'), sénéchal de Rennes. IV, 124-128, 216.
Argentré (Robert d'). II, 260; V, 36, 37.
Argentré (le Plessis-d'). Voir Plessis-d'Argentré (le).
Argentreio (turcis Boissata de). I, 260.
Argentyo (Bartholomeus de). II, 263.
Argueil. III, 379.
Arguery (Bietris de), femme de Bouchart de Laval. II, 204, 205.
Arlay (seigneur d'). Voir Chalon (Jean de).
Arlonte (Pedro, Pietro). IV, 384, 385.
Armagnac (la maison d'). II, 387.
Armagnac (Bernard d'). III, 56.
Armagnac (Charlotte d'). III, 357.
Armagnac (Jacques d'), duc de Nemours. III, 313.
Armagnac (Marie d'), mère de Catherine d'Alençon. III, 270, 328.
Armagnac (le comte d'). III, 254.
Armagnac (le sieur d'). IV, 406.
Armagnac (bâtard d'). Voir Lescun (Jean de).
Armaignac (les gens d'). III, 205.

Arnaud, évêque du Mans, Ernaldus, episcopus Cenomanensis. I, 46, 50, 62, 63.
Arnaud (Simon), receveur des finances du duc de Bourgogne. II, 304, 305.
Arnault (M.). IV, 377.
Arnoldus, Ernoldus, filius Hamelini, Rainelmi, Ramelini. I, 28, 31, 34.
Arnulfus, clericus. I, 29.
Arnulphi (Jocetus). I, 225.
Arnulphi (Petrus). I, 225.
Aroelle (Jérôme d'). II, 124.
Arpanty (le sieur d'). IV, 73.
Arquenay, Erqueneium. I, 24, 101, 210.
Arquenay. Erqueneio (Guillelmus de). I, 152, 163.
Arquenay. Erquencio (Johannes de). I, 205, 209, 210.
Arquenay (Lisiard d'), Arqueneyo, Erqueneio, Erqueneyo (Lisiardus de). I, 23, 24, 31, 34, 49.
Arquenay (prieur d'). Voir Guillelmus.
Arques. II, 340, 343, 344; III, 169.
Arragonais (François l'), seigneur de Pisy. III, 166.
Arramon, capitaine. IV, 304.
Arras. II, 124, 212, 329; III, 225, 226, 242, 281, 303; IV, 77; V, 96. — (l'hôpital Saint-Mathieu d'). IV, 77, 350.
Arron (Perrot d'). III, 153.
Arschot (la maison d'). II, 102; V, 128.
Arthezé, Artisiacus. I, 16, 70.
Artois (l'). II, 241; III, 27, 100, 101, 189, 226. — (comte d'). Voir Philippe le Hardi.
Arve (le passage d'). I, 267.
Arx (l'île d'). V, 6.
Ascelin, frère d'Alelmus. I, 48.
Ascelinus, capellanus. I, 24.
Asnières, près Sablé, Asinerie, Asineriae, Asneriae. I, 20-22, 50, 160, 241, 242; II, 219-221.
Asnières. Asinariis, Asinariolis (Fulcherius de). I, 23, 31, 34.
Asorin (Peregrina). II, 263.
Asparos (M. d'). Voir Foix (André de).
Aspect (la baronnie d'). IV, 133, 187.
Aspigné (Robert d'). I, 161.
Asse, Assé (Pierre). II, 369, 374.
Assé (seigneur, dame d'). Voir Beaumanoir (Jean de), Riboul (Jeanne).
Asselin (Philippot). V, 55.
Assérac, Acérac, au diocèse de Nantes. II, 48, 132, 391. — (seigneur, marquis d'). Voir Rochefort (Guillaume II, Guy et Thibaut de), Rieux (Jean et René de). — (la marquise d'), tante de Guy XIX. V, 117.
Astarac (Madeleine d'), femme de François de Bretagne, baron d'Avaugour. IV, 116.
Astillé, Hastilliacus. I, 67, 68, 73; V, 60-63.
Astillé (Jean d'), sergent. V, 61, 63.
Aszo. Voir Azo.
Athis-sur-Orge. I, 222.
Atry (Jean). V, 38.
Attichy, Atechy, Attiché. I, 186, 258, 264; II, 7, 15, 52, 53, 73, 147, 201, 262, 282; V, 55-58. — (seigneur d'). Voir Laval (Bouchard, Guy VII, Guy II, Guy III, Jean de), Montmorency (Mathieu de).
Attichy. Atechy (Girardus de), miles. I, 258.
Attichy (Mathieu d'). Voir Montmorency (Mathieu de).
Attichy, Atéchy (Simon d'), procureur. II, 251.
Aubagne. III, 271.
Aubaïs (le marquis d'). IV, 272.
Aubays (Jean des), seigneur de Tallennye. IV, 58.
Aubert (Hugues), receveur de Caen. III, 175.
Aubertus, filius Tetbaldi Pelliparii. I, 63.

Aubigné, Aulbigny, Albigneium. I, 231, 237, 261, 266; II, 48, 49, 95, 99, 133, 151, 152, 232; III, 128, 129, 155, 156, 185; IV, 26, 37, 42; V, 27, 30, 127. — (le seigneur d'); II, 346; III, 128, 129. Voir Laval (Louis de). — (dame d'). Voir Laval (Anne et Marie de). — (le doyen d'). V, 127.

Aubigné. Albigneio (B. de). I, 173.

Aubigné (François d'), seigneur de Boismorice. III, 386; V, 111.

Aubigné (Gilet d'). II, 70.

Aubigné. Albigneyo, Aubigneio (Guillelmus de). I, 158, 168, 173, 199.

Aubigné (Jehan d'). III, 25.

Aubigné. Aubigneio (Radulphus de). I, 158. — Aubigny (Raoul d'). I, 289.

Aubine. II, 226.

Aubonville la Regné, ferme. II, 344.

Audrain (Jehan). IV, 169, 171.

Audren (Pierre), sieur de Maleville. IV, 57.

Auffay. II, 324.

Auffois (seigneur d'). Voir Montmorency (Guillaume de).

Auffray (le pré). III, 88.

Augerius, filius Viviani. I, 23.

Augsbourg. V, 124.

Augustini (Petrus). II, 320.

Augustins (les). IV, 87. — de Vitré. Voir Vitré (les Augustins de).

Augusto (tallia de). V, 19.

Augustus (dominus). I, 168.

Aulbri (Galterus). II, 75.

Aulnais (les). III, 160.

Aulnay, Alnetum. I, 166, 224.

Aulnay, Auhay, terre en la châtellenie de Marigné-Peuton. IV, 38, 44, 45.

Aulnay (seigneur d'). Voir Laval (Jean de).

Aulnays (les Grands et les Petits-). II, 371.

Aulnoy. IV, 187.

Aumale. IV, 152, 155. — (comte d'). Voir Rieux (Claude II de). — (le duc d'). III, 6.

Aumale (Claude de Lorraine, duc d'). IV, 219.

Aumale (le duc d'), fils de Louis-Philippe. IV, 19, 271.

Aumont (le maréchal d'). IV, 352.

Aumou, mère d'Aimery VII de Thouars. I, 127.

Aumou, Aumur. Voir Thouars (Aumou de).

Aunay (vicomte d'). Voir Clermont (Jean de).

Aunezeis (Jean de) I, 250.

Auray. I, 7, 273; II, 355; III, 119, 217, 218, 230.

Auray (Jean d'), notaire. V, 77, 78.

Aurillac. IV, 341.

Aussais (François d'), Daussais (F.), prieur de Saint-Nicolas de Vitré. IV, 83, 84, 169-171.

Aussay (l'aunaige d'). II, 310.

Autriche (Éléonore d'). IV, 99.

Autriche (Élisabeth d'). IV, 263, 296.

Autriche (Marguerite d'). III, 225-227, 370; IV, 8.

Autriche (Maximilien d'), roi des Romains et de Hongrie. III, 225-227, 370; IV, 8.

Autry (M. d'). IV, 215.

Autun. IV, 60.

Auvée, Auvré (Jehan). II, 323, 324.

Auveignat (Guillaume l'). III, 255.

Auvergne (le comte d'). IV, 407. — (duchesse d'). Voir Beaujeu (Anne de).

Auvergne (la Haute). IV, 341.

Auvers (le Grand et le Petit-). II, 372.

Auvers. Voir Alvers, Alversis.

Auvers-le-Hamon (le prieuré d'), Alvers (ecclesia de). I, v-viii, 25, 40, 41.

Auvilliers (seigneur d'). Voir Laval (René de).

Auvré. Voir Auvée.

Aux-Epaules (François), seigneur de Pisy, mari de Gabrielle de Laval-Maillé. IV, 165, 350.
Aux-Epaules (René), dit de Laval, marquis de Nesle. IV, 396, 402.
Auxerre. I, 213; II, 318; IV, 279. — (archidiacre d'). Voir Milon. — (évêque d'). Voir Mello (Guy de).
Availloles (François d'), d'Availloilles, seigneur de Roncé, Ronssé. IV, 66, 99, 113.
Avast (Thomas de). Lire Anast.
Avaugour (le château d'). III, 159.
Avaugour (baron d'). Voir Bretagne (François de).
Avaugour (la maison d'). I, 313.
Avaugour (Alain d'). II, 34.
Avaugour (Henri d'), (1209). I, 299, 305.
Avaugour (Henri d'), seigneur de Mayenne et de Goëlo, (1280-1297). II, 44, 69, 83, 97, 119, 228.
Avaugour (Isabelle d'). II, 228.
Avaugour (Louis d'). II, 23.
Avaugour (le sieur d'), (1486). III, 312.
Avaugour (le sieur d'), (1591-1599). IV, 345-347, 352, 367, 368.
Aveine (Raol d'). II, 23.
Aveluys, Aveluy. IV, 77, 78. — (seigneur d'). Voir Bussu (Arthus de), Laval (Jean et René II de).
Avenel (Robert). I, 50.
Avénières, Avesnières, Beata Maria de Aveneriis. I, 12-14, 19, 24, 43, 47, 50, 56, 60, 74, 76, 315-317; III, 274, 290, 341. — (prieure d'). Voir Advénie, Bourguignonne, Cornilleau (Nicolle), Montberon (Perrette de).
Avénières. Avenariis (Adam de). I, 72.
Avénières. Avenariis (Raginaldus de). I, 153.
Aventurier (Guillaume l'), dit Piqueré. III, 130.
Aversa. III, 48, 215.
Averton. III, 190; IV, 31. — (le seigneur d'). II, 124.
Averton (Antoine d'), seigneur de Couldrayau. V, 111.
Averton (Geoffroy d'). II, 100.
Averton (Jehan d'). III, 25.
Averton (Mathieu d'), seigneur de Perray. IV, 199.
Averton (Robert, Robin d'). II, 267, 337, 373.
Avesgaud, abbé de Vendôme. I, v, 25.
Avesgaud, évêque du Mans. I, 11, 12, 16, 20.
Avi (Raol d'). II, 222.
Avigné. II, 201.
Avignon, Avinio. II, 154, 156-158, 162, 183, 184, 259, 275; III, 281; IV, 75; V, 71, 72.
Avoir (seigneur d'). Voir Maulevrier (Renaud de).
Avoise (Guy d'). I, vi.
Avoise, femme de Hoël II. I, 67.
Avoise, prétendue petite-fille de Roscelin I de Beaumont. II, 182.
Avranches. III, 114, 280, 281, 289, 304; IV, 344. — (le comté d'). I, 16. — (évêque d'), Abrincacensis, Abrincatensis (episcopus). Voir Johannes. — (vicomte d'), Abrincatinus (vicecomes). Voir Burdelot, Ricardus.
Avrenches (Jehan d'), bourgeois de Paris. II, 140-144.
Avrillé, Aprilleium, Sancta Maria de Aprilleyo. II, 36, 37, 64, 68; III, 50, 51, 124; V, 73. — (seigneur d'). Voir Jaille (Claude de la).
Aydie (Jeanne d'). III, 243; IV, 106.
Azay. IV, 215.
Azay-le-Rideau. I, 131.
Azé d'Azère (de l'). III, 349.
Azo, Aszo, armiger. I, 28, 31, 34.

B

B., prior Sancte Crucis de Vitreio. I, 159.
Baata. I, 107, 148.
Baavilla (Willelmus de). I, 121.
Babin (Gaufridus). I, 123.
Babin (Jacobus), clericus. I, 233.
Babinière (la). III, 94.
Babolin (Robertus). I, 65.
Babouin (Guillaume). III, 114.
Bacle (François Le). III, 355.
Bacqueville, Basqueville. II, 343; III, 142, 171, 281.
Badiot (la maison au Sage), à Vitré. II, 160.
Bagar (Jean). III, 37.
Bagatz (Raoul de), capitaine du château de Marcillé. III, 121.
Bagot (Simon). II, 60.
Bahalle (la). V, 109.
Baher (Mahé Le). IV, 39.
Baïf (seigneur de). Voir Laval (Urbain de).
Baïf (Catherine de), femme de René II de Laval-Boisdauphin, dame de Boisdauphin. IV, 119, 167.
Baigneux (Gontier de), évêque du Mans. II, 46, 314.
Baillet (René), seigneur d'Esseulx. IV, 213.
Bailly, près de Meaux. IV, 93.
Bain. III, 91.
Baissey (Philippe de), dame du Puycalvary. IV, 215.
Bajulus (Rainaldus). I, 102.
Balande (Thomas de), administrateur de la Maison-Dieu de Vitré. II, 269.
Balazé. III, 367.
Balbwinus, filius Gisleberti. I, 86.
Baldenglein. II, 187.
Balduinus, abbas Clarimontis. I, 150.
Balduinus, testis. I, 37.
Bâle. IV, 273, 295, 298.
Ballan (le château de). II, 269, 270.
Ballée (Guy de). II, 373.
Ballon. I, 6, 130; IV, 281, 282.
Ballon (Dreux de), seigneur de Ballon. I, 6, 7.
Balourde (Jeanne la), fille naturelle de Guy IX. II, 105, 210, 211.
Balue (le cardinal), évêque d'Angers, Johannes, cardinal Andegavensis. III, 258.
Baluze. I, 13, 24, 29, 38, 45, 46, 49, 62, 69, 75; II, 182; III, 194, 379; IV, 37; V, 21.
Banastre (feodum). I, 128.
Bands. II, 255.
Bannière (Jean de la). II, 374.
Bar (Odo de). Voir Bor (Odo de).
Bar, Bar-le-Duc. I, 197; III, 201.
Bar, Barrois (le duché de). III, 124, 312. — (la comtesse, la duchesse de). II, 307, 312, 341, 342. Voir Flandre (Yolande de), Laval (Jeanne de), Toucy (Jeanne de). — (duc de). Voir Anjou (René d').
Bar, Bar-le-Duc (Thibaut II, comte de), mari de Jeanne de Toucy, Theobaldus, comes de Barro. I, 191, 192, 196, 197, 265; II, 30, 31, 47, 57, 58, 116.
Bar. V, 132. Lire *Bar* au lieu de *Barvileste*, IV, 304.
Baracé (Hardouin de). I, 75.
Baraceio (Gaufridus de). I, 70.
Baratus (Robertus). I, 203.
Barbarie (la). IV, 305.
Barbati. I, 168, 169.
Barbatus (fluvius qui Solemni nuncupatur appellatione). I, 28.
Barbe (Ogerus le). I, 226.
Barbegières (Gabrielle de). IV, 99.
Barberet (masura de). I, 168.
Barbe-Torte (Alain). I, 8.

Barbeu (dom Jehan). III, 356.
Barbezieux (seigneur de). Voir Rochefoucauld (Jean de la).
Barbier (Pierre Le). III, 207.
Bardoul (Gauffridus). I, 170.
Bare, secrétaire du roi. II, 197.
Baré, greffier. V, 63.
Bareil. III, 318. — (seigneur de). Voir Daillon (Jean de).
Barfleur. III, 268, 269.
Barge (seigneur de). Voir Montécler (René de).
Barge (Le). IV, 245.
Bari. II, 54.
Barie (la). III, 383.
Barillon (François). IV, 122.
Barra Costardi. I, 225.
Barre (Guy de la), seigneur du Marays. III, 274, 283.
Barre (le capitaine de la). Voir Breton de Nuillé.
Barre (le sieur de la). IV, 352.
Barré (Jean). III, 271.
Barrelière, Burrelière (Breton de la). I, 269, 270.
Barrois (le). Voir Bar.
Bart des Boulais. III, 270, 379.
Barthélemy (Anatole de). I, 284; II, 13; III, 320; IV, 341, 351, 352.
Barthélemy (Jean). IV, 231.
Barthélemy (L.). IV, 8.
Bartholomeus, abbas Majoris Monasterii. I, 45, 46.
Bartholomeus, archiepiscopus Turonensis. I, 151.
Bartholomeus, camerarius. I, 204.
Bartholomeus. I, 175.
Barvileste, page. IV, 304. Voir la correction, V, 132.
Baryhel (Mathieus de). I, 175.
Basdoulx (Simon). IV, 296.
Basèque, Bazèque. II, 283, 292; III, 101.
Basilica, nom primitif de Château-Gontier. I, 6.
Basin. III, 187.
Baslé (Geoffroy), Basle (Gaufridus). I, 144, 148.
Basle (Guillaume Le). II, 362-364.
Baslé (Ran.), miles. I, 178.
Basoge (la). I, 266, 267.
Basourdi (Jahan). II, 281.
Basqueville. Voir Bacqueville.
Basquot. II, 189.
Basse-Estommelière (la). II, 371.
Basta (Georges), comte d'Hulst et du Saint-Empire. IV, 331.
Bastard (M. le). III, 119.
Bastard (collection). II, 357; III, 337; V, 93.
Bastard de Sandrecourt (Jehan). III, 155.
Bastarnay (la maison de). V, 118.
Bastarnay (Catherine de), femme de François de Laval-Mareilly. III, 325, 342, 343.
Bastart (Wuillaume). II, 188.
Bastide (La), laquais. IV, 357, 364.
Bastille (la), à Paris. IV, 381.
Baston (Johannes). II, 263.
Bastonneau (François). IV, 208.
Batteleia (ecclesia de). I, 87.
Bauçay. Voir Beauçay.
Bauche. V, 103, 109.
Baud (Le), chanoine de Notre-Dame de Laval et doyen de Saint-Tugal. I, 83, 86, 90, 92, 94, 95, 97, 99, 151, 272, 273, 275, 278, 280, 301, 303, 304, 308, 314; II, 34, 39, 98, 105, 180, 228, 247, 260, 315; III, 3, 15, 93, 214, 218, 228, 236, 325, 338, 358, 385; IV, 105, 221, 228; V, 9-12, 23.
Baude (Jamet). III, 72, 73.
Baudoyn (Macé). II, 226.
Baudraire (la rue), à Angers. II, 197.
Baudran (quercus). I, 174.
Baugé. II, 268; III, 9, 257, 259; IV, 45, 135; V, 123.
Baugé (Guillelmus). II, 222, 224.
Baugé (Perrot). II, 226.
Baulnière (la), nemus. I, 249.
Baussay. Voir Beauçay.
Baux (Isabelle de), deuxième femme de Frédéric III d'Aragon. IV, 8.
Baveux (Guy Le). II, 274.

Bavière (la). IV, 225.
Bavière (Élisabeth ou Isabeau de), femme de Charles VI. II, 246 ; III, 119.
Bavière-Ingolstadt (Louis de). II, 246.
Bayard. IV, 152, 162, 172.
Baye (de). II, 369 ; V, 44, 53, 129.
Bayeux, Baieux. I, 116, 142, 209 ; II, 122 ; III, 190. — (chapitre, diocèse, évêché de). I, 216, 217 ; II, 56 ; IV, 55. — Baiocensis (canonicus). I, 128. Voir Gillebertus. — (chancelier de). Voir Beaumont (Geoffroy de). — (curé de Saint-André de). Voir Bésiers. — (évêque de). I, 128. Voir Eudes, Henri. — (vicomte de). Voir Ranulfus.
Bayle (Antoine), receveur. IV, 285.
Bayle, secrétaire. IV, 302, 304.
Bays (Gautier de). II, 134.
Baz, fief. III, 387.
Bazarne. I, 190. — (seigneur de). Voir Toucy (Ithier V de).
Bazèque. Voir Basèque.
Bazin (François). IV, 357.
Bazinière (seigneur de). Voir Berthrand (Macé).
Bazoga, la Bazoge-de-Chemeré. V, 18.
Bazoges (messire de). III, 201.
Bazolle. II, 150.
Bazougers, Bazogers, Basogers. I, 48, 101, 215 ; II, 372 ; III, 27, 29, 176 ; IV, 26, 30, 139, 411, 413, 414 ; V, 62. — (doyen de). Voir Adam.
Béarn (la maison de). IV, 112.
Beauçay, Baussay. II, 269, 270. — (seigneur de). Voir Prez (Olivier de).
Beauçay (Eustache de), veuve de Guillaume d'Usages, femme d'André de Laval-Châtillon, dame d'Olivet. II, 44, 155, 164, 232, 255-257, 390 ; III, 18, 36 ; V, 38-43.
Beauçay (Hugues de). II, 44, 124.
Beauçay (Jeanne de), femme de Louis de Machecoul. II, 111.
Beauçay (Jeanne, dame de). V, 42.
Beauçay (Raynault de). III, 170.
Beauce (Johan del). V, 73.
Beauce (Orry de). II, 125.
Beauchesne (le marquis de). III, 8.
Beaucourt (du Fresne de). III, 75, 185, 186.
Beaudet (Philippe). III, 312.
Beaufeu (M. de). IV, 304.
Beaufort-en-Vallée. II, 212 ; III, 124, 158, 159, 161, 164, 166, 235, 258, 259, 265, 289-292, 294, 297, 303, 304, 308, 309, 369, 380, 386 ; IV, 33, 271 ; V, 107, 109. — (seigneur, comtesse de). Voir Châteaubriant (Briant de), Dinan (Bertrand de), Laval (Jeanne de). — (sénéchal de). Voir Breslay (René).
Beaufort de Champagne. IV, 107, 226. — (comte, comtesse de). Voir Foix (Claude et Henri de), Laval (Guy XVII de).
Beaugency. III, 213, 307-309.
Beaujeu (Anne de), Anne de France, fille de Louis XI, duchesse de Bourbonnais et d'Auvergne, comtesse de Clermont, Forez, la Marche, Gien, vicomtesse de Carlat et Murat, dame de Beaujolais. III, 12, 310, 342, 359, 360, 362, 363, 371, 372.
Beaujeu (Pierre, sire de). III, 342, 353, 354.
Beaujolais (le). V, 98, 112. — (dame de). Voir Beaujeu (Anne de).
Beaulieu. IV, 209.
Beaulieu (l'abbaye de). I, 128.
Beaulieu-lès-Belleval. III, 176.
Beaulou. I, 266.
Beauluère (M. de la). I, 15, 32, 39, 110, 133, 158, 209 ; II, 43, 123, 222, 331, 385, 392 ; III, 5, 11, 23, 45, 93, 128, 131, 159, 179, 202, 269, 288, 304 ; IV, 42, 59, 64, 65, 76, 101, 104, 109, 117, 227, 248, 254, 255, 267, 333, 347, 360, 370, 386, 392 ; V, 35, 37.

Beaumanoir. III, 143, 159, 244, 387, 388; IV, 36, 38, 172; V, 83-90. — (le sire de). III, 73, 266, Voir Bretagne (Gilles de), Laval (François, Jacques, Jean et Pierre de). — (dame de). Voir Dinan (Françoise de), Rohan (Marguerite de).
Beaumanoir (Guy de). III, 263.
Beaumanoir (Jean de), seigneur d'Assé et de Lavardin. III, 8.
Beaumanoir (Jean de), seigneur du Bois-de-la-Motte. III, 39.
Beaumanoir (Jeanne de), troisième femme de Charles de Dinan. III, 218.
Beaumanoir (Marguerite de), fille de Marie d'Antraigues. IV, 354.
Beaumanoir (Robert de). II, 294, 295.
Beaumont. Bello Monte (vinea de). I, 225, 226.
Beaumont (Luzais, dit), fief. IV, 40.
Beaumont-la-Ronce. II, 255.
Beaumont-le-Vicomte. I, 130; II, 41. — (la vicomté de). IV, 205. — (le vicomte de). I, 161; II, 176, 182, 212, 356; III, 27. Voir Alençon (Pierre II d'). — (la dame de), fille d'Hamon de Laval, femme de Raoul de Beaumont. I, 52-55, 62, 67. — (la vicomtesse de). II, 245; III, 29. Voir Chamaillart (Marie).
Beaumont-Pied-de-Bœuf. IV, 303; V, 126, 129. Ce nom doit remplacer celui du Buret, I, 205 et II, 334.
Beaumont-sur-Oise. II, 36. — (la maison de). II, 36, 37.
Beaumont (Agnès de), femme de Louis de Beaumont-Brienne, belle-mère de Guy VIII de Laval, vicomtesse de Beaumont. I, 17, 18, 28, 29; II, 41, 61, 71-73.
Beaumont (Alain de). II, 401; V, 37.
Beaumont (Dreux de), vicaire général d'Achaïe. II, 35, 36, 38.
Beaumont (François de), seigneur des Dorides. IV, 42.
Beaumont (Geoffroy de). I, 5.
Beaumont (Geoffroy de), chancelier de Bayeux et évêque de Laon. II, 35, 36, 38.
Beaumont (Geoffroy de), chambellan du roi. II, 176, 204-206, 212.
Beaumont (Guillaume de), seigneur de Saint-Martin-des-Bois, de Villemomble et de Bréviaire en Yveline, comte de Caserte, Guillelmus de Bellomonte. I, 263, 268-270; II, 34-38, 50-52, 54, 63, 64, 68, 69; V, 28.
Beaumont (Guillaume de), fils de Robert I de Beaumont. II, 206.
Beaumont (Hubert de), prétendu vicomte de Beaumont. II, 181, 182.
Beaumont (Hubert de), vicomte de Beaumont. I, 69, 137.
Beaumont (Isabelle de), fille de Guillaume de Beaumont, première femme de Guy VIII de Laval. I, XI, 266, 268; II, 34, 37-39, 43, 62-64, 100.
Beaumont (Jean de), mari d'Adèle ou Alice. II, 36.
Beaumont (Jean de), fils de Louis, vicomte de Beaumont, et d'Agnès, dame de Beaumont, mari de Jeanne de la Guerche, seigneur de Pouancé. II, 17, 18, 27-29, 42, 85, 94, 100, 119, 123. [P. 42, ligne 4, lire *beau-frère* au lieu de *beau-père*].
Beaumont (Jean II de), vicomte de Beaumont, fils de Robert de Beaumont. II, 206, 207.
Beaumont (Jeanne de), fille de Louis, vicomte de Beaumont, et d'Agnès de Beaumont, deuxième femme de Guy VIII de Laval. I, XI; II, 34, 40-43, 46, 48, 49, 71, 73, 82, 93-98, 100, 116, 119, 122, 132, 133, 232, 340.
Beaumont (Jeanne de), Johanna de Bellomonte, relicta Ludovici l'Archevesque, domini de Taillebourg. II, 375.

Beaumont (Louis de Brienne, vicomte de), fils de Jean de Brienne et mari d'Agnès, dame de Beaumont. II, 28, 29, 31, 41, 46, 61, 71-73, 93.
Beaumont (Marie de), femme d'Alain d'Avaugour. II, 31.
Beaumont (Marie de), alias Marie de Franconville, femme de Bertrand de Laval. II, 283, 301.
Beaumont-Bressuire (Philippa de), femme de Pierre de Laval-Loué et mère de Gilles de Laval. III, 301, 382 ; IV, 40, 78.
Beaumont (Pierre de), comte de Montescaglioso et d'Alba. II, 35, 36, 38.
Beaumont (Pierre de). V, 113.
Beaumont (Raoul de), vicomte du Maine, fils du vicomte Hubert, mari d'une fille d'Hamon de Laval. I, 5, 55, 60, 69, 137.
Beaumont (Raoul de), fils du précédent. I, 5.
Beaumont (Raoul de), fils de Richard, Radulphus, vicecomes Bellimontis. I, 55, 134, 137, 138, 181-183, 200, 201.
Beaumont (Richard, vicomte de), fils de Roscelin. I, 137.
Beaumont (Richard, vicomte de), (1239). II, 41.
Beaumont (Robert de), Rothertus, filius Rogerii de Bellomonte. I, 37.
Beaumont (Robert I de), époux de Marie de Craon. II, 124, 206.
Beaumont (Roger de), Rogerius de Bellomonte. I, 37, 46.
Beaumont (Roscelin I de). II, 182.
Beaumont (Roscelin II de). I, 137 ; V, 126.
Beaunault (Mathieu). III, 207.
Beaune (René de), chapelain des Rivettes. V, 112.
Beauport (l'abbaye de). II, 14 ; III, 320, 381.
Beauregard, seigneurie. III, 261, 262.
Beaurepaire (Ambroys de), seigneur de Javey. III, 271.
Beaurepaire (François de). III, 282.
Beaurepaire (le sire de). III, 248.
Beautemps-Beaupré. I, 142, 182 ; III, 184, 293 ; V, 73.
Beauvais. III, 268, 276, 322, 324.
Beauvais (le chapitre de). II, 262.
Beauvais, près de Changé. II, 334.
Beauvais (dame de). Voir Charnières (Suzanne de).
Beauvau (Bertrand de), baron de Pressigny et seigneur de Sillé-le-Guillaume, le sire de Précigné. III, 9, 73, 160, 162, 165, 271.
Beauvau (Guyonne de), femme de René I de Laval-Boisdauphin. IV, 44-46.
Beauvau (Loys, sire de), sénéchal d'Anjou. III, 160, 162, 165.
Beauvau (le feu seigneur de). III, 193, 194.
Beauvau, gentilhomme angevin. III, 79.
Beauvayrs, Beauvoir. II, 74, 76, 79.
Beauverger (M. de). IV, 86.
Beauvoir (seigneur de). Voir Chantocé (Arthur de).
Beauvoisin (Jean de). III, 278.
Bec (baron de). Voir Tournebu.
Bec-Crespin (seigneur du). Voir Crespin (Guillaume).
Bécherel, Bescherel, Bescherelz. I, 112 ; II, 232, 330, 331 ; III, 59, 90 ; IV, 49, 336, 399. — (seigneur de). Voir Laval (Guy XIV, Jean de). — (dame de). Voir Laval (Jeanne de).
Béchet, Breichet (Michel). II, 292, 293.
Bechex (Hervé Le). II, 21.
Beclon, en Normandie. II, 137.
Bedford (le duc de). III, 6, 72, 93.
Bedoyère (la), fief en Tallensac. III, 99.
Bédoyère (Jeanne de la). III, 99.
Begars (l'abbaye de). I, 105. — (l'abbé de). III, 207.
Bègue (Jehan Le). II, 359.

Behu (stagnum de). I, 240.
Beicton (seigneur de). Voir Saint-Gilles (Jean de).
Beisco (decima de). V, 9.
Belart. II, 193.
Belcier (Mme de), femme de Christophe de Coetivy. IV, 220.
Belecort, Belrecort (fons). I, 113, 148.
Belengarius (Guillelmus). I, 108.
Belheir (Gauterius). I, 169.
Beliard (Jean). II, 390.
Belin (comte de). Voir Faudoas.
Belington, in Anglia. V, 14.
Belis, prieur de Bonny. IV, 375.
Bellande, en Dunois. IV, 301.
Bellay (Martin du). IV, 219.
Bellay (René du), mari de Marquise de Laval. IV, 130.
Bellay (du). IV, 407.
Belle (Mme). III, 358.
Bellebranche (l'abbaye de), Beata Maria de Bella Branchia. I, 139, 151, 201, 208, 209; III, 176; IV, 139, 411-414. — (abbés de). Voir Gaufridus, Guarinus.
Belle-Isle. III, 159.
Bellême (Hildeburge de), femme d'Hamon de Château-du-Loir. I, 16.
Bellême (Yves I de), comte du Perche. I, 16.
Bellencombre. II, 324, 361. — (châtelain de). Voir Heuze (Robert de la).
Bellenger (Guillaume), chapelain des Rivettes. V, 112.
Bellepoule, moulin à Changé. III, 49.
Belleville. II, 112, 249, 250, 252, 253, 288, 336-339.
Belleville (le sire de Clisson et de). II, 296, 297.
Belleville (Jeanne et non Louise de), femme de Geoffroy VIII de Châteaubriant. II, 228, 252, 258, 336-339.
Belleville (Maurice de). II, 258.
Bellièvre (Jean de), seigneur de Hautefort. IV, 296-298, 300.
Bellièvre (Pomponne de), chancelier de France. IV, 274, 300, 318, 373, 375, 376.
Bellon (Pierre). III, 305, 307.
Belloteau. III, 356.
Belmart. III, 282.
Belocer. I, 113.
Beloquin (Gilet et Jahan). II, 189.
Belot (le moulin). Voir Moulinblot.
Belot (Pierre). IV, 368, 370.
Belotat (Jehan de). V, 36.
Belouin (Guillaume). I, 269, 270.
Bélouin (Macé, Mathé). I, 268-270.
Belrecort. Voir Belecort.
Belveer (villa que dicitur Nabel et), in pago Cenomanico. I, 23. — Belveer. I, 148, — Belveher. I, 101.
Benais, Benays, Bené, Benaist. II, 232, 255, 256, 301; III, 125, 130, 172, 266, 312, 313; IV, 44, 133-135; V, 80, 109, 110, 112, 113. — (seigneur de). Voir Laval (André, Guy II, Pierre de). Voir Benet.
Benais (François de). IV, 141.
Benaistaye (le sieur de la). IV, 190.
Benate (la). III, 193. — (seigneur de la). Voir Laval (René de).
Bendelare (Guillaume). II, 188.
Benedicti (brolium). I, 173, 174.
Bènes. Voir Braine.
Benet. V, 115. Voir Benais.
Benezay. V, 39-41. Voir Bernezay.
Benoît XIII. II, 356, 359.
Benon (comte de) Voir Trémoïlle (Claude de la).
Benyngton, Benynton. I, 118, 119.
Béranger l'Épine, frère de Berthe de Toësny. Voir Toësny (Béranger de).
Bérangerie (M.). III, 5.
Bérard. II, 274.
Bérardière (seigneur de la). Voir Bigot (Le).
Bérardière (Alexandre de la), paroissien de Méral. II, 265.
Bérart (Lucas). I, 215.
Berchesson. II, 150.

Boré, prieuré. V, 28. — (le prieur de). I, 239, 250. — (Saint-Jean de). II, 316 ; IV, 39, 60.
Berelle, Borelles. II, 198 ; III, 180.
Berger de Xivrey (M.). IV, 317.
Bergerac. IV, 264.
Bergeron (Pierre). V, 124.
Beri (Pierre). V, 45.
Beriel (Herveus de). I, 177.
Bermandus, prior. I, 102.
Bermant (Michael). II, 263.
Bernard, prêtre. I, 24.
Bernard (frère), prieur des Frères prêcheurs de Sens. I, 191.
Bernard. I, 145.
Bernardières (les). III, 94.
Bernardières (la chapelle des), à Angers. III, 292.
Bernardus, abbas Majoris Monasterii. I, 67, 70.
Bernardus, abbas Sanctae Mariae de Valle. I, 128.
Bernardus, canonicus de Valle. I, 128.
Bernardus, conversus. I, 146.
Bernardus, episcopus Corisopitensis. II, 154.
Bernardus, filius Duranti. I, 118.
Bernardus, major. I, 29.
Bernart (la veuve). IV, 400.
Berne, en Suisse. IV, 273, 295, 298.
Berne (Johan de la) ou de Laberne. II, 168.
Bernerius, pater Tetbaldi. I, 39.
Bernes (la), au Maine. III, 179.
Bernezay, Brenezai. II, 255, 256. Voir Benezay.
Bernezay (Regnaud de). V, 80.
Bernier (Denis Le). V, 46.
Bernière, Bernières. I, 120 ; II, 107, 198. — (seigneur de). Voir Laval (Jean de).
Bernuce, Bernusse. I, 146, 147, 158.
Berouart (Augerius). I, 169.
Berre. III, 318, 320, 321, 354.
Berri (Gilles Le Bouvier dit). III, 12.
Berrie, fief. IV, 76.
Berruyer (Martin), évêque du Mans. V, 92.
Berry (le). II, 241 ; III, 302, 303 ; IV, 189. — (duc de). Voir France (Charles de).
Berte (Johannes). II, 263.
Berthe, femme de Robert I de Vitré et de Robert le Bourguignon. I, 46, 71, 73, 75, 275-279.
Berthe, veuve d'Alain III et femme de Hugues II, comte du Maine. I, 25.
Berthevin, diacre. I, 9, 10.
Berthonneau (Olivier). IV, 42.
Berthrand (Macé), sieur de la Bazinière. IV, 412.
Bertofus (Hubertus). I, 24.
Bertran (la maison). II, 182.
Bertran (Jeanne), femme de Foulques Paynel. II, 113.
Bertran (Jeanne), femme de Guy de la Roche-Guyon. II, 115.
Bertran (Perrin). III, 155.
Bertran (Philippe), femme de Girard Chabot IV, vicomtesse de Roncheville. II, 115, 250.
Bertran (Pierre), sieur de la Riollaye, sénéchal de Vitré. IV, 57.
Bertran VII (Robert), seigneur de Bricquebec, maréchal de France. II, 115.
Bertrand (Michel). III, 265.
Bertrand, abbé de Montfort. III, 92.
Bérulle (le P. de). IV, 329.
Bérulles (Aube). Voir Séant-en-Othe.
Bervilla (Symo de). V, 16.
Beselle, près de Gand. II, 193.
Bésiers (l'abbé), curé de Saint-André de Bayeux. II, 35, 36.
Beslin (Jamet). IV, 84.
Besly. II, 288.
Besquin. II, 189.
Bessiel, Besiel (Herveus de). I, 115, 125, 127, 149.
Bessin (le). I, 308.
Besson (le sieur du). V, 99.
Bethesiaco (Johannes de). II, 315.

Bethon (David), évêque de Mirepoix. IV, 227.
Bethune (M. de), ambassadeur. IV, 380, 409.
Beuzelin (Jean), dit Jaret. III, 304, 305.
Biauffeu (le bois de). II, 95.
Bicoque (la). IV, 17, 36, 1?8.
Bidault (Johannes). II, 263.
Bien-Public (la guerre du). III, 10, 203.
Biennouviegne, Biennouvienne, paroisse de Poigny. II, 51.
Bier (l'étang de). II, 256.
Bignon. Bugnonio (Algerius de). I, 42.
Bignon (Foulques du), Fulco de Bugnone, de Buinone, de Buignon. I, 49, 63-65.
Bignon. Buinon (Foulques de). I, 160.
Bignon. Bugnone (Guarsirius de). I, 73.
Bignon (Garsilius de), de Buino. I, 72, 73, 75.
Bigot (Aliette ou Éléonore Le), femme de Jean de Laval, seigneur de Passy. II, 107, 261, 265.
Bigot (Guillaume Le). IV, 32.
Bigot (Jean). III, 367.
Bigot (N. Le), seigneur de Laigné, des Estres, de Tournebelle et de la Bérardière, en Anjou. II, 105.
Bigoteria. I, 168.
Bigotus (Hugo), dapifer. I, 85.
Bilard. I, 139; III, 289, 388.
Bilheu, maréchal. IV, 383.
Billanière (Tayet de la). II, 373.
Bille (La), capitaine. IV, 304.
Billeium. I, 155.
Billon (Herveus). I, 178.
Billon (Robin). II, 128.
Billon (le pont). II, 131.
Billonnière (la). II, 373.
Biloque (la), abbaye. II, 146.
Binosa (terra de). I, 225.
Birague (la maison de). IV, 336.
Biraguo (Françoise de), seconde femme de Jean de Laval-Neslo. V, 132.
Birossin (Jean). III, 65.
Biron (le maréchal de). IV, 365.
Bischetière (Guillaume de la). II, 157, 168.
Biseth (Adam). V, 16.
Bisloz (Jamet). III, 65.
Bitoux (Jehan). V, 46.
Bizeul (M.), II, 179.
Blaaille (Willelmus de). I, 141.
Blain. II, 334; III, 110; IV, 270; V, 127.
Blaison, Blazon. II, 254, 265, 377, 389. — (le seigneur de). I, 79; III, 376, 377. Voir Laval (Guy dit Brumor, et Guy de).
Blanc (Guillelmus Le). II, 263.
Blanc (Jean Le), général des finances. IV, 300.
Blanc de la Vignolle (Le). I, IV, 10, 11, 20, 95, 98, 214, 262, 300, 301; II, 6, 39, 41, 54, 104, 105, 147, 173, 212, 245; III, 8, 23, 218, 228, 259.
Blanchard (M. René). II, 109, 110, 113, 116, 377, 388 389, 390, 392, 398; III, 3, 26-28, 30, 38, 42-44, 74, 82, 94-96, 99, 110, 114, 120, 125, 160, 186, 279, 331; V, 39, 71, 91, 96, 125-128, 132.
Blancs-Manteaux (les), à Paris. III, 107.
Blandin. II, 256. — (seigneur de). Voir Commacre.
Blangy. III, 275.
Blanville. V, 119.
Blaru (sire de). Voir Sacquenville.
Blarum (Orricus de), clericus. I, 150.
Blavet, Blahouet (le Hâvre de). IV, 69-71.
Blavet de Lavalle (molendini). I, 201.
Blavon. III, 302.
Blazon. Voir Blaison.
Blein (l'église calviniste de). IV, 311.
Bléré. IV, 79.

Blois, Bloys. II, 274; III, 178, 304; IV, 58, 72, 75, 84, 85, 99, 102, 165, 166, 201, 207, 262, 317, 321. — (comté de). I, 16. — (comte de). I, 7; II, 98.
Blois (Berthe de), fille de Robert de Blois, prétendue femme de Guy I de Laval. I, 10.
Blois (Charles de), duc de Bretagne, vicomte de Limoges, sire de Guise et de Mayenne. II, 44, 177, 178, 211, 221, 222, 265, 275; III, 43.
Blois (Eudes II, comte de). I, 7.
Blois (Jeanne de). II, 335.
Blois (Olivier de). III, 43.
Blois (Robert de). I, 10.
Blony (Jean de), seigneur de Pincé. IV, 350.
Blossac. V, 72.
Blosset (Le Moyne de). III, 275.
Blosset (Loys), seigneur de Villiers. IV, 215.
Blosseville (M. de). V, 124.
Blou. III, 50-52, 71; V, 73, 76.
Blundvill (Thomas de). I, 166.
Bo... (Robin de la). Voir Boissière (Robert de la).
Bouis. Voir Bois.
Bonys (Alain du). II, 352.
Bonys Geffroy (la dame du). II, 99.
Boche (Jean Le). II, 39.
Bocquet (Gabriel du), mari d'Élisabeth de Laval, seigneur de la Gadalière ou Gadelière et de Saint-Aignan. IV, 351, 354.
Bodard (M. de). I, 142.
Bodister (le), commune de Plourin-Morlaix. III, 218, 388. — (seigneur, dame de). Voir Dinan (Jacques et Françoise de).
Bodonis Campo, testis. I, 24.
Bodum. Voir Bor.
Bœdrot (Jametus dictus le). II, 222.
Boeit (Guillelmus de). I, 198.
Boeria. Voir Bouère.
Boexière (Robin de la). II, 354.
Boffile le Juge. III, 277.
Boguen (Sainte-Marie de). V, 17.
Boguer (Hubertus). I, 112.
Bohier. III, 305.
Boière (la haye de). II, 95.
Boillon. I, 168.
Bois. Bouis (sieur du). Voir Bueil (Christophe de).
Bois (M. de). IV, 340.
Bois (Guillaume du). II, 276, 277.
Bois (Sauvage du). III, 28.
Bois (du), secrétaire du roi. IV, 376.
Boisdauphin, château à Précigné. III, 256, 388; IV, 166, 167, 303, 340, 366, 367, 371-376, 407, 408, 410. — (seigneur de). Voir Laval (François, Jean, René I, René II, Urbain de). — (dame de). Voir Baïf (Catherine de).
Boisdauphin (la chapelle Saint-Jean-Baptiste, à). III, 388.
Bois-de-la-Motte (seigneur du). Voir Beaumanoir (Jehan de).
Boisduliers (seigneur de). Voir Épinay (Jean d').
Bois-du-Pin, château à Bazougers. IV, 281. — (seigneur de). Voir Vaux (Guillaume des).
Boisemparé (seigneur de). Voir Montécler (René de).
Bois-Feuillé (seigneur du). Voir Villéon (Jacques de la).
Bois-Geffroy (le). III, 145.
Boisguérin (M. de), gouverneur de Loudun. IV, 406.
Bois-Hellin, en Normandie. III, 53.
Bois-Lohon (Jacques du). I, 146.
Boismorice (seigneur de). Voir Aubigné (François d').
Bois-Preuilly (le). IV, 41.
Bois-Saint-Père, prieuré. I, 217.
Boissata de Argentreio (turcis). I, 260.
Boissel (Pierres). II, 310.
Boissière (la), abbaye, paroisse de Denezé-sous-le-Lude (Maine-et-Loire), abbatia de Buxeria, Buse-

ria. I, 110, 139. — (abbé de la). Voir Juhellus.
Boissière (seigneur de la). Voir Mondion.
Boissière (Geoffroy de la), Gaufridus de Buxeria. I, 158, 164.
Boissière (Jean de la), grand louvetier de France. IV, 221.
Boissière (Robert de la), de la Boixière, Robin de la Bo... I, 251, 256.
Boisson (Pierre de). IV, 370.
Boissy (M. de). IV, 142, 365.
Boisuele (la Croix). II, 24.
Boiteuse (Jeanne la). Voir Penthièvre (Jeanne de).
Bolestedus (Adelelmus). I, 48.
Bonade (Mondonnet). III, 278.
Bonchamp, Malus Campus. I, 18, 63, 112, 266; V, 125. Voir Malus Campus.
Bonel (Morinus). I, 24.
Bonenfant (Jamet), prieur de Vitré. II, 260; V, 37.
Bonestac, capitaine. V, 107.
Bonezac (Georges de la). II, 385. Lire de Boussac.
Bongent (Berthelot). II, 160.
Bongent (feu). II, 160.
Bonheul, laquais. IV, 304.
Bonin (Jehan). V, 49.
Bonlieu (Notre-Dame de). I, 18. Lire Bonchamp.
Bonne-Maison. II, 376.
Bonneserre de Saint-Denis. I, 40, 49, 106, 110.
Bonnet (Jules). IV, 270.
Bonnet (Pierre). III, 65.
Bonnet. IV, 33.
Bonnétable. I, 130.
Bonnête (Macé). II, 226.
Bonnete (Petrus). II, 263.
Bonnette (Eusenne Le). II, 280.
Bonneval (Eure-et-Loir). II, 259.
Bonny (prieur de). Voir Belis.
Bon-Repos (abbé de). Voir Lateranus.
Bonshommes (les). — d'Angers. I, 155; — de Craon. I, 166, 167, 201; — de Menul. I, 239; — de Monguyon. I, 201.
Bonus Infans (Gauffridus). I, 169.
Bonus Infans, pater Guerrif. I, 170.
Bonvillier (Hutin de). II, 329.
Boolanda. I, 85.
Booleia, Boolia, Booleria. I, 148, 297. — (prati de). I, 120, 146, 147.
Booleia, Boleia (Daniel de). I, 125, 126.
Boqueho. IV, 345.
Bor (Guillelmus de). I, 112.
Bor, Boz (Herbertus, Hubertus de). I, 106, 115, 116; V, 9.
Bor. Boz (Mabo de). I, 102.
Bor, Boro, Bar, Bodo, B. (Odo, Odon de). I, 23, 70, 72-74.
Bor. Botz (Odo de). I, 158.
Bordage (l'église calviniste de). IV, 311.
Bordaige, du Plessis-Bordage. IV, 91, 93.
Bordeaux. IV, 78, 143, 144, 293, 406, 414. — (l'archevêque de). III, 347.
Borderie (Arthur de la). I, 7, 8, 20, 21, 65, 108, 115, 146, 150, 154, 155, 164, 171, 178, 179, 198, 199, 212, 218, 226, 229-231, 235, 238, 256, 261, 272, 273, 281, 283; II, 239; III, 86, 214, 217, 366, 373; IV, 13, 14, 16, 54, 232, 233, 260, 290, 298, 299, 335; V, 6, 20, 72.
Bordes (Jean des), III, 204, 205.
Bordier (M.). IV, 269.
Bore (Gilet). II, 184.
Borelle, terre. II, 123.
Borgne (Robert Le). V, 96.
Borgne (Sylvestre Le), seigneur de la Ville-Balin. III, 307. Voir Correct., V, 131.
Borgne (Le). Voir Heuze (Robert de la).
Borgon (Andreas de). I, 126.
Borgon (Johannes de), monachus. I, 121, 141.
Borgrave (Émile). II, 101.
Bormant (Adenetus). II, 263.

Borne (Guillelmus le). I, 179.
Borne (Moricius le). I, 198.
Borno (Herbertus de). I, 101.
Borriana, apud Vitreium. I, 125.
Boscherus, senescallus. I, 65.
Boselgis (Hugo de). I, 49.
Bossac. III, 261. — (dame de). Voir Laval (Charlotte de).
Bossac (Georges de la). II, 361.
Bossard (M.). III, 95, 112, 113, 125.
Bossei (Willelmus de). I, 164.
Boterel, Botterel, Botherel, Botarel (Geoffroy, Jofree), fils d'Alain, comte de Penthièvre, mari d'Eustachie I de Vitré. I, 50, 243, 245, 246, 298, 305; V, 125.
Botz. Voir Bor.
Bouchamp. III, 371.
Boucher (Gilet Le), clerc. II, 208-210.
Boucher (Jeannet Le), clerc. II, 208-210.
Boucher (Michel Le). II, 374.
Bouchet (le), fief. III, 263.
Bouchet, Bouschet, Boschet (le sire du). III, 40, 79, 98, 139.
Bouchet (Catherine du), sœur de René du Bouchet, religieuse à Étival. III, 380.
Bouchet (François du). IV, 298, 299.
Bouchet, Bouschet (Jehan du), docteur en droit. IV, 32.
Bouchet (Jean du), doyen de Saint-Tugal. III, 385.
Bouchet, Boschet (Jehan du), prieur de Saint-Nicolas de Vitré. IV, 169, 170.
Bouchet (Jeanne du), première femme de Robert III d'Alençon. I, 184.
Bouchet, Bouschet, Bouchoit (Raoul du), chevalier. II, 152, 153.
Bouchet, Boschet (Raoul du). III, 67, 92, 93, 140, 165.
Bouchet (René du). III, 380.
Bouchet (du). IV, 141.
Bouchet (du), auteur des *Preuves de Coligny*. IV, 236, 241, 244, 245, 252, 255-257, 261, 264, 283, 286, 291; V, 113.
Bouchier (Jehan Le). II, 276.
Bouchot (M. Henri). IV, 277.
Bouconville en Barrois. III, 312.
Boudart (François). IV, 39.
Boudère (Barthélemy). II, 306.
Bouère (la forêt, la haie de), foresta de Boeria, la haie de Boere, Bouyere. I, 103, 140, 205, 251; II, 288-291; III, 159. — (seigneur de). Voir Houssard (Bertrand).
Bouère (Foulques de), Fulco de Boeria. I, 23, 24, 41.
Bouerec (le sénéchal de). Lire Broerech.
Bouerie (Allix la), peut-être première femme de Robert III de Vitré. I, 283.
Bouerne, forme erronée pour Brienne. V, 130.
Bouëte (Perrotus). II, 222.
Bouexière (Francisca de la). IV, 40.
Bougard, Bogard (Jehan). IV, 45, 46.
Bougâtrière (sieur de la). Voir Legay (Jean).
Bougon, au diocèse du Mans. II, 218.
Bouhourd (la Croix). II, 371.
Bouillé (le fils de M. de). IV, 139.
Bouillé (le sieur de), lieutenant-général en Bretagne. IV, 299, 400.
Bouillé (Marguerite de), abbesse d'Étival. V, 109.
Bouillé (René de), comte de Créance, mari de Renée de Laval-Lezay. IV, 301.
Bouillon (duchesse de). Voir Marck (Charlotte de la).
Bouillon (le maréchal de). IV, 350, 367, 389.
Bouin, Boingn (l'île et la terre de). II, 253, 380-383, 397; III, 26, 251.
Boulais (Bart des). III, 270, 370.
Boulay (seigneur du). Voir Saint-Aignan (Pierre de).
Boulet (le), terre. III, 37.
Boulières de Nuillé (les). II, 372.
Boullay (le sieur du). III, 300.

Boullier. I, 9, 115, 116, 128, 221, 224, 261 ; II, 17, 357, 360, 392 ; III, 69, 120, 182.
Boullière (la). II, 372.
Boullonnière (la). II, 255.
Boulogne (comte de). Voir Philippe le Hardi.
Boulogne, Bouloigne (la maison de). IV, 190.
Bouquot, libraire. IV, 223.
Bourassé (l'abbé). III, 16.
Bourbon, Bourbonnais (le duc de). III, 193, 248, 268, 284, 285, 318, 320, 321, 360. — (la duchesse de). III, 357. Voir Beaujeu (Anne de).
Bourbon (Antoine de), roi de Navarre, IV, 258.
Bourbon (Archambaud de), Archembaldus de Borbon. I, 190, 223.
Bourbon (Catherine de), sœur d'Henri IV. IV, 337, 340, 381.
Bourbon (Charles de), comte de Vendôme. III, 165.
Bourbon (Charles de), archevêque de Lyon. III, 267.
Bourbon (Charles, bâtard de). III, 366, 387.
Bourbon (Éléonore de), fille de Jacques II, duchesse de Nemours. III, 56.
Bourbon (François de), fils de Jean II. III, 16, 347.
Bourbon (Jacques II de), comte de la Marche et de Castres. III, 56.
Bourbon (Jean II de), fils de Louis de Bourbon et de Jeanne de Laval, comte de Vendôme. III, 16, 127, 254.
Bourbon (Louis de), comte de Vendôme et de Castres, sire d'Épernon, Mondoubleau, le Theil, Préaux et Rémalard, mari de Blanche de Roucy et de Jeanne de Laval. III, 16, 49-69, 71, 77, 79, 91, 93, 124, 127 ; V, 72-76.
Bourbon (Louis de), évêque du Mans. IV, 59, 64.
Bourbon (Louis de). III, 304.
Bourbon (Louise de), femme d'André de Chauvigny. III, 17.
Bourbon (Marguerite de), femme de Jean II de Sully-sur-Loire. II, 182.
Bourbon (Nicolas), l'ancien. IV, 163, 222-224.
Bourbon (Nicolas), le jeune. IV, 223.
Bourbon-Busset (Philippe de). IV, 189.
Bourbon (Pierre, duc de). III, 354.
Bourcaney. IV, 367.
Bourdigné. IV, 68.
Bourdoisière (M. de la). IV, 253.
Bourdon (Jehan), prêtre. II, 385.
Bourg-aux-Moines (le). IV, 171.
Bourg-Beaudoin, seigneurie. IV, 164.
Bourg-d'Iré (le). IV, 413.
Bourgeois (Emile). I, 16.
Bourges. III, 75, 213. — (archevêque de). Voir Guillelmus. — (Saint-Sulpice de). IV, 189.
Bourg-Hersent, Burgus Hersent, Burgus Hersendis. I, 10, 69, 127, 156, 157.
Bourgneuf, Bourc neuf (le). II, 397, 399 ; III, 110, 302, 303.
Bourgneuf, capitaine. IV, 352.
Bourgnouvel, Bourg Nouvel, Bourc Nouvel, Bour Nouvel, Bournouvel. I, 179 ; II, 132, 214, 220, 257, 292, 297 ; III, 25, 66, 154, 162 ; IV, 390 ; V, 45, 58.
Bourgogne (la). I, 190, 266 ; II, 108, 150, 241 ; III, 226, 265, 296 ; IV, 8, 48. — (le duc de). II, 305, 328, 329, 333, 360, 361, 377, 395 ; III, 49, 72, 142, 166, 263. Voir Philippe le Hardi. Voir Correct., V, 130.
Bourgogne (M. Geslin de). I, 284 ; III, 320 ; V, 127.
Bourgomer, en Bourgogne. II, 150.
Bourgon. III, 154 ; IV, 304. — (seigneur de). Voir Montécler (René de).

Bourgouzeau. IV, 250.
Bourgueil. II, 255, 256; V, 58. — (Saint-Germain de). V, 114. — (Saint-Pierre de). III, 299.
Bourguignonne, prieuré d'Avénières. I, 56, 57, 60, 76.
Bourguignons (les). III, 296.
Bourjolly. I, 9-12, 14, 32, 35, 40, 44, 61, 83, 102, 103, 133, 135, 138, 156, 200, 214, 243; II, 13, 34, 212, 222, 279, 306, 314, 395, 401; III, 28, 37, 42, 119, 202, 232, 273; IV, 105, 109, 164, 228, 249, 254, 255, 301, 319, 324, 326, 332, 333, 335, 350, 370.
Bourmant. V, 80.
Bourmol. IV, 378.
Bournan (Louis de), seigneur du Coudrai-sur-Suille. V, 96.
Bourré (Charles). III, 344; IV, 87, 88.
Bourré (Jean), seigneur du Plessis-Bourré, M. du Plessis-Bourré. III, 206, 256, 268, 269, 282, 283, 303, 343, 344, 347, 381; IV, 87; V, 100, 101.
Bourré (René), seigneur de Jarzé. III, 381.
Bourrel. Voir Burrel.
Bourrichon (P.). II, 222.
Bourrienne (le carrefour de), à Vitré, Borriana. I, 125; II, 160.
Bourse. Voir Comburniacus.
Bourtaz, métairie. II, 192.
Boussac (Georges de), et non de la Bonezac. II, 385; V, 120.
Boussac (le maréchal de). III, 76, 79.
Boussac (le sire de). III, 248.
Boutaric. II, 52, 53, 73, 129, 133, 147, 148, 154; V, 30.
Bouté (le bois du). IV, 165.
Boute-Avant (Adam). II, 226.
Bouteiller (Jean Le), seigneur de Maupertuis. III, 357.
Bouteillers de Senlis (les). II, 331.
Boutelllier (Jehan le). II, 307, 309, 321.
Boutteville (Louis de), seigneur du Faouet. IV, 90.
Bouvet (Robert). II, 359.
Bouvier (Gilles Le), dit Berri. III, 12.
Bouvines. I, 183, 186, 187.
Boves. III, 388. — (baron de). Voir Proisy (Jean de).
Bovet (Hubertus). I, 68.
Bovus (Mainardus). I, 71.
Boy Geffroy (le). III, 145.
Boytel (filius). I, 169.
Boyteux (Jean Le). IV, 304.
Boyvèle (la croix). II, 16.
Boz. Voir Bor.
Brabant (duc de). Voir Philippe le Hardi.
Brabant (Jean de). II, 56.
Brachebel. I, 84.
Brachy. II, 324.
Braellum. I, 59. Voir Bréal.
Braham (Georgius). II, 264.
Brai (Hamelinus de), filius Odrici. I, 49.
Brai (Odricus de). I, 49.
Brain-sur-l'Authion. III, 158; IV, 260. — (le seigneur de). III, 158. Voir Laval (Pierre de).
Braine (Jeanne de), Jehanne de Brênes, de Benes, comtesse de Roucy et dame de Puisoye. II, 140-144.
Branche (la haie de la). II, 156.
Brandeau (Jean), abbé d'Évron. III, 48.
Brandebourg (le marquis de). IV, 286.
Brandois, seigneurie. II, 306.
Branheu, au Maine. III, 179.
Braseulx (M. de). Voir Karnazet.
Bré (Guillaume de). Voir Brée (Guillaume de).
Bréal, Breallum. I, 176, 202, 237; IV, 30, 39; V, 7. Voir Braellum, Breal (Brolium de).
Bréal (la chapelle de). I, 65.
Bréal-le-Viel (le prieur de). III, 155.
Bréal (Brolium de), le Breil de Brieul. I, 176; V, 20.

Bréart (Michel). IV, 84.
Bréat. IV, 50.
Brécélien (la forêt de), Brécélian, Brécélion, Brésilien. III, 59, 85, 174 ; IV, 30, 400.
Brécourt (Jehan de). II, 205.
Brechardum (poncellum, grangia de). I, 149.
Brée. I, 266 ; II, 47, 274. — (seigneur de). Voir Laval (François, Jean, Mathieu, Thibaud I de).
Brée, Breio (Gervasius de). I, 150, 226, 227 ; V, 10.
Brée, Bré (Guillaume de). II, 371 ; III, 25.
Brée (Jean de). III, 37.
Brée (Lancelot de), seigneur de Fouilloux. IV, 234, 262, 267, 285, 300. Voir *Province du Maine*, XI, 25.
Brée (Macé de). III, 37.
Brée (Robert de), Robertus de Breio. I, 152, 158, 177 ; V, 16, 20.
Breichet. Voir Béchet.
Breil (dame du). Voir Hayes (Claude des).
Breil (Jehan de). III, 51.
Breil (du). IV, 355.
Breil de Brieul (le), B[illegible]um de Bréal. I, 176 ; V, 20
Breil de Jusseaume [illegible]um Jouceaume, Brolet Goscelini, nemus Gosellini. I, 63, 64, 176 ; V, 20.
Breill (Guillaume du). II, 354.
Breill (Pierres du). II, 353.
Breillo (Guillelmus de), Willelmus de Brollo, de Brollo. I, 118, 120, 125, 149.
Brenes. Voir Braine.
Brenne (comte de). Voir Marck (Henry de la).
Bréquigné (seigneur de). Voir Désers (Louis des).
Bréquigny (Meneust de). Voir Meneust de Bréquigny,
Breslay (Jehan). III, 169.
Breslay (René), sénéchal de Beaufort. III, 204.
Bressant, fief. III, 387.
Bresse (la). IV, 137.
Bressuire. IV, 40, 42, 43, 208, 249, 256, 291, 318, 320. — (seigneur, baron de). Voir Laval (Gilles I, Gilles II, Guy, Pierre de).
Brest. II, 278 ; IV, 70.
Bresteau (la vicomté de). V, 114. — (vicomte de). Voir Laval (Jean, Urbain de).
Bresve. Voir Breves.
Bret (Robert Le), juge de Laval. IV, 249.
Bretagne (la), Britannia. I, 8, 108, 123, 128, 161, 162, 198, 218, 219, 227, 229-231, 237, 246, 271, 292, 295, 300, 305 ; II, 7, 96, 103, 140, 151, 152, 164, 176, 177, 220, 238, 239, 249, 253, 266, 274, 278, 304, 306-309, 312, 313, 335, 340, 366, 368, 377, 382, 383, 390, 392, 394 ; III, 21-23, 27, 39, 41, 47, 50, 51, 53, 54, 59, 63, 93, 109, 116, 126, 141, 167, 169, 170, 180, 184, 203, 214, 216, 217, 220, 221, 223-227, 237, 243, 255, 259, 230, 267, 271, 276, 283, 293, 294, 311, 325, 326, 336, 342, 351-353, 355, 357, 372, 379, 381 ; IV, 13, 14, 26-32, 37, 43, 49, 51, 54-60, 67-72, 75, 78-80, 86-92, 98, 113-120, 123, 136, 140-143, 149-152, 164, 166, 168, 190, 195, 196, 214-218, 223, 233, 252-256, 261, 264, 270-272, 281, 282, 285, 287, 291, 293, 298, 299, 311, 312, 326-328, 345-348, 351-355, 359, 361, 366, 370, 375, 386, 401 ; V, 18, 23, 36, 73-75, 83, 119, 120.
Bretagne-Gallon (le pays de). V, 74, 75.
Bretagne (comtes, ducs de). I, 8, 20, 21, 24, 25, 104, 224, 253, 273, 295, 297, 299, 305 ; II, 19, 20, 98, 99, 149, 150, 213, 298, 368, 380 ; III, 22, 63, 64, 108. Voir Alain III, Conan II, Conan III, Conan IV, Dreux (Pierre de), France (François de), Henri II, roi de France,

Thouars (Guy I de). — (comtesses, duchesses de). I, 154, 179, 299; II, 334, 374; III, 43, 253. Voir Amboise (Françoise d'), Ermengarde, France (Jeanne de), Navarre (Jeanne de), Penthièvre (Jeanne de), Thouars (Alix de).

Bretagne (la maison de). I, 202, 300, 313; II, 176, 228; III, 185, 198, 215, 219-222.

Bretagne (Adèle de), abbesse de Saint-Georges de Rennes. I, 280.

Bretagne (Alix de). I, 178, 179.

Bretagne (Alix, duchesse de). Voir Thouars (Alix de).

Bretagne (Anne de), femme de Charles VIII et de Louis XII. III, 224-228, 354, 355, 366, 370, 372, 375, 380; IV, 8, 9, 18, 27, 29, 30, 34-36, 38, 43.

Bretagne (Arthur I de), Arturus, filius ducisse Constancie. I, 131, 154, 155, 161, 200, 289, 292; V, 10.

Bretagne (Arthur II de). II, 132, 175, 302.

Bretagne (Arthur III de), duc de Bretagne, comte de Richemont, connétable de France. III, 22, 43, 44, 183, 236; V, 130.

Bretagne (Béatrix de), fille du duc Arthur et de la reine d'Écosse, femme de Guy X de Laval. II, 173-178, 180, 211, 227, 228, 240, 241, 253, 254, 260, 266, 302; V, 35, 128.

Bretagne (Catherine de), veuve du prince d'Orange. III, 310.

Bretagne (Catherine de). Voir Thouars (Catherine de).

Bretagne (Charles, duc de). Voir Blois (Charles de).

Bretagne (Constance de), duchesse de Bretagne et comtesse de Richemont. I, 146, 150, 154, 155, 178, 179, 292, 294, 297, 299; III, 174, 175; V, 10, 11.

Bretagne (Eudes de), comte de Bretagne. I, 104.

Bretagne (François I de), duc de Bretagne, comte de Montfort et de Richemont. III, 22, 85-87, 99, 112, 116-119, 122-125, 130, 131, 144, 170, 215, 219-225, 228, 229, 236, 242, 325, 328; V, 83, 89, 130. Voir les Corrections, V, 130.

Bretagne (François II de), duc de Bretagne, comte de Montfort, de Richemont, d'Étampes et de Vertus. III, 22, 184, 188, 195, 196, 203, 210, 224, 225, 228, 236, 238, 241, 254, 255, 267, 274, 275, 283, 291, 301, 312, 314-316, 319, 322, 340, 349, 355; V, 93, 130. Voir les Corrections, V, 130.

Bretagne (François de), baron d'Avaugour. IV, 116.

Bretagne (Geoffroy I de), duc de Bretagne. I, 7, 273.

Bretagne (Geoffroy II de), Gaufridus, dux Britannie et comes Richemundie. I, 123, 128, 129.

Bretagne (Gilles de), fils de Jean V, premier mari de Françoise de Dinan, seigneur de Châteaubriant, de Montaillant et de Beaumanoir. III, 119, 120, 12?, 131, 218-223, 328, 342, 388; V, 80, 82-90.

Bretagne (Isabeau de). Voir Brosse (Isabeau de).

Bretagne (Isabelle de), fille de Jean V, première femme de Guy XIV de Laval. I, xi; III, 31, 48, 83, 86, 87, 95, 99, 111, 112, 119, 121, 122, 133, 136, 141, 159, 160, 163, 167, 212, 214-218, 228, 230, 291, 294, 325; IV, 6; V, 65-72, 76-78, 90.

Bretagne (Isabelle de), fille de François II. III, 224, 225.

Bretagne (Jean I de), Jean le Roux, duc de Bretagne, fils de Pierre de Dreux, Johannes, dux Britannie, comes Richemontis. I, 219, 228, 229, 231-233, 235, 238, 256, 257, 261, 300, 314; II, 174.

Bretagne (Jean II de). II, 119 [lire *Jean III*], 129; V, 128.
Bretagne (Jean III de), duc de Bretagne, vicomte de Limoges. II, 104, 107, 119 [lire *Jean III*], 151-153, 176, 177; V, 127, 128.
Bretagne (Jean IV de), alias Jean de Montfort, frère et successeur du précédent, duc de Bretagne, comte de Richemont et de Montfort. II, 176, 177, 213, 214, 230, 239, 260, 266, 297, 299-301, 305, 327, 331-335, 345-359, 376; III, 95, 229; V, 37.
Bretagne (Jean V de), alias Jean de Montfort, fils du précédent, duc de Bretagne, comte de Richemont et de Montfort. II, 239, 265, 375, 377, 385, 388, 392, 395, 396; III, 3, 13, 15, 19, 21, 22, 28, 30, 31, 37, 38, 42-45, 69, 71, 72, 74, 81, 83-89, 92, 94-96, 98-100, 102, 107, 109-121, 144, 212, 214, 215, 228, 229, 235, 291, 294, 331, 333, 334, 388; V, 65-71, 76-80, 130. Voir les Corrections, V, 130.
Bretagne (Jean de), comte de Penthièvre. Voir Penthièvre (Jean de).
Bretagne (Jean de), duc d'Étampes. IV, 254, 261, 281.
Bretagne (la duchesse Jeanne de). II, 330, 361.
Bretagne (Jeanne, duchesse de). Voir Penthièvre (Jeanne de).
Bretagne-Penthièvre (Jeanne de), femme de René I de Laval-Loué. IV, 116, 208, 261.
Bretagne (Marguerite de), fille de François I de Bretagne, femme de Richard de Bretagne, comte d'Étampes. III, 170.
Bretagne (Marguerite de), fille de Jean IV, femme d'Alain IX de Rohan. III, 229.
Bretagne (Marguerite de), fille aînée de Jean V et de Jeanne de France, fiancée de Guy XIV de Laval. III, 21, 38, 43, 214, 216.
Bretagne (Marie de), femme de Jean d'Alençon. III, 214.
Bretagne (Marie de), femme de Jean II de Rohan. III, 225.
Bretagne (Marie de), femme de Louis I d'Anjou. III, 232.
Bretagne (Marie de), religieuse à Poissy. V, 35.
Bretagne (Pierre II de), duc de Bretagne, comte de Monfort et de Richemont. III, 95, 119, 131, 132, 134, 141, 144-157, 159, 160, 163, 165-167, 169, 170, 172, 175, 178, 193, 203, 223; V, 82-90, 93, 130. Voir les Corrections, V, 130.
Bretagne (Richard de), comte d'Étampes, mari de Marguerite de Bretagne. III, 15, 39, 112, 142, 170, 214, 228.
Bretagne (Yolande de), fille de Pierre de Dreux, Yolendis, filia Petri, comitis Britannie. I, 219.
Bretagne (l'amiral de). III, 236, 237. Voir Amiral (l').
Bretagne, héraut d'armes. IV, 43.
Bretaigneules, moulin. II, 163.
Bretecha. I, 206.
Bretenellis (capella de). I, 160.
Bretesche (la). III, 74, 92, 94; IV, 214, 270.
Breteschés (Guillaume de). II, 73.
Bretevill (Guido de). V, 23.
Breton (Guy le). Voir Brito (Guido).
Breton (Jean Le). III, 92.
Breton (Jean), seigneur de Villandry, en Touraine. IV, 98.
Breton. IV, 122, 138.
Breton (Le). Voir Brito.
Breton de Nuillé (Guillaume Le), seigneur de Haute-Folle, dit le capitaine de la Barre. IV, 234, 283.
Bretons (les). Britones. I, 287, 292; II, 177, 297, 333, 375; III, 43, 44, 373; IV, 75.
Breva (W. de). V, 18.
Breves, Bresve (le comte de). IV, 396.

Bréviaire en Iveline, Brevières. II, 50, 51, 70, 291. — (seigneur de). Voir Beaumont (Guillaume de).
Brewer. Voir Briwère.
Brezé (Pierre II de), comte d'Évreux et de Maulevrier. III, 125.
Brezé (Pierre de). III, 203.
Briançonnais (le). III, 307.
Briant. V, 7.
Briante. Voir Briente.
Bricard. III, 381.
Brichessac. Voir Brissac.
Bricotte, capitaine. IV, 304.
Bricquebec. II, 115, 182. — (seigneur de). Voir Bertran (Robert).
Bricqueville, Briqueville (Roger de). III, 95, 125.
Brie (la). II, 389; III, 168, 280; IV, 196.
Brielle, Brielles, I, 250; II, 30; V, 16. — (prieur de). Voir Foucre (Jean).
Briellis (cheminum de). I, 237.
Brienne. V, 71, 130. — (comte de). III, 81, 88. Voir Laval (Gilles de).
Brienne (Érard de). I, 207.
Brienne (Jean de), roi de Jérusalem. II, 41, 61, 71-73.
Brienne (Jeanne de), femme de Mathieu III de Montmorency. I, 257.
Brienne (Louis de). Voir Beaumont (Louis de Brienne, vicomte de).
Briente, Briante, Bryante (M. de). IV, 61, 62, 64, 66.
Brientius, pater Alani. V, 9.
Brientius, testis. I, 166.
Brietel (Hugo de). I, 86.
Brieul (le Breil de), Brolium de Breal. I, 176; V, 20.
Brillays (Thomas). II, 222.
Brillet (François), évêque de Rennes. III, 325.
Brillet (Guillaume), évêque de Rennes. III, 94.
Brillon. IV, 256.
Brion-en-Vallée. II, 334; III, 50, 51; V, 73.
Brion, Brionnoys (le bois de). II, 359, 360.
Briord, près de Nantes. III, 354.
Briou (Guillemet). III, 102.
Briquet, notaire. IV, 404.
Briqueville. Voir Bricqueville.
Briscia (Guarinus de). I, 23.
Brisetesto (Rogier). II, 190, 194.
Brisoc (Hugo, canonicus de). I, 151.
Brissac, Brichessac, Brochesac, Brachesac (le sieur de). III, 282. — (seigneur de). Voir Chemillé (Pierre de).
Brissac (le maréchal de). IV, 330, 394, 396.
Brissent. III, 94.
Britannus (Guselinus, Guielinus). I, 41.
Brito (A. et Al.). I, 173.
Brito (Alanus). I, 145, 158.
Brito. Aelardus de Briton, Alard le Breton. I, 295.
Brito (Guido), Guy le Breton. I, 126, 158, 160, 173, 175, 203, 205; V, 23.
Brito. Britto (Hugo). I, 39.
Brito (J.), clericus Hospitalis. I, 153.
Brito (Robertus). I, 145.
Brigo, Briton (Rogerus). I, 121, 122, 126, 141.
Brito (Willelmus). I, 110, 146.
Briton (Yvo). II, 263.
Britun (Roadus), V, 16.
Briwère (Guillaume), mari de Béatrix de Laval. I, 60, 140, 165; V, 18, 23.
Brizay (Jacques de). IV, 43.
Broc (la maison de). III, 184; IV, 404.
Broc (François de). IV, 404.
Broce (la). II, 167, 287.
Broce (les seigneurs de la). II, 287.
Broce, Brouce (Johenne de la). II, 158-160, 208.
Broce (Raoul de la). II, 167, 168.
Brochard (Hugo). I, 177.
Brochard (Johannes). I, 129.
Brochereul (Robert). II, 350, 393; III, 27, 28.

Broerech (le sénéchal de). II, 332, 350. L'orthographe Bouërec est fautive. Voir V, 120.
Broesselle (drap de). III, 117.
Brohun. I, 121, 122. Voir Broon.
Broise (M. de). IV, 400.
Broissin (Guillaume). III, 107.
Broissin (Jean). III, 100-103.
Broissin (Pierre). II, 319.
Brolet Goscelini. Voir Breil de Jusseaume.
Brolium de Breal. Voir Breil de Brieul.
Brolium Jouceaume. Voir Breil de Jusseaume.
Brollio, Brollo, Breillo (Guillelmus, Willelmus de). I, 118, 120, 125, 149.
Broon, Broons. I, 117, 119, 121, 122, 141, 147. Voir Brohun. — (une fille de). IV, 15. — (seigneur de). Voir Villeblanche (Pierre de).
Brosse (vicomte de). Voir Chauvigny (Guy de).
Brosse (Isabeau de), alias Isabeau de Bretagne, troisième femme de Jean de Rieux, mère de Claude de Rieux. IV, 17, 56, 229.
Brosse (Jean II de), comte de Penthièvre. III, 237, 251.
Brosse (Jean III de), sire de Laigle et comte de Penthièvre, mari de Louise de Laval. III, 237, 254, 255, 257.
Brosse (La), capitaine. IV, 304.
Brosses (seigneur des). Voir Olivier (Charles).
Brosset, page. IV, 304.
Brossinière (la bataille de la). III, 6, 20,
Brotonne (la forêt de). III, 257.
Brou (M. de). IV, 153, 154, 160.
Brouassin (Jean de). III, 28.
Brouderia, Bunderia. I, 117, 119.
Broyes (Hugues de). III, 282.
Bruc. III, 261.
Bruc (Jean de), évêque de Tréguier. V, 67.
Bruerota. I, 99.
Bruges. II, 265, 282; III, 196, 199, 331; V, 92.
Brulart. V, 124.
Brulatte (la). I, 206.
Brullon (Yves), procureur de Rennes. IV, 32.
Brûlon, IV, 11, 79.
Brun (Aymericus dictus). II, 155.
Bruneau (Robin). II, 281.
Bruneau de Tartifume. I, 81.
Brunet (Jean). II, 331.
Brunlaia (ecclesia de). I, 85.
Brus (Ricardus de). I, 85.
Bruxelles. IV, 241.
Bruyère (seigneur de la). Voir Quatrebarbes (Jean de).
Bruyères (les). IV, 164.
Bruyères (les Hautes-), couvent dépendant de Fontevraud. II, 37, 52, 64.
Bryante. Voir Briente.
Buccellus (Hugo). I, 42.
Bucerius (Gaufridus), sacerdos. I, 118.
Bueil (Christophe de), sieur du Bois. IV, 57.
Bueil (Edmond de), mari de Françoise de Laval. IV, 42, 43.
Bueil (Hardouin de), évêque d'Angers. III, 45.
Bueil (Jacqueline de), dame de Moret. IV, 376.
Bueil (Jacques de), comte de Sancerre, baron de Châteaux et de Vaujours. IV, 135.
Bueil (Jean V de), seigneur de Château-l'Hermitage, amiral de France. III, 9, 176.
Bueil (Louis de), fils d'Edmond de Bueil et de Françoise de Laval. IV, 42, 43.
Bueil (Louis de). III, 278.
Bueil (M. de), sénéchal d'Anjou. II, 359.
Bueil (le sire de). III, 73, 278.
Bufet (Guillelmus). I, 159.
Bugno, Bulno. Voir Bignon.

Buignart (Estienne). II, 359.
Buignon. V, 72.
Buisson (Babin), Babenus Buissun, sénéchal de Vitré, Babin, Babinus Buissun, Busse. I, 108, 250, 256, 285 ; V, 28, 30.
Buisson. Voir Busson.
Bunardus, Bunart (Herveus). I, 169.
Bunderia, Brouderia. I, 117, 119.
Burceyo (le bois de) (Yonne). I, 265.
Burcy, fief. III, 188.
Burdelot (Jacques), vicomte d'Avranches. III, 280.
Bureau (Jaspar), maître de l'artillerie. III, 132.
Burel (Huris). I, 113.
Bures. I, 161, 162.
Buret (le). I, 205 ; II, 334. Lire *Beaumont-Pied-de-Bœuf* au lieu de *Buret*. Voir V, 126, 129.
Burgensis (filia Grossi). I, 169.
Burgon (Andreas de). I, 150.
Buriana. I, 233.
Burnouff. II, 282.
Buron (le), métairie. I, 267 ; IV, 213.
Buron (le), moulin. II, 290.
Burrel, Bourrel (Roland). II, 130-132.
Burrelière, Barrelière (Breton de la). I, 269, 270.
Busanval (M. de). IV, 304.
Busson, Buisson (Robert). II, 304, 315, 362.
Bussu (seigneur de). Voir Laval (Jean de).
Bussu (Arthus de), seigneur d'Aveluys. IV, 77.
Bussu (Marie de), femme de René II de Laval-la-Faigne. IV, 59, 72, 75, 77, 261.
Bussy (seigneur de). Voir Chandio (Claude de).
Buston, paroisse de Saint-Germain de Bourgueil. V, 114.
Butz (seigneur de). Voir Ciriers (René de).
Buxeria. Voir Boissière (la).
Buynart (Gilet). II, 388.
Buzay. II, 109, 377, 390.
Bygot (Jorginus le). II, 222.

C

Cadel (Jehan). II, 274.
Cadillac. IV, 317
Cadomi (abbas). Voir Samso.
Cador (Jacques), chapelain de Saint-Martin. IV, 318.
Cadurcis. Voir Chources.
Caen. II, 177 ; III, 132, 133, 158, 175, 185, 210, 263, 285 ; IV, 327. — (le bailli de). II, 120, 122.
Cahaignolles. II, 56.
Cahan (ballivus de). Voir Sulmerius.
Cahorem (Gervasius). I, 175.
Calabre (duc de). Voir Aragon (Ferdinand d').
Calais. II, 397.
Caletot (Jeanne de), deuxième femme de Guillaume II de Rochefort. II, 48.
Caleville (Guillaume de). II, 311.
Callouet (Jehan), chantre de Cornouaille. IV, 32.
Calna (ecclesia de). I, 85.
Calonius. IV, 60.
Caltorna (ecclesia de). I, 85.
Calvin. IV, 257-260, 262, 279.
Calvus (Guarinus). I, 28.
Calvus (Rainaldus). I, 28.
Cambrai. II, 56 ; IV, 355, 356.
Cambreio (Robertus de). I, 159.
Camerarius (Bricius). I, 200.
Camerarius. IV, 260.
Caminade (le sieur). IV, 394.
Camma (Thomas de), clericus. I, 161.
Camors. III, 126, 127.
Campellis (Ascel de). I, 162.
Campellis (Garinus de). I, 120, 147, 162.

Campellis (Haois de). I, 162.
Campellis, Capella (Henricus de). I, 109, 117, 118.
Campellis (Herveus de). I, 120, 147, 162.
Campellis (Johannes de). I, 109, 117-120, 145, 147.
Campellis (Johannes, dominus de). II, 262.
Campellis, Capella (Odo de). I, 109, 117, 118, 144.
Campellis (Robertus de), filius Johannis. I, 120, 147, 162.
Campellis (Robertus de), filius Willelmi. I, 162.
Campellis (Ruellonus de). I, 115, 120, 162.
Campellis (Thehel de). I, 162.
Campellis (Theobaudus de). I, 109.
Campellis (Willelmus de). I, 120, 147, 162.
Campellis (capellanus de). I, 120. Voir Gaufridus.
Campellis. Voir Champeaux.
Campo (Bodonis), testis. I, 24.
Campo (grangia de). I, 150.
Campo Florido (molendinus de). I, 121, 125, 141, 147.
Campus Dolenti. I, 225.
Campus Hervelin. I, 172.
Camus (Hébert). V, 43, 44, 55.
Camus (Nicolas Le), notaire. IV, 370.
Camuz (Le), laquais. IV, 304.
Canard (Jehan). III, 313.
Candalle (la dame de). IV, 187.
Candé. I, 173; II, 33, 296; III, 120, 131, 132, 387; IV, 39, 118, 223; V, 80, 91. — (dame de). Voir Aumou, Dinan (Françoise de). — (seigneur de). Voir Laval (Jean de).
Candé (Foulques de). I, 78.
Canis (Eudo). I, 170.
Cannes (le prieur de). V, 17.
Cantirieulx (Jehan). IV, 83.
Cantirieulx (Pierre). IV, 84.
Canzillon, en Bretagne. III, 50, 52. Voir Cauzillon.
Caours (Raoul Le). II, 249.
Cap (le pré du). II, 187.
Capella (Herbertus de). I, 99.
Capella (Villelmus de), famulus. I, 102.
Capella (de). Voir Campellis (de).
Capellanus (Radulfus). I, 123.
Capellanus (Raginaldus). I, 144.
Capétiens (les). I, 2.
Cappel, avocat. IV, 153.
Cappella (Johannes de). V, 20.
Capraria, uxor Lisiardi de Sablolio. I, 83.
Caraleux (Plantard de). III, 386.
Carbay. V, 7, 11.
Carbay (dom de). I, 276.
Carbonnel (Henri). III, 110.
Carbonnel (Jean). V, 91.
Carboste, écuyer. IV, 187.
Carcassonne. III, 252, 259.
Cardinal (M. le). IV, 150.
Carette, Karète (Adenet). II, 158-160.
Carins (Herbert). II, 369.
Carlat (vicomtesse de). Voir Beaujeu (Anne de).
Carmaing (le comte de). IV, 187.
Carmel ou Cormel (Jean-Gaspard), surnommé Fleury, ministre protestant. IV, 270.
Carmélites (les). III, 274.
Carmeta. I, 297.
Carné (François de). IV, 119.
Carné (Rolland de). III, 114.
Carné (Sylvestre de), capitaine de Chateaubriant. III, 131.
Carné. IV, 345, 346, 348, 351, 355.
Carré, cuisinier. IV, 304.
Carré de Busserolle. I, 163, 285; II, 44, 47; IV, 105, 188, 197, 226.
Carrière. IV, 57.
Carrières (les), près de Charenton. IV, 46, 53.
Carte (Jehan), prêtre. II, 294.
Caserte (le comté de). II, 38, 39, 54, 62, 63. — (comte de). Voir Beaumont (Guillaume de), Laval (Guy XV de).

Casper (heres de). I, 106.
Cassel. IV, 262. — (la dame de). II, 166. Voir Flandre (Yolande de).
Castarie (évêque de). Voir Laval (François de).
Casteaus. I, 141.
Castelburch. I, 107.
Castelbure. I, 148.
Castelford (molendini de). I, 85.
Castelnave (Baptiste de), dit Laval. IV, 214.
Castle-Howard. III, 244 ; IV, 19.
Castres (le comté de). III, 56. — (comte de). Voir Bourbon (Jacques II et Louis de).
Castri Celsi (terra). I, 228.
Catherine, reine de Navarre. Voir Foix (Catherine de).
Caufer (le port de). IV, 70.
Causillon. Voir Cauzillon.
Cauvin (Thomas). II, 49, 122 ; III, 21.
Caux (Guillaume et Raoul Le). III, 71.
Cauzillon, Causillon, Queuzillon. V, 73-75. Voir Canzillon.
Cavallonius, testis. I, 83.
Cécile, Secilia, Sicilia, femme de Guy II-III de Laval. I, IX, X, 52, 54, 56, 58-60, 71, 72, 74, 76, 77.
Cécile, femme d'Hervé de Vitré. I, 38.
Cecile (la). Voir Sicile (la).
Cecilia, filia Galteri Andegavensis. II, 78.
Ceiche (parrochia de). II, 78. Seiches (Maine-et-Loire).
Cely (le seigneur, le président de). IV, 204. Voir Thou (Christophe de).
Cenpays (le général). IV, 73.
Centigny (seigneur de). Voir Courtin (Colin).
Cérisay, Cериset. I, 63, 64.
Cerisay (Guillaume de). III, 258, 259.
Cérisy (l'abbaye de). I, 142.
Cerizolle (seigneur de). Voir Royer.
Cervoy (Thomas de). II, 329.
Cestria, Chester. I, 119 ; V. 12. — (comes de). Voir Ranulphus. — (constabularius de). I, 165. Voir J., Lacy (R. de). — (episcopus de), Cestrensis, Cicerstrensis (episcopus). I, 119. Voir R., Robertus.
Cestriaeschira. I, 85. Le Chestershire.
Chabannes (le moulin de). III, 299.
Chabannes (la maison de). III, 187, 202, 211, 252, 253, 256, 260, 263, 268, 277, 280, 357 ; V, 80.
Chabannes (Antoine de), comte de Dammartin, grand-maître de France. III, 202, 211, 252, 253, 256, 260, 268, 277, 278, 319, 334-336, 363 ; V. 80.
Chabannes (Gilbert de). III, 357.
Chabor (Martinus). I, 226.
Chabot (la maison de). III, 109.
Chabot (Eustachie), dite Eustachie de Retz, femme d'André II de Vitré. I, 291, 294, 296, 297, 299 ; V, 12, 21-23, 127.
Chabot (Eustachie), dite Eustachie de Retz, fille de Girard Chabot II et d'Emma de Château-Gontier, femme de Jean de Coché. I, 313 ; II, 63, 110, 111.
Chabot I (Girard), seigneur de Retz. II, 109.
Chabot II (Girard), fils du précédent, mari d'Emma de Château-Gontier et de Jeanne de Craon, seigneur de Retz. I, 195, 313 ; II, 17, 63, 70, 109, 110.
Chabot III (Girard), fils du précédent et de Jeanne de Craon, époux de Marie l'Archevêque de Parthenay, seigneur de Retz et de Machecoul. Giraldus Chabot, dominus Radesiarum. II, 73, 109, 110, 114, 148-150, 226, 375.
Chabot (Girard), fils du précédent, mari de Catherine de Laval, mort avant son père, sans avoir été

seigneur de Retz. II, 109, 110, 114, 115, 148-150; V, 128.
Chabot IV (Girard), fils du précédent, mari de Philippe Bertran, seigneur de Retz et de Machecoul. II, 109, 110, 115, 250, 378; V, 128.
Chabot V (Girard), fils du précédent, seigneur de Retz. II, 115, 116, 253, 260, 274.
Chabot (Isabeau), fille de Girard Chabot II. I, 313; II, 70.
Chabot (Jacques). IV, 395.
Chabot (Jeanne), alias Jeanne la Folle, fille de Girard Chabot III et de Marie l'Archevêque, femme de Jean de la Muce Ponthus et de Foulques de Laval. II, 108-110, 115, 360, 361, 374-376, 378, 380.
Chabot (Jeanne), alias Jeanne la Sage, fille de Girard Chabot IV et de Philippe Bertran; dame de Retz. II, 110, 111, 113, 115, 116, 334, 361, 377, 378, 381, 382, 388, 389, 392.
Chabot (Marie), femme d'Urbain Gillier. IV, 318.
Chabot (Simon). II, 226.
Chacé (Maine-et-Loire). IV, 142.
Chafelaer (Hauscoente). II, 189.
Chagny. III, 263.
Chahanay (Jean de), seigneur de Chéronne. IV, 303.
Chaillant. II, 371.
Chailleney. II, 192.
Chaillou des Barres (le baron). IV, 281.
Chaise-le-Vicomte (l'abbaye de la). I, 127.
Chalais (le sieur de). IV, 394.
Chalet (Hilaire de), trésorier de Notre-Dame de Vitré. III, 385.
Challain. IV, 250.
Challet (Jehan de). III, 372, 373, 375.
Challoyau. II, 260.
Chaloché. I, 258. — (l'abbaye de), Calociacus. V, 16.
Chalon (Jean de), prince d'Orange, comte de Tonnerre et seigneur d'Arlay. III, 310, 373, 374, 387.
Chalon (René de), prince d'Orange. IV, 241.
Chalonnes-sur-Loire. III, 45, 282.
Chalopin (Johannes). I, 112.
Chalons-sur-Marne. III, 205-207, 213, 256.
Chalumie (Gofridus de la). II, 264.
Chalus. V, 12.
Chamaillart (Guillaume), sire d'Anthenaise. II, 211, 262, 350.
Chamaillart (Marie), femme de Pierre II d'Alençon, vicomtesse de Beaumont. II, 245.
Chamaillart (Maurice). II, 201, 212.
Chamaillart (Perrotus). II, 263.
Chamaillart (Simon), seigneur d'Anthenaise. II, 303.
Chamars (Odo de), monachus. I, 65.
Chambellan (le Mas). Voir Mas-Chambellan.
Chambelle (Guillelmus, Willelmus de). I, 153, 203.
Chambes (Charles de), fils de Philippe de Chambes et d'Anne de Laval. IV, 250.
Chambes (Philippe de), mari d'Anne de Laval, seigneur de Montsoreau. IV, 104, 190, 191, 250.
Chambon. IV, 18, 186.
Chambon (Guillaume de). I, 146.
Chambord. IV, 216.
Chamellière (la). III, 271.
Champagne (la). II, 69, 175, 178, 260, 266; III, 14, 168, 203, 204, 207, 224, 263, 279; IV, 107, 200; V, 35, 93. — (le trésorier de). IV, 179.
Champagne (l'abbaye de). I, 140.
Champagne (la maison de). III, 17; V, 125.
Champagne (Anne de), femme de René de Laval. III, 17.
Champagne (Beaudouin de), sire de Tucé. III, 9.

Champagne (Blanche de). I, 207, 216.

Champagne (Brandelis de), gouverneur de Saumur (1484). III, 302, 311.

Champagne (Brandelis de), fils de Nicolas de Champagne et de Françoise de Laval, marquis de Villaines. IV, 332, 333.

Champagne (Jehan de). III, 149.

Champagne (Nicolas de), mari de Françoise de Laval-Lezay. IV, 333.

Champagné (la maison de). I, 265. — (une fille de). IV, 15.

Champagné (Gohier de). I, 265.

Champagne-Hommet (seigneur de). Voir Villiers (Jean de).

Champcervon, en Cotentin. II, 355. — (seigneur de). Voir Laval (Foulques de).

Champchevrier (Jehan de). III, 27.

Champdolé, fief. III, 170, 176, 187, 202.

Champeaux (Guillaume de). V, 80.

Champeaux (Robert de). II, 70.

Champeaux. Voir Campellis.

Champfestu (M. de). IV, 304.

Championn, Champ-Huon (Pierre de). IV, 336, 391.

Champigny-sur-Veude (Indre-et-Loire). III, 16.

Championnière (la). II, 255.

Champlest, seigneurie. IV, 221.

Champrousé, métairie. II, 134.

Chandio (Claude de), mari d'Anne de Laval, seigneur de Bussy. IV, 197.

Chaneverlis (Willelmus de), castellanus de Lavalle. I, 116.

Changé-lès-Laval. I, 164 ; II, 23, 27, 334 ; III, 49, 187.

Changé (prieur de). I, 151. Voir Gaufridus.

Changé (le logis de), à Laval. III, 187.

Chanteloup (Rainard de), Renardus, Renaldus, R. de Cantalupo. I, 72, 74, 153, 158.

Chantemerle (Anseaume de), évêque de Rennes. III, 44, 94.

Chanteprime (Katherine). V, 50-53.

Chantilly, Chanstyly. II, 115, 267, 278, 329, 331, 345 ; IV, 19, 86, 106, 110, 111, 128, 129, 141, 142, 145, 154, 161, 167, 200, 364, 388. — (seigneur de). Voir Laval (Bouchard, Guy II de), Montmorency (Guillaume de),

Chantilly (Guillaume de). II, 329.

Chantocé. I, 198 ; II, 388 ; III, 86, 109, 110, 213, 221. — (seigneur de). Voir Craon (Jean de), Laval (René de). — (dame de). Voir Dinan (Françoise de).

Chantocé (Arthur de), seigneur de Beauvoir. III, 385.

Chantoceaux. III, 43, 343.

Chanzé. III, 177, 201, 312.

Chanzé (la Roche de). Voir Roche-de-Chanzé.

Chanzeaux. V, 91. — (seigneur de). Voir Laval (Jean de).

Chaonne (Jeanne de). III, 82.

Chaorcinus, Chaorcim (Gervasius). I, 152 ; V, 19.

Chaourcin (Guillaume). II, 261.

Chapelais (Jean Le). III, 71.

Chapelle (Jean de la), seigneur de la Chapelle-Rainsouin. III, 7, 25, 67, 72, 76.

Chapelle (Jehan de la), écuyer. IV, 213.

Chapelle (Jeanne de la), femme de Pierre de Rohan. III, 228.

Chapelle (Mathurin de la), seigneur de la Roche. IV, 60.

Chapelle (Olivier de la), seigneur de Saint-Berthevin. III, 387.

Chapelle (Pierre de la). IV, 60.

Chapelle (Renée de la), femme de François Grimault. IV, 221, 249.

Chapelle (M. de la). III, 303.

Chapelle (Mlle de la). III, 79.

Chapelle-Achard (la). III, 26.

Chapelle-Anthenaise (la). II, 372.

Chapelle-au-Duc (la), près de Châteaubriant. IV, 87.
Chapelle-Gâtinel (dame de la). Voir Riboul (Jeanne).
Chapelle-Rainsouin (la). III, 76.
Chappée (M. Julien). III, 334 ; IV, 23, 24 ; V, 35, 74, 91, 96, 97, 101, 107, 109, 110, 112-115, 131.
Chappelaines. IV, 204.
Chappelle (de la), notaire. IV, 33.
Charavay (Étienne). IV, 242.
Charbonnel (René). IV, 302.
Chardon (Henri). IV, 13.
Charençat (Pierre). II, 197.
Charenton. II, 280 ; IV, 46, 53.
Charlemagne. I, 2, 3, 9.
Charles II, le Chauve. I. 16.
Charles IV, le Bel. II, 154, 155, 157.
Charles V, Karolus, rex Francorum, le dauphin Charles. II, 107, 239, 259, 266, 267, 274, 276, 285, 287, 292, 300.
Charles VI. II, 230, 314, 318, 319, 335, 345, 361, 375, 388, 390, 393 ; III, 30, 31, 45-48, 119, 333 ; V, 49-51, 55-58, 60-63.
Charles VII. II, 113, 400 ; III, 9, 12, 14, 21, 68, 69, 71, 75-82, 86-89, 121-127, 130-132, 141-143, 168, 171, 176, 178, 182-184, 187, 213-217, 286, 329 ; IV, 8, 9 ; V, 64, 65, 80, 92, 93.
Charles VIII. III, 224-227, 229, 304, 307-314, 316-324, 327, 334-336, 341-366, 369-382 ; IV, 8 ; V, 104, 105, 107.
Charles IX. IV, 234, 262-265, 267, 270, 273, 280, 282, 283, 285, 289-300.
Charles (le dauphin Charles). Voir Charles V.
Charles-Quint. IV, 60, 97, 99, 168.
Charnières (J. de). III, 162.
Charnay, en Poitou. II, 42.
Charnie (la forêt de). II, 71, 72.
Charnières (Suzanne de), femme de Gilles de Dampierre, dame de Beauvais. IV, 359.
Charon. II, 263.
Charonne, près de Paris. II, 108, 195.
Charpe (Johannes de). I, 200.
Charpillon. I, 36 ; III, 326.
Charrault, intendant de Guy XVIII. IV, 230.
Charron (Florimond Le). IV, 119.
Charron (Jehan). III, 70.
Charron. IV, 153.
Chartier (Jean). III, 329.
Chartre-sur-le-Loir (la), Chartra. I, 112, 131 ; V, 73.
Chartres. I, 268 ; II, 212, 259 ; IV, 320, 408. — (le comté de). I, 16. — (comte de). Voir Montmirail (Jean de). — (l'official de), Carnotensis officialis. I, 263, 268.
Chartreuse du Parc (la). II, 71, 400 ; III, 26, 27, 94, 292. — (prieur de la). Voir Jehan.
Chastaignier (François de), mari de Louise de Laval, seigneur de la Rocheposay. IV, 261.
Chastelbore. I, 121.
Chastelet (Hay du). II, 258, 274, 292, 294.
Chastellux. IV, 281.
Chat (M. de). IV, 340.
Châteaubourg. IV, 14 ; V, 101.
Châteaubriant, Chasteaubrient, Chastelbriant, Castrumbriandi, Castrum Brientii. II, 247, 252, 264, 279-288, 300-302, 306, 336-339 ; III, 91, 203, 224, 242, 243, 271, 279, 305, 307, 309, 314, 315, 349-351 ; IV, 34, 40, 77, 87, 98, 99, 107, 116, 119, 123-130, 139, 155, 168, 172, 246, 361 ; V, 82-90, 112. — (l'église calviniste de). IV, 311. — (les Mathurins de). III, 243. — (la Trinité de). II, 301, 302 ; III, 242, 243. — (seigneur de). Voir Bretagne (Gilles de), Dinan (Charles et Roland de), Laval (François, Guy XII, Guy XIV, Jean de). — (dame de). Voir Dinan (Françoise de), Har-

court (Jeanne d'), Rieux (Françoise de). — (capitaine de). Voir Carné (Sylvestre de).
Châteaubriant (l'hôtel de), à Nantes. III, 387.
Châteaubriant, seigneurie à Piré. IV, 137, 138.
Châteaubriant (la maison de). II, 229, 230 ; IV, 118.
Châteaubriant (Amaury de). II, 136-140.
Châteaubriant (Avice de), peut-être seconde femme de Robert III de Vitré. I, 283.
Châteaubriant (Briant I de). I, 276, 283.
Châteaubriant (Briant de), fils de Geoffroy V et de Belleassez de Thouars. II, 100, 247.
Châteaubriant (Briant de), seigneur de Beaufort et du Plessis-Bertrand, père de François de Châteaubriant. III, 81.
Châteaubriant (Élisabeth de). I, 307.
Châteaubriant (François de). III, 82.
Châteaubriant (Geoffroy II de), prétendu fils de Briant III et père d'Avice. I, 154, 283.
Châteaubriant (Geoffroy III de). I, 198, 295. — Gaufridus de Castro Brient, senescallus Medie (1208). V, 21, 22.
Châteaubriant (Geoffroy IV de), mari d'Aumou de Thouars. I, 97, 98.
Châteaubriant (Geoffroy V de), fils du précédent, mari de Belleassez de Thouars. I, x, 97, 98 ; II, 23, 33, 50, 66, 87, 88.
Châteaubriant (Geoffroy VI de), mari d'Isabelle de Machecoul. I, x, 97 ; II, 42, 43, 46, 87-90, 93-98, 100, 119, 136-140.
Châteaubriant (Geoffroy VII de), fils des précédents, mari d'Alix de Thouars et de Louise de Belleville. I, 308 ; II, 136-140, 228, 252, 336-339.
Châteaubriant (Geoffroy VIII de), fils du précédent. II, 228, 229, 252.
Châteaubriant (Guillaume ou Geoffroy de), prétendu fils de Juhel de Châteaubriant et d'Emma de la Guerche, seigneur de la Guerche. I, 281, 282.
Châteaubriant (Jean de). I, 97 ; II, 87-90, 100, 136-140.
Châteaubriant (Jeanne de). I, 98. Lire *Louise*. Voir V, 125.
Châteaubriant (Juhel de). I, 281.
Châteaubriant (Louise de), dite de Dinan, deuxième femme de Guy XII de Laval. I, 98 [lire *Louise* au lieu de *Jeanne*], 214 ; II, 227-230, 232, 239, 245, 252, 253, 258, 259, 268, 279, 294-303, 316, 335, 355 ; III, 218, 271 ; V, 125.
Château-du-Loir, Castrum Lith, Castellum Lidi. I, 15-17, 21, 22, 46, 131 ; III, 254. — (Saint-Guingalois de). Voir Saint-Guingalois.
Château-du-Loir (Bouchard de), fils d'Hamon. I, 17
Château-du-Loir (Gervais de), évêque du Mans et archevêque de Reims, Gervasius, episcopus. I, 15-17, 22, 23, 35, 37, 38, 70.
Château-du-Loir (Hamon ou Hamelin de), seigneur de Château-du-Loir. I, 16, 70.
Château-du-Loir (Hildeburge de), femme de Gaudin I de Malicorne. I, 17.
Château-du-Loir (Hugues de), Hugo de Castello Lidi. I, 70, 71.
Château-du-Loir (Robert de), fils d'Hamon. I, 17.
Château-du-Loir (Rotrude de), seconde femme de Guy I de Laval, Rotrudis, mater Gualterii, uxor Guidonis I de Lavalle. I, VIII, 1, 15-19, 28, 31, 34, 36, 52, 70.
Château-du-Loir (Ursion de), fils d'Hamon. I, 17.
Châteaudun (vicomte de). Voir Craon (Guillaume de).

Châteaugiron. III, 100, 137, 138, 236; IV, 60, 136-138, 322; V, 96. — (seigneur de). II, 346; III, 128. Voir Malestroit (Jean de). — (dame de). Voir Laval (Hélène de).
Châteaugiron (Alain de), Alanus de Castrogironis. I, 173.
Châteaugiron (Alain de), évêque de Rennes, Alanus, episcopus Redonensis. II, 123, 140, 145, 146, 153.
Châteaugiron (Geoffroy de). V, 30.
Châteaugiron (Jean de), évêque de Saint-Brieuc, puis de Nantes. III, 46, 325.
Châteaugiron (Pierre de), Petrus de Castello Gilonis. I, 110.
Château-Gontier, Castrum Gunterii. I, 6, 7, 53, 215; II, 77, 247, 268, 314, 371, 373; III, 343, 344, 351; IV, 62, 64, 250, 347, 348, 351, 352, 355, 371, 385, 388, 391, 394, 412. — (la dame de). V, 30.
Château-Gontier (la maison de). I, 195; II, 204.
Château-Gontier (Adélard de), Adelardus de Castro Gunterii. I, 29, 74.
Château-Gontier (Alard de), Alardus de Castro Gunterio, mari d'Emma de Vitré. I, 293, 295-299; V, 18, 23.
Château-Gontier (Emma ou Emmette de), fille de Jacques de Château-Gontier et d'Avoise de Laval, femme de Geoffroy de Pouancé et de Girard Chabot II. I, 195, 268, 313; II, 17, 63.
Château-Gontier (Geoffroy de), fils cadet de Renaud de Château-Gontier. I, 6.
Château-Gontier (Guidulfus de), de Castro Gunterii, de Castello Gonterii. I, 29, 31, 35.
Château-Gontier (Jacques de), mari d'Avoise de Laval, seigneur de Nogent-le-Rotrou. I, 190, 195, 216, 220, 239; II, 17, 204.
Château-Gontier (Philippa de), fille de Jacques et d'Avoise de Laval, femme de N. de Lonray, dame d'Hérouville. II, 204, 205.
Château-Gontier (Rainauld de), Rainaldus de Castro Gunterii, notarius Majoris Monasterii. I, 76, 83.
Château-Gontier (Renaud de), fils d'Yvon, seigneur de Château-Gontier. I, 6, 7.
Château-Gontier (Renaud III de). I, 56.
Château-Gontier (Yvon de), seigneur de Château-Gontier. I, 6.
Château-l'Hermitage (seigneur de). Voir Bueil (Jean V de).
Châteaulocher, seigneurie à Poligné. IV, 137, 138.
Châteaumeillant, seigneurie. IV, 164.
Châteaumur. II, 252, 259, 300.
Châteauneuf (seigneur de). Voir Rieux (François de).
Châteauneuf-de-Randon. II, 237, 300.
Châteauneuf-en-Thimerais. IV, 254.
Château-Renault. I, 6, 7.
Château-Renault (Geoffroy de). I, 7, 8.
Château-Renault (Renaud de). I, 7.
Châteauroux. III, 17, 204. — (M. de), Jean I de Maillé de la Tour-Landry, IV, 189. — (seigneur de). Voir Chauvigny (Guy de).
Château-Thierry. III, 207.
Châteautro (Alain et Jehan de). III, 127.
Châteaux (la forêt de). IV, 135. — (baron de). Voir Bueil (Jacques de).
Châtelain (Adam), évêque du Mans. II, 46, 360, 392; V, 37, 38, 63, 64.
Châtelard (le). III, 176.
Châtelet (Guillaume du), seigneur de Saint-Amand. III, 296.
Châteliers (les). II, 57.

Châtellerault. IV, 168, 179, 180, 381. — (vicomte de). Voir Thouars (Aimery VII de).
Châtellier (Amaury du), père et fils. III, 172.
Châtellier (Catherine du). III, 318.
Châtellier (Geoffroy du), châtelain de Laval. III, 98.
Châtelliers (abbé des). Voir Daillon (Gaspard de).
Châtillon (étang, moulins de), molendini de Castillionio, Castellonio, Castellone, Chasteillon. I, 124, 125, 146, 147; II, 164-166.
Châtillon, près de Conches. III, 303.
Châtillon-en-Vendelais. I, 245; II, 68, 95, 146, 147, 232, 234, 235, 241, 334; III, 12, 305, 352, 354; IV, 26, 37, 92, 93, 169, 216; V, 21. — (seigneur de). Voir Laval (André, Jean, Louis de). — (dame de). Voir Laval (Jeanne de), Pouancé (Thomasse de).
Châtillon-sur-Loing. IV, 263, 264, 266, 268, 273, 291; V, 113. — (seigneur de). Voir Coligny (Gaspard de).
Châtillon (Alix de), femme de Hugues de Beauçay. II, 44.
Châtillon (Amaury de), probablement Louis de Laval. III, 253.
Châtillon (Herius de), de Castellonio. I, 24.
Châtillon (Rahier de), Raherius de Castellonio, senescallus de Lavalle. I, 104.
Châtillon (Rahier de), Raherius de Castellione, testis. I, 29.
Châtillon (Richer de), Richerius de Castellione. I, 34.
Châtillon (M. de), Jean de Laval, fils d'André. II, 305, 306. Voir Laval (Jean de).
Châtillon (le cardinal de). Voir Coligny (Odet de).
Châtillon (la maréchale de). IV, 100.
Chaucie (de la). II, 262.
Chauciée (la). Voir Chaussée (la).
Chaucum (Hugo de). V, 14.
Chauff (Gauffridus le). I, 225.
Chaulnes (le duc de). III, 334.
Chaume (l'abbaye de la). III, 376. — (abbé de la). Voir Johanno.
Chaumissonnière (la), ou Petite-Rivette, chapelle. III, 380, 386. — (chapelain de la). Voir Laval (Jean de).
Chaumont, Calidus Mons. I, 70, 131.
Chaumont (seigneur de). Voir Amboise (Charles d').
Chaumont-en-Bassigny. III, 205, 263.
Chaumont-en-Vexin. V, 94.
Chaussée de l'étang de Vitré (la), la Chauciée. II, 223; IV, 169.
Chaussée du faubourg de Vitré (la). IV, 169.
Chauve (Gauterius, Guillelmus et Robertus). I, 159.
Chauvé, bourg. II, 398.
Chauveau. IV, 405.
Chauvelière (Jacques de la). II, 299. Voir Chemelière.
Chauvelin (l'intendant). IV, 413.
Chauvet (Guillaume). II, 353.
Chauvigny (André de), seigneur de Retz et de la Suze. III, 17.
Chauvigny (François de), fils de Guy et de Catherine de Laval, mari de Jeanne de Laval-Retz. III, 17.
Chauvigny (Guy de), mari de Catherine de Laval, seigneur de Châteauroux, vicomte de Brosse. III. 17, 77.
Chavenay (seigneur de). Voir Montmorency (Guillaume de).
Chavigni (Mme de). IV, 369.
Chavigny, près de Loches. III, 269, 270.
Chavine (Lucas de). II, 23.
Chazé-sur-Argos, prieuré. II, 316.
Chazeau (M.). III, 235.
Chazerac, Chaserat (M. de). IV, 61-64, 66.

Cheaing (le), paroisse de la Basoge. I, 266.
Chef-Chef (Saint-Michel-de-). III, 27, 28.
Chele (Guillelmus de). I, 164.
Chelle (l'abbé). IV, 192.
Chemaliaco (Fulcodius de), de Chemilleo, de Chevilleo. I, 29, 31, 34.
Chemeaux (seigneur de). Voir Rhodes (Jean Pot de).
Chemelière (Jacques de la). II, 306. Voir Chauvelière.
Chemellier, seigneurie. II, 380.
Chemeré. I, 267.
Chemereium, la Bazoge de Chemeré. V, 18.
Chemillé. I, 237.
Chemillé (la famille de). II, 174, 175.
Chemillé (Foulques de), Fulcodius de Chemilleo, de Chemaliaco, de Chevilleo. I, 29, 31, 34.
Chemillé (Jeanne de), fille de Pierre de Chemillé, femme de Jean de Laval, fils de Guy IX. I, xi ; II, 46, 144-146, 150, 173-175.
Chemillé (Pierre de), seigneur de Chemillé et de Brissac, Petrus de Camilliaco, de Chemilleio, de Chemillé, dominus de Brachesac, de Brochesac, de Brissac. I, 78, 235, 246, 260, 261, 301 ; II, 125, 144-146, 173-175.
Cheminet (Johannes). II, 263.
Chemiré (Luc de). II, 39.
Chenaudière (la). II, 365. — (seigneur de la). Voir Coesmes (Jean de).
Chenaye-Desbois (la). III, 227, 278, 387.
Chenonceau. IV, 79.
Cherbourg. III, 10, 169, 273, 274 ; V, 92.
Chérencé-le-Héron, en Cotentin. II, 355 ; III, 141. — (seigneur de). Voir Laval (Foulques de).
Chéronne (seigneur de). Voir Chahanay (Jean de).
Chérot, receveur de Laval. II, 130.
Chérot (Colin). II, 283.
Cherrière (le sieur de la). IV, 365.
Chesnais (seigneur de la). Voir Porc (Charles Le).
Chesnaye (la). II, 372.
Chesnaye (Juhellus de la). II, 263.
Chesne (Loians dou). II, 226.
Chesneau (Gervaise). V, 46.
Chesnebousa (Jametus). II, 264.
Chesneia Meleii. I, 174.
Chesnel (J.). V, 80.
Chesnes (les), en Poitou. II, 377-383, 389.
Chester, le Chestershire. Voir Cestria, Cestriaeschira.
Chester (comte de). Voir Renoul.
Chétardière (la). IV, 289, 318.
Chevaicier (Thomas le), clericus. V, 31.
Chevalerie (seigneur de la). Voir Chivré (Louis de).
Chevalier (Émile). IV, 250.
Chevalier (Guillaume). III, 65 ; V, 80.
Chevalier (Mathieu). II, 280.
Chevallerie (Georges), bourgeois de Vitré. IV, 216.
Chevallerie (Jean), seigneur de la Touchardière. IV, 319.
Chevannes, près d'Auxerre. IV, 279.
Cheve (Radulfus). I, 159.
Chevé (Simon). I, 180.
Cheveigné (Jehan de). II, 362-364.
Chevereau (Michel), chapelain de Gastines. V, 107.
Cheverny (le chancelier de). IV, 319.
Chevigneio (Hugo de). I, 158.
Chevilleio (Ragacho et Robertus de). I, 24.
Chevilleio (Fulcodius de), de Chemilleo, de Chemaliaco. I, 29, 31, 34.
Chèvre. IV, 314, 315.
Chevre (Parvus de). I, 144.
Chevré, Chevreium. I, 141, 228, 232, 253, 286 ; II, 287, 358, 359 ; III,

149 ; IV, 37. — (le bois de). IV, 190. — (châtelain de). Voir Cornillé (Guillaume de).
Chevreuse (le duc de). IV, 276.
Chievres, Chilève, en Hainaut. II, 103, 140, 207, 211 ; III, 101.
Chinon. I, 202; II, 154, 155; III, 9, 75, 84, 124, 263, 358 ; IV, 131 ; V, 80, 107.
Chitri (l'évêque de). IV, 64, 65; V, 112.
Chivasso. IV, 256, 269,
Chivré (Louis de), seigneur de la Chevalerie. IV, 303.
Chizenal (Thomas), capitaine de Valognes. III, 132.
Chochon (dom Jehan). II, 160.
Choisi. I, 258.
Choisy (la Motte de). Voir Motte-de-Choisy (la).
Choizy. V, 118.
Cholet. IV, 371.
Cholletière (la), à Commarcé. II, 372.
Chomant (Radulphus). II, 263.
Chopin (Antoine). IV, 170.
Chopin (Gilet). III, 69.
Chopin. IV, 257, 266.
Choquette (Benard). III, 34, 35.
Chorin (M.), procureur. IV, 321-324.
Chotard (Raoul). I, 75.
Chotart (Guillelmus). I, 225.
Chou (Guillaume). III, 107.
Chouart (Pierre). IV, 32.
Chources (le château de). Voir Sourches.
Chources (Bouchard de), Burchardus de Cadurcis. I, 42.
Chources (Catherine de), première femme de Charles Bourré. IV, 87.
Chources (Félix de), seigneur de Malicorne. IV, 119.
Chources (Guiburge de), femme d'Hugues V d'Alluyes. I, 163, 285.
Chources (Hugues de), Hugo de Cadurcis. I, 29, 34.
Chources (Jean de), seigneur de Malicorne. IV, 324, 325.
Chources (Jeanne de). Voir Sourches (Jeanne de).
Chources (Payen de), Paganus de Chaources, filius Patricii. I. 152.
Chources (Payen de). II, 124, 125.
Chources (Patry de), Patricius de Cadurcis. I, 72, 152.
Chources (Patry de). II, 42, 100, 124.
Chources (Patry de). Voir Sourches (Patry de).
Chypre. IV, 44.
Cicerstrensis. Voir Cestria.
Cimetière-Dieu (l'église du), à Laval. V, 81.
Cirier (François Le), seigneur de Semur. IV, 303.
Ciriers (René de), seigneur du Butz. IV, 303.
Cisterciensis (ordo). I, 107. — (abbas). Voir Conradus.
Citeaux, Cistercium. II, 147.
Civile (Francois de). V, 124.
Clairambault. II, 150, 210, 300, 305 ; III, 179, 183, 253, 281, 288, 310, 327, 344, 347; IV, 77, 91, 92, 95, 118, 352, 407 ; V, 37, 97-104.
Clairets (l'abbaye des). I, 239.
Clamecy. IV, 217.
Clarel (Raginus), canonicus Cenomanensis. I, 241.
Claretière (Thibaud de la). III, 82.
Clarevallensis (abbas). Voir Fastredus.
Clarevallis (Henricus). I, 150.
Clari, Clary (Jean de), Johannes de Clariaco. II, 53, 54, 59.
Claricies de Nulleroys (locus qui dicitur). I, 263.
Claris Vallibus (Guillelmus de). I, 117.
Clarté (la dame de la). II, 156.
Clas (le sieur du). IV, 393.
Claudes, palefrenier. IV, 304.
Claudus (Droynus). II, 264.
Clause (foresta). I, 149.

Clausse (le sieur), seigneur de Fleury, grand-maître des eaux et forêts. III, 245.
Clément V, pape. II, 145.
Clément VII, pape. II, 355.
Clément VIII, pape. IV, 329.
Clément (Henri), sénéchal de Philippe-Auguste. I, 175.
Clément-Simon. Voir Simon.
Clerc (Guillaume Le). II, 343.
Clerc (Guillaume Le). IV, 59.
Clerc (Janequin de). II, 188.
Clerc (Jehan Le), Leclerc. III, 140.
Clerc (Jean I Le), seigneur de Juigné. III, 277, 278.
Clerc (Louis Le), seigneur des Roches. III, 278.
Clère (Louis de). III, 278.
Clerembaldi (Mota). I, 129.
Clérembault (Jacqueline), femme de Pierre I de Laval-Lezay. IV, 250, 301, 318.
Clericus (Abraham). I, 118.
Clerisse. Voir Pont-Joulin.
Clermont (l'abbaye de), Clarus Mons, Beata Maria de Claromonte. I, 79, 80, 94, 95, 101, 104, 113, 121, 126, 138, 141, 149-152, 164, 173-175, 177, 180, 192, 201, 207-210, 246, 248, 265 ; II, 41, 42, 71, 105, 123, 147, 178, 211, 239-241, 245, 260, 261, 280, 281, 355, 395, 401 ; III, 42, 75, 82, 93, 177 ; IV, 234 ; V, 10, 19, 20, 128. — (l'abbé de). II, 147, 164, 261 ; V, 107. Voir Balduinus, Fulco, Gaufridus, Herbertus, James, Laurent, Lescot, Philippus, Robertus. — (prieur de). Voir Fulco.
Clermont (le comte de). III, 347. — (comtesse de). Voir Beaujeu (Anne de).
Clermont (Jean de), maréchal de France. II, 329.
Clermont (Jean de), fils du précédent, vicomte d'Aunay. II, 267, 278, 328, 329.
Cléry. III, 294, 296, 298, 299.
Cleuz, Clouz (Jehan de). III, 111, 112.
Clèves (François I de), duc de Nevers. IV, 172, 219, 253, 254.
Clinchamp, paroisse de Marcillé, Clinchampus. I, 25, 169.
Clisson. II, 299, 332. — (le prieuré Saint-Jean-de Jérusalem de). II, 299. — (le sire de). II, 275, 296, 297, 334, 336, 375. — (dame de). Voir Laval (Béatrix de).
Clisson (la maison de). II, 178 ; V, 36.
Clisson (Béatrix de), fille d'Olivier IV, femme d'Alain de Rohan, vicomtesse de Rohan. II, 178, 397.
Clisson (Marguerite de), sœur de la précédente, femme de Jean de Bretagne, comte de Penthièvre, comtesse de Penthièvre. II, 178, 397.
Clisson (Olivier IV de), mari de Béatrix de Laval, connétable de France. II, 110, 178, 179, 228, 260, 266, 267, 269, 300, 306, 331 [lire *Olivier IV* au lieu de *Olivier VI*], 333, 335, 338, 392, 397 ; V, 35-37, 129.
Clisson (le frère du connétable de). II, 306.
Clisson (les hoirs du feu sire de). II, 393.
Clitherow (castellum de). I, 85.
Cloche (le ruisseau de). II, 373.
Clouet (André). II, 364.
Clouet (François). IV, 277.
Clouzot. III, 159.
Cloye. II, 250, 251. — (seigneur de). Voir Trie (Renaud de).
Cloyère (Mathurin). III, 31.
Coasnon (Gilleta de), domina d'Acigné. IV, 40.
Coaynon (Alain). III, 81.
Coayquien (Radulfus de). II, 262.
Cocé (Guillaume de). IV, 22.
Coché (Jean de), alias de Machecoul, fils d'Olivier de Machecoul

et d'Eustachie de Vitré, mari d'Eustachie Chabot de Retz. I, 313; II, 63, 73, 111.
Cociacus, Coceium. Voir Cossé.
Coconeria (Matheus de). I, 152.
Coerius (Mauritius). I, 70.
Coesmes, Couaysmes. II, 99.
Coesmes (Briant de), Brientius, B. de Coismis, de Cosmis. I, 142, 158, 168, 173, 200.
Coesmes (Charles de). IV, 68, 69.
Coesmes (Forestus de), de Cosmis. I, 173.
Coesmes (Gérard de). V, 80.
Coesmes (Guillaume de), Guillelmus de Coismes. I, 168, 175.
Coesmes (Guyon de), Guion de Coaismes. II, 362, 363.
Coesmes (Isabeau de), femme de Jean Turpin et mère de Guy Turpin. II, 335; III, 18, 42.
Coesmes (Jean de). II, 260; V, 36.
Coesmes (Jean de), de Conimes, de Coaismes, seigneur de la Chénaudière. II, 362-365.
Coesmes (Marguerite de), abbesse du Ronceray. V, 81.
Coesmes (Nicolas de), Nicholaus, Nichol, N. de Coismis, de Cosmis, de Coismes. I, 159, 173, 175, 199, 203; V, 23.
Coesmes (Nicolas de), seigneur de Lucé et de Marigné. IV, 38.
Coesmes (Robin de), de Coismes, de Coysmes. I, 245; II, 99, 100.
Coesmes (Symon de), de Coaismes. II, 365.
Coesnon (le). II, 368.
Coëtivy (la maison de). III, 142.
Coëtivy (Christophe de). IV, 220.
Coëtivy (Louise de), mère de François de la Trémoïlle, belle-mère d'Anne de Laval. IV, 186.
Coëtivy (Olivier de). III, 142, 178; V, 91. Voir Correct., V, 130.
Coëtivy (Prégent de), époux de Marie de Laval-Retz, amiral de France. III, 10, 114, 115, 120, 124, 168; V, 91. Voir Correct., V, 130.
Coëtivy (M. de). IV, 134, 135.
Coëtlogon (Olivier de). III, 167.
Coëtlogon (Robert de), abbé de Saint-Méen. III, 241, 373.
Coëtmen (la maison de). III, 320.
Coëtmen (le sire, le vicomte de). II, 390; III, 92, 320, 381. Voir Acigné (Jean d'). — (comtesse de). Voir Laval (Emmette de).
Coëtmen (Jean de), fils aîné de Rolland, vicomte de Coëtmen, époux de Marie de Dinan. II, 201.
Coëtmen (Prégent de), mari d'Emmette ou Anne de Laval, vicomte de Tonquédec. II, 14, 120, 166, 211; III, 381.
Coëtmen (Prégent de), mari d'Anne de Léon. II, 120.
Coëtmen (Raoul de). II, 361, 374.
Coëtmen (Rolland, vicomte de). II, 211.
Coëtmen (un vicomte de), époux d'une Laval. III, 381. Voir Coëtmen (Prégent de).
Coëtquen (une fille de). IV, 15.
Coëtquis (Philippe de), archevêque de Tours. V, 71, 72.
Cœuret (Étienne), évêque de Dol. V, 67.
Coffart (Jehan). IV, 88, 89.
Cohardy (Pierre de). III, 347.
Cohémon, à Vouvray-sur-Loir. I, 16.
Cohigné (seigneur de). Voir Ravenel.
Coignet. II, 395.
Collon (Matheus). II, 263.
Coingte (Jehan Le). V, 99, 100.
Coismis, Cosmis. Voir Coesmes.
Coissy. III, 206.
Colant (Nicolas). III, 254.
Colbert. IV, 413.
Colesbroc (persona de). Voir Henricus.
Coligny. IV, 254. — (dame de). Voir Laval (Charlotte de).
Coligny (la famille de). I, XII, 271;

IV, 256, 260, 264, 268, 273, 319 ; V, 113.
Coligny (Anne de), fille de François et d'Anne de Salm, femme de Jacques Chabot, marquis de Mirebeau. IV, 269, 319.
Coligny (Benjamin de), frère de la précédente, seigneur de Sailly et de Courcelles. IV, 269, 275, 276, 319.
Coligny (Charles de), marquis d'Andelot. IV, 382.
Coligny (François de), seigneur d'Andelot et comte de Montfort, mari de Claude de Rieux, père de Guy XIX de Laval. I, XIII, XIV; IV, 18, 108, 231-234, 244, 245, 252, 255, 257-266, 268-273, 277, 279, 281-287, 291-295, 319 ; V, 113, 114, 116, 118,
Coligny (François de), fils des précédents, seigneur de Rieux. IV, 269, 272, 273, 275, 276, 283, 284, 291-295.
Coligny (François de), fils de François et d'Anne de Salm, seigneur de Tanlay. IV, 269, 275, 276, 319.
Coligny (Gaspard de), mari de Charlotte de Laval, comte de Coligny et seigneur de Châtillon-sur-Loing, amiral de France. IV, 21, 240, 241, 261, 262, 268, 272, 273, 279, 283, 286, 287, 291, 292, 295, 298, 318, 319.
Coligny (Gaspard de), fils des précédents. IV, 262.
Coligny (Guy-Paul de). Voir Laval (Guy XIX de).
Coligny (Louise de), fille de Gaspard de Coligny, femme de Charles de Théligny et de Guillaume d'Orange. IV, 318, 319, 386.
Coligny (Marguerite de), fille de François et de Claude de Rieux, dame de Tournemine. IV, 268, 269, 272, 273, 283, 284, 291-295.
Coligny (Odet de), dit le cardinal de Châtillon. IV, 255, 273.
Coligny (Suzanne de), fille de François et de Claude de Rieux, femme de Guillaume de Poitiers, baron d'Outre. IV, 269.
Coligny (N. de), fille de François de Coligny. IV, 259, 260.
Colin (R.), procureur des bourgeois de Vitré. III, 373.
Colina, uxor Guillelmi le Blanc. II, 263.
Collette, femme de Jahan Basourdi. II, 281.
Collomiran (Antoine). V, 98.
Cologne. IV, 262, 279.
Colombe de Rambouillet. II, 51.
Colombel (Jean). III, 375.
Colomeau (Antoine), seigneur de la Laizerie. III, 385.
Colonneau. III, 356.
Comacre (M. de). IV, 86. Voir Commacre.
Combernon (Gautier de). I, 150.
Comblesac, seigneurie en Bretagne. IV, 26, 30.
Combourg. I, 42, 227, 229, 231 ; III, 91, 135, 378 ; IV, 37. — (le sire de). III, 39. Voir Dol (Ardouin et Jean de), Malestroit (Geoffroy et Jean de), Rivallon. — (dame de). Voir Laval (Hélène de).
Combourtille. Guillelmus de Combortilleio, de Comburtilleio. I, 109, 114. — Johannes de Comburtilleio, de Comburtille. I, 106, 118. — Hamelinus de Combortilleio. I, 110. — Robertus de Combourtille, de Combertille, de Comborteleio. I, 115, 120, 125, 144.
Comburniacus, Bourse. I, 16, 19, 70.
Commacre, Conmacre (Gilles de), seigneur de Blandin. IV, 125. Voir Comacre.
Commarcé (la Cholletière de). II, 372.
Comminges (le comté de). IV, 107, 226. — (comte, comtesse de). Voir Albret (Charlotte d'), Foix

(Henri et Odet de), Laval (Guy XVII de).
Comorn, Komorn ou Komaron, en Hongrie. IV, 332.
Compaing (Simon), alloué de la Roche. IV, 57.
Compasseur (O. le). V, 53.
Comper, Gomper, château, paroisse de Concoret, en Bretagne. III, 192; IV, 10, 20, 26, 30, 50, 56, 57, 76, 261, 313, 314, 343. — (seigneur de). Voir Laval (Louis de).
Compiègne. IV, 62, 68, 118; V, 118.
Comte (Tristan Le). III, 259.
Comte (le capitaine). IV, 335.
Conan II, comte de Bretagne. I, 24, 25, 38, 42, 50.
Conan III, le Gros, duc de Bretagne. I, 74, 76, 282, 294.
Conan IV, duc de Bretagne, Conanus, comes, pater Constancie. I, 105, 108, 154.
Conche (Alain de). I, 252.
Conches. III, 303.
Conches (abbé de Saint-Pierre et Saint-Paul de). Voir Gros (Jean Le).
Conciergerie (la), à Paris. III, 31; IV, 360.
Concise (la forêt de), Concisa, Concisia, Concisus, boscus, foresta, hermitagium. I, 48, 201, 207, 226, 227; II, 92, 98, 169-171, 215, 219, 220; III, 178, 290; IV, 30; V, 19.
Concoret. IV, 76.
Concresault (seigneur de). Voir Ménypény (Guillaume de).
Condé (Jehan de). II, 51.
Condé (le prince de). IV, 262, 271, 272, 275, 286, 405.
Condé (la princesse de). IV, 312.
Condé (le musée), à Chantilly. IV, 19, 106, 110, 111, 236, 271.
Conflans-Sainte-Honorine, Confluencium. I, 220, 221, 257. — (seigneur de). Voir Laval (Bouchard de).
Conflans, Confans (le travers, le péage de). II, 56, 59, 60, 65, 148, 249, 258; V, 32-34.
Conflans (le fief de). II, 267.
Conflans (l'arrêt de). II, 177.
Conflans (le traité de). III, 10, 207.
Conradus, abbas Cisterciensis. II, 147.
Conserans. IV, 182. — (évêque de). Voir Martory.
Constance, fille naturelle d'Henri Ier d'Angleterre, femme de Roscelin de Beaumont. I, 137.
Constance (la duchesse). Voir Bretagne (Constance de).
Constant (le sieur). IV, 320, 321.
Constant (Habraham), dit La Jeunesse. IV, 389.
Constantin (le clos de). II, 269.
Conte (Jean Le), seigneur d'Esnoville. III, 257.
Conterie (la), fief, paroisse d'Erbrée. III, 93.
Contesse (Estienne), notaire. III, 102.
Contest (le). III, 208.
Conteville (Herluin de). I, 52.
Conteville (Robert de). Voir Mortain (Robert de).
Continvoir. II, 255.
Contrecult. II, 187.
Conyagham (Robert de). V, 93.
Conygham (Joachim de). III, 276.
Coppet. IV, 273.
Coppin, peintre. III, 176.
Coq (Robert Le). V, 34.
Corba (Hamelinus de). II, 75.
Corbasson (le sieur de). IV, 373.
Corbeil. III, 44.
Corbinière (la), moulin. II, 372.
Cordebeuf (Merlin de). III, 354.
Cordeliers (les). — d'Angers. II, 183; III, 232, 233; V, 105. — de Châteauroux. III, 17. — de Dinan. III, 243. — de Laval. II, 245, 246, 356, 359, 380, 400; III, 93; IV, 37.
Cordier (Perrin), sergent. V, 56, 57.
Cordillon (l'abbaye de). I, 222.
Cordoen (la chaussée de). II, 61.

Corisopitensis (episcopatus). Voir Quimper.
Corlay (le camp de). IV, 346.
Cormel. Voir Carmel.
Cormeré (Frin de). I, 10.
Cormerie (la). II, 371.
Cormeriis (Guoslinus de). I, 117.
Cormielle (Guillaume). III, 25.
Cornegrue (Robert), évêque de Séez. III, 289.
Corneldleio (Hervinus de). I, 108.
Cornessa (stagnum, molendini, fluvius de). I, 202 ; V, 19.
Cornesse (René de). V, 99, 100.
Cornildli (Herum de). I, 285.
Cornillé (Béatrix de). II, 302.
Cornillé (Eudo, Odo de), de Cornilleio. I, 114, 179.
Cornillé (Geoffroy de), Gaufridus de Cornilleio, Corneilleius. I, 110, 114, 115.
Cornillé (Guillaume de), châtelain de Chevré. II, 287, 318, 319.
Cornillé (Jehan de). II, 302, 306, 392.
Cornillé (Payen de), Paganus de Cornilleio. I, 149.
Cornillé (Raoul de), Radulfus de Cornilleio, de Corneilleio. I, 121, 141, 149.
Cornillé (Sylvestre de), Silvester de Cornilleio. I, 114, 115, 118.
Cornilleau (Nicolle), prieure d'Avénières. V, 81.
Cornilleau (Renaud), doyen d'Angers. III, 195.
Cornouaille (la). IV, 32. — (chantre de). Voir Callouet.
Cornouaille (Raoul de). I, 236.
Cornu (Aimery Le). V, 63.
Cornub. V, 23.
Cornubim (vicecomes). V, 25, 26.
Cornulier (Pierre). IV, 119.
Coron (Seinoreius). I, 72.
Corsesier. Voir Courceriers.
Corsolt (Gaufridus de), Geoffroy de Courseul, prieur de Sainte-Croix de Vitré. I, 113.
Corson (l'abbé Guillotin de). I, 108, 113, 117, 306 ; II, 229, 308 ; III, 5, 241, 244, 260, 266, 378 ; V, 101, 127.
Cortalaru (Guido de). V, 20.
Corvette (Pierre François, dit La). IV, 122.
Cosneau. III, 88.
Cossé, Quocé, Cociacus. I, 64 ; III, 179.
Cossé (Béatrix de). I, 140.
Cossé (Hugues de), père de Vivien, Hugo de Coceio. I, 102, 140.
Cossé (Hugues de), fils de Vivien. I, 140.
Cossé (Juhel de), Juhellus de Quoce. I, 104.
Cossé (Vivien de), Vivianus de Coceio, de Quocé. I, 103, 104, 140, 152, 158.
Cosson (Michel). IV, 122.
Costardaye. IV, 90.
Costardi (Barra). I, 225.
Cote (Bertram de), sieur de Cote. IV, 57.
Coté (Guillaume du). Voir Lateranus.
Cotentin, Costentin (le). II, 355 ; III, 70. — (le bailli de). II, 120, 361. Voir Frit (Odet de).
Côte-Saint-André (la). V, 81.
Cotton (le P.). IV, 329, 382.
Couaide (M. de). IV, 304 [lire *Couaide*] ; V, 132.
Couanier de Launay. I, 202, 213, 214, 315-317 ; II, 20, 65, 122, 182, 278, 301, 306, 359, 391, 393 ; III, 8, 42, 73, 93, 119, 336, 366 ; IV, 192 ; V, 20, 21, 73.
Coucitgouiz (Radulphus de). I, 179.
Coucy. II, 307 ; IV, 142, 143. — (le sire de). II, 123, 270-272.
Coucy (Thomas de). II, 334.
Cou-d'Abbé (Hamelin), Hamelinus Coul-d'Abé, miles. V, 27, 28.
Coudray-Montpensier (le). V, 96.
Coudray-sur-Suille (seigneur du). Voir Bournan (Louis de).

Coudreaux, Coudriaux (les). I, 176; V, 20, 39-41.
Couesmes. Voir Coesmes.
Couette. IV, 304.
Coulanges (Fustel de). I, 3, 4.
Couldrayau (seigneur de). Voir Averton (Antoine d').
Coulombs (abbé de), abbas Colombensis. Voir Tetbaldus.
Coulommiers. IV, 174, 187, 196, 201, 239. — (le bailli de). IV, 187, 204. — (seigneur de). Voir Laval (Guy XVII de).
Coulonces (Isabeau de), femme d'Enguerrand de Villers. I, 308.
Coulonges (dame de). Voir Jonchères (Renée de).
Coupe (Perrotus). II, 263.
Coupvrai, Coupevrai. IV, 325. — (seigneur de). Voir Lenoncourt (Henri de).
Courajod. IV, 277.
Courbe (Jean de la), administrateur de la Maison-Dieu Saint-Nicolas de Vitré. II, 300, 318.
Courbeveille, Corbevielle. II, 60, 95, 232; IV, 30.
Courcelles. I, x; II, 371.
Courcelles (Indre-et-Loire). IV, 135.
Courcelles (seigneur de). Voir Coligny (Benjamin de), Montéclerc (Louis de).
Courceriers (Gervais de), Gervasius de Corsesier. I, 163.
Courceriers (Guillaume de), mari de Jeanne de Laval. II, 306, 335, 356; III, 36; V, 130.
Courceriers (Guillaume de), fils des précédents. III, 36.
Courceriers (Jean de). V, 38.
Courceriers (Jeanne de). II, 335.
Courceriers. Corsesier (Willelmus de). I, 163.
Courcillon (Guillaume de). II, 124.
Courcy (Richart de). V, 46.
Courdouan (Raoulbert de). II, 374.
Cour-du-Bois (la), fief à Conflans (Sarthe). IV, 119.
Courlandon (Jean de), curé de Parçay. V, 99.
Coursier (Macé). III, 362-364.
Coursieu (Mathieu de). III, 206.
Court-Apvril (la fontaine de). II, 61.
Courtet (Jean). II, 316, 350.
Courtet (Jean), fils du précédent. II, 316, 317, 350, 351.
Courtillère de Nuillé (la). II, 372.
Courtillerie de la Boullière (la). II, 372.
Courtin (la maison de). III, 265, 311, 366.
Courtin (Colin), seigneur de Centigny. III, 171.
Courtin (Jean). III, 366.
Courtin (Julien). III, 206.
Courtis, fief. III, 387.
Courtisien. II, 194.
Courtoys (G.). II, 366.
Courtrey (Sohier de). II, 194.
Cousinot, Coussinot. III, 7, 8.
Cousinot (Guillaume). III, 265.
Couslon (la forêt de). III, 171.
Coust (Jehan de). II, 194.
Cousterez (Jehan). III, 25.
Coutances. III, 143, 175; V, 28, 29. — (le diocèse de). II, 122.
Coutencière (la). V, 114, 115.
Couture (l'abbaye de la), au Mans, Sanctus Petrus de Cultura. I, v-viii, 4, 5, 25, 39-42, 44, 50, 51, 67, 69, 80, 91, 100, 103, 105, 115, 116, 180, 208, 256, 257; II, 53, 181, 182, 238, 356; V, 17. — (l'abbé de la). II, 162. Voir Eudes, G., Rainaldus, Ursion.
Covaide (M. de la). IV, 304. Lire *Couaide*. Voir V, 132.
Covres ou Coues. I, 224.
Craines (les bois de), à Jouy-sur-Eure, II, 37; V, 28.
Crannes (Sarthe). II, 397; V, 44-46.
Craon. I, 2, 35, 47, 51, 66, 276, 277; IV, 45, 180, 189, 191, 195, 197, 198, 225, 241, 347, 348, 371. — (seigneur de). Voir Sully (Louis

de), Trémoïlle (Louis III de la). — (dame de). Voir Laval (Agnès, Anne de), Meulan (Isabelle de), Thouars (Pernelle de). — (les Bénédictins de). IV, 216. — les Bonshommes de), Boni Homines Grandimontis in foresta Credonensi. I, 166, 167, 201. — (la forêt de). I, 167. — (Saint-Clément de). I, 47, 71.

Craon (la maison de). I, 1, 278 ; II, 182, 183, 237, 285.

Craon (Agnès de), fille de Maurice II, femme de Thibaut de Mathefelon. I, 132.

Craon (Allenor ou Jeanne de), sœur cadette d'Isabeau. II, 183.

Craon (Amaury I de), fils de Maurice II, Amalricus de Credone. I, 132, 138, 180, 195, 198, 201.

Craon (Amaury III de). II, 104, 121, 124 ; III, 3.

Craon (Amaury IV de), fils de Maurice VII. II, 183, 206, 207, 255, 259, 260, 265, 268, 269.

Craon (Avoise de), fille de Maurice II, femme de Guy VI de Laval et d'Yves le Franc, dame de Laval, Haoys, Haoysia, Haoisa, Haoisia, Ahoisia, Ahois, Advisia de Lavalle, domina Lavallensis, de Lavalle. I, 130, 132, 133, 135, 150, 161, 165, 166, 171, 175, 177, 178, 184, 185, 200-206, 208, 209, 213-216, 220, 222, 258 ; V, 16.

Craon (Béatrix de), fille d'Amaury III, femme d'Éon de Lohéac. III, 3.

Craon (Berthe de), femme de Robert I de Vitré et de Robert le Bourguignon, seigneur de Craon. I, 275-278.

Craon (Clémence de), fille de Maurice II, femme de Pierre IV de la Garnache. I, 132.

Craon (Guérin de), fils de Suhard et père de Berthe. I, 47, 277.

Craon (Guérin de), fils d'Hugues et d'Agnès de Laval. I, 61, 132.

Craon (Guillaume de), vicomte de Châteaudun. II, 206, 207, 247, 339.

Craon (Guillaume de), seigneur de Montsoreau. II, 339, 340.

Craon (Guy de), fils d'Hugues. I, 61.

Craon (Hugues de), fils de Maurice I, mari d'Agnès de Laval et de Marquise, seigneur de Craon, Hugo de Credone. I, 61, 87, 88, 132.

Craon (Isabeau de), fille d'Amaury III, femme de Raoul VII de Montfort. III, 3.

Craon (Isabelle de), fille de Maurice VII, femme de Guy XI de Laval et de Louis de Sully. II, 107, 108, 181-183, 206, 207, 228, 247, 259-262, 280, 283-286.

Craon (Isabelle de). Voir Meulan (Isabelle de).

Craon (Jean de), seigneur de Sainte-Maure. II, 306.

Craon (Jean de), mari de Béatrix de Rochefort, seigneur de la Suze et de Chantocé. II, 110, 111, 376-385, 388 ; III, 8, 30, 36, 39, 42-44, 48.

Craon (Jeanne de), seconde femme de Girard Chabot II. II, 17, 109, 110.

Craon (Jeanne ou Allenor de), sœur cadette d'Isabeau. II, 183.

Craon (Lisoie de), Liseius de Credone. I, 73.

Craon (Marie de), fille de Maurice V, femme de Robert I de Beaumont. II, 206.

Craon (Marie de), fille de Jean de Craon, seigneur de la Suze, femme de Guy de Laval-Retz. II, 111, 116, 377-385 ; III, 28.

Craon (Marquise de), fille d'Hugues, femme d'Hugues de la Guerche. I, 61.

Craon (Maurice I de), fils de Renaud et d'Enoguen de Vitré. I, 47, 71, 78.

Craon (Maurice II de), fils d'Hugues et de Marquise, Mauricius de Creon. I, 61, 121, 122, 132, 134, 140-142, 149, 205.
Craon (Maurice III de), Mauritius de Credone, de Credonio. I, 132, 161, 163, 177, 178, 201.
Craon (Maurice IV de), seigneur de Sablé. IV, 45.
Craon (Maurice V de). II, 85, 98.
Craon (Maurice VII de), seigneur de Sainte-Maure. II, 181, 206, 207.
Craon (Pierre de), fils de Maurice II. I, 132.
Craon (Pierre de), fils d'Amaury III, sire de la Suze. II, 111, 206, 207, 247.
Craon (Renaud le Bourguignon, seigneur de), fils de Robert le Bourguignon, mari d'Enoguen de Vitré, Rainaldus de Credone. I, 47, 51, 73, 276-278.
Craon (Renaud de), fils d'Hugues et d'Agnès de Laval. I, 61, 88.
Craon (Renaud de), fils aîné de Maurice II. I, 132.
Craon (Robert le Bourguignon, seigneur de), seigneur de Sablé. I, 2, 4, 35, 51, 276, 277; II, 181.
Craon (Robert de), fils de Robert le Bourguignon. I, 51.
Craon (Robert de), fils d'Hugues. I, 61.
Craon (le sire de) (1466). III, 250.
Craon (la fille du sire de). III, 320.
Crapon (Juhellus de). I, 116, 117.
Crapudan (Mlle de). IV, 250.
Cravant. IV, 264.
Créance (comte, comtesse de). Voir Bouillé (René de), Laval (Renée de).
Crémieux. III, 130.
Créquy (le sieur de). IV, 122.
Crespin (le Bec). Voir Bec-Crespin.
Crespin (Guillaume), seigneur du Bec-Crespin et de Mauny. III, 125.
Crespy, Crespeium, Crispeium. I, 227, 229, 230. — (la Lande de). Voir Lande-de-Crespy (la).
Creté (Jehan). II, 299.
Cretian (Johannes). II, 263.
Crevain. IV, 311.
Crèvecœur, en Normandie. II, 38, 146, 181, 228, 247, 284, 285; III, 53; IV, 57.
Criblan (vinea de). I, 225, 226.
Cripta (Odo, filius). I, 24.
Cripta (Yvo de). I, 22.
Crispi, Crispus (Hamo). I, 152, 153.
Crispi (Robertus). I, 152.
Crispini (Gislebertus). I, 37.
Crispus (Hamo). I, 28.
Crispus (Hugo). I, 23.
Crissé, Crisey (M. de). IV, 391.
Croisic (le). IV, 74. — (l'église calviniste du). IV, 311.
Croix (Jehan de la). II, 144.
Croix (Jeanne de la). IV, 77, 78.
Croix (Marie de la), prieure d'Étival-en-Charnie. V, 109.
Croix Boisuele (la). II, 24.
Croix-Bouhourd (la). II, 371.
Croix-Verte (la), la Crois Vert, au fief de la Quarte. II, 280.
Croixille, Croezille, Crouzille (la). II, 184, 208; III, 24, 286.
Croizerie (seigneur de la). Voir Grimault (François).
Crollebois, Croleboys, Croullebois (Jehan). II, 276, 277, 286, 291.
Cropte, Crote (la). II, 17, 24-26, 288-291; IV, 11, 78. — (seigneur de). Voir Mathefelon (Guillaume de).
Cros (M. des). IV, 304.
Crosnier (Denis), fermier général. IV, 383, 394.
Crozille (Michiel de la). II, 159.
Cruosa (rua). I, 147.
Crussière (Foquetus de la). II, 74, 76, 79.
Crux Doon. I, 147.
Cruzy-le-Châtel (Yonne). IV, 281.
Cueillette (Jean). IV, 77.
Culant (le sire de), amiral de France. III, 9.

Cummez, en la terre de Maenne. I, 266.
Curbatura, terra. I, 82.
Curtenay (Robertus de). V, 23.
Curton (le sire de). III, 347.
Cussé (le président de). IV, 153, 160.

D

D., decanus de Lavalle. I, 221.
Dabazt (Geffroy). V, 46.
Dacsy (François). IV, 96, 97.
Dagworth (Thomas de). II, 178.
Daibertus, abbas Sancti Sergii. I, 38, 46, 49.
Daillon (Antoinette de), troisième femme de Guy XVI de Laval. IV, 5, 11-13, 20, 21, 78, 79, 101, 103, 104, 113, 117, 118, 127, 141, 150, 155, 158, 160.
Daillon (Gaspard de), abbé des Châtelliers. IV, 408.
Daillon (Jacques de), baron du Lude. IV, 11, 78, 93, 101.
Daillon (Jean II de), époux de Marie de Laval, seigneur du Lude et de Bareil. III, 184, 203, 269, 271, 299, 300, 310, 318 ; V, 100, 101.
Daillon (Jean III de), seigneur du Lude. IV, 160.
Dalibart (Macé). II, 371.
Dallier (Jehan). III, 156.
Dallonville. Voir Allonville.
Dalvart (Robin). II, 371.
Damant (Jean). III, 48.
Damase. Voir Damiette.
Damiette, Damase, Danast. I, 251, 252, 256, 304.
Dammartin, Dampmartin (le comte de). II, 275, 276. Voir Chabannes (Antoine de). — (comtesse de). II, 275, 276.
Damont (J.). III, 324.
Dampierre (Catherine), femme de Pierre de Beaumont. V, 113.
Dampierre (Gilles de). IV, 359.
Dampierre (Guillaume de), Guillemus de Dampierre. I, 100, 223.
Dana (Herveus de). I, 175.
Dana (Odo de). I, 65.
Danast. Voir Damiette.
Danazeio (Guy de). I, V, VII, VIII, 25.
Daniel, monachus. I, 102.
Daniel (Jean), dit Mitou, organiste de Saint-Maurice d'Angers. IV, 13.
Daniel (Jehannète). V, 81.
Dannemoine, seigneurie. IV, 164.
Danube (le). IV, 332.
Danville. II, 260.
Dardintona (ecclesia de). I, 85.
Darien (Pierre). III, 85.
Dauffin (Gauffridus). I, 169.
Dauphinaye (la), prieuré. I, 296.
Dauphiné (le), Delphinatus. III, 13, 129, 176-178, 182, 183, 293, 307 ; IV, 137 ; V, 81, 91-93, 101.
Daussais. Voir Aussais (Fr. d').
Dautoy (le sieur). IV, 93, 94.
Dauvergne (Mathelin ou Mathurin), châtelain de Marcillé. III, 264.
Daventre (Philippus de). V, 16.
Davi (Drouet), boucher de Vitré. II, 161.
David, comes. I, 86.
David, comte de Norfolk. I, 94.
David (Sébastien), trésorier. IV, 165.
Daville. IV, 84.
Davnet (Raoul). II, 281.
Davy (Guillermus). V, 71.
Decharne (Bertran). IV, 32.
Declerc. II, 188.
Deguilles (Estienne). III, 96-98.
Dehante (Jannau). II, 188.
Dehout (Johannes de), rector de Pelle Ovis. II, 332, 333.
Delaborde (Jules). IV, 260, 262-264, 266, 270, 279, 281, 286.

Delaunay, notaire. IV, 296.
Delebest (Joufronne). II, 188.
Delie, Deliee (Maino, filius). Voir Maino.
Delisle (Léopold). I, 22, 184, 204; II, 35; III, 326; V, 24.
Delpit. II, 275.
Demagneyum. Voir Domaigné.
Demanny. III, 288.
Demareau (Pierre). IV, 172.
Demay (G.). I, 57, 91, 133.
Demons (Claude), praticien. IV, 217.
Demoulins. V, 95.
Denais (Joseph). III, 232.
Denazé. I, VI, VII.
Denée. III, 282, 283; V, 16.
Denée (Hervé de). V, 16.
Denée (Jehan de). V, 80.
Denée (Tebaut de). V, 80.
Denet (Willelmus). I, 125.
Denezé-sous-le-Lude. I, 110.
Denezeio (medietaria de). I, 202.
Denis (l'abbé J.-L.). V, 35, 97.
Deo (Johannes). II, 263.
Deo (Michael). II, 263.
Deodatus (Gervasius). I, 153.
Deodatus (Robertus). I, 152.
Depince (Mathurin). III, 282, 283.
Deplaneval. IV, 316.
Depoin (M.). II, 48.
Derval (le sire de). II, 211. Voir Laval (François et Jean de), Malestroit (Jean de), Rougé (Bonnabes et Jean de). — (dame de). Voir Laval (Hélène de).
Derval (Guillelmus de). I, 198.
Derval (Jean de), Jean de Malestroit, sire de Derval. Voir Malestroit (Jean de).
Désers (Louis des), sieur de Bréquigné. IV, 57.
Désert (le), seigneurie à Domalin. IV, 137, 138.
Désert (le), seigneurie à Janzé. IV, 137, 138.
Désert (le), terre. III, 174.
Deshaies (Jehan). II, 150
Desnos (Odolant). I, 185, 195; III, 270.
Despeaulx (Guy), sieur Despeaulx. IV, 127.
Desplois (Guillaume). II, 301.
Desrefort (Alexandre), secrétaire de Claude de France. IV, 100.
Destrée (Thibaut le). V, 6.
Deupuy (Gauffridus). II, 78.
Devonshire (le). I, 60, 140.
Diceto (Raoul de). I, 131.
Didot. V, 16, 26.
Dieppe. V, 91.
Diesbac, page. IV, 304.
Diesbac (le petit), page. IV, 304.
Dijon. IV, 61, 62, 68, 293.
Dinan. I, 141, 287, 288; II, 129, 140, 221, 222, 297; III, 42, 96, 99, 243, 260, 362, 369; IV, 55, 62, 67, 197, 198; V, 23. — (seigneur de). Voir Laval (Jean de), Mayenne (Juhel II de), Vitré (Alain de). — (les Cordeliers de). III, 243. — (les Franciscains ou Frères prêcheurs de). I, 247, 305. Voir Richart. — (la haie de). V, 11.
Dinan (la maison de). I, 284. — Dinan-Montafilant (les). III, 219.
Dinan (Alain de), père de Roland et d'Emma. I, 112, 116, 284, 287. Voir V, 126, la rectification du n° 158 du *Cartulaire*.
Dinan (Alain de). Voir Vitré (Alain de).
Dinan (Bernard de), prieur de Sainte-Croix de Vitré. I, 139.
Dinan (Bertrand de), mari de Jeanne d'Harcourt, maréchal de Bretagne. III, 39, 74, 95, 122, 219.
Dinan (Bertrand de), sieur de Beaufort et du Plessis-Bertrand. III, 256.
Dinan (Charles de), seigneur de Châteaubriant et de Montafilant. II, 230, 306, 316, 336-339, 345, 355; III, 30, 218.
Dinan (Emma de), veuve d'Hugues V d'Alluyes, femme de Robert III

de Vitré. I, 107, 112, 118, 120, 122, 126, 127, 142, 143, 155, 163, 179, 180, 283-287, 290-293, 298; V, 10, 23.

Dinan (Françoise de), fille unique de Jacques de Dinan et de Catherine de Rohan, femme de : 1o Gilles de Bretagne; 2o Guy XIV de Laval; 3o Jean de Proisy; dame de Chantocé, Laval, Vitré, Beaumanoir, Châteaubriant, Vioreau, les Huguetières en Retz, Candé, Montafilant, la Hardouinaie, Bodister. I, XI; II, 230; III, 102, 114, 119, 120, 122, 131, 143, 159, 170, 172-176, 185-188, 202, 203, 210, 218-228, 237, 242, 253, 256, 259, 271, 273, 275, 279, 307, 311, 314, 315, 318, 328, 341, 342, 350, 351, 354, 357, 366, 369-371, 387, 388; IV, 55, 76; V, 78, 80-91.

Dinan (Geoffroy de), père d'Alain de Dinan, Gaufredus de Dinanno. I, 83, 284.

Dinan (Gervaise de). Voir Vitré (Gervaise de).

Dinan (Hemon de), de Dynan, sergent. II, 150.

Dinan (Jacques de), fils de Charles de Dinan, mari de Catherine de Rohan, seigneur de Montafilant et de Bodister. III, 119, 120, 218-220, 388.

Dinan (Louise de). III, 158.

Dinan (Marguerite de), fille de Charles de Dinan, mère de Jeanne Paynel. III, 30.

Dinan (Marie de), fille de Roland de Dinan, femme de Jean de Coetmen. II, 211.

Dinan (Roland de), fils d'Alain de Dinan, seigneur de Dinan. I, 112, 116, 124, 149, 283, 284, 287; V, 7. Voir la rectification, V, 126, au sujet de l'acte 158 du *Cartulaire*.

Dinan (Roland de), Rolandus de Dinanno, miles I, 256, 257, 314.

Dinan (Roland de), seigneur de Dinan et de Châteaubriant. II, 211; III, 39, 42; V, 43, 44.

Dinteville (Pierre de). V, 93.

Dion (le comte de). II, 50, 70, 291.

Diorealt Urseriae (vinee de). I, 150.

Dixhommes, avocat. IV, 34.

Dobiaye (la), Dobiayes, Dorbiaye. II, 167, 168, 287, 288.

Dodewrdam. I, 85.

Doesnellère (Guillaume de la). III, 127.

Doinel (M.). I, 39.

Dol. I, 51, 59, 71, 105; IV, 22. — (l'église de). I, 289. — (l'évêché de). III, 241, 280, 282, 283; IV, 149, 171, 172. — (l'évêque de), episcopus Dolensis. I, 224, 228, 230, 231, 295; III, 217. Voir Cœuret, Evenus, Hugues, Jean, Laval (François de), Penmarc'h.

Dol (Ardouin ou Jédouin de), fils de Jean de Dol, mari d'Aliénor de Vitré, seigneur de Combourg. I, 224, 298.

Dol (Jean de), seigneur de Combourg, Johannes de Dolensi dominus. I, 224, 295.

Dol (Jeanne de), femme de Jean de Tinténiac. II, 232.

Dol (Jédouin de). Voir Dol (Ardouin de).

Dol (Rivallonus de). I, 42.

Dolbet (M.). III, 141; IV, 402.

Dolfé (M.). IV, 304.

Dolier (Jehan). III, 51.

Dolon. V, 21.

Dolu, marchand. IV, 226.

Dolu (la veuve de Jean). IV, 231.

Domaigné (Guillaume de). II, 363.

Domaigné (Pierre de). III, 93.

Domaigné (Raoul de), Radulfus de Domaigneio, de Domeneio, de Demagneyo. I, 115, 123, 125, 149; V, 28.

Domaigné (Robert de). I, 173.

Domaigné (Robert de). II, 362, 363.

Domallain, Domablin. IV, 137, 138.

Domangné (S. de). V, 80.

Dombes (le prince de). IV, 344.
Domfront (Orne), Dampfront, Domnus Fronto. I, 17, 39, 41; II, 200; III, 208.
Domfront (Robert de), Robertus de Domno Fronte, decanus Cenomanensis. I, 241.
Dominicains de Laval (les). III, 348.
Dominique. IV, 177.
Donaleu (Gabriel). IV, 71.
Donges, au diocèse de Nantes. II, 48, 132. — (vicomte, vicomtesse de). Voir Laval (Guy XIX de), Rochefort (Guillaume II, Jeanne et Thibaut de).
Donziois. IV, 205.
Donzy. I, 239; IV, 176, 182, 240. — (seigneur, dame de). Voir Albret (Charlotte d'), Foix (Odet de), Laval (Guy XVII de).
Doon (crux). I, 147.
Doria (les). III, 14.
Doria (Bartholomeo). III, 187.
Doria (Louis). III, 186.
Doria (Marco). III, 187.
Dorides (seigneur des). Voir Beaumont (François de).
Doriole (Pierre). III, 201.
Dormanz (Pierre de). II, 267.
Dorval. Voir Orval.
Doubleau (Hugues), seigneur de Mondoubleau. I, 6, 7.
Doublet (Loys Domno). V, 80.
Doucelles, Doucèle (Guillaume, seigneur de), cousin de Guy IX de Laval. II, 98, 100, 123, 124.
Doué. IV, 251.
Doué (André de). II, 125.
Doué (Geoffroy de). II, 124.
Douët d'Arcq. I, 193, 289; II, 36, 113, 233; III, 31.
Doué-Jesbert (la chapelle du). I, 164.
Doufeu (Jehan). II, 350.
Douloire. III, 109.
Doultré, capitaine. IV, 304.
Doumatz (Raoul), sénéchal de Vitré. I, 256.
Dourdain. II, 17, 152.
Dourdain (Aaelesia de). I, 234.
Dourdain (Johannes de). I, 234.
Douval (monsor). II, 23.
Douxière, Rouxière (Guy de la). II, 362-365.
Douy. II, 195.
Dovesti (Mons de). Voir Mondevert.
Doyen (Guillaume Le), chroniqueur. I, XII, 133; III, 5, 11, 288, 337, 344, 345, 364, 389; IV, 7, 10, 13, 17, 25, 35, 37, 42, 54, 59, 64, 65, 68, 79, 101, 105, 254; V, 35, 107.
Doyen (Jean Le), Ledoien. III, 167, 168.
Dramart. IV, 379.
Draperius (Fulbertus). I, 49.
Drapier (Geoffroy le). I, 50, 81.
Drapier (Hersende le). I, 81.
Drapier (Yves le). I, 81.
Drenne (le). II, 194.
Dresnay. III, 185.
Dreux. II, 274; III, 385. — (le comte de). II, 123; III, 64. — (comtesse de). Voir Montfort (Béatrix de).
Dreux (Pierre de), alias Pierre Mauclerc, duc de Bretagne et comte de Richemont, mari d'Alix de Thouars. I, 200, 202, 212, 213, 216, 218, 219, 226-232, 235, 299-301, 305.
Dreux (Robert de), comte de Dreux et de Montfort et sire de Saint-Valery. II, 50-52.
Dreux (Yolande de), femme du duc Arthur II de Bretagne, reine d'Écosse. II, 175, 302.
Drocho, filius Anscherici. I, 68.
Droço, conestabularius. I, 204.
Drogo, filius Viviani. I, 23.
Droin, valet de chambre. IV, 304.
Drouet. V, 115.
Drougessin. I, 297; V, 127.
Dubois (l'abbé). III, 21.
Duboys (Jean). III, 351.
Duboys (Julien), seigneur de Mayneuf. IV, 267.
Duboys, contrôleur. IV, 147.

Dubreil (Jehan). V, 49.
Dubrel (Jehan). V, 73.
Duc (Jean Le). III, 45.
Du Cange. I, 92 ; III, 94.
Ducelier (Jehan), sénéchal de Rennes. V, 82.
Duchemin (burgus). I, 206.
Duchemin (M.). I, 139 ; III, 260.
Duchemin de Villiers. I, 9, 10, 32 ; V, 64.
Du Chesne (André). I, 136, 193, 211, 216, 217, 220, 221, 227, 233, 239, 240, 257, 258, 264, 296 ; II, 9, 11, 15, 16, 33, 47, 64, 65, 68, 69, 71, 247, 255, 260, 331, 370, 374 ; III, 123, 285, 290, 301, 314, 362, 379, 380 ; IV, 87, 104, 140, 148, 165, 188, 197, 226, 242, 250, 254, 255, 260, 262, 266, 270, 289, 313, 319, 336, 401 ; V, 127.
Duchesne. V, 98.
Duchesne, solliciteur de Claude de Foix, IV, 182, 239, 240.
Duchesse (la), nom d'un oiseau. III, 232, 273.
Duclos. V, 92, 93.
Dugast-Matifeux (collection). V, 118.
Dugdale. I, 60, 84, 118, 140.
Dugué (Tristan). IV, 190.
Du Guesclin (Bertrand), mari de Jeanne de Laval, comte de Longueville, connétable de France, Bertrandus de Claequin. II, 45, 107, 112, 232, 236, 237, 258, 265, 268, 269, 274, 278, 279, 282, 287, 292, 294, 297, 300-302, 306-315, 321-327, 340-345, 388, 393, 398 ; III, 6, 18, 21, 29, 93.
Du Guesclin (Clémence), sœur du connétable. II, 112.
Du Guesclin (Olivier), frère du connétable, comte de Longueville et de la Roche-Tesson. II, 237, 269, 301, 302, 304, 307, 318, 321-327, 340-345, 388, 392-395.
Duhoux (Jacques), juge de Vitré. IV, 169, 171.
Dumesnil (Richard). III, 274.
Dumesnil, maire d'Angers. IV, 396.
Dumesnil. IV, 322.
Dumeux (Mlle). IV, 339.
Dumont (Ernest). IV, 42, 43 208, 318.
Dumoulin (Jean), conseiller. IV, 321.
Dumoulins, pasteur protestant. IV, 328.
Dun-le-Roi. III, 371, 372.
Dunois (le). IV, 301. — (le comte de). III, 193, 343, 358, 359, 372.
Dunois (Mme de). III, 359.
Dupastiz (Olivier). III, 90-92.
Dupin, deu Pyen, du Pin (Jehan). IV, 125, 128, 130, 131, 216.
Duplessis-Mornay. Voir Mornay (Philippe de).
Dupré (André), trésorier payeur. IV, 245-248.
Dupuiz (Jehan). III, 25.
Dupuy. III, 226.
Dupuy (collection). IV, 72, 74, 221, 222, 225, 228, 260, 286, 287, 379, 380, 402, 405.
Durand (Pierre). III, 318.
Durand (Pierre), orfèvre. IV, 75, 85.
Durand. IV, 254, 313, 336, 338, 346, 354.
Durandi (portus). V, 21.
Duranhéré (Jehan), curé de la Madeleine, près de Séez. V, 111.
Durantus, pater Bernardi. I, 118.
Durel (Robertus). I, 118.
Durneton (Jehan), liégeois. III, 205.
Durrieu (M.). II, 35, 53.
Durtal. V, 125.
Duthier. IV, 208.
Dutilleux. II, 48.
Duval, du Val (André), administrateur de Saint-Julien de Laval. III, 140, 177, 182.
Duvau (M.). III, 329.
Duza. IV, 237.

E

Eboracensium (archiepiscopus), l'archevêque d'York. Voir Turstinus.
Ebrardus, testis. I, 22.
Ebredunensis (archiepiscopus), l'archevêque d'Embrun. III, 130.
Ebro, Ebronium. Voir Évron.
Ebroica (urbs). Voir Évreux.
Écluse (la bataille de l'). IV, 328.
Ecorchedas (Hervé). I, 143. Voir Escortedas.
Écosse (reine d'). Voir Dreux (Yolande de).
Écosse (Amelina ou Anorda d'). Voir Anorda.
Écouen (seigneur d'). Voir Montmorency (Guillaume de).
Eder (Guillaume). Voir Ider.
Eder (Pierre), chevalier. V, 78.
Édouard, roi d'Angleterre. II, 41.
Effarve (Aimericus). I, 41.
Effrédière (seigneur de l'). Voir Lasnier (Guy).
Egmont (la maison d'). IV. 7.
Egmont (Jean d'). IV, 7.
Égypte (l'). I, 191, 304, 314; II, 7.
Eise (le bois d'). II, 96.
Elbœuf (marquis, marquise d'). Voir Lorraine (Charles de), Rieux (Louise de).
Elis, presbyter. I, 63.
Élisabeth, femme d'Ithier V de Toucy. I, 190.
Élisabeth (la reine). IV, 263. Voir Autriche (Élisabeth d').
Elle, veuve de Robert, fils d'Erneis. I, 211.
Elst. II, 188.
Emanet (Guido). II, 146.
Embele. II, 193.
Emetumes (les). II, 189.
Émingé, Esminge. I, 174, 176; V, 20.
Emma, femme de Guy IV de Laval. I, IX, X, 54, 60, 78-80, 89, 99, 104, 106.
Emma, femme de Guy V de Laval. I, IX, X, 89, 94, 96, 103, 110, 127, 151, 152, 177, 209.
Emma, femme de David, comte de Norfolk. I, 94.
Emma, femme de Guérin de Saint-Berthevin. I, 164.
Enclostre (l'). II, 255.
Encre. IV, 350.
Enfer, Iffer, Iffert (Acarie d'). II, 287, 288, 306.
Enfer, Iffer (Raoul d'). II, 167, 168, 287, 288.
Enfernet (Guillaume d'), trésorier des guerres. II, 305.
Engelgerius. 68.
Enghien (M. d'). IV, 168.
Enjoubert (Lucas). II, 160.
Enjoubit (Michael). II, 263.
Enoguen, femme de Renaud le Bourguignon. I, 47.
Enoguen, femme de Triscan de Vitré. I, 46, 67, 73, 274; V, 7.
Entrammes, Entramne, Antrame, Antrasme, Intramnae. I, 72; II, 371, 396; V, 58-60.
Entrammes (Guarin d'), Guarinus, Garinus de Entramis, Intramis, Intranelo. I, 23, 24, 31, 34.
Épernon (sire d'). Voir Bourbon (Louis de).
Épinal. III, 206.
Épinay-sur-Seine. V, 34.
Épinay, Espinay (la maison d'). IV, 14.
Épinay, Espinay (le seigneur d'). III, 180; IV, 301.
Épinay, Espinay (Mme d'). IV, 17.
Épinay (Anne d'), mère de François de Laval, évêque de Dol. IV, 21, 151.

Épinay (Guy, seigneur d'), baron de Montfiquet. III, 358.
Épinay (Guy, sire d'), fils de Richard. IV, 37.
Épinay (Henri, sire d'), fils de Guy, seigneur de la Rivière. IV, 36, 37.
Épinay, Espinay (Jacques d'), évêque de Rennes. III, 185, 202 ; IV, 37.
Épinay (Jean d'). III, 185, 188.
Épinay, Espinay (Johan d'), seigneur de Boisduliers, du Boaisduleix. IV, 125, 139.
Épinay, Espinay (Richard, sire d'), fils de Robert. IV, 37.
Épinay, Espinay (Robert d'). IV, 37.
Épinay, Espinay (Simon d'). III, 67.
Épine (Bérenger l'). Voir Toësny (Bérenger de).
Épine (Isabelle de l'), femme de René de Fromentières. III, 380.
Épineuil. IV, 164.
Épineux. II, 150.
Episcopus (Raginaldus), senescallus Lavallis. I, 110, 140.
Episcopus (Robertus). I, 156.
Eptae (fluvius). I, 36.
Erbrée, Erbré, Erbrer, Erbra, Herbrée, Herbré, Herbrea, Herbreia, Herbreya. II, 74, 76, 80, 84, 151, 152 ; III, 93, 167 ; V, 7.
Erbrée (Breton d'), Brito de Erbreia. I, 108.
Erbrée (Gautier d'). I, 252.
Erbrée (Jean d'), d'Herbré, Johannes de Herbrea, de Herbreia, d'Herbrée, d'Erbra. I, 103, 146, 159, 173, 175, 177, 179, 200 ; V, 11, 12, 16. — Erbreia (J. de), senescallus de Vitreio. V, 18. — Erbrée (Jean d'). II, 200.
Erbrée (Robert d'). I, 256.
Ercé, Erceyum. Voir Hercé.
Erchenulphus, pater Roberti. I, 23.
Erdnesby (Helya de). V, 16.
Erin (Adonis), notaire. V, 118.
Erinardus, monachus. I, 65.
Erlianus, pater Radulfi. I, 37.
Erloi (nemus de), juxta Choisi. I, 258.
Erloy (les Bonshommes d'). I, 216, 258.
Ermenaldus, Ernaldus, prepositus. I, 48, 63, 64.
Ermengarde, comtesse de Bretagne. I, 74.
Ermengarde, femme d'Alain Fergent. I, 72.
Ermengarde, femme de Dreu de Mello. I, 190.
Ermengardis, Hermengardis, amita Garnerii, Guarini. I, 28, 31, 34.
Ermenonville, près de Senlis. III, 272, 273.
Ermensendis, mater Fulcoini. I, 27.
Ermi (Ascho). I, 24.
Ermite (Herveus l'), clericus. V, 31.
Ernaldus. Voir Arnaud, Ermenaldus.
Ernée. II, 128, 184, 185 ; III, 154 ; V, 23.
Erneis, père de Robert. I, 211.
Erneneria (terra de). I, 166.
Ernoldus. Voir Arnoldus.
Ernoul (frère), pénitencier du patriarche de Jérusalem. I, 252.
Erqueneium. Voir Arquenay.
Erquery. II, 147.
Erquery (les armes d'). II, 114.
Erquery (Béatrice d'), femme de Bouchard de Laval. II. 15, 267.
Erquery (Raoul d'). II, 15.
Errant (P.). I, 225.
Erval. Voir Derval.
Ervy-le-Châtel. IV, 164.
Escars (M. d'). IV, 317.
Escaut (l'). II, 101.
Esclimont. IV, 342.
Escorchin (Jean). V, 27.
Escornay (M. d'), gouverneur de Gavre. III, 132.
Escordetas (Herveus). I, 147. Voir Ecorchedas.
Escot (Pierre). Voir Lescot.
Escotay de la Crote (l'). II, 289, 291.
Escotot. I, 170.

Esmingo, Esmingeium, Émingé. I, 174, 176; V, 20.
Esnault (Jean), chapelain des Rivettes. IV, 264; V, 116.
Esnoville (seigneur d'). Voir Conte (Jean Le).
Espagne (l'). II, 307, 308; IV, 74, 81, 97, 305, 341, 380. — (l'ambassadeur d'). IV, 345. — (le connétable d'). IV, 97, 98. — (roi d'). Voir Philippe II.
Espagnols (les). IV, 73, 74.
Espaignol (l'), laquais. IV, 301.
Esparros (M. d'). Voir Foix (André de).
Espeluchart. III, 302.
Espernon (Raoul d'). II, 50, 51.
Esperonnière (M. de l'). IV, 291.
Espiau (Guille l'). III, 85.
Espigneul, Espignolet. II, 30, 57, 193.
Espina (Jacobus d'). V, 64.
Espine (L'). IV, 101.
Espine de Forcé (l'), fief. II, 371.
Espiney (le sergent d'). II, 347.
Esponville. II, 344.
Esqueren (Jean d'). II, 397.
Essarts (les). IV, 116.
Essarts-le-Roi (les). II, 51, 291.
Essarz (les), brolium. I, 248.
Essay, Essai, Esseium. I, 206, 211.
Esseline, femme d'Herbert de Montjean. I, 20.
Esseulx (seigneur d'). Voir Baillet (René).
Essey-lès-Nancy. IV, 264.
Estain-en-Barrois. III, 312.
Estang (M. d'). IV, 95, 96.
Estienne (Jean). V, 77, 78.
Estienne (R.). IV, 39.
Estoile (Pierre de l'). IV, 368.
Estommelière (la Basse). II, 371.
Eston (ecclesia de). I, 161.
Estourtecoq (Johannes). I, 226.
Estouteville (M. d'). V, 95.
Estres (seigneur des). Voir Bigot (Le).
Esves (seigneur d'). Voir Fouquet.
Étampes, Estempes. IV, 175, 176, 292; V, 55. — (comte, duc d'). Voir Bretagne (François II, Jean, Richard de).
Étampes, Estempes (M. d', le duc d'). IV, 172, 175, 195; V, 79.
Étampes (Denis d'). IV, 350.
Étampes (Guy d'), évêque du Mans, Guido, episcopus Cenomanensis. I, 98, 99.
Étang (seigneur de l'), à Saint-Cosme-de-Vair. Voir Villiers (Jean de).
Étienne, évêque de Rennes, Stephanus, episcopus Redonensis. I, 105, 108, 112, 115.
Étienne. I, 240.
Étival-en-Charnie (l'abbaye d'), Estival. I, 205; II, 41, 49, 50, 72, 121, 122, 334, 340; III, 284, 380; IV, 39; V, 109. — (abbesse d'). Voir Bouillé (Marguerite de), Laval (Jeanne de), Souvré (Antoinette de).
Étrogné (Pineau d'). I, 71.
Eu (Blanche d'), abbesse de Maubuisson. II, 48.
Eubel. V, 131.
Eudes, abbé de la Couture. I, 74.
Eudes (le comte), fils de Hoël II et d'Avoise. I, 67.
Eudes, évêque de Bayeux, Odo, episcopus Baiocensis. I, 42.
Eudes, frère d'Alain III, duc de Bretagne. I, 20.
Eudes, oncle de Guérin. I, 24.
Eudes, oncle d'Hubert de Saint-Berthevin. I, 164.
Eudes, père de Geoffroy. I, 51.
Eudo, filius comitis. I, 295.
Eudo, filius Gauscelini, Quanselini. I, 29, 35.
Eudo, nepos Ruelloni. I, 146, 147.
Eugène III, pape. I, 101.
Eugène IV, pape. III, 114, 229.
Eulida. Voir Lydda.
Eustachie, femme d'André II de Vitré. II, 179.

Eustachius, archidiaconus. I, 101.
Éveillard (Charles), chapelain de la Grande-Rivette. IV, 289, 290.
Éveillard (Jacques), chapelain des Rivettes. IV, 267.
Evenus, évêque de Dol. I, 51.
Évêque (Alain L'), Levesque, seigneur de la Haye. III, 287, 288, 307, 342.
Évêque (Guillaume L'), Levesque, sieur de Trifflent. III, 127, 130, 140, 177.
Évêque, fils de Geoffroy. I, 142.
Evillart (Gaufridus). I, 121.
Évreux, Ebroica urbs. I, 37; II, 254; IV, 107. — (le comte d'). III, 125. Voir Brezé (Pierre II de), Ricardus. — (comtesse d'). Voir Mauny (Jeanne de). — (évêque d'). Voir Péricard. — (l'église des Frères prêcheurs d'). II, 146.
Évreux (Jeanne d'), reine de Navarre. III, 331.
Évron, Euvron, Ebro, Ebronium. I, 40, 101; II, 62; III, 187. — (l'abbaye d'), ecclesia Beate Marie de Ebronio. I, 103, 210-212; II, 376; III, 142, 379. — (abbé d'), abbas Ebronensis. I, 151. Voir Brandeau, Favières, Gaufridus. — (doyen d'), decanus de Ebronio. I, 151. Voir Adam, M.
Evry (la Motte d'). Voir Motte-d'Evry (la).
Ewell (terra de). I, 165.

F

Faber, procurator. II, 286.
Fabre (Roaudus). I, 170.
Fabri (Nicholaus). I, 226.
Fago (Robinus de). II, 264.
Faiel, Fail, Faill, Faiot. Voir Fayelle.
Faigne (la). III, 143, 169, 201, 253, 364; IV, 59, 83, 319. — (seigneur de). Voir Laval (Louis, René I et René II de).
Fail (Noël du). IV, 256.
Falaise (le vicomte de). II, 122.
Faleron, fief. II, 396; III, 27, 28.
Fanereau (Guillaume). V, 110.
Faouet (seigneur du). Voir Boutteville.
Farcy, Farsi (Geoffroy). I, 224.
Farcy, Farsi (Guillaume). I, 145.
Farcy (Louis de). IV, 12.
Farcy (Paul de). I, xvi, 103, 116, 128, 140, 142, 145, 166, 178, 195, 209, 216, 217, 222, 224, 233, 272, 289, 298; II, 10, 43, 98, 113, 234, 235, 246, 264, 265, 279, 318, 361; III, 16, 83, 355; IV, 22, 83, 140, 169, 225, 289; V, 9, 10, 12, 25, 106, 118, 128.
Fare. III, 257.
Farent (Jacob). II, 190.
Fargis (M. de). IV, 335.
Fastredus, abbas Clarevallensis. I, 105, 106.
Faudoas (François de), comte de Belin. IV, 348, 349, 356-358; V, 132.
Fau du Teil (le). III, 131.
Fauguernon. II, 182.
Fauquembergue (l'héritière de la maison de), femme de Basses de Laval. II, 106.
Favières (Jean de), abbé d'Évron. III, 187.
Favières (Simon de). III, 205.
Fay (Philippe du). V, 111.
Faye (Jean de), archevêque de Tours. V, 21.
Fayelle, Faiel, Fayel, Faiot, brolium, grangia, pratus, stagnum, terra, Fayelle, paroisse de Saint-Jean-sur-Vilaine. I, 107, 108, 117,

119-122, 125, 129, 141, 143, 145, 147, 148, 158, 162, 243.
Fayelle. Faill (Rad. de). I, 173.
Fayelle. Fail (Robertus de), de Faiel, Fael, Faill. I, 145, 158, 159, 173.
Fayet, capitaine. IV, 70, 71.
Fayette. II, 306; III, 172. — (seigneur de). Voir Laval (Guy II de), seigneur de Loué, Laval (Jean et Pierre de).
Februarius (Gaufridus). I, 168.
Febvre (Guillaume Le). III, 131.
Febvre (Robert Le). I, 263.
Fedestran (ecclesia de Lachawordra). I, 84, 87.
Felhelt. II, 187.
Felix in Pincis (sanctus), saint Félix de Nole. I, 69.
Fenelon (Mme de). IV, 414.
Féolles. IV, 248.
Fer (Jacques Le). II, 369.
Ferchaut (le sieur de). IV, 352.
Ferdinand le Catholique. IV, 9.
Fère. IV, 220, 221.
Fère (la). II, 398.
Feré (Geoffroy). I, 217.
Ferée (la paroisse de). I, 245.
Ferentino. V, 21.
Fergent (Alain). I, 72.
Ferrant (Guillaume). III, 65.
Ferrare (duchesse de). Voir France (Renée de).
Ferratus (Drogo). I, 73.
Ferrault (Jehan). IV, 32.
Ferrière. II, 183; IV, 224.
Ferrière (M. de la). IV, 244, 263, 286; V, 124.
Ferron (Geoffroy Le). III, 286.
Ferron (Gilles Le). III, 89.
Ferté-Bernard (la). I, 130; III, 313, 357.
Ferté-Bernard (Bernard de la), Bernardus de Feritate, dominus de Feritate. I, 242.
Ferté-Ernault (la). IV, 313, 338.
Ferté-Habert (seigneur de la). Voir Saint-Nectaire (François de).
Ferté (François de la). IV, 141.
Ferté (Hue de la). II, 124.
Ferté (Loup de la). IV, 350.
Fertez (les), brolium. I, 248.
Fervaque (le seigneur, le maréchal, la maréchale de). Voir Alègre Anne d'), Hautemer (Guillaume de).
Feschal (Catherine de), femme de Jean Bourré. IV, 87.
Feschal (Jean de). IV, 64, 65.
Feschal (Marguerite de). III, 381.
Feschal (Olivier de). III, 165.
Festeleio (Robertus de). I, 152.
Feu (le courtell du). II, 156.
Fougerie. Voir Fougères.
Feuillants (les), à Paris. IV, 320.
Feuillée (seigneur de la). Voir Orange (Georges d'), Rieux (René de). — (Mme de la). IV, 323, 324.
Feuillée (Jacques de la), seigneur de la Rubaudière et de Loroux. III, 302.
Feuilly (la Motte de). Voir Motte-Feuilly.
Feumucon, moulin sur Poligné. I, 266.
Fèvre (François Le), sieur de Laubrière. IV, 303.
Fèvre (Godefroy Le), valet de chambre du duc d'Orléans. II, 357.
Fèvre (Guillaume Le). II, 300.
Fèvre (Jamet Le). V, 96.
Fèvre (Jean Le). II, 315, 316.
Fèvre (Jean Le), conseiller. III, 31.
Fèvre (Julien Le), sieur de la Poterie. IV, 304.
Fèvre (J. Le). V, 80.
Fèvre (Lucas Le). II, 359.
Fichepain (Nicolas). IV, 231.
Fief-aux-Francs (le). III, 179-181.
Fiefve (la lande du). IV, 299.
Fiennes (Robert, dit Morel ou Maurel de), seigneur de Fiennes, maréchal et connétable de France. II, 103, 204, 217, 268, 270, 272-276, 292, 319-321.
Filastre (Estienne). III, 52, 71.

Filgerie, Filligeriae. Voir Fougères.
Fissac (Alain de). III, 127.
Fizicque, laquais. IV, 304.
Flacé. IV, 112.
Flacheia. I, 169.
Flagi. V, 17.
Flamands (les). IV, 70.
Flament (Jehan Le), trésorier des guerres. II, 303, 391.
Flandre (la). II, 101, 102, 105, 106, 108, 123, 124, 140, 166, 176, 177, 193, 272, 303, 305; III, 20, 27, 100, 101, 117, 189, 197-199, 303; IV, 6, 30, 74, 81, 150, 154, 328. — (le comte de). II, 265, 269; III, 186, 271. Voir Louis, Philippe le Hardi.
Flandre (Yolande de), comtesse de Bar, dame de Cassel. II, 318, 321-327.
Flèche (la). IV, 388, 414; V, 34, 123. — (le collège de la). IV, 414.
Flèche (Guillaume de la). II, 197.
Fleis (Johannes de). I, 104.
Flet (Robinus). II, 263.
Fleuranges (le sieur de), maréchal de France. IV, 121.
Fleuripes (la belle). IV, 340.
Fleury (seigneur de). Voir Clausse.
Fleury (Gabriel). I, 155, 185, 195, 208; III, 338.
Fleury (Jehan de), notaire. V, 50-53.
Fleury. Voir Carmel.
Flocellière (seigneur, dame de la). Voir Laval (Marie de), Surgères (Jacques I et Jacques II de).
Floques (Robert de). V, 92.
Florence. III, 114, 158.
Florence, fief en Saint-Léger. IV, 331. — (seigneur de). Voir Rivault.
Floriería (Herveus de), de la Floreia. I, 125-127.
Flotte (M. de la). III, 343, 344.
Foart (Ferrez), pêcheur. II, 356.
Foilloüs, Foilloux, feodum. II, 74, 76, 78.
Foix. II, 39. — (le comte de). II, 63; III, 254. Voir Roger-Bernard III.
Foix-Lautrec (la maison de). IV, 107, 112.
Foix (le cardinal de). III, 315.
Foix (André de), dit M. d'Asparos, seigneur de Lesparre (Asparos, Esparos), fils de Jean de Foix. IV, 90, 106, 201.
Foix (Catherine de), reine de Navarre. III, 357.
Foix (Claude de), fille d'Odet de Foix et de Charlotte d'Albret, femme de Guy XVII de Laval et de Charles de Luxembourg, vicomte de Martigues, comtesse de Rethelois et de Beaufort en Champagne, vicomtesse de Fronsac et de Martigues, dame de Lautrec et d'Orval, comtesse douairière de Laval. I, XIV; IV, 107-112, 124-130, 136, 154, 156, 161, 164, 166, 172-178, 180-184, 191-195, 198-203, 205, 210-212, 216, 217, 219-221, 224-227, 232, 237-240, 242, 243, 246, 249, 254; V, 113.
Foix (la marquise, nièce de Claude de). IV, 182.
Foix (Françoise de), fille de Jean de Foix et de Jeanne d'Aydie, femme de Jean de Laval-Châteaubriant. I, XIV; III, 243, 244, 362 [ligne 22, lire *Françoise de Rieux* au lieu de *Françoise de Foix*]; IV, 38, 40, 87, 90, 106, 116, 127, 140, 195; V, 131.
Foix (Germaine de). IV, 93.
Foix (Henri de), deuxième fils d'Odet de Foix, comte de Comminges, Rethel et Beaufort en Champagne, seigneur de Lautrec. IV, 77, 107, 126, 129, 161-164, 188, 196, 202, 220, 223, 227.
Foix (Jean de), mari de Jeanne d'Aydie, seigneur de Lautrec. III, 243; IV, 38, 106.
Foix (Odet de), fils de Jean de

Foix, comte de Comminges et de Rethel, seigneur de Lautrec, Orval et Donzy, maréchal de France. IV, 77, 79, 89, 90, 93, 106, 107, 124, 126, 172, 220.
Foix (Thomas de), fils de Jean de Foix, seigneur de Lescun, maréchal de France. IV, 106.
Foleville (Jehan, seigneur de). II, 323.
Folia Andre, juxta Faiel. I, 125.
Folloth (Willielmus). I, 85.
Follena (terra de Vado de). I, 166,
Folvye, fief. IV, 279.
Foncedière (Georges). III, 89, 90.
Fontaine (seigneur de). Voir Manneville.
Fontaine (Guillaume de la). V, 101.
Fontaine (Jaquet de). III, 177.
Fontainebleau. III, 289; IV, 114, 116, 147, 160-162, 164, 171, 172, 178, 195, 205, 216, 240, 243, 244, 255, 329, 370-372, 378, 388, 390.
Fontaine-Couverte (Saint-Bonner de). IV, 197, 198.
Fontaine-Daniel (l'abbaye de), Fons Danielis. I, 161, 165, 201, 204, 253, 264, 265; II, 241, 242; III, 29; V, 21. — (l'abbé de). III, 82. Voir Jean.
Fontaine-Gehard (le prieuré de), prioratus de Gahart, Gahard. I, 102, 113, 163, 164, 250. — (prieur de). Voir Stephanus, Willelmus.
Fontaines (Julien). IV, 366.
Fontaines (Renée de), femme de Jean de Daillon. III, 184.
Fontaine-Saint-Martin (la). Fons Sancti Martini. I, 201.
Fontanon. IV, 207.
Fonteczurs (les fons de). II, 61.
Fontenailles (dame de). Voir Hayes (Claude des).
Fontenailles (Guyon de), seigneur de Vezins. IV, 32.
Fontenailles (Julien de), seigneur de Moulins à Beaumont-Pied-de-Bœuf. IV, 303.
Fontenault (le sire de). III, 25.
Fontenay-en-Brie. IV, 244, 245.
Fontenay-le-Marmion. II, 115.
Fontenay-sous-Bois, près de Paris. II, 108, 195.
Fontenay (seigneur de). Voir Aeigné (Jean d').
Fontenay (le cloux de). II, 248.
Fontenay (Guillaume de). I, 239.
Fontenay (R. de). V, 15.
Fonteneau (dom). II, 303; III, 72, 389; IV, 36, 65, 204, 224, 263, 296, 318.
Fontete. IV, 252.
Fontevrault (l'abbaye de). II, 37; IV, 139, 251.
Foque (Garinus). I, 169.
Forbin (Palamède de). V, 101.
Forcalquier (comte, comtesse de). Voir Anjou (Charles et René d'), Laval (Jeanne de).
Forcé (la ville de). II, 371. — (l'Espine de), fief. II, 371.
Fordox (la lande). II, 352.
Forest (Jehan de la), prieur des Carmes de Nantes. III, 113.
Forest (le sire de la). III, 248, 250, 316.
Foresta (Guido de). I, 159.
Forêt (Guy de la). II, 306.
Forêt-Neuve (la). IV, 238, 239.
Forez (le). V, 98, 102. — (comtesse de). Voir Beaujeu (Anne de).
Forgere (Yvon). III, 65.
Forgerons (la chapelle des), à Port-Brillet. III, 334.
Forges (Guillaume de). II, 391.
Foro (ecclesia Sanctae Mariae de). I, 84.
Foroles. I, 85.
Forrée (Johenne la), ou Sorrée. II, 202.
Fort (Guillaume Le), sergent en la forêt de Vitré. IV, 76.
Fort (Hamon Le), doyen. I, 74.
Fort (Jean Le). IV, 76.
Fort (Le). IV, 399, 400.
Fortin, tènement à la Chapelle-Achard. III, 26.

Fortin (frère). III, 107.
Fosse (Jean). III, 68.
Fosse (Guyard de la). I, 5, 163, 165.
Fostune, Fotstune (villa de). I, 119.
Fostune (Thomas et Willelmus de). I, 119.
Fotdoit (Robertus). I, 225.
Fou (Robert du). II, 306.
Foucault (l'abbé). I, 6.
Foucher, Fuscherius (Hubertus), senescallus de Vitreio. I, 260, 261, 263.
Foucher (l'abbé). I, 10.
Foucquere (Thibaut). I, 212.
Foucre (Jean), chanoine de la Madeleine de Vitré et prieur de Brielles. IV, 170.
Fougères, Foulgere, Filgerie, Filligeriae, Fulgeriae. I, 80, 124, 127, 173; II, 151, 153, 253, 366-369; III, 229, 302, 309; V, 12-15. — (l'abbaye de). I, 160. — (la Trinité de). I, 80, 127. — (prieur de la Trinité de). Voir Gigan. — (le sieur de). III, 148. Voir Alençon (Pierre II d'). — (dame de). Voir Laval (Hélène de). — (sénéchal de). Voir Robertus.
Fougères (la maison de). I, 274.
Fougères (Clémence de), femme d'Alain de Vitré dit de Dinan, et de Renoul de Chester, Clementia de Fugeres, filia Wilelmi de Fugeres. I, 118, 119; V, 12-15, 127.
Fougères (Geoffroy de). I, 180.
Fougères (Geoffroy de), frère de Clémence. V, 12-15.
Fougères (Girard de), Girardus de Fulgeriis. I, 152.
Fougères (Guillaume de), Guillelmus, Wilelmus, W. de Filgeriis, Filigeriis, Feugeriis. I, 119, 156, 157, 173, 295; V, 12-15.
Fougères (Henry de). I, 283.
Fougères (Marguerite de), femme de Galeran de Meulan. I, 140.
Fougères (Raoul de), Radulphus de Filgerio, Filgeriis, Fulgeriis, dominus Filgerie, Fulgeriarum. I, 108, 110, 124, 127, 130, 131, 139, 222, 228, 229, 232, 233, 243, 289; V, 12-15.
Fougereyum, Foulgereyum. I, 236.
Fougerolis (Vivianus de). I, 23.
Fougerolles. II, 371. — (seigneur de). Voir Laval (François de).
Fouilleux (seigneur de). Voir Brée (Lancelot de).
Foulgeray (seigneur de). Voir Malestroit (Jean de).
Foulque, fils de Hunauld. I, 67.
Foulques Nerra, comte d'Anjou. I, 5, 6, 16, 46, 70.
Foulques Réchin, comte d'Anjou, Fulco, comes. I, 5, 70, 71.
Foulques V, comte d'Anjou. I, 60, 78, 110; V, 8.
Foulques, oncle de Guérin. I, 24.
Fouquart, procureur-syndic de Reims. III, 310.
Fouquet (Charles), seigneur d'Esves. IV, 371.
Fouquet (Jehan), peintre. III, 14, 329.
Four (Jean du). IV, 301.
Foureau. IV, 385.
Fourneaulx (le seigneur de). IV, 197, 198.
Fournet (Guillaume). II, 397.
Fournier (Jean), juge d'Anjou et du Maine. III, 8, 9, 54, 73.
Fovet (Andreas). I, 170.
Frageu (la forêt de), foresta de Frageou, Frugeio, Fragol, Frageol, Fraiol. I, 153, 202, 206, 226, 248; III, 131; V, 19.
Frain (Pierre), seigneur de la Poultière, en Vitré. IV, 316.
Frain (S.). IV, 354, 368.
Fraion. II, 96.
Franc (Alard Le), Alardus Francus. I, 102.
Franc (F. Le), F. Francus, frater Hamelini Franci. I, 153.
Franc (Foulques Le), Fulco Francus. V, 20.

Franc (Haimeri Le), Haimericus Francus. I, 61.
Franc (Hamelin Le), Hamelinus Francus, testis (1080-1093). I, 65.
Franc (Hamelin Le), Hamelinus Francus, miles (1151). I, 101.
Franc (Hamelin Le), moine, Hamelinus Francus, monachus, frater Hugonis (1186). I, 139.
Franc (Hamelin Le), fils d'Yves et père d'Yves et d'Hamelin, Hamelinus Francus, testis (1186-1210), filius Yvonis Franci (1223), pater Ivonis Franci (1207), mort avant 1260. I, 152, 153, 157, 213, 214, 266-268 ; V, 18-20.
Franc (Hamelin Le), fils d'Hamelin et frère d'Yves (1260, 1265). I, 266-268 ; II, 21.
Franc (Hugues Le), Hugo Francus, testis (1142-1199). I, 110, 117, 152, 157.
Franc (Hugues Le), moine, Hugo Francus, monachus, frater Hamelini (1186). I, 139.
Franc (Hugues Le), fils d'Yves et d'Avoise de Craon, mort dès 1218, Hugo, filius Ivonis Franci et Advisie de Lavalle. I, 208.
Franc (Hugues Le), Hugo Francus, testis (1207). V, 20.
Franc (Jacques Le), Jacobus Francus. V, 20.
Franc (Yves Le), Ivo Francus, testis (1039). I, 23.
Franc (Yves Le), second mari d'Avoise de Craon, veuve de Guy VI, Yvo, Ivo Francus (1197-1223). I, 133, 152, 157, 184, 185, 203, 205, 206, 208, 213 ; V, 18-20.
Franc (Yves Le), seigneur de Saulges (1205). V, 17.
Franc (Yves Le), fils d'Hamelin et frère d'Hamelin (1260). I, 266-268.
Français (les), Franci. III, 6, 7, 9, 20 ; IV, 331 ; V, 15.
France (la), Francia. I, 1, 2, 16, 17, 151, 218, 228, 300, 301, 304 ; II, 13, 39, 177, 211, 249, 395 ; III, 5, 57, 58, 79, 82, 86, 101, 161, 168, 213, 214, 222, 226, 245, 248, 270, 301, 305, 306, 355, 358, 370 ; IV, 7, 8, 10, 19, 30, 77, 108, 225, 262, 267, 274, 283, 288, 296, 297, 300, 329, 331, 356, 368. — (le clergé de). IV, 292. — (le connétable de). V, 45. — (les trésoriers de). V, 103-105.
France, Francia, l'Ile-de-France. Voir Ile-de-France (l').
France (la régente de), en 1525. IV, 77. Voir Savoie (Louise de).
France (la maison de). III, 198, 212, 330 ; IV, 8.
France (Anne de). Voir Beaujeu (Anne de).
France (Charles de), duc de Berry et de Guyenne, fils de Charles VII. III, 125 ; V, 93.
France (Charles-Orland de), dauphin, fils de Charles VIII et d'Anne de Bretagne. III, 375, 380, 381.
France (Claude de), femme de François Ier. IV, 75, 99.
France (François de), fils de François Ier, dauphin, duc d'Angoulême et de Bretagne. IV, 99, 100, 102, 103, 117, 125.
France (Jeanne de), fille de Charles VI, femme de Jean V de Bretagne. III, 119, 214, 217, 333, 388 ; V, 70-72.
France (Jeanne de), fille de Louis XI, femme de Louis XII. III, 339, 357, 371, 372.
France (Madeleine de), fille de François Ier. IV, 103.
France (Marguerite de), fille de François Ier. IV, 103.
France (Renée de), fille de Louis XII, duchesse de Ferrare. IV, 72, 264, 266, 278, 279.
France (Yolande de), fille de Charles VII. IV, 7.
France (Anatole). IV, 277.

Franco (Jean Noveu, dit de). V, 97, 98.
François, abbé de Sainte-Catherine de Laval. III, 382.
François Ier, roi de France. III, 243 ; IV, 12-15, 18, 21, 22, 24, 43, 44, 54, 55, 57, 58, 60, 62, 69-76, 78, 80, 85-87, 89, 91, 92, 97-100, 102, 108, 113-116, 118-122, 126-128, 136-143, 145, 146, 149-152, 154, 156, 160-164, 168, 171, 172, 189-191, 195, 199, 205-208, 215, 216, 219, 220, 224, 227, 229 ; V, 80.
François II, roi de France. IV, 256, 257.
François (Pierre), dit la Corvette. IV, 122.
François, sommelier. IV, 304.
Franconville (Marie de). Voir Beaumont (Marie de).
Francs (le fief aux), le flé au Franc, en Bretagne. III, 179-181.
Francus. Voir Franc (Le).
Frays (Reginaldus le). II, 263.
Fréminville (M. de). II, 170.
Frère (Johan). II, 276.
Freron. V, 58.
Freslon (Geoffroy), évêque du Mans. II, 17, 53.
Fresnaie (la). IV, 400, 401.
Fresnay (la prévôté de). II, 72.
Fresne [Fresnay-le-Samson] (seigneur de). Voir Laval (Jean de).
Fresne (le), paroisse de Sacé. I, 266.
Fresne (le), domaine de la Chartreuse du Parc. III, 94.
Fresne (Louis du), chapelain de Saint-Martin. IV, 318.
Fretay (molendinus de). I, 169.
Fréteval. I, 7 ; II, 98.
Fréteval (Nivelon I de). I, 7, 8.
Frétière (M. de la), lieutenant général d'Angers. IV, 373.
Frezel (Lancelot). III, 25.
Frin (Charles), boulanger. IV, 383.
Frin de Cormeré. I, 10.
Frinodour (seigneur de). Voir Laval (Guy XV et Louis de).
Frit (Odet de), bailli du Cotentin. III, 170.
Frize (seigneur de). Voir Philippe le Hardi.
Froissart. II, 178, 268, 282, 297.
Froit Mantel (la rue), à Paris. II, 141.
Froment (Nicolas). III, 235.
Fromentières (Guy de), second mari de Françoise de Laval. III, 380.
Fromentières (René de). III, 380.
Fronsac. IV, 237, 246. — (vicomte, vicomtesse de). Voir Foix (Claude de), Laval (Guy XVII de).
Frouerie (la rue de la), au Mans. II, 124.
Froxton (terra de). I, 118.
Fugères. Vo[illegible] Fougères.
Fulbertus, [illegible] Fulcoini. I, 28.
Fulcherius, archidiaconus Cenomanensis. I, 75.
Fulcherius, presbyter. Voir Fulcodius.
Fulco, abbas Clarimontis. I, 126.
Fulco, prior Clarimontis. I, 121, 141, 149.
Fulcodius, monachus. I, 29.
Fulcodius, Fulchodius, Fulcherius, presbyter. I, 29, 31, 34.
Fulcodius, secularis. I, 23, 24.
Fulcoinus, homo Guidonis I de Lavalle. I, 26-29.
Fulcolinus, testis. I, 22.
Fulgeriae. Voir Fougères.
Fumée (Adam). III, 311.
Furno (Michaele et Morellus du). II, 264.
Fusche, Tusche (caput), que vocatur les Alcoz, Aloez, Alvez. I, 107, 121, 148.
Fuscherius. Voir Foucher.
Fussel (seigneur de). Voir Aligre (Gabriel d').
Fustel de Coulanges. I, 3, 4.
Fustilaclo. I, 158.

G

G., abbas Culturensis (Gaufridus). I, 115, 116.
G., decanus Cenomanensis (Gaufridus). I, 221.
G., senior Ranfredi. V, 16.
Gabien (Richart), religieux. II, 122.
Gabriel (Julien), marchand de Laval. II, 295.
Gabriel (maître). IV, 225.
Gabril (Julien), grenetier à sel de Laval. II, 280.
Gadalière, Gadelière (seigneur de). Voir Bocquet (Gabriel du).
Gadello (Sanctus Mevennius de). Voir Saint-Méen.
Gaël. IV, 30, 50, 343. — (seigneur de). Voir Montfort (Raoul VIII de).
Gahart, Gahard. Voir Fontaine-Gehard.
Gaiclip. I, 181.
Gaignières. I, IX, XIII, 90-92, 96, 105, 133, 134, 153, 195, 313; II, 12, 43, 104, 231, 238, 241, 358, 390; III, 235, 242, 290, 328; V, 12, 33, 93.
Gaillefontaines. V, 108.
Gaines, prieuré. IV, 251.
Galachier, moulin. II, 368.
Galais (Jean), lépreux. III, 385.
Galardières (les), fief à Bressuire. IV, 42.
Gales (Robertus). II, 222.
Galet (G.). I, 212.
Galbaderia (molendini de). I, 167.
Gallais (Blanchet Le). III, 284.
Gallardon. II, 259.
Gallars (M. des). IV, 258.
Gallays (Guillaume). III, 367.
Gallery (Jacques). IV, 370.
Galles (le prince de). II, 265, 275.
Galliola, Gallola, Gailliola, Gallole (Robertus de). I, 120-122, 126, 127, 141, 143, 158.
Galpière (la). I, 215.
Galquelinus, homo Rotberti de Toeniaco. I, 39.
Galterus, cellerarius Savignei. I, 144.
Gams. IV, 227; V, 111, 112.
Ganche (J.). III, 373.
Gand, Gant. II, 187, 193, 260.
Gandeau (P.). III, 128.
Gandelbertus, clericus. I, 63.
Gandelinus, filius Gentissimae. I, 28.
Gandonnaye (la), à Saint-Jean-sur-Couësnon. I, 254.
Gandonnière (la), près de Laval. I, 243, 257.
Garanna (Judicaellis de). I, 198.
Garaubert (le Père), près de Bougon. II, 218.
Garches (François de). IV, 163.
Garde (la), 149, 216, 219.
Garenioterie (mansura). I, 168.
Garenne (la), fief. III, 388.
Garenne (Jean de la). III, 388.
Gargan (mont). II, 309.
Garin, évêque de Rennes. I, 21.
Garinus, Guarinus, monachus. I, 29, 40, 41.
Garinus, sacerdos Sancti Melanii. I, 144.
Garmeau (Henri), maître de la Monnaie d'Angers. II, 250.
Garnache (comte de la). Voir Rohan (le vicomte de).
Garnache (Pierre IV de la). I, 132.
Garnaud (seigneur de). Voir Meignen (Pierre).
Garnerius, abbas Majoris Monasterii. I, 102.
Garnerius, frater Cadini Stabilis. I, 65.
Garnerius, Guarinus, nepos Hermengardis. I, 28, 31, 34.
Garnier (Jean), chapelain des Rivettes. V, 111.

Garnier (Jean), maître maçon. IV, 192.
Garnier (Macé). II, 260 ; V, 36.
Garsin. IV, 157.
Garucher (le seigneur de). II, 287.
Garuchier. II, 287.
Gascogne (la). II, 41, 100 ; IV, 176, 180.
Gasconis (Hamelinus). I, 72.
Gasset (Guillaume), chapelain de Gastines. V, 107.
Gassyn (François de), écuyer de Guy XVII. IV, 213.
Gast en Bretagne, seigneurie. IV, 26.
Gast (le). V, 29.
Gast (la place du), à Laval, campus qui dicitur le Gast. I, 208, 209.
Gastellos. I, 170.
Gastin (René), sieur de la Prévostière. IV, 304.
Gastines (l'ordre de). V, 21.
Gastines (la chapelle de), en l'église Notre-Dame de Beaufort. V, 107.
Gastines (Guillaume de) I, 254.
Gastines (Robert de). I, 256.
Gasto (Gaufridus de). I, 145.
Gâtinais (le). II, 212.
Gauceron (feu). II, 290.
Gaucourt (le sire de). III, 78, 81, 257, 348. — (Raoul de). V, 130.
Gaudète (Jean). III, 268.
Gaudin (la rue), à Laval. II, 91.
Gaudry (Guido). I, 175.
Gaufredus, prepositus de Sancto Bartholomeo. I, 63.
Gaufridus, abbas Bellebranche. I, 139.
Gaufridus, abbas Clarimontis. I, 151, 152 ; V, 16.
G[aufridus], abbas Culturensis. I, 115, 116.
Gaufridus, abbas Ebronensis. I, 151.
Gaufridus, cancellarius. I, 85.
Gaufridus, capellanus de Campellis. I, 120.
Gaufridus, clericus. I, 112.
G[aufridus], decanus Cenomanensis. I, 221.
Gaufridus, episcopus Cenomanensis. Voir Laval (Geoffroy de), Loudun (Geoffroy de).
Gaufridus, episcopus Nannetensis. V, 21.
Gaufridus, filius Hervei. I, 114, 115.
Gaufridus, filius Willelmi. V, 16.
Gaufridus, frater Adelardi. I, 31, 35.
Gaufridus, frater Guidonis filii Lanucii. I, 29.
Gaufridus, monachus. I, 102, 124, 141, 164.
Gaufridus, prior de Changé. I, 151.
Gaufridus, subprior Savigneii. I, 108, 285.
Gaufridus, testis. I, 101.
Gaulayrie (seigneur de la). Voir Tyrel (Pierre).
Gaultier (Bertrand). III, 208-210.
Gauscelinus, pater Eudonis. I, 29. Voir Quanselinus.
Gauscelinus, Guascelinus, Guauscelinus, Guiscelinus, presbyter. I, 28, 29, 31, 34, 42.
Gauscelinus, Guauscelinus, Goscelinus, senescallus. I, 23, 24, 28, 31, 34.
Gauslinus. frater Lisiardi de Alvers. I, 42.
Gauterii (Guillelmus). I, 128.
Gauteron. III, 154.
Gautherot (Denis), doyen de Saint-Tugal et curé d'Andouillé. IV, 263.
Gautier, abbé de Saint-Serge, Walterius, abbas Sancti Sergii. I, 73.
Gautier, fils du premier lit de Rotrude de Château-du-Loir, Gualterius, filius Rotrudis. I, 17, 19, 28, 31, 34.
Gautier (Guillaume), curé de Parçay. V, 99.
Gauzbertus, testis. I, 22.
Gavion (fossata). I, 260.
Gavre. II, 101, 102, 113, 153, 154, 173, 174, 180, 265 ; III, 101, 132,

142, 166, 186, 189, 192, 196-199, 271, 282, 304, 326, 331 ; IV, 6, 7, 30, 44. — (gouverneur de). Voir Escornay (d').
Gavre (la maison de). II, 113, 121.
Gavre (Aimery de). II, 140.
Gavre (Béatrix de), fille de Rasses VIII et de Béatrix de Longueval, femme de Guy IX de Laval. II, 101-106, 113, 114, 120, 121, 123, 129, 140, 142, 146-150, 166, 173, 203, 247, 280, 281 ; IV, 6, 128.
Gavre (Béatrix de), femme du maréchal de Fiennes. II, 103, 204.
Gavre (Guy de), nom porté par Guy de Laval, fils de Guy XII et de Jeanne de Laval, et par Jean de Montfort dit Guy XIII de Laval. Voir ces noms.
Gavre (Rasses VI et Rasses VII de). II, 101.
Gavre (Rasses VIII de), père de Béatrix de Gavre. II, 101, 102, 106 ; IV, 6.
Gavre (Rasses de), fils de Rasses VIII. II, 102 ; IV, 6.
Gavre (la dame de), femme du seigneur de Vielgen. II, 260.
Gaye (la), capitaine. IV, 304.
Gaynier (Jouennin). II, 160.
Gaz (Pierre). III, 65.
Geberti (P.). III, 129.
Gédoin (Anne), femme de Jean Breton. IV, 98.
Gédouin (Guillaume), IV, 32.
Geebert (Petrus). I, 169.
Geffrart (René). IV, 83.
Gegou (Laurent). III, 87.
Geleneria (Gauffridus de). I, 169.
Gena (Johannes de). I, 102.
Gena. Voir Gennes.
Genas (François de). III, 280.
Genault (Guillaume). IV, 32.
Général (le). IV, 160.
Gênes (Italie), Gennes, Jennes. III, 13, 14, 83, 186, 187, 348, 349 ; IV, 168. — (doge de). Voir Adorna. — (le duc de). III, 277.
Genest (le), Sanctus Sulpicius de Genetis, prope Lavallem Guidonis. II, 372 ; III, 341. — (le sieur du). II, 372.
Genesta (Algerius de). I, 64.
Genesta, Gesta (Constantius de). I, 23, 24, 31, 34.
Genesta (Paganus de). I, 64.
Genetoy (le). IV, 153, 154.
Genève. IV, 258, 273, 279. — (le duc de). III, 236.
Genevraye (seigneur de la). Voir Laval (Guy II de), seigneur de Loué.
Geneyn (Johannes). II, 263.
Génin (M.). IV, 158.
Genlis (le sieur de). IV, 262.
Genly. II, 356.
Gennes (Mayenne), Gena, Genna, Gethna. I, 56, 74, 103, 139, 140, 251 ; II, 30 ; IV, 408, 411.
Gennes (le moulin de). III, 113, 177, 366 ; IV, 58,
Gennes (Georges de), capitaine de Vitré. IV, 233, 261, 271.
Gennes (Jean de), capitaine de Vitré (1417). III, 30.
Gennes (Jean de), capitaine de Vitré (1505). IV, 38.
Gennes (Jean de) (1574). IV, 298.
Gennes (Italie). Voir Gênes.
Gênois (les). III, 14.
Genor (Hubert de), chevalier. I, 180.
Gentissima, mater Ingebaldi. I, 28.
Geoffroy, abbé de Saint-Melaine. I, 160, 180.
Geoffroy, chapelain. I, 51.
Geoffroy, comte de Rennes. I, 51.
Geoffroy, doyen de l'église du Mans, I, 74. — doyen de l'église du Mans et archevêque de Rouen. V, 7.
Geoffroy, évêque du Mans. II, 53. Voir Freslon (Geoffroy).
Geoffroy, fils d'Eudes. I, 51.
Geoffroy, fils de Guy. I, 145.
Geoffroy, père d'Évêque et de Nicolas. I, 142.

Geoffroy, prieur de Laval. I, 140; V, 10.
Geoffroy, prétendu surnom de Guy I de Laval. I, 10.
Geoffroy Martel, comte d'Anjou. I, 6, 35, 276, 277; V, 7, 125.
Geoffroy Martel le jeune, comte d'Anjou. I, 71.
Geoffroy Plantagenet, comte d'Anjou. I, 79, 87, 94.
Geoffroy le Vieux, prétendu petit-fils d'Hubert de Beaumont. II, 181.
Geoffroy de Vendôme. Voir Vendôme (Geoffroy de).
Georgeaulx (Denis). IV, 83.
Georgius, filius Hai. I, 120.
Georgius. II, 83.
Geraldus, Giraldus, senescallus. I, 37, 39.
Gérard, abbé de Marmoutier. II, 269.
Gerardini (Johannes). II, 264.
Gerardus, monachus. I, 150.
Gerart (Moulin). Voir Moulin-Gerart.
Géraud. III, 379.
Geray (Jehan). II, 226.
Gerbaudi (Gauffridus). I, 170.
Gérigné [et non Gévigné] (Mayenne). II, 16, 23, 25, 184, 396; V, 127. — (la Motte de). Voir Motte de Gérigné (la).
Gerogius, Girogius, pater Rotberti. I, 37, 39.
Geroyus, testis. I, 22.
Gerranda (Judicael de). V, 22.
Gervais, doyen du chapitre du Mans, neveu de l'évêque Gervais. I, 19.
Gervaise. Voir Vitré (Gervaise de).
Gervaiseau (Jehan), messager de Laval à Paris. IV, 384-386.
Gervasius, dictus Homo Dei, canonicus Andegavensis. II, 75-83.
Gervasius, episcopus Cenomanensis. Voir Château-du-Loir (Gervais de).
Gervasius, nepos Hildeberti episcopi. I, 76.
Gerville (M. de). I, 140.
Gervroniensi (Genduinus, Gunduinus de). I, 29, 35.
Gervroniensi (Rotbertus de). I, 29.
Gesbertus. I, 148.
Gesland (Jean). IV, 105, 108, 109, 221, 222, 228; V, 131.
Geslin (François), prieur de Saint-Ladre de Vitré. III, 385.
Geslin de Bourgogne (M.). I, 284; III, 320; V, 127.
Gesta, Genesta (Constantius de). I, 23, 24, 31, 34.
Gesvres (Louis Potier de). V, 124.
Gethna. Voir Gennes.
Gévigné. Lire Gérigné.
Gevreseio (Willelmus de). I, 120.
Gevrone (decanus de). I, 151. Voir Renatus.
Giac (Pierre de). III, 75.
Gibertus (Herveus). V, 30.
Gibon (Perrin). V, 98.
Gicquel (Jean), évêque de Rennes. I, 247, 248.
Gié (seigneur de). Voir Rohan (François et Pierre de).
Gié (le maréchal de). III, 220, 311, 316.
Glen. III, 312. — (comtesse de). Voir Beaujeu (Anne de).
Giffart (Macé). II, 254.
Giffart (les fils de). I, 150.
Gigan (Jacques), prieur de la Trinité de Fougères. IV, 391.
Gilber, Gilbert (Hervé). I, 247, 253-255.
Gilberti (Rogerius). I, 169.
Gillbert, contrôleur. IV, 304.
Gillebertus, canonicus Baiocensis. I, 128.
Gilles I, évêque de Rennes. V, 30.
Gillette, uxor Guillelmi Minaud. II, 78.
Gillier (René), mari de Claude de Laval-Lezay, IV, 318.
Gillier (Urbain), fils des précédents. IV, 318.
Ginardus, prieur de Laval. I, 72.

Giquel (G.). II, 254.
Giquelet (Étienne), châtelain de l'île de Bouin. II, 253.
Giraldus, cocus. I, 46.
Giraldus, Geraldus, senescallus. I, 37, 39.
Girard, abbé de Saint-Aubin. I, 71, 278.
Girard (Jean), le jeune, chapelain de Saint-Jacques de Louailles. V, 100.
Girard (Noé). II, 372.
Girard (Régnier), chapelain des Rivettes. V, 114.
Girard, légat, évêque d'Angoulême. V, 7.
Girard, médecin. V, 95.
Girard, seigneur de Retz. V, 34.
Girardus, Giraldus, cognatus Raimundi. I, 29, 35.
Giraucourt, Gyraucourt. IV, 61.
Giraudeau (Guillaume). III, 129.
Giraudi (Guillelmus). I, 198.
Girogius, Gerogius, pater Rotberti. I, 37, 39.
Gironis (Gauffridus). I, 173.
Giry. I, 90.
Gisart (bordagium). I, 212.
Gislebertus, pater Balbwimi. I, 86.
Gislebertus, testis. I, 37.
Gisors. II, 39; III, 37.
Giudice (Giuseppe de). II, 53, 54, 62.
Givan, fils de Robert Avenel. I. 50.
Gizeux, Gyseus, Giseurs. IV, 130, 131.
Glan, Gland, Glans. II, 123, 150, 198.
Glapion (Guérin de), Guarinus de Glapione. I, 161, 175.
Glinton (Gaufridus de). I, 85.
Glivière (Guillaume de). IV, 256.
Glocester. V, 25, 26.
Gloria (Nicolas). II, 352.
Godart. III, 119.
Godbert. III, 79, 293, 337; IV, 262, 266, 267, 285, 300.
Godebleste (Guillelmus). II, 263.
Godefredus, cognatus Gaufridi Basle. I, 144.
Godefredus, parens Fulcoini. I, 28.
Godefredus, venator. I, 72.
Godefridus. I, 148.
Godefroy. III, 255, 310, 335, 349; IV, 43; V, 93.
Godefroy (collection). IV, 355, 356.
Godet (Guillaume). III, 205-207.
Godin. III, 89.
Goëllo (le). I, 305.
Goëlo, Goelon, Goylon (seigneur de). Voir Avaugour (Henri d').
Goguet (Hilaire). IV, 248.
Gombert (Johan). III, 208.
Gomper. Voir Compor.
Gonesse. III, 276.
Gonnieux. Voir Gouvieux.
Gonvreyum. I, 168.
Gonzague (Louis de), duc de Nevers. IV, 345, 350.
Gooneyum. I, 114.
Gordes (M. de). IV, 271.
Gormaelan (monsor). II, 23.
Gorola (Robertus de). I, 145.
Gorran (Stephanus). I, 179.
Goscelini (broiet). Voir Breil de Jusseaume.
Goscelinus, Gauscelinus, Guauscelinus, senescallus. I, 23, 24, 28, 31, 34.
Gosellini (nemus). Voir Breil de Jusseaume.
Gosné. II, 95.
Goucelles (Angeau de). IV, 242.
Goucey (Drouet). II, 364.
Goudé (l'abbé). II, 229; IV, 34.
Goudrummière (la). II, 371.
Goué. I, 11. — (archives de). I, IV, 20, 51; II, 47, 201; V, 6.
Goué (Guionne de), femme de François de Laval. II, 201.
Goué (Herold de). I, 20.
Goué (Jean-Baptiste de). V, 6, 126.
Goué (Osmond de). I, 20.
Goué-Montjean (le contrat). I, 10, 11.
Gouffier (Anne), femme de Raoul de

Vernon, dame de Montreuil-Bonnin. IV, 102.
Gouffier (Guillaume), sieur d'Oiron. IV, 102.
Gougeul (Pierre), évêque du Mans et du Puy, Petrus, episcopus Cenomanensis et Aniciensis. II, 157.
Gouit (Jean), curé de la Trinité de Laval. II, 389.
Goulaines (Baudoin de). IV, 304.
Goupigny. V, 29.
Goupil (Jean), l'aîné et le jeune. II, 371.
Goupil (Jehan). III, 25.
Goupil. III, 156.
Goupill (Johannes), clericus. II, 75.
Goupillon (Étienne), évêque de Séez. III, 289, 311, 312, 316, 317.
Gournay-en-Bray ou Gournay-sur-l'Epte, Guarniacus. I, 18, 36, 39.
Gournay-le-Guérin. V, 108. — (seigneur de). Voir Laval (Guy XV et Jean de).
Gournay (Mathieu de). II, 266.
Gouverneur (Jean Le), miseur de Vitré. IV, 54.
Gouvets. V, 29.
Gouvieux [et non Gonnieux]. II, 275, 276 ; V, 37.
Gouvrion (M.). III, 30.
Gower (lord Ronald). III, 244 ; IV, 19, 106, 110, 111.
Goylon. Voir Goëlo.
Goyon (Stephanus). I, 173.
Gracieux (Jean Le), orfèvre. III, 177.
Grainville. II, 324.
Gramesnil. Voir Grasmesnil.
Grammont. III, 142.
Grancey. IV, 327. — (duc, comtesse de). Voir Hautemer (Guillaume de), Alègre (Anne d').
Grande-Rivette (la). Voir Rivettes (les).
Grandet (Joseph). I, 110; III, 264, 265.
Grandini (furnus). I, 207.
Grandlieu (Saint-Philibert de). II, 73 ; III, 186, 187 ; V, 99. — (le lac de). IV, 55. Voir Saint-Philibert-de-Grandlieu.
Grandmaison (Louis de). I, 65, 86 ; II, 202, 274 ; III, 195.
Grandmesnil (Jacques Potier de). IV, 92, 167.
Grandmont (Jacquette de), dite La Haye. IV, 202.
Grand-Monté (le). II, 372.
Grand-Parc (le), fief. III, 125, 263 ; IV, 77, 92, 167.
Grange (seigneur de la). Voir Ravenel (Jean).
Grange (Martin de la), prêtre. II, 276.
Grange-Audebert (la). Voir Voie-Houdebert (la).
Grange-Batelière (la), hôtel, seigneurie à Paris ; Granche-Bataillère, Bataillliée, Bateillère, Bateillie. II, 319, 328 ; III, 32-35, 45-49, 101-109.
Grange-Colombe (la), à Rambouillet. II, 51.
Granges (seigneur des). Voir Montéclère (René de), Vivier (Adam du).
Grantamesnil, Grentemaisnilio (Hugo de). I, 37, 46.
Granville. III, 114, 271.
Grasmenil (de). V, 106.
Grasmenill (Jamet de), châtelain de la Gravelle. II, 280, 281.
Grasmenil (Robert de), Grasmenil, Gramesnil, prieur de Saint-Nicolas de Vitré. III, 356 ; IV, 169, 170.
Gratianopolis. Voir Grenoble.
Gravelle (la), Gravella. I, 80, 110, 111, 139, 149, 150, 202, 203, 206, 226, 227 ; II, 98, 137, 138, 281, 336, 339 ; III, 6, 29 ; IV, 26, 30, 37 ; V, 19. — (la forêt de la). III, 131 ; IV, 13, 104. — (châtelain de la). Voir Grasmenill (Jamet de).
Gravelle (Guillaume de la). II, 145.
Gravelle (Macé de la), clerc. II, 68.
Graville (Guillaume de). II, 274.

Graville (le sire de), amiral de France. III, 365.
Gré (Perrot de la). II, 225.
Grecia, femme de Geoffroy Martel. I, 276 ; V, 7.
Grégoire IX, pape. I, 224, 236 ; II, 6.
Grégoire X, pape, Gregorius, papa. II, 37, 68.
Grenetière (la), abbaye. III, 72.
Grenoble, Gratianopolis. III, 129, 130, 177, 178, 183, 379 ; IV, 293 ; V, 81, 91, 92.
Grenos (Hamo de), presbyter. I, 102.
Grenoux. I, 69 ; III, 24, 208.
Grentemaisnilio, Grantamesnil (Hugo de). I, 37, 46.
Greny (Guillelmus de), presbyter. II, 263.
Gresle (Le), précepteur. IV, 273, 295, 322.
Grimaud (Olivier). V, 73.
Grimaudière (M. Hippolyte de la). IV, 14.
Grimault (le sire de). III, 347.
Grimault, Grimaud (François), seigneur de Procé et de la Croizerie. IV, 221, 249, 303.
Groldus (Hugo). I, 83.
Grolier (Jehan), trésorier des guerres. IV, 92.
Gros (Jean Le), abbé de Conches. III, 288.
Grosse-Duperron. III, 30.
Grossi Burgensis (filia). I, 169.
Grossier (Jehan). IV, 121, 122.
Grossinus (Vitalis). I, 24.
Grost (Guillaume Le). III, 208-210.
Groussière (Herbert de la). II, 129, 130.
Grudé (Mathurin), notaire. IV, 303.
Gruel (Johannes). I, 120, 149, 158.
Gruel (Oricus). I, 149.
Gruère (Guillemette la). III, 286, 287.
Gualterius, filius Rotrudis, Gautier, fils du premier mariage de Rotrude de Château-du-Loir. I, 17, 19, 28, 31, 34.
Gualterius, monachus. I, 29.
Guandon (Robin). II, 226.
Guarinus, abbas Bellebranchiae. I, 151.
Guarinus, Garinus, monachus. I, 29, 40, 41.
Guarinus, Garnerius, nepos Hermengardis, I, 28, 31, 34.
Guarniacus. Voir Gournay-en-Bray.
Guarrandia. Voir Guérande.
Guascelinus, Guauscelinus, Guiscelinus, Gauscelinus, presbyter. I, 28, 29, 31, 34, 42.
Guauscelinus, Gauscelinus, Goscelinus, senescallus. I, 23, 24, 28, 31, 34.
Guaynier (Jouhennin). II, 160.
Gué (Georges du). V, 80.
Gué (Jehan du). II, 385.
Gué (le sieur du), lieutenant à Vitré. IV, 262.
Gué (une fille du). IV, 15.
Guémené. IV, 96. — (seigneur, prince de). Voir Rohan (Louis V et Louis VI de). — (dame de). Voir Laval (Françoise et Marguerite de). — Guémené (Mme de), mère de Louis V de Rohan. IV, 92, 95, 96. — Guémené (M. et Mme de), Louis VI de Rohan et Françoise de Laval. IV, 296. — Guémené-Hébol (le seigneur de). I, 273.
Guénant. III, 347.
Guénart (Jean). III, 142.
Guengugli. IV, 345.
Guérande, Guarrandia. I, 171, 200 ; II, 229, 299 ; III, 53 ; V, 37. — (l'église calviniste de). IV, 311.
Guérard. II, 56.
Guérart, de Elst. II, 188.
Guerche (la), en Bretagne, Guerchia. I, 281, 282 ; III, 141, 179, 189, 191 ; IV, 59. — (la forêt de la). IV, 37. — (le seigneur de la). II, 99, 346, 347 ; III, 128. Voir Pouancé (Geoffroy I et Geoffroy II de).
Guerche (la maison de la). I, XI, 281, 282, 303. Voir Pouancé.

Guerche (Emma de la), femme de Robert II de Vitré, Emma, mater Roberti III de Vitreio. I, 107, 281-283.
Guerche (Geoffroy de la), seigneur de la Guerche (1162). I, 282.
Guerche (Geoffroy de la) (1258). V, 30.
Guerche (Guillaume de la), Guillelmus, Willelmus de Guierchia, de Guirchia. I, 141, 152, 155, 168, 217, 282; V, 10.
Guerche (Hugues de la), mari de Marquise de Craon. I, 61.
Guerche (Jeanne, Thomasse de la). Voir Pouancé (Jeanne, Thomasse de).
Guerche (Sylvestre de la), évêque, seigneur de la Guerche. I, 282.
Guergorlay. Voir Kergorlay.
Guérin (la famille). V, 92.
Guérin (Guillaume), avocat. III, 65; V, 58.
Guérin, fils d'Yves. I, 24.
Guérin, moine d'Anvers. I, VI, VII.
Guérin (Odet), prieur de la Lande. IV, 93.
Guernandel. II, 86.
Guernier (Oliverus), senescallus in Redone. I, 230.
Guerrif (feodum). I, 170.
Guerrif, filius Boni Infantis. I, 170.
Guerrif (Guillaume). III, 140, 157.
Guesnouvilliers. II, 51.
Guettes, fief. III, 387.
Gueyenne (Roland). II, 352.
Guiardus, monachus. I, 66, 67.
Guiardus, prepositus. I, 70, 73.
Guibé (Jacques). III, 378.
Guibé (Michel), évêque de Rennes. III, 337.
Guibert (M. H.). III, 85.
Guibertus, senescallus. I, 99.
Guichardière (la). I. 266.
Guichardière. IV, 377.
Guichart (Gaufredus). I, 153.
Guiche (Claude de), évêque d'Agde et de Mirepoix. IV, 227.
Guidelinus, vicarius. I, 42.
Guido, abbas Majoris Monasterii. III, 381.
Guido, buticularius. I, 204.
Guido, canonicus Parisiensis. II, 154.
Guido, comes Cenomanensis. I, 9.
Guido, episcopus Cenomanensis. Voir Étampes (Guy d').
Guido, filius Azonis. I, 34.
Guido, filius Lanucii, Lonueii, Lonneii. I, 29, 31, 35.
Guido, frater Aszonis. I, 31.
Guido, frater Gauscelini presbyteri. I. 28.
Guido, vicarius. I, 31, 34.
Guido. I, 106. Lire Guido Malenffant. Voir V, 126.
Guierche (la), château, paroisse de Saint-Aubin de Luigné. IV, 303.
Guierche (seigneur de la). Voir Laval (Guy XV de).
Guiéry (Gauvain). IV, 170.
Guignen, fief mouvant de Lohéac. IV, 59. — (seigneur du). Voir Rieux (René de).
Guihummar, capellanus. I, 106.
Guildo (le). III, 221; V, 80.
Guilhart (Jean). III, 114.
Guillart (la famille). IV, 111, 112.
Guillaume, abbé du Mont Saint-Michel. II, 120.
Guillaume, abbé de Saint-Florent. I, 51.
Guillaume, évêque de Nantes. IV, 32.
Guillaume, évêque de Paris. I, 239.
Guillaume, procureur. IV, 34.
Guillaume (M.). II, 241.
Guillaume I, le Conquérant, roi d'Angleterre, Guillelmus, Willelmus, comes Normannorum, rex Anglorum. I, VII, VIII, 16, 17, 35, 37, 39-42, 44, 45, 52-54, 84, 279.
Guillaume II, le Roux, roi d'Angleterre, Willielmus secundus, filius Willelmi, rex Anglorum. I, 84.

Guillayus (Eudo). I, 169.
Guillelmus, abbas, filius Guillelmi Havart. I, 106.
Guillelmus, archiepiscopus Bituricensis. III, 381.
Guillelmus, cantor Sancti Johannis Andegavie. II, 53.
Guillelmus, clericus. I, 179.
Guillelmus, episcopus Cenomanensis. Voir Passavant (Guillaume de).
Guillelmus, episcopus Venetensis. I, 154.
Guillelmus, filius Hamonis. V, 9.
Guillelmus, filius Johannis de Dourdain. I, 234.
Guillelmus, filius Pagani. I, 154.
Guillelmus, filius Petri, forestarius. I, 117, 118.
Guillelmus (Herbertus), monachus. I, 101.
Guillelmus, prior de Erquenelo. I, 101.
Guillelmus, prior Sancti Melanii. I, 100, 101.
Guillemette, femme de Jean Ouvrouin. II, 214-220.
Guillemette, veuve de Gilles Le Ferron. III, 89.
Guillemette, veuve de Guille L'Espiau. III, 85.
Guillemette, veuve de Jean Atry. V, 38.
Guiller (l'abbé). I, 164; II, 334; III, 49, 187; IV, 359.
Guillermus, filius Jubelli. V, 9.
Guillotin de Corson (l'abbé). I, 65, 108, 113, 117, 306; II, 229, 368; III, 5, 241, 244, 260, 266, 378; V, 101, 127.
Guimart (Leodegarius). II, 263.
Guimel (Mathieu). IV, 225, 226.
Guinart (Ligyer). II, 225, 226.
Guinart, conseiller. IV, 131.
Guinée, Guynée (la). IV, 305.
Guinefolle. II, 262.
Guines (comte de). Voir Trémoïlle (Claude de la).
Guingamp, Guincamp. II, 253, 254; III, 379; IV, 72, 74, 75.
Guipry. III, 261.
Guiscelinus, Guascelinus, Guauscelinus, Gauscelinus, presbyter. I, 28, 29, 31, 34, 42.
Guise, III, 387. — (M. de, le duc de). IV, 129, 255. Voir Blois (Charles de), Lorraine (Claude de). — (dame de). Voir Penthièvre (Jeanne de).
Guistre. V, 124.
Guité, Guyté (Guillaume de), seigneur de Lancoulleur. IV, 125.
Guite (Herveus de). V, 9.
Guité (Jacques de). III, 277, 278.
Guiton (Garin). I, 212.
Guitot (Rotbertus de). I, 46.
Guivré (Varinus de). I, 86.
Gulfridus, pater Molgerae. I, 119.
Gumart (James). II, 186.
Gurki. I, 21.
Guy, comte du Maine. I, 9.
Guy, comte de Nevers. I, 222.
Guy, fils d'Adam. I, 61, 103.
Guy, fils d'Hélinand. I, 67.
Guy, père de Geoffroy. I, 145.
Guy, prévôt des marches de Bretagne. I, 8.
Guyard de la Fosse. I, 5, 163, 165.
Guyardière (la). II, 262.
Guyenne (la). II, 308; III, 141; IV, 70, 162, 215. — (le duc de). II, 401. Voir France (Charles de), Jean II.
Guyenne (Aliénor de), femme de Louis VII. I, 53.
Guyenne (Sauveterre de). IV, 215.
Guyonne, femme de Jean Tirel. V, 96.
Guyot (Petit). II, 263.
Guysneau (Hugue). V, 46.
Gyraucourt. Voir Giraucourt.

H

H., testis. V, 24, 26.
Haarel (Étienne). I, 224.
Hacqueville. II, 38, 63, 64.
Hai, pater Georgii. I, 120.
Haia (Guillelmus de). I, 158.
Haie (Françoise de la). IV, 60.
Haimericus, Aimericus, armiger. I, 28, 31, 34.
Haimericus, pater Rotberti. I, 40.
Hainaut (le), Haynau, Haynaut, Haynault, Henaut, Hesnault. II, 207 ; III, 27, 53, 100, 101, 189 ; IV, 30. — (palatin de). Voir Philippe le Hardi.
Hainoie (comes). Voir Anjou (Charles d').
Hairaud (Bore de). II, 158.
Hairaud (le moulin), Hairault, Hayraut, Heyraud, Heyraut, ou la rivière d'Ingolier. II, 126, 158, 184, 185, 208-210.
Hairaudière (la). II, 158.
Halbertus, testis. I, 22.
Hallay (Jean du), seigneur du Hallay. II, 366.
Ham (Angleterre). I, 200.
Ham (Picardie). IV, 357.
Hamarus. I, 212.
Hambye (seigneur de). Voir Paynel (Foulques).
Hamelin (André). IV, 250.
Hamelin (Jacques). III, 65.
Hamelin (Petrus). II, 222.
Hamelin, chapelain de Saint-Pierre de Vitré. I, 99.
Hamelin, évêque du Mans, Hamelinus, episcopus Cenomanensis. I, 151, 158, 161, 163, 164, 167, 180, 204, 210 ; V, 10.
Hamelin, évêque de Rennes. I, 99, 100 ; V, 8.
Hamelin, gendre de Robin Navète. II, 226.
Hamelin, oncle de Guérin. I, 24.
Hamelinus, canonicus de Lavalle. I, 151.
Hamelinus, clericus. V, 16.
Hamelinus, conversus. I, 146.
Hamelinus, filius Ivonis. I, 31, 34.
Hamelinus, filius Radulphi Archipresbyteri. I, 153.
Hamelinus, frater Radulfi. I, 166.
Hamelinus, Ramelinus, Rainelmus, pater Arnoldi, Ernoldi. I, 28, 31, 34.
Hamelinus, pater Isemburdi. I, 31.
Hamelinus, testis. I, 101, 177.
Hammes. I, 119.
Hamo, pater Isembardi. I, 29.
Hamo, pater Jubelli et Guillelmi. V, 9.
Hamo, vicarius. I, 29.
Hamon, chapelain de Laval. I, 56. — chapelain du Ronceray. I, 76.
Hamon, greffier. V, 49.
Hamonais (la), proche Châteaubourg. IV, 14.
Hamonet. V, 37.
Hamonis (Guido), frater Rogeri. I, 24.
Hamonis (Roger). I, 24.
Hangest (Jérôme de). IV, 59, 64.
Hansebeque. II, 188.
Haraut (Pierre), sénéchal de Vitré, Petrus Heraut, senescallus de Vitreio. I, 155, 159.
Harbertus. I, 23.
Harcourt. IV, 321, 323, 326, 328 ; V, 124. — (comte d'). Voir Laval (Guy XIX et Guy XX de), Rieux (Claude I, Claude II et Jean de).
Harcourt (Guillaume d'), deuxième mari d'Yolande de Laval, comte de Tancarville. III, 158, 160, 165, 229, 253, 348 ; IV, 34.
Harcourt (Jacques d'). III, 229.
Harcourt (Jeanne d'), femme de Bertrand de Dinan, dame d'Ance-

nis et Châteaubriant. III, 95, 122, 210, 211, 219; V, 88.
Harcourt (Jeanne d'), fille de Guillaume d'Harcourt et d'Yolande de Laval, femme de René II de Lorraine, comtesse de Tancarville, dame de Montreuil-Bellay, Noyelles et Noyellette. III, 175, 229, 348, 358, 360, 361, 372.
Harcourt (Marguerite d'), sœur de la précédente. III, 229.
Harcourt (Marie d'), femme de Guillaume Chamaillart. II, 262.
Hardi (J.). V, 80.
Hardi (Michel). II, 160.
Hardie (Orhande). I, 170.
Hardière (la). II, 372.
Hardouinaie (la). III, 221, 387; IV, 172. — (dame de la). Voir Dinan (Françoise de).
Hardouinus, episcopus Andegavensis. II, 332.
Hardrelo (châtelain de). Voir Turpin (Guy).
Hardy (Jehan), procureur de Vitré. II, 361-366.
Harellus. I, 169.
Harfleur. III, 279; V, 95.
Hariette (la), fief. III, 177. — (seigneur de la). Voir Laurens.
Harlette, mère de Guillaume le Conquérant, I, 52.
Harmez (le bois de). II, 96.
Harnisière (la). II, 371.
Harpedenne (Jean). II, 376, 379, 380, 382-384.
Harpin (uxor). I, 226.
Harpin (François), seigneur de Marigné. IV, 328, 370.
Hastillineus. Voir Astillé.
Haton-du-Fou. I, 113.
Hatonneis (bordagium de). I, 168.
Haucepey. I, 170.
Haulthoais (Johan). II, 362-364.
Haulthois (le président du). III, 359.
Hauréau. I, 139; II, 45; III, 194.
Haurez (Jean), chapelain des Rivettes. IV, 266, 267.
Haute-Folie, (seigneur de). Voir Breton de Nuillé (Le).
Hautefort (seigneur de). Voir Bellièvre (Jean de).
Haute-Maison (la), paroisse d'Erbrée. III, 167.
Hautemer (Guillaume de), duc de Grancey, seigneur de Fervaque, maréchal de France, second mari d'Anne d'Alègre. IV, 276, 327, 328, 332, 369, 370, 378, 393, 399.
Hautes-Bruyères (les), dépendance de Fontevrault. II, 37, 52, 64.
Hauteville, capitaine. IV, 304.
Havard (Antoinette de), femme de René I de Laval-la-Faigne et de Hugues de Broyes. III, 379, 382; IV, 83.
Havard (Georges). III, 201.
Havard (Olivier), châtelain de Marcillé. II, 361-366.
Havart (Guillelmus), pater Guillelmi abbatis. I, 106, 112, 127; V, 126.
Havart (Johannes). I, 150, 153, 166; V, 10, 16, 20.
Havent (Villelmus). I, 127. Lire Havart. Voir V, 126.
Havering. I, 165.
Havre de Blavet (le). Voir Blavet.
Hay, moulin. II, 290.
Hay (Daniel), sieur de la Motte, M. de la Motte, de Lamothe. IV, 382-386, 398-402.
Hay (Gautier). I, 281, 282.
Hay (Guillaume). III, 187.
Hay du Chastelet. II, 258, 274, 292, 294.
Haye (la baronnie de la), en Touraine. III, 142, 382; IV, 208, 220, 254. — (seigneur de la). Voir Laval (Gilles I, Gilles II et Pierre de).
Haye (la), fief en Saint-Mars-de-la-Fustaye. IV, 308.
Haye (le moulin de la). V, 12.
Haye (seigneur de la). Voir Évêque (Alain L').

Haye (le sire de la). II, 125, 281.
Haye (Guyonne de la). IV, 225.
Haye (Jaquette de Grandmont, dite La). IV, 292.
Haye (Jean de la). III, 28.
Haye (Morice de la), chevalier. I, 270.
Haye (Pierre de la), abbé de Melleraie. IV, 128.
Haye (Richart de la). II, 185, 186.
Haye-Cathelon (la). V, 102.
Haye-de-Torcé (la). V, 298, 299.
Haye-du-Pan (seigneur de la). Voir Pan (Arthur du).
Haye-Posnel (seigneur de la). Voir Paynel (Foulques).
Hayes (les). III, 94.
Hayes (brolium des). I, 248.
Hayes (Claude des), femme de René de Montéclère, dame de Fontenailles, la Ville et le Breil, IV, 303, 304.
Hébert (le docteur). III, 80, 81, 89.
Hectort (Robert). IV, 34.
Hédé. II, 175, 388; V, 30. — (capitaine de). Voir Turpin (Guy).
Heiss (Aloïs). III, 235.
Helencourt (Georges de). III, 69.
Hélie, comte du Maine. I, 47.
Hélinand, père de Guy. I, 67.
Helizuer (Ulrich), valet de chambre de Guy XVII. IV, 225.
Hémon (Jehan), huissier. V, 50, 52.
Hennebont. III, 126, 253. — (l'église calviniste d'). IV, 311.
Hennebrunel. II, 194.
Hennequin (J.), conseiller. IV, 162.
Hennier (René). IV, 41.
Henri, évêque de Bayeux, Henricus, episcopus Baiocensis. I, 116, 128.
Henri Ier, roi d'Angleterre, Henricus, rex Anglorum. I, 78, 79, 84, 85, 137.
Henri II, roi d'Angleterre et duc de Normandie, Henricus, rex Anglie, dominus Hibernie, dux Normanie. I, 86, 114, 118, 119, 130, 131, 200; V, 9.
Henri III, roi d'Angleterre, Henricus, rex Anglie. V, 24-26.
Henri V, roi d'Angleterre. III, 37, 72.
Henri VI, roi d'Angleterre. III, 123, 221.
Henri VII, roi d'Angleterre. III, 371.
Henri Ier, roi de France, Hainricus, rex. I, 22; II, 181.
Henri II, roi de France, d'abord dauphin, duc d'Orléans et de Bretagne. IV, 99, 100, 103, 168, 190, 227, 236, 244, 245, 249-252, 254, 255, 257-259, 271.
Henri III, roi de France, d'abord duc d'Anjou. IV, 274, 293, 313, 317, 319-321, 323, 324, 326, 327, 335, 336, 340; V, 117, 123, 124. Voir *Province du Maine*, XI, 25.
Henri IV, roi de France et de Navarre. II, 182; III, 16, 220; IV, 286, 317, 320, 321, 329, 331, 334, 335, 337, 338, 340-342, 347, 349-351, 353-365, 367, 371-376, 378, 380-382, 386, 388-391, 410; V, 117, 124.
Henri (Perres). III, 140, 165.
Henricus, filius Alani comitis. I, 178, 179.
Henricus, pater Alani comitis. I, 179.
Henricus, persona de Colesbr... V, 16.
Henricus, precentor. I, 128.
Henry (Pierres). III, 140, 165.
Henry. IV, 342.
Henry, sommelier. IV, 304.
Heraut (Petrus). Voir Haraut.
Herberia (domus lapidea Beraudi de). I, 153.
Herbert (Yvonnet). II, 281.
Herbert, évêque de Rennes. I, 142, 150, 151; V, 11.
Herbert II, comte du Maine. I, 25, 38.
Herbertus, abbas Clarimontis. I, 121.
Herbertus, capellanus Sancti Sulpicii Redonensis. V, 9.

Herbertus, cognatus Gaufridi Basle. I, 144.
Herbertus, conversus. I, 146.
Herbertus, decanus de Passeio. I, 101.
Herbertus Guillelmus, monachus. I, 101.
Herbrée, Herbreya. Voir Erbrée.
Hercé, Erceyum. I, 144; II, 95. — Ercé (l'église calviniste d'). IV, 311.
Hereford (Angleterre). I, 83, 86. — (évêque d'). Voir Richard.
Hérisson, seigneurie. IV, 164.
Hérisson (Pierre de), mari de Jeanne de Laval. III, 290.
Hermengardis. Voir Ermengarde.
Hermevillier (Cordélien de). II, 329.
Hermine (l'). II, 506; III, 71, 166.
Hermite (Tristan L'). III, 274.
Hermon (Jehan). II, 190.
Hérouville, Heyrouville, Herovilla. I, 241; II, 108, 129, 133, 195, 204-206, 262. — (la dame d'). II, 129, 133. Voir Château-Gontier (Philippa de).
Herpin (Béatrix et Raoul), d'Erquery. II, 147.
Herruz (Pierre). III, 176.
Hersende, femme d'Hamon de Laval, Hersendis, Hersendes, uxor Hamonis de Lavalle. I, 22, 23, 29, 34, 43, 44, 47, 48, 50, 52, 55, 60, 63, 69, 70, 72.
Hersende, fille de Geoffroy le Drapier. I, 50.
Hersent (Bourg). Voir Bourg-Hersent.
Hervé (Eonnet). III, 107.
Hervé (Michel). II, 184, 185.
Hervé, évêque de Rennes. I, 142.
Hervei (Gaufridus). I, 118.
Herveus, capellanus. I, 150.
Herveus, frater Renerii sacerdotis. I, 99.
Herveus, Hervaeus, monachus, prepositus Lataevallis, de Valle. I, 63, 69.
Herveus, pater Gaufridi. I, 114, 115.
Herveus, presbyter Beate Marie de Vitreio. I, 208.
Herveus, vicarius. I, 115.
Hesdin. IV, 109, 135.
Hesoley. I, 87.
Hesse (la). IV, 262.
Heurtebize (dom). II, 181, 182.
Heuze (Robert de la), dit le Borgne, châtelain de Bellencombre. II, 361.
Heyraud, Heyraut. Voir Hairaud.
Hibernia. I, 118.
Hierray (Jean d'), évêque du Mans. III, 120; V, 81.
Hildebert, Hildebertus, évêque du Mans et archevêque de Tours. I, 61, 74-76, 79, 80, 87, 88, 90, 110.
Hildebertus, coquus. I, 29.
Hilguynière (seigneur de la). Voir Martines.
Hilliguie (Guillaume de). III, 83.
Hingant (Jehan). III, 119.
Hisbertus, testis. I, 22.
Hocourt (Antoine de). V, 107-109.
Hodeart (Jean). II, 364.
Hodeart (maistre). II, 328.
Hodina (fons de). I, 168.
Hoël, évêque du Mans. I, 19.
Hoël II, père du comte Eudes. I, 67.
Hoguerel (Jamet), sénéchal de Vitré. II, 75, 90, 97, 119, 128, 129.
Hoguerel (Jahennin, Jamet, Guillet, Robin, Raoul et Geffroy), fils du précédent. II, 128.
Hoguerel (Jehan), sénéchal de Vitré. II, 130.
Holier (Jehan). III, 127.
Hollande (palatin de). Voir Philippe le Hardi.
Homblières (l'abbaye de). IV, 391.
Homme (le). III, 288; V, 99, 100.
Homme (Vincenot du). II, 249.
Hommet (le sire du). III, 71.
Homo Dei (Gervasius), canonicus Andegavensis. II, 75-83.
Homonaye (la), proche Châteaubourg. Voir Hamonais (la).
Honfleur. V, 92.

Hongnart (J.). V, 53.
Hongrie (la), Ongrie. IV, 168, 330-332, 384, 386. — (le roi de). IV, 168. Voir Autriche (Maximilien d').
Honorius II, pape. I, 61, 87.
Hôpital (Catherine de l'), femme de René de Laval-Auvilers. III, 312; V, 132.
Hôpital, Hospital (M. de l'), conseiller. IV, 218.
Horis (Pierre), receveur des aides à Reims. III, 204.
Hornoy. V, 108.
Horrici, Orrici (molendinus). I, 198, 199.
Horrigoity, capitaine de navire. IV, 380.
Hortis (Herbertus de). I, 86.
Hosa (Araldus et Hugo). I, 23.
Hosmunt. I, 150.
Hospitaliers de Jérusalem (les), les chevaliers du Temple, les Templiers, fratres militie Templi. I, 61, 102, 103, 211, 216, 253, 297; II, 306; V, 32, 33.
Hospitalis (clericus). I, 153.
Houdan. IV, 356.
Houdant (Philippot de). II, 310. — Houdeue (Philippot de). II, 324, 326.
Houdéart (Jean), archiprêtre de Bourgueil. V, 58.
Houdeue. Voir Houdant.
Houdiz (J.). V, 80.
Houdonvillier (Jehan de). II, 329.
Houdri (Guillaume). III, 69.
Houdri (Jehan). III, 70.
Houlière (Jehan). II, 371.
Housches (M. des). IV, 304.
Houssard (Bertrand), seigneur de Bouere, premier mari de Françoise de Laval. III, 380.
Houssay (le). II, 306, 373.
Houssaye (la). II, 287. — (le seigneur de la). II, 287.
Housseau (dom). I, 46, 48-50, 67, 86, 110, 140, 153, 166; II, 306; III, 125, 130, 142, 172, 184, 188, 193, 203, 258, 259, 263, 301, 310, 339, 380, 382, 386, 388; IV, 12, 37, 41-44, 58, 76, 79, 93, 141, 145, 208, 220, 254, 261, 318, 408, 413; V, 7, 80.
Hozier (d'). I, 163, 265, [illegible], 294; II, 98; IV, 221, 228, 414.
Hozier de Sérigny (d'). I, 265.
Hubant (Aelesia). I, 225.
Hubant (Jehan de). II, 251.
Huberde (Jeanne la), femme de Jean de Courcerier. V, 38.
Hubert, oncle de Guérin. I, 24.
Hubert (le vicomte). Voir Beaumont.
Hubertus (Radulphus). I, 200.
Hubertus, filius Tebaldi. I, 65.
Hubertus, juvenis. I, 28, 31, 34.
Hubertus, prepositus. I, 63.
Hubertus, prior de Valle. I, 102.
Hubertus, testis. I, 22.
Hucher (Eugène). II, 181, 182; III, 235.
Huchet (Bertrand). III, 99.
Hudresfeld (ecclesia de). I, 87.
Hudresse (Philippa la). II, 263.
Hue (Gervaise). III, 271.
Huet (Pierre). IV, 118.
Hugain (Jacques). IV, 83.
Hugo, abbas de Longoledo. I, 42.
Hugo, butellleria. I, 37.
Hugo, famulus. I, 112.
Hugo, filius Natalis. I, 41.
Hugo, monachus. I, 146.
Hugo, pater Adelelmi. I, 28, 31, 34.
Hugo, pater Roaudi. I, 169.
Hugo, testis. V, 14.
Hugo, vicarius. I, 23.
Hugo, vicecomes de Monteforti. I, 37.
Hugues, abbé de Saint-Georges-sur-Loire, Hugo, abbas Sancti Georgii ad Ligerim. II, 316.
Hugues I, comte du Maine. I, 6; II, 5.
Hugues II, comte du Maine. I, VIII, 25.
Hugues, évêque de Dol. I, 104.

Hugues, prétendu surnom de Guy I de Laval. I, 10.
Hugues, oncle de Guérin. I, 24.
Hugues Capet. I, 7.
Huguetières (les). III, 74, 186. — (seigneur, dame des). Voir Dinan (Françoise de), Laval (René de), Machecoul (Isabelle de), Vitré (Eustachie II de).
Huguetus, testis. I, 117.
Hulst (comte d'). Voir Basta.
Humbert (Maurice). III, 65.
Humebaudière (la), moulins. IV, 191.
Humeto (Willelmus de). V, 13, 14.
Humez (Nicolaus de), monachus. I, 141.
Humières (Anne d'), femme de Jean III de Sainte-Maure. IV, 229.
Humières (Ch. d'), oncle de Guy de Laval-Neslo, lieutenant-général au gouvernement de Péronne, Montdidier et Roye. IV, 312, 313, 347, 349, 356, 357.
Hunaudaye (baron de la). Voir Tournemine (Georges de).
Hunauld, père de Foulques. I, 67.
Hune (Moulin-de-la). II, 371.
Huot (Nicolas), marchand. IV, 215.
Hurault de Cheverny (Anne, et non Marguerite), femme de Guy de Laval-Loué-Maillé. IV, 266; V, 132.
Husson (Tiphaine), deuxième femme de Guy dit Brumor de Laval, Stephaneta Husson, uxor Guidonis dicti Brumor de Lavallo. II, 112, 375.
Hylaria, dame de Tillères. I, 217.
Hyldebertus, testis. I, 22.

I

Ider, Eder (Guillaume), abbé de Saint-Gildas du Bois-Guillaume et évêque de Quimper. IV, 128.
Iffer, Iffert. Voir Enfer.
Igné. II, 368.
Ilsabingle. II, 194.
Ile-de-France (l'), la France, Francia. II, 7, 12, 30-32, 57-60, 108, 140, 143, 307, 308; III, 27.
Ilgerius, pedagogus (de Robert Courte-Heuse). I, 46.
Illiers (Jeanne d'), femme de Jacques de Daillon. IV, 11.
Illiers (Miles d'), évêque de Luçon. IV, 263.
Imbert (M.). I, 97, 98; II, 87, 175.
Imford, in Anglia. V, 14.
Indes (les). IV, 305.
Infans (Fulco). I, 158; V, 20.
Infans, Lenfant (Hamelinus, Hamo, Amelinus). I, 139, 150, 156-158, 166, 167, 175, 177, 259; V, 10, 16, 20.
Infans (Vivianus, Wianus). I, 73, 102, 127, 166, 167, 259.
Infans. Voir Lenfant, Lenffant.
Ingelbaldus, avus Fulcoini. I, 27.
Ingelbaldus, filius Gentissimae. I, 28.
Ingolier (l'), rivière. II, 125, 184. — moulin, étang, paroisse de la Croixille. II, 208, 209.
Ingrandes. II, 255, 256; III, 109; IV, 367. — (M. de). III, 343.
Inguinus, testis. I, 22.
Inlandeglein. II, 188.
Inlegatus (Redold et Thibault). I, 25.
Innocent II, pape. I, 87.
Innocent III, pape. V, 16, 21.
Innocent VI, pape. II, 108, 258, 259; V, 128.
Innocent VIII, pape. III, 241, 315, 322.
Instigandae (Odo). I, 37.
Insula (Fulco de). I, 115, 116.
Intramnae. Voir Entrammes.
Iré (l'église du Bourg-d'). IV, 413.
Isabeau, femme d'Enguerrand de

Villers, dame de Coulonces. I, 308.
Isabelle, dame de Craon. I, 200. Voir Meulan (Isabelle de).
Isabelle, femme de Vivion de Cossé. I, 140.
Isabelle, femme de Guillaume de Vitré. I, 108.
Isabelle, mère de Juhel III de Mayenne. I, 161. Voir Meulan (Isabelle de).
Isé. Voir Izé.
Isembardus, Isemburdus, filius Hamelini. I, 31, 35.
Isembardus, filius Hamonis. I, 29.
Isle (l'), terre sous Brûlon. IV, 11, 79.
Isle (l'), en la terre de Montmorency. II, 30.
Isle (le sire de l'). III, 347.
Isle (Bouchard de l'). II, 279.
Isle (Jeanne de l'), femme de Bonabes de Rougé. II, 296, 297.
Isle (Olivier de l'), second mari d'Aumou, veuve de Geoffroy de Châteaubriant. II, 33.
Isle-Adam (l'). IV, 113.
Isle-Bonnet (l'). III, 302.
Isle-Bouchard (l'). IV, 78.
Isle-Bouchard (Catherine de l'), veuve de Pierre de Giac et seconde femme de Georges de la Trémoïlle, dame de la Trémoïlle. III, 75.
Isle-Jourdain (l'). II, 42, 100, 101.
Isle-Saint-Denis (l'). II, 150, 193.
Isle-sous-Montréal (seigneur, dame de). Voir Laval (Guy XVIII de, Guyonne de).
Issoudun. IV, 164.
Italie (l'). III, 86, 232, 359, 379, 381; IV, 269, 328, 374, 380, 382; V, 124.
Iveline (les champs d'), la plaine des Petites-Ivelines. II, 51.
Ivo, magister scolarum. I, 101.
Ivo, pater Hamelini. I, 31.
Ivo, pater Odonis. I, 29.
Ivry-la-Bataille. IV, 342, 347.
Ivry (baron d'). Voir Loré (Ambroise de).
Ivry (Charles d'), père de Raoul de Meulan. II, 309.
Ivry (Guillaume d'). II, 254, 265, 268.
Izé, Isé. III, 24, 96, 97. — (la barre d'). II, 61.

J

J., constabularius Cestriae. I, 207.
Jacquot (J.-A.). IV, 223.
Jaffé. V, 8.
Jahanna, uxor Gauffridi Deupuy. II, 78.
Jaille (Claude de la), seigneur d'Avrillé et de la Thuandière. IV, 303.
Jaille (Claude ou Claudine de la), femme de Guy de Laval-Lezay et de Claude de Laval-Boisdauphin. IV, 116, 117, 204, 211.
Jaille (Jean de la), Johannes de la Jaille. III, 37, 71, 386.
Jaille (Jeanne de la), deuxième femme de Charles Bourré. IV, 87.
Jaille (René de la), seigneur de la Jaille. IV, 127.
Jaillette (la), la Jallet, en Louvaines (Maine-et-Loire). IV, 191.
James, abbé de Clermont. II, 280, 281.
James (monsor). II, 23.
Jametz. IV, 340.
Jamonnières (les). V, 99. Voir Jaumonnières (les).
Jangé (M. de). IV, 304. Lire Janzé. Voir V, 132.
Janvier (saint). IV, 329.
Janzé. IV, 137, 138. — (M. de). IV, 304 [lire *Janzé*]; V, 132.

Jaret. Voir Bouzelin.
Jargeau. III, 213, 304.
Jarnac (la bataille de). IV, 272. — (le sieur de). III, 282.
Jarnegon (Augerius). I, 169.
Jarnou (Perrot). II, 352.
Jarrot (Ravalet). III, 96-98.
Jarry (Pierre). IV, 40; V, 111.
Jarzé. IV, 188. — (le sieur de). IV, 391. Voir Bourré (René).
Jaubert. III, 88.
Jaumonnières (les). III, 286. Voir Jamonnières (les).
Jauvin, serviteur. IV, 169.
Javardoin. I, 245.
Javarin. Voir Raab.
Javey (seigneur de). Voir Beaurepaire.
Jean, abbé de Fontaine-Daniel, Johannes, abbas Fontis Danielis. II, 164-166.
Jean, abbé de la Réau, Johannes, abbas Beate Marie de Regali. II, 155, 156.
Jean, abbé de Saint-Nicolas d'Angers, Johannes, abbas Sancti Nicholai. I, 86.
Jean, archevêque de Tours. I, 180, 181.
Jean, doyen de Vitré, Johannes, decanus de Vitreio. I, 109, 118.
Jean, évêque de Dol. I, 65.
Jean, évêque de Rennes. I, 239.
Jean XXII, pape. II, 45, 154, 156-158, 162, 164, 183, 184.
Jean II, roi de France, duc de Normandie et de Guyenne, comte de Poitiers, d'Anjou et du Maine. II, 107, 198-201, 219, 220, 222, 249, 252.
Jean sans Terre. I, 131, 132, 138, 160-163, 165, 166, 202, 207, 292; V, 23, 24.
Jeanne, femme de Geoffroy Aiguillon. II, 162, 163.
Jeanne, femme de Guillaume de Beaumont et mère d'Isabelle de Beaumont. II, 37, 38; V, 28.
Jeanne, femme de Guy I de Laval-Loué. II, 301. Voir Pommereux (Jeanne de).
Jeanne, femme d'Amaury de Nédonchel. II, 283.
Jeanne la Balourde, fille naturelle de Guy IX de Laval. II, 105, 210, 211.
Jehan, abbé du Tronchet. I, 247, 253.
Johan, clerc d'André III de Vitré. I, 256.
Johan (Robert), prêtre. II, 200.
Jehan, prieur de la Chartreuse-du-Parc. III, 42.
Jehanne de Mascon, femme de Jean Courbet. II, 350, 351.
Jennes, Gênes (Italie). Voir Gênes.
Jérôme (saint). IV, 11.
Jérôme, Jhérosme, secrétaire. Voir Marchant (Jérôme).
Jérusalem, Jherosolima. I, 12, 21, 22, 292; V, 9. — (le patriarche de). I, 252. — (roi de). Voir Anjou (Louis et René d'), Brienne (Jean de). — (reine de). Voir Anjou (Yolande d'), Laval (Jeanne de).
Jeune (Étienne Le), sergent du roi de Sicile. II, 387.
Jeunesse (La) Voir Constant (Habraham).
Jhérosme. Voir Marchant (Jérôme).
Joannes, canonicus de Lavalle. I, 151.
Joannes, presbyter. I, 102.
Joannes... I, 158.
Jobert (Pierre), receveur des finances. III, 196.
Jobertus. I, 210.
Johanna, relicta Guillelmi Pinel. II, 203.
Johanna, uxor Johannis le Perdu. II, 319.
Johanna, uxor Roberti Quarrel. I, 297.
Johannes, clericus. I, 126.
Johannes, comes Aquille. II, 396.

Johannes, conversus. I, 29.
Johannes, episcopus Abrincatensis. I, 42, 46.
Johannes, episcopus Redonensis. V, 29, 30.
Johannes, filius Orieut. I, 143.
Johannes, filius Rainerii, Roneil. I, 64, 65.
Johannes, monachus. I, 42, 124.
Johannes, testis. I, 99.
Johannes (Petrus). I, 215, 216.
Johanne (Guillaume), abbé de la Chaume. III, 175, 176.
Joie (la), prieuré près de Soissons. I, 264.
Joigny. III, 263; IV, 405. — (comte, comtesse de). Voir Laval (Gabrielle, Guy, Guy XVIII, Guyonne et Jean de).
Joingné (le chemin de). II, 62.
Joinville. IV, 225. — (le prince de). IV, 276, 328.
Jolivet (Martin). II, 225.
Jonche (Clais de). II, 189.
Jonchère (Béatrix de), femme de Jean de Rieux. IV, 326.
Jonchères (Renée de), dame de Coulonges. IV, 303.
Jordanus, clericus. I, 285.
Joscelinus, cancellarius. I, 200.
Joscius, archevêque de Tours. I, 105.
Josse (Charles). V, 103.
Josselin, Joscelin. I, 233; II, 179, 269, 392.
Jostaoust, Jostnost (Hernaudus). I, 168.
Joubert (Nicolle), chapelain des Rivettes. IV, 264, 266.
Joubert (René), chirurgien. IV, 347.
Jouceaume (brolium). Voir Breil de Jusseaume.
Jouet, sellier. IV, 383.
Jourdain, évêque d'Albano. III, 45.
Jourdain (Jean), seigneur de la Vallière. IV, 284, 285.
Joursanvault (archives de). II, 388; IV, 12.
Jousseaume (René), mari de Jeanne l'Archevêque. II, 375.
Jousseline (la). II, 373.
Jouvence (Fulco). II, 321.
Jouy-sur-Eure. II, 37.
Joyenval (l'abbaye de). II, 51.
Judaei. I, 157.
Judicael de Gerranda. V, 22.
Juge (Boffile le). III, 277.
Jugon. III, 13, 87.
Juhel, archevêque de Tours. I, 223.
Juhellus, abbas Buserie. I, 139.
Juhellus, filius Hanonis. V, 9.
Juigné (seigneur de). Voir Clerc (Jean I Le).
Juigné (du Plessis de). Voir Plessis-de-Juigné (du).
Julianus, presbyter de Malo Campo. I, 112.
Julienne, prieure de la Perrine. II, 124.
Jullien, procureur général. IV, 57.
Jumeaux, moulin à Saint-Aubin-du-Cormier. III, 366.
Jumièges. II, 37; V, 28.
Junargande, Junargonda, femme de Rivallon le Vicaire, seigneur de Vitré. I, 20, 273, 274.
Juniacus. I, 48.
Jurlain (les vignes de). II, 16, 24.
Juvénal des Ursins (Jean), archevêque de Reims. III, 238.
Juvené. V, 9.
Juvenerie (la). III, 167.
Juvigné. II, 211; III, 293.
Juvyneau. IV, 152.

K

Kaerdif (Ricardus de). I, 119.
Karadreux (Jean de). III, 160.
Karète. Voir Carette.
Karkalhul. Kakalhul. V, 15.
Karnazet (Antoine de), seigneur de Brazeux. III, 371, 374.
Kendalle (Marguerite), duchesse de Somerset et de). III, 171, 172.
Kerautret (Hue de). II, 258.
Kergorlay, Guergorlay, paroisse de Spézet. III, 2; IV, 65, 95, 112, 199. — (le sire de). III, 29. Voir Laval (André et Guy XIII de).
Kergorlay (la maison de). III, 216.
Kergorlay (Jeanne de), femme de Raoul VIII de Montfort. III, 2, 3.
Kergorlay (Raoul de). V, 37.
Kermaouan (Tanguy de), sieur dudit lieu. IV, 57.
Kermarcuc (Guillaume de). II, 332.
Kermavan (Jean de), évêque de Léon. IV, 39.
Kermelec (Jean de). III, 159.
Kermenguy (seigneur de). Voir Pont (Louis du).
Kerouzeré (le sire de). III, 96.
Kerouzeré (Jean de). III, 159.
Kerviler (M.). IV, 223.
Kervyn de Lettenhove. II, 178, 268, 282, 297; III, 143.
Kiersy-sur-Oise. I, 4, 16.
Kirkeby, Kyrkeby. I, 84, 85.
Komaron, Komorn ou Comorn, en Hongrie. IV, 332.
Kypeis (ecclesia de). I, 85.

L

Labarre (Torcellet de). II, 324.
Labbé (Ives), chapelain des Rivettes. V, 111.
Labbé (Jean), seigneur de la Rochefordière. V, 81.
La Beauluère. Voir Beauluère (la).
Laberne (Johan de), Johan de la Berne. II, 168.
Laberte (Gaufridus de). I, 125.
Labole. II, 194.
Labrezac (Georget de). II, 351.
Lac (Guillelmus de). I, 125.
Lacdorin (Johannes de). I, 109, 110.
Lachau. III, 370.
Lachawordra Fedestran (ecclesia de). I, 84, 87.
Lacy (la famille de). I, 60.
Lacy (Robert de), Rodbertus de Lacelo. I, 83, 84.
Lacy (R. de), R. de Lascy, constabularius de Cestria. I, 165.
Ladouyère (le sieur de). IV, 386.
Ladvocat (M.). IV, 373.
Lafin (le sieur de). IV, 380, 401.
La Hire (Poton de Saintrailles, dit). III, 79, 86.
Laigle, Legle. II, 44, 69. — (sire de). Voir Brosse (Jean III de).
Laigle (René de Penthièvre et de). IV, 43.
Laigné-le-Bigot (seigneur, dame de). Voir Bigot (Le), Montauban (Philippa de).
Laillée (M. de). III, 256.
Lainé. IV, 119.
Lainel, capitaine. IV, 304.
Laizerie (seigneur de la). Voir Colomeau.
Lalande. Voir Lande (la).

Laleman (M.). IV, 376.
Lalemant (Jean). III, 292.
Lamarie (Pierre de), doyen de Laval. I, 243.
Lamballe, Lamballia. I, 178, 179; IV, 69, 282.
Lambaré (Julienne). IV, 316.
Lambecque (le). II, 194.
Lambert (le comte). I, 9.
Lambert, abbé de Saint-Nicolas d'Angers. I, 74, 76.
Lambin. IV, 399.
Lambuet (Thomas). II, 280.
Lamerle. II, 187.
Lamothe (M. de). Voir Hay (Daniel).
Lamouche. IV, 399.
Lancastre (le duc de). II, 275, 282.
Lanchamp (Brunet de). III, 270.
Lanchenay (le seigneur de). II, 371.
Lancheneil (seigneur de). Voir Laval (Pierre de).
Lancoulleur (seigneur de). Voir Guité (Guillaume de).
Landa Allani, la Lande Allain. I, 260.
Landacob (Hamo de), monachus. I, 106, 108, 285.
Landais (Pierre), trésorier de Bretagne. III, 259, 293.
Landal, prieuré. I, 160.
Landal (sire de). Voir Rohan (Jean de).
Landavran, Landavren, Landavrain, Landavrein, Landavreyn, Landavrin, Landevrein, Laudavrin, Londavran. I, 252; II, 21, 54, 105, 166; III, 274. — (seigneur, dame de). Voir Vitré (Robert de), Laval (Emmette de).
Landavran (Robert de), Robertus de Landavreno. I, 108, 114, 115, 120, 123, 145, 146, 148, 149.
Landavran (Robert de Vitré, dit de). Voir Vitré (Robert de).
Lande (la), en Iveline. II, 51.
Lande (la), dépendance de la Chartreuse-du-Parc. III, 94.
Lande (la), prieuré. IV, 93. — (prieur de). Voir Guérin (Odet).
Lande (Geoffroy de la). I, 254.
Lande (Guillaume de la), de Lalande. II, 362-365, 385,
Lande (Ives de la). IV, 384.
Lande (Jean de la). II, 373; III, 28.
Lande (Tristan de la). III, 28, 29, 253.
Lande-de-Crespy (le sieur de la). IV, 352.
Landeglein. II, 188.
Landelle. V, 28, 29.
Landemor (la terre de), près Montauton, paroisse de Chasteillon. II, 68.
Landerneau. IV, 199.
Landis (foresta de). I, 202.
Landivy (Jean de Scepeaux et de). II, 391.
Lanfrannus, monachus. I, 42.
Langeais. I, 155, 173, 289; II, 154, 155; III, 227.
Langey (les prés de). II, 255.
Langlays (Jamet). II, 280.
Langlois (M.). II, 39; IV, 13.
Langlois (M.). IV, 376.
Langotière. II, 372.
Langres. III, 256, 263, 265, 296.
Languedoc (le). III, 68, 127, 252, 254, 359; IV, 114; V, 98, 99, 102, 117.
Lannion. IV, 76.
Lanoy (Guillelmus de). V, 65.
Lanuelus, Lonnelus, Lonuelus, pater Guidonis. I, 29, 31, 35.
Lanvaux, baronnie. III, 315. — (seigneur de). Voir Laval (André de), Rohan (Louis V de).
Lanvaux (Jeanne de). II, 259.
Laon (évêque de). Voir Beaumont (Geoffroy de).
Laone (le sieur de). IV, 99.
Lapierre, valet de chambre. IV, 304.
Larchamp (la cure de). II, 164.
Larchapt, en Romagné. I, 296. — (seigneur de). Voir Sobrie (Guillaume).

Larché (F. de). IV, 245.
Largouet. III, 382.
Larmnolère. IV, 322.
La Roque. Voir Roque (La).
Lartigue, capitaine. IV, 70, 71.
La Salle. Voir Salle (La).
Lascoux. IV, 306.
Lascy. Voir Lacy.
Lasnier (Guy), seigneur de Sainte-Gemmes-sur-Loire, Montornault-l'Amaury et l'Effredière. IV, 240.
Lassay (le seigneur de). II, 121. Voir Vendôme (Geoffroy de).
Latay (Gautier de). I, 74.
Latoranus (Guillaume), Guillaume du Côté, abbé de Bon-Repos. I, xii ; IV, 163, 167, 217, 223.
Latossoale. I, 237.
Lathan. III, 266.
Lau (le sire du). III, 201, 301.
Laubespine (de). IV, 244, 265.
Laubinière (seigneur de). Voir Richet (Simon).
Laubrière (seigneur de). Voir Fèvre (François Le).
Laudavrin. Voir Landavran.
Laulan. IV, 322, 323.
Launay, en Anjou. III, 176, 302, 312.
Launay (seigneur de). Voir Saint-Amadour (Jean de).
Launay (Étienne de). III, 366.
Launoy (la maison de Jehan de). II, 62.
Launoy (Macé), receveur général de Normandie. III, 158.
Laurain (M.). I, vi ; IV, 267.
Laurana (Francesco). III, 232, 233.
Laurens (Jean-Baptiste du), seigneur de la Hariette. IV, 408, 412.
Laurens (du), mari de Madeleine Roussillé. IV, 411.
Laurent, abbé de Clermont, Laurentius, abbas Clarimontensis. I, 177, 180 ; V, 20.
Laurosse, en Lombron (seigneur de). Voir Montmorency (Pierre de).
Lautrec. IV, 107. — (vicomte, dame de). Voir Albret (Charlotte d'), Foix (Claude, Henri, Odet de), Laval (Guy XVII de). — Lautrec (M. de). Voir Foix (Odet de).
Laval, Vallis, Castrum Vallis, Burgus Guidonis, Vallis Guidonis, Lataevallis, Lavallis, Lavau, Lavauguion, Laval Guion, Laval Guyon, Laval Guidonis. I, 2, 7-12, 18-20, 26, 29-33, 39, 40, 44, 47-50, 53, 61, 81, 88, 94, 97-105, 110, 116, 135, 137, 140, 152, 153, 156-158, 202, 208-211, 214-217, 233, 240, 256, 259, 261, 271 ; II, 16, 23, 27, 30, 31, 53, 61, 80, 91-95, 102, 103, 113, 119, 128, 130, 140, 170, 202, 207, 211, 214, 215, 219, 220, 245, 277, 293-299, 335, 340, 345, 356, 371, 372, 392, 397, 398 ; III, 5-10, 14, 19-23, 26-31, 37, 44, 68-74, 79, 82, 87, 119, 120, 123, 167, 168, 177, 179, 187, 200-214, 223, 224, 254, 268, 269, 274, 277, 278, 300, 313, 314, 319, 320, 327, 336-359, 364, 371-385 ; IV, 5-18, 24-37, 42, 54, 62, 63, 68, 69, 79, 88, 89, 105-109, 117, 119, 145-148, 156, 164, 172-184, 195, 200-205, 215-227, 234-242, 249, 267, 271-274, 281-291, 300-311, 332-352, 372, 376-394, 404-414 ; V, 21, 29, 43, 53-55, 60-64, 81, 93, 96, 97, 107-111, 117-124. — La terre, le fief, la châtellenie, la baronnie, le comté. II, 21, 22, 57, 60, 201, 203, 300, 302, 316, 372 ; III, 9, 53, 59-63, 143, 293 ; IV, 57, 108, 164, 205-208, 211, 213, 224, 226, 230, 231, 234, 255, 257, 262, 267, 270, 289, 290, 305-311, 314-316, 333, 387, 392, 408, 409, 412 ; V, 36, 53. — Le Château, castrum Vallis, castellulum Lavallense. I, 9, 26, 29, 47, 128, 153, 177, 192, 264 ; II, 91, 92, 292 ; IV, 192, 193, 234, 267, 285, 383.
Laval. — Le logis de Changé. III, 187. — La Confrérie des Prêtres. V, 64. — L'Église Calviniste. IV, 311. — L'Élection. IV, 351. —

L'Élu. IV, 215. Voir Monceau (Pierre), Testart (Ferry Le). — La place du Gast, campus qui dicitur le Gast. I, 208, 209. — La rue Gaudin. II, 91. — Le Grenier à sel. II, 280, 282 ; IV, 55, 80, 98, 118, 140, 371. — Grenetier, contrôleur. Voir Gabril, Masquière, Martin (Jérôme). — Le Marché aux toiles. IV, 305-311. — Le Vieux Marché. II, 91. — Le pont de Mayenne. II, 16, 23, 57. — L'hôtel de Montjean. III, 11. — Les Moulins, molendini Blavet de Lavalle, molendini folentorii de Lavalle. I, 201-203, 209 ; II, 33, 50, 87, 301. — Le faubourg du Pont-de-Mayenne. V, 107. — La Prévôté. IV, 266. — Le Prévôt. IV, 351. Voir Herveus. — La porte de Rennes, porta Redonensis, apud Vallem. I, 29. — La foire Saint-André. I, 49. — La confrérie Saint-Jacques. V, 64. — Le bourg Saint-Martin, burgus Sancti Martini Lavallensis. I, 111. — La confrérie Saint-Martin. IV, 395. — Le chapitre Saint-Michel. III, 45.

Laval (le monastère de Grinardis, à). I, 67.

Laval (Notre-Dame de), la chapelle, l'église du château de Laval, le chapitre, les chanoines ; Beata Maria de Lavalle. I, 106, 116, 128, 133, 151, 153, 158, 177, 221, 224, 261, 281 ; II, 17, 123, 360 ; III, 69.

Laval (l'abbaye de Patience, à). III, 337, 385 ; IV, 117. — (la maison, le manoir de Patience, près de). III, 26, 27 ; IV, 11. — (abbesse de). Voir Laval (Philippa de).

Laval (le prieuré de), obedientia de Valle. I, 46, 53, 57, 59, 67, 72. — (le prieur de). I, 102, 151. Voir Geoffroy, Ginardus, Hubertus, Ol.

Laval (l'église Saint-Dominique de). IV, 332.

Laval (Saint-Julien de), l'aumônerie, la Maison-Dieu, l'hôpital, le doyenné de Saint-Julien ou de Saint-Julien du Pont de Laval. I, 164, 201 ; II, 53 ; III, 109 ; IV, 30, 226, 227, 249, 413 ; V, 53-55. — (administrateur de). Voir Duval (André).

Laval (Saint-Martin de), prieuré, Sanctus Martinus de Lavalle Guidonis. I, vi, 13, 15, 18, 32, 53, 65-67, 69, 80, 102, 111, 153 ; II, 123, 168-172, 201, 202, 334, 400 ; III, 290 ; IV, 301. — (prieur de). Voir Marsangy.

Laval (Saint-Melaine de), paroisse, Sanctus Melanius prope Lavallem Guidonis. II, 16, 23 ; III, 341, 364 ; IV, 59, 117.

Laval (Saint-Tugal de), église, doyenné, chapitre. I, 95, 129, 133 ; II, 105, 210, 211, 357, 392 ; III, 11, 14, 23, 24, 120, 128, 131, 159, 182, 196, 224, 313, 336, 337, 344, 371, 372, 389 ; IV, 7, 10, 13, 104, 109, 209, 234, 235, 248, 249, 263, 288, 332, 333, 336, 360, 386. — (doyen de). Voir Bouchet (Jean du), Pommeraye (Olivier de la), Gautherot (Denis).

Laval (l'église Saint-Vénérand de). III, 337, 364 ; IV, 42, 59, 64, 65.

Laval (Sainte-Catherine de), chapelle, prieuré, abbaye, domus, oratorium Sanctae Catharinae. I, 133, 140, 151, 214, 215, 220, 243, 258 ; II, 202, 203 ; III, 382 ; IV, 24. — (abbé de). Voir François. — (le prieur de). V, 107.

Laval (Sainte-Marie de), abbatia Sancte Marie de Valle. I, 128. — (abbé de). Voir Bernardus.

Laval (la Trinité de), église, paroisse, curé, clergé. I, vi, 69, 100, 105, 115, 116, 261 ; II, 17, 53, 162, 211, 202, 357, 360 ; III, 69, 182, 341 ; IV, 235 ; V, 7, 38, 64, 92. — L'autel Saint-Yves. V, 38. — L'autel Saint-Louis. V, 64. — Curés.

Voir Gouit (Jean), Sédille (Nicolas).

Laval. — Bailli. Voir Le Vayer (Jean). — Le capitaine. III, 89. — Chapelain. Voir Hamon. — Châtelain. Voir Albericus, Chaneverlis (de), Châtelier (Geoffroy du). — Les Cordeliers. II, 245, 246, 356, 359, 389, 400; III, 93; IV, 37. — Les Dominicains. III, 348. — Doyen, decanus de Lavalle. I, 151, 164, 177; II, 359; IV, 147. Voir D., Lamarie, Lizïardus, Mathieu, Pierre, Raguellus. — Les Frères mineurs. II, 356. — Gouverneur. Voir Lavardin, Plessis-d'Argentré (Pierre du). — Les Jacobins, les Frères prêcheurs. III, 119, 337; IV, 118, 332, 333, 386. — Le juge. IV, 348. Voir Bret (Robert Le), Martines (Jean de). — Les Lépreux, leprosi de Lavalle. I, 201. — Lieutenant. Voir Regnier (Jean), Tartroux (François). — Le Maire et échevins. IV, 407, 409, 413. — Receveur. Voir Chérot. — Receveur des tailles. Voir Montilz (Michel des). — Sénéchal. Voir Anthenaise (Pierre d'), Châtillon (Rahier de), Episcopus (Raginaldus), Orphanus (Gervasius), Ouvrouin (Jean). — Les tanneurs. IV, 347. — Les religieuses du Tiers-Ordre. III, 385. — Le trésorier. IV, 154. — Le Voyer, villicus de Lavalle. I, 200.

Laval (l'hôtel de), rue Saint-André-des-Arts, à Paris. IV, 310.

Laval (le comte de), en 1739. IV, 414.

Laval (Adam de), prétendu faussement père de Guy I. I, 103.

Laval (Agnès de), fille de Guy I et de Berthe de Toësny, Agnes de Lavalle. I, 1, 16, 17, 19, 26, 29-31, 34, 35, 50.

Laval (Agnès de), fille de Guy II-III et de Cécile, femme de Hugues de Craon, dame de Craon. I, 52, 60, 61, 77, 79, 87, 88, 132.

Laval (Agnès de), fille de Guy VIII et de Jeanne de Beaumont, religieuse à Maubuisson. II, 41, 43, 48, 49, 93-98.

Laval (Ahoïs de). Voir Craon (Avoise de).

Laval (André de), André de Laval-Châtillon, fils de Guy VIII et de Jeanne de Beaumont, mari d'Eustache de Beauçay, seigneur de Châtillon, Olivet, Bonais. II, 41, 43-45, 49, 93-98, 116, 133, 146, 147, 154, 164-166, 203, 232, 255, 256, 390; III, 18, 36; V, 38-43.

Laval (André de), fils de Guy XIII et d'Anne de Laval, époux de Marie de Laval-Retz, seigneur de Lohéac, Lanvaux, Kergorlay, amiral et maréchal de France. III, 1, 5-14, 20, 21, 23, 31, 38-42, 57, 71-79, 82, 83, 87, 89, 93, 99, 115, 125, 126, 129-133, 140-143, 158-160, 165, 168-172, 175-177, 179-181, 183, 185, 187, 200, 202, 203, 206, 210, 211, 213, 224, 245, 251, 255, 256, 259, 260, 263-281, 285, 289, 290, 296, 297, 303, 304, 310-312, 314, 315, 319, 320, 339; V, 78, 82, 91-93.

Laval (Anne de), fille de Gilles de Laval-Loué-Maillé et de Françoise de Maillé, femme de Philippe de Chambes, dame de Montsoreau. IV, 104, 190, 191, 250, 256, 260.

Laval (Anne de), Anne de Laval-Maillé, fille de Gilles II et de Louise de Sainte-Maure, femme de Claude de Chandio. IV, 107.

Laval (Anne de), fille de Guy XII et de Jeanne de Laval-Châtillon, femme de Jean de Montfort dit Guy XIII de Laval, dame de Laval, Vitré, Gavre, Tinténiac, Aubigné. I, 5; II, 114, 227, 245, 246, 318, 362, 376, 389, 400; III, 1-211, 213, 214, 216, 223, 224, 235,

330-332 ; IV, 57 ; V, 43, 44, 60-63, 72-76, 110.
Laval (Anne de), fille de Guy XIV et d'Isabelle de Bretagne, morte à six semaines. III, 212, 228, 229, 235.
Laval (Anne de), fille de Guy XVI et de Charlotte d'Aragon, femme de François de la Trémoïlle, dame de la Trémoïlle et de Craon, princesse de Talmont. I, xiv ; IV, 5, 17-19, 36, 38, 50, 61-68, 72, 75, 78, 85, 93-99, 101-106, 110, 112, 113, 116, 123, 132-134, 139, 145-149, 159-161, 167, 168, 176, 177, 180, 181, 184-200, 203-206, 215, 216, 219-221, 224, 225, 227, 241, 242, 248, 250-253, 296, 333, 369, 370 ; V, 115.
Laval (Anne de), fille de Guy XVI et d'Anne de Montmorency, femme de Louis de Silly, baronne d'Acquigny. III, 171 ; IV, 5, 10, 17, 20, 250, 263, 296, 350.
Laval (Anne de), fille de Jean de Laval-Châteaubriant et de Françoise de Foix. III, 243 ; IV, 38-40.
Laval (Anne de). II, 211. Voir Laval (Emmette de).
Laval (Anne de), unie au fils du sire de Malestroit (1434). III, 95.
Laval (Arthuse de), fille de Guy XIV et d'Isabelle de Bretagne. III, 212, 228, 236.
Laval (Avoise de), Avoise de Montmorency-Laval, fille d'Emma de Laval et de Mathieu II de Montmorency, femme de Jacques de Château-Gontier. I, 190, 195, 227, 236, 239 ; II, 17, 204.
Laval (Béatrix de), fille de Guy X et de Béatrice de Bretagne, femme d'Olivier IV de Clisson, dame de Clisson. II, 173, 175, 176, 178, 200, 266, 267, 269, 392, 397 ; V, 35-37.
Laval (Béatrix de), probablement fille de Hugues de Laval et petite-fille de Guy II, femme de Guillaume I[illegible]. I, 60, 140.
Laval (Bellaille de), prétendu seigneur de Laval. I, iv, 8-10.
Laval (Bertrand de), fils de Bouchard de Laval et de Béatrix d'Erquery, époux de Marie de Beaumont. II, 210, 283, 292, 301.
Laval (Bonnot de), prétendu fils de Guy II. I, 58.
Laval (Bouchard de), fils de Guy VII et de Thomasse de Pouancé, mari de Béatrix d'Erquery, seigneur d'Attichy, de Chantilly, et en partie de Conflans-sur-Seine. I, xi ; II, 13, 15, 30, 31, 33, 56, 57, 59, 73, 123, 129, 133, 147, 148, 204, 267 ; V, 32, 33.
Laval (Brumor de). Voir Laval (Guy, dit Brumor de).
Laval (Catherine de), fille de Guy VII et de Philippa de Vitré, femme d'Hervé de Léon. I, 306 ; II, 11, 13-15, 20-23, 32, 33, 57, 69, 129.
Laval (Catherine de), fille de Guy VIII et de Jeanne de Beaumont, religieuse à Étival. II, 41, 43, 49, 93-98, 122.
Laval (Catherine de), fille de Guy IX et de Béatrix de Gavre, femme de Girard Chabot. II, 101, 106, 109, 110, 114, 115, 123, 148, 149, 179 ; V, 128.
Laval (Catherine de), fille de Guy XIII et d'Anne de Laval, femme de Guy de Chauvigny. III, 1, 5, 15-17, 31, 38-42, 55, 77. Dans la citation de la page 15, il faudrait lire *Catherine* au lieu de *Marguerite*.
Laval (Catherine de), fille de Guy XVI et de Charlotte d'Aragon, femme de Claude de Rieux. IV, 5, 17-19, 36, 50, 56, 57, 66, 110, 229, 261, 267, 333.
Laval (Catherine de), fille de Jean de Laval-Boisdauphin et de

Renée de Saint-Mars, femme de François du Puy-du-Fou et de Louis d'Ailly. IV, 143, 144.

Laval (Catherine de), dame de Guémené. Voir Laval (Marguerite, alias Catherine de).

Laval (Cécile ou Sybille de), fille de Guy V et d'Emma, femme d'Aimery VII de Thouars, dame de Thouars. I, x, 89, 96-98, 111, 127, 138, 214; II, 33, 87.

Laval (Charles de), fils de Jean de Laval, marquis de Nesle, et de Renée de Rohan. IV, 289.

Laval (Charlotte de), fille de Guy XVI et d'Antoinette de Daillon, femme de Gaspard de Coligny, dame de Bossac et de Coligny. IV, 5, 12, 17, 20, 21, 117, 150, 154, 155, 158, 160, 240, 241, 260-264, 266, 278, 279, 287, 289.

Laval (Claude de), fils de Jean de Laval-Boisdauphin et de Renée de Saint-Mars, mari de Claude de la Jaille, seigneur de Théligny, Précigné, Saint-Aubin-des-Coudrais. IV, 143-145, 203, 204, 211, 213, 214, 223, 241, 242, 245, 250, 251.

Laval (Claude de), fille de Pierre de Laval-Lezay et de Jacqueline Clérembault, femme de René Gillier. IV, 318.

Laval (Dosgebert, prétendu seigneur de). I, IV.

Laval (Élisabeth de), fille de Jacques II de Laval-la Faigne et de Marguerite de Mézières, femme de Gabriel du Bocquet. IV, 351, 354.

Laval (Emma de), fille de Guy VI et d'Emma, abbesse du Ronceray. I, 78, 81, 123.

Laval (Emma de), fille de Guy VI et d'Avoise de Craon, femme de 1o Robert III d'Alençon ; 2o Mathieu II de Montmorency ; 3o Jean de Toucy; Emma, Ama de Lavalle, domina Lavallis et Montismaurenciaci, comitissa Alanconii. I, 97-130, 133, 135, 171, 182-271, 300, 301 ; II, 5, 7, 13, 33, 64, 65, 88, 90, 100 ; III, 1, 2 ; V, 24, 25.

Laval (Emmette de), Ame, Amme, Anne, fille de Guy VII et de Philippa de Vitré, femme de Prégent de Coëtmen, comtesse de Coëtmen ; Amma de Lavalle, comitissa de Quoytmaen dominaque de Landavran. II, 11, 13-15, 22, 32, 33, 57, 63, 120, 166, 211 ; III, 320, 321, 381.

Laval (Foulques de), fils de Guy IX et de Béatrix de Gavre, mari de Jeanne Chabot. II, 101, 106, 108-115, 185-198, 206, 226, 249, 250, 253-255, 258-261, 375, 376, 378 ; III, 11 ; V, 34, 35.

Laval (Foulques de), fils de Guy dit Brumor et de Tiphaine de Husson, seigneur de Chérencé-le-Héron et de Champcervon. II, 355, 374-376.

Laval (François de), fils de Guy XIV et d'Isabelle de Bretagne. Voir Laval (Guy XV de).

Laval (François de), fils de Guy XIV et de Françoise de Dinan, mari de Françoise de Rieux, seigneur de Châteaubriant, Montafilant, Derval. II, 102 ; III, 212, 228, 242-244, 259, 273, 299, 351, 357, 362 [no 2031, lire Françoise de Rieux au lieu de Françoise de Foix], 371, 378, 379, 382, 387, 388 ; IV, 7, 34, 42, 106; V, 99.

Laval (François de), fils de Guy XVI et de Charlotte d'Aragon, comte de Montfort. IV, 5, 17, 19, 20, 35, 36, 50-52, 105, 106.

Laval (François de), fils de Guy XVI et d'Antoinette de Daillon. IV, 5, 17, 20, 101.

Laval (François de), fils naturel de Guy XVI et d'Anne d'Épinay, évêque de Dol, abbé de Paimpont et du Tronchet. I, XIII ; III, 334 ; IV, 5, 21-24, 98, 101, 103, 113, 123, 139, 147, 149-152, 168, 171, 172, 221, 222, 254, 256. Voir V, 131.

Laval (François de), fils de Guy de Laval et de Charlotte de Sainte-Maure, mari de Catherine de Bastarnay et de Marie de Ronsard, seigneur de Marcilly et de Saumoussay. I, XIII ; III, 293, 325, 342, 343, 349, 366, 369, 373, 374, 381, 387 ; IV, 14, 59, 90, 91, 130-135, 142, 291 ; V, 95, 99, 112-114. Corriger *Marcilly* au lieu de *Marcillé*. Voir V, 131.

Laval (François de), fils de Jacques de Laval, seigneur de Beaumanoir. III, 244.

Laval (François de), peut-être fils de Mathieu de Laval, seigneur de Brée ; seigneur de Brée, Fougerolles, le Plessis, donné comme mari de Guyonne de Goué. II, 47, 201.

Laval (François de), fils de René de Laval et de Guyonne de Beauvau, mari de Marguerite d'Assé, seigneur de Boisdauphin. IV, 40, 44, 45.

Laval (François de), nom donné faussement à Guy XX. IV. 326.

Laval (Françoise de), fille de Guy XIV et d'Isabelle de Bretagne. III, 212, 228-230, 235.

Laval (Françoise de), fille de Guy de Laval-Lezay et de Claude de la Jaille, femme de Nicolas de Champagne. IV, 335.

Laval (Françoise de), fille de Jean de Laval, seigneur de Brée et de Montjean, et de Françoise Gascelin (Du Chêne), femme d'Edmond de Bueil. IV, 42, 43.

Laval (Françoise de), fille de René II de Laval-la Faigne et de Marie de Bussu. IV, 59, 255, 298.

Laval (Françoise de), fille de René II de Laval-Boisdauphin et de Jeanne de Lenoncourt, femme d'Henri de Lenoncourt et de Louis VI de Rohan-Guémené. IV, 296, 303, 325, 407.

Laval (Françoise de), fille de Thibaud de Laval et d'Anne de Maimbier, femme de Bertrand Houssard et de Guy de Fromentières. III, 380.

Laval (Gabrielle de), fille de Gilles II de Laval-Maillé et de Louise de Sainte-Maure, femme de François Aux-Épaules, marquise de Nesle, comtesse de Joigny. IV, 165, 350.

Laval (Geoffroy de), chanoine de Tours. I, 86.

Laval (Geoffroy de), doyen et évêque du Mans. I, XIII, 95, 96, 223, 224 ; V, 26.

Laval (Gervais de), fils de Guy I et de Rotrude de Château-du-Loir. I, 1, 17-19, 24, 26, 29, 30, 34, 35, 38.

Laval (Gervais de), fils de Guy II-III et de Cécile. I, 52, 60, 61, 76, 77, 79, 81, 89, 96, 99.

Laval (Gilles de), dit Gilles de Retz, fils de Guy de Laval, seigneur de Retz, et de Marie de Craon, mari de Jeanne Paynel et de Catherine de Thouars, seigneur de Retz, Pouzauges, comte de Brienne. II, 112, 113 ; III, 8, 9, 11, 12, 28, 30, 36, 43-45, 48, 71, 73-75, 77, 79-85, 87-89, 94, 95, 99, 109-113, 125, 193, 213 ; V, 71.

Laval (Gilles de), fils de Guy II de Laval-Loué et de Charlotte de Sainte-Maure, doyen du Mans et évêque de Séez. III, 258, 273, 288, 289, 292, 300, 301, 311, 312, 316, 317, 321, 348 ; V, 95, 103, 111.

Laval (Gilles I de), fils de Pierre de Laval et de Philippa de Beaumont, mari de Françoise de Maillé, seigneur de Loué, Maillé, la Haye en Touraine, Mareilly, la Roche-Luzais, Bressuire. IV, 41, 44, 58, 59, 69, 75, 78, 85, 87, 90, 93, 130-135, 141, 142, 145, 249, 254, 256, 257; V, 112, 113.

Laval (Gilles II de), fils de Gilles I et de Françoise de Maillé, mari de Louise de Sainte-Maure, seigneur de Loué et de la Roche-Luzais, baron de Maillé, Bressuire, la Haye et la Motte-Sainte-Hérayo. IV, 20, 187, 189, 197, 199, 208, 220, 261.

Laval (Gilles de), en 1459. III, 184.

Laval (Guillaume de), pseudo-fils de Guy VII. II, 13.

Laval (Guillaume de), fils de Guy VIII et d'Isabelle de Beaumont, seigneur de Passy-sur-Marne (1280). II, 39, 43, 44, 69.

Laval (Guillaume de), seigneur de Passy (1369). II, 209.

Laval (Guy I de), premier seigneur de Laval, mari de Berthe de Toësny et de Rotrude de Château-du-Loir; Guido, Wido de Walle, Guido senex de Lavalle. I, v-ix, 1-45, 47-50, 52, 55, 70, 103, 315-317; II, 5; V, 125.

Laval (Guy de), fils de Guy I et de Rotrude de Château-du-Loir. I, 1, 17-19, 24, 26, 28-30, 34, 38, 46, 52, 70.

Laval (Guy II-III de), fils d'Hamon de Laval et d'Hersende, mari de Denise de Mortain et de Cécile, seigneur de Laval, Guido Calvus, Wido de Walle. I, iv, ix, x, 11-14, 21 [ligne 24, lire *Guy I* au lieu de *Guy II*], 22-23, 43-77, 81, 86, 89, 98, 103, 132, 137, 275; V, 7 (?), 125.

Laval (Guy IV de), fils de Guy II-III et de Cécile, mari d'Emma, seigneur de Laval. I, ix, x, 52, 54, 55, 57, 59, 60, 72, 77-89, 94, 99, 137; V, 7 (?).

Laval (Guy V de), fils de Guy IV et d'Emma, mari d'Emma et d'Agathe (I, 111), seigneur de Laval; Guido quintus, Guido senior. I, ix, x, 11, 52, 58, 60, 78-81, 89-130, 135, 139, 149-152, 177, 209; II, 33, 87 [ligne 3, lire *Guy V* au lieu de *Guy VI*]; V, 7 (?), 9, 128.

Laval (Guy VI de), fils de Guy V et d'Emma, mari d'Avoise de Craon, seigneur de Laval; Guido sextus, Guido junior. I, x, xii, xiii, 11, 52, 80, 89, 93-96, 111, 127, 130-181, 184, 194, 203-209, 214, 226, 240-243; II, 87-90, 260; V, 10, 12-20, 126, 128.

Laval (Guy VII de), fils d'Emma de Laval et de Mathieu II de Montmorency, mari de Philippa de Vitré et de Thomasse de Pouancé, seigneur de Laval, Vitré, Attichy. I, x, xi, 11, 81, 171, 183, 186, 190, 192, 194, 195, 217, 222, 227, 233, 236-240, 243, 246, 248-251, 258, 260-265, 268, 300, 303, 305-307, 314; II, 5-34, 38, 46, 56-61, 64, 69, 100, 174, 211; III, 1; V, 27, 29-32.

Laval (Guy VIII de), fils de Guy VII et de Philippa de Vitré, mari d'Isabelle de Beaumont et de Jeanne de Beaumont-Brienne, seigneur de Laval et de Vitré. I, xi, xiii, 97, 98, 263, 265, 266, 268; II, 5, 11-13, 16, 18, 22, 23, 29-101, 116, 123, 130, 133, 137, 155, 201, 232; III, 1; IV, 333; V, 31 [n° 3.258, lire *Guy VIII* au lieu de *Guy VII*], 33, 128.

Laval (Guy de), fils de Guy VIII et de Jeanne de Beaumont, chanoine de Paris, évêque de Quimper et du Mans. II, 13, 41, 43, 45, 46, 93-98, 154-158, 162, 164, 183, 197, 199-201, 204; V, 34.

Laval (Guy IX de), fils de Guy VIII et d'Isabelle de Beaumont, mari de Béatrix de Gavre, seigneur de Laval et de Vitré. I, xiii, 308; II,

5, 39, 41, 43, 44, 74-85, 93-98, 101-173, 175, 202, 203, 232 ; III, 1, 3 ; IV, 6 ; V, 128.

Laval (Guy X de), fils de Guy IX et de Béatrix de Gavre, mari de Béatrix de Bretagne, seigneur de Laval et de Vitré. I, XI ; II, 5, 101, 105-108, 114, 123, 140, 144-146, 150, 173-228, 238, 240, 247, 260, 292, 302 ; III, 1 ; V, 128.

Laval (Guy XI de), fils de Guy X et de Béatrix de Bretagne, mari d'Isabelle de Craon, seigneur de Laval, de Vitré et de Gavre. II, 5, 107, 108, 173, 178, 180-228, 240, 259, 261, 280, 284 ; III, 1 ; V, 34.

Laval (Guy XII de), Jean de Laval, fils puîné de Guy X et de Béatrix de Bretagne, frère de Guy XI, mari de Louise de Châteaubriant et de Jeanne de Laval, seigneur Laval, Vitré, Châteaubriant, Tinténiac. I, 98 ; II, 5, 45, 114, 173, 178, 180, 181, 227-401 ; III, 1, 5, 18, 26, 27, 29, 42, 56, 85 [lire Guy XIV], 93, 94, 169, 218, 330, 331, 333 ; IV, 56, 57 ; V, 34-44, 53-55, 58-60, 71, 130.

Laval (Guy de), fils de Guy XII et de Louise de Châteaubriant. II, 227, 245.

Laval (Guy de), fils de Guy XII et de Jeanne de Laval. II, 227, 245, 302, 363, 365, 374, 377, 385, 400 ; III, 2, 3, 56, 57.

Laval (Guy XIII de), Jean de Montfort, fils de Raoul VIII de Montfort et de Jeanne de Kergorlay, mari d'Anne de Laval, seigneur de Kergorlay, Laval, Vitré, Gavre, appelé Guy de Gavre ou Guy de Laval, seigneur de Gavre, avant la mort de Guy XII. II, 5, 114, 246, 389, 398, 399 ; III, 1-4, 26-31, 38-43, 49, 57, 71, 75, 92, 196-199, 201, 216, 330, 331 ; IV, 37, 57 ; V, 43, 44, 53, 55, 60-63.

Laval (Guy XIV de), fils de Guy XIII et d'Anne de Laval, mari d'Isabelle de Bretagne et de Françoise de Dinan, seigneur de Gavre, Montfort, Lohéac, la Roche-Bernard, Châteaubriant, Laval, Vitré, Bécherel, vicomte de Rennes. I, XI ; II, 230, 240, 391, 399-401 ; III, 1, 2, 5-7, 9, 12-15, 21-24, 29, 31, 37-45, 48, 49, 57, 69, 71, 73-79, 82-89 [p. 85, n° 1.239, lire *Guy XIV* au lieu de *Guy XII*], 92-99, 102-104, 107-110, 119-126, 130-333, 342, 351, 356, 362, 388 ; IV, 6, [illegible] 25, 36, 106 [ligne 22, lire *Guy XIV* au lieu de *Guy XVI*], 229 ; V, 64-78, 81-91, 93, 96, 101, 130, 132.

Laval (Guy XV de), François de Laval, appelé aussi Guy de Gavre, fils de Guy XIV et d'Isabelle de Bretagne, mari de Catherine d'Alençon, comte de Laval, Montfort, Caserte, vicomte de Rennes, seigneur de Vitré, Gavre, Acquigny, la Guierche, Sonnois, Frinodour, Montreuil-Bellay, Gournay et Noyelles. I, XI, 14 ; II, 102 ; III, 2, 11, 23, 24, 111, 114, 115, 119, 120, 130, 131, 140, 177, 179-184, 188-194, 196, 201-203, 212, 219, 220, 222, 224, 228, 229, 235, 236, 251-255, 259, 263, 266-269, 272, 281, 282, 286, 288-290, 292, 294, 304, 310, 313, 314, 318-389 ; IV, 5-9, 25-31, 33, 34, 37 ; V, 94-109, 111. Voir correct., V, 130, concernant la page 194 du tome III.

Laval (Guy XVI de), Nicolas de Laval, fils unique de Jean de Laval, seigneur de la Roche-Bernard, et de Jeanne du Périer, neveu de Guy XV, mari de Charlotte d'Aragon, d'Anne de Montmorency et d'Antoinette de Daillon, comte de Laval, Montfort, Quintin, vicomte de Rennes, baron de Vitré, seigneur de la Roche-Bernard, Acquigny, Montreuil-Bellay, la Roche-d'Iré. I,

XI, XII, XIV, 317; II, 102; III, 2, 24, 236, 243, 309, 310, 334, 336, 338, 376, 377, 379, 381, 386, 389; IV, 5, 105, 106 [ligne 22, lire *Guy XIV* au lieu de *Guy XVI*], 108, 110, 113-116, 118, 120-124 [ligne 13, il faudrait corriger et lire *seiziesme* au lieu de *quatorziesme*], 141, 150-152, 163, 169-171, 221, 230, 231, 240; V, 96, 112, 113, 131, 132.

Laval (Guy XVII de), Claude de Laval, fils de Guy XVI et d'Anne de Montmorency, comte de Laval, Montfort, Quintin, Comminges, Rethelois, Beaufort-en-Champagne, vicomte de Rennes, Fronsac, Lautrec, Saint-Florentin, sire de Vitré, la Roche, Saint-Verain, seigneur et baron de Donzy, Orval, Coulommiers-en-Brie, Lescun. I, XII, XIV; III, 2, 24, 334; IV, 5, 10, 13, 17-19, 52, 66, 105-232, 236-239, 245-249, 254, 268, 287, 320; V, 114, 116.

Laval (Guy XVIII de), Louis de Saint-Maure, fils de Jean III de Sainte-Maure et d'Anne d'Humières, mari de Guyonne de Laval, comte de Laval, Montfort, Quintin, Joigny, marquis de Nesle, baron de Vitré, vicomte de Rennes, sire de Rieux et de l'Isle-sous-Montréal. I, XII, XIV; IV, 17, 112, 165, 224, 229-267, 270.

Laval (Guy XIX de), Paul de Coligny, fils de François de Coligny et de Claude de Rieux, mari d'Anne d'Alègre, comte de Laval, Montfort, Quintin et Harcourt, baron de Vitré, la Roche-Bernard et Ancenis, vicomte de Rennes, Donges et Lillebonne, sire de Rieux, Rochefort, la Roche-en-Nord, etc. I, XII-XIV; III, 334; IV, 18, 110, 228, 229, 236, 255, 256, 268-327, 334, 335, 344; V, 114, 117-124. Voir *Province du Maine*, XI, 25.

Laval (Guy XX de), fils de Guy XIX et d'Anne d'Alègre, comte de Laval, Montfort, Quintin, Harcourt, etc. I, II, XII; III, 24; IV, 18, 110, 228, 326-414; V, 5, 124.

Laval (Guy II de), fils de Guy I de Laval-Attichy et petit-fils de Bouchard de Laval et de Béatrix d'Erquery, mari d'Isabelle de Châtillon et d'Ade de Mailly, seigneur d'Attichy et de Chantilly. II, 300, 305, 328, 329, 331, 345.

Laval (Guy III de), fils du précédent et d'Isabelle de Châtillon, mari de Jeanne de Nesle, dame d'Offémont, seigneur d'Attichy. II, 295, 355-358, 389; V, 49-53, 55.

Laval (Guy I de), fils d'André de Laval et d'Eustache de Beauçay, mari de Jeanne de Pommerieux, seigneur de Loué et Pommerieux. II, 44, 232, 255-257, 262, 269, 270, 275, 277, 279, 301, 306, 316, 386-388, V, 44-47.

Laval (Guy de), fils des précédents, mari de Marguerite de la Macheferrière, seigneur de Pommerieux, châtelain de Louplande. II, 316, 333-335, 340, 374, 391, 395; III, 28, 31, 37, 42, 71, 75, 83; V, 62.

Laval (Guy II de), fils de Thibault de Laval et de Jeanne de Maillé, mari de Charlotte de Sainte-Maure, seigneur de Loué, Pocé, Montsabert, Marcilly, Benais, Fayette, la Genevraye. III, 110, 113, 123-126, 142, 143, 158, 160, 162, 165, 172, 177, 183, 184, 201, 253, 254, 263-266, 269, 271, 284, 285, 294-296, 298, 299, 312, 313, 366, 387; IV, 58; V, 80, 96, 99.

Laval (Guy, dit Brumor de), fils de Foulques de Laval et de Jeanne Chabot, mari de Jeanne de Montmorency et de Tiphaine de Husson, seigneur de Blazon. II, 112-114, 116, 254, 265, 268, 269, 274, 278, 293, 301, 374-378, 388, 401; V, 37.

Laval (Guy de), fils de Guy dit Brumor de Laval et de Tiphaine de Husson, époux de Marie de Craon, seigneur de Retz et de Blazon, I, XIII ; II, 110-113, 361, 374-385, 388-392, 395-401 ; III, 11, 12, 25-28, 39.

Laval (Guy de), fils de Jean de Laval, seigneur de Passy, et d'Éléonore Le Bigot, mari de Philippa de Montauban, seigneur de Passy-sur-Marne. II, 105, 261, 291, 294, 303, 315, 316, 359.

Laval (Guy de), fils de Pierre de Laval, seigneur de Loué, et de Philippa de Beaumont, mari de Claude de la Jaille, seigneur de Lezay. IV, 59, 68, 90, 116, 117, 119, 124, 130, 131, 204.

Laval (Guy de), fils de Jean de Laval, marquis de Nesle, et de Renée de Rohan, mari d'Anne (et non de Marguerite) Hurault, marquis de Nesle, comte de Joigny et de Maillé, baron de Bressuire, seigneur de Loué. I, XIII, XIV ; IV, 266, 278, 312, 313, 316-321, 342, 348. Voir V, 132, la note concernant Françoise de Birague.

Laval (Guy de), (en procès avec Jean du Vau, 1399). II, 354, 355, 360.

Laval (Guy de), (en procès avec Raoul de Coëtmen, 1401). II, 374.

Laval (Guy de), seigneur de Rochefort (1554). IV, 253.

Laval-Montjean (Guy de), peut-être le même que Guy de Laval-Loué (Du Chêne, 574). III, 39, 48, 195.

Laval (Guy de), Wido de Wallo (1085-1096). I, 67.

Laval (le comte Guy, prétendu seigneur de). I, 9.

Laval (Guy ou Guyon, prétendu seigneur de). I, IV, 10.

Laval (Guy-Geoffroy de), prétendu seigneur de Laval, Gaufridus Guido de Valle. I, IV, 10-12, 20, 53, 54, 77.

Laval (Guy-Paul de). Voir Laval (Guy XIX de).

Laval (Guyonne de), fille de Jean de Laval, seigneur de Brée, et de Françoise Gascelin, femme de François du Plessis-Richelieu. III, 362.

Laval (Guyonne de), Renée de Rieux, fille de Claude de Rieux et de Catherine de Laval, femme de Louis de Sainte-Maure, marquis de Nesle ; succède à Guy XVII ; comtesse de Laval, marquise de Nesle, comtesse de Joigny, Montfort, Quintin, dame de l'Isle-sous-Montréal et de Rieux, baronne de Vitré, vicomtesse de Rennes. I, XII, XIV ; III, 2, 24 ; IV, 13, 17, 18, 24, 108, 112, 165, 192, 196, 229-271, 281, 283, 284, 287-289, 292.

Laval (Guyonnet de), fils de Guy VI et d'Avoise de Craon, seigneur de Laval, Guido de Valle, Guido junior. I, 55, 130, 133, 135, 137, 138, 182-184, 201, 205, 207 ; III, 2.

Laval (Hamon de), fils de Guy I et de Berthe de Toësny, mari d'Hersende, seigneur de Laval, Haimo, filius Guidonis de Valle, Hamo, Haimo de Valle, dominus de Valle Guidonis. I, 1, 13-19, 21-24, 26-31, 34-38, 42-80, 98 ; II, 227 ; V, 125.

Laval (Hamon de), fils de Guy IV et d'Emma. I, 77, 80, 103, 104, 111, 127, 149.

Laval (Hamon de), prétendu fils de Guy II. I, 58.

Laval (Hardouine de), fille de Guy II de Laval, seigneur de Loué, et de Charlotte de Sainte-Maure, femme de Jacques de Beauvau, dame de Pressigny. IV, 44.

Laval (Hélène de), fille de Guy XIV et d'Isabelle de Bretagne, femme de Jean de Malestroit dit de Derval, dame de Derval, Combourg, Châteaugiron, Rougé et Fougères. III, 133-141, 212, 228, 236, 378; IV, 26-28, 30, 34, 37; V, 96, 101.

Laval (Henri I et Henri II de). IV, 83, lignes 9 et 12, lire *René* au lieu de *Henri*.

Laval-Boisdauphin (Henri-Marie de), évêque de la Rochelle. IV, 411.

Laval (Herpin de), fils de Bouchard de Laval et de Béatrix d'Erquery. II, 114, 201, 204-206.

Laval (Hersendis de), religieuse du Ronceray. I, 74.

Laval (Hilaire de), fils de Pierre II de Laval-Lezay et d'Isabelle de Rochechouart, mari de Françoise du Puy-du-Fou, marquis de Lezay et de Trèves. IV, 412, 413.

Laval (Hildeburge de), fille de Guy I et de Berthe de Toësny, religieuse au Ronceray. I, 1, 16, 17, 19, 26, 34.

Laval (Hildelinde de), fille de Guy I et de Berthe de Toësny, Hildelinda, Hildelina, Hildesindis, Odeline, Odelinde. I, 1, 16-19, 26, 29, 34, 48, 50; V, 8.

Laval (Hugues de), fils d'Hamon de Laval et d'Hersende, mari d'Adélise. I, 22, 23, 43-45, 50, 58-60, 63-65, 67, 72, 74, 76-78, 81, 83, 84, 87, 89, 96; V, 7, 8, 125. Voir les *Corrections*, V, 125.

Laval (Hugues de), Hugo, filius Widonis (1085-1096). I, 67.

Laval (Hugues de) (vers 1200). I, 169.

Laval (Hugues de), fils de René II de Laval et de Marie de Bussu, époux de Marie de Mézières. IV, 75, 255, 298.

Laval (Hugues de), fils de Jean de Laval et de Claude de Prunelé, mari de Michelle de Péricard, seigneur de Montigny-sur-Avre. IV, 350, 408.

Laval (Hugues, prétendu seigneur de). I, IV, 8.

Laval (Isabelle ou Élisabeth de), fille de Guy VI et d'Avoise de Craon, femme de Bouchard VI de Montmorency. I, 130, 135, 136, 182, 186, 227, 239, 240, 257; II, 7.

Laval (Isabelle de), fille de Guy IX et de Béatrix de Gavre, femme de Péan de Lohéac, dame de Lohéac. II, 101, 106, 114, 123, 140, 177, 178; III, 3; V, 128.

Laval (Jacqueline de), fille de René II de Laval et de Marie de Bussu. IV, 118, 255.

Laval (Jacques de), fils de Guy XIV et de Françoise de Dinan, seigneur de Beaumanoir. III, 212, 228, 244, 381, 387, 388.

Laval (Jacques I de), fils de René II de Laval et de Marie de Bussu, époux de Marie de Villiers et de Marie Le Sec. IV, 83, 254, 255, 261, 313.

Laval (Jacques II de), frère du précédent, mari de Marguerite de Mézières. IV, 89, 254, 255, 298, 313, 320, 336, 338, 354.

Laval (Jean de), fils aîné de Guy I et de Berthe de Toësny, moine à Marmoutier. I, 1, 15-18, 23, 24, 26-29, 31, 35-38, 41-43, 45, 49, 58, 65.

Laval (Jean de), prétendu fils de Guy II. I, 58.

Laval (Jean de), fils de Guy IX et de Béatrix de Gavre, mari de Jeanne de Chemillé et d'Aliette ou Éléonore Le Bigot, seigneur de Bernière et de Passy-sur-Marne. II, 46, 101, 106-108, 114, 124, 173, 185-198, 200, 211, 213, 214, 247, 261, 265.

Laval (Jean de), fils de Guy X et de Béatrix de Bretagne. Voir Laval (Guy XII de).

Laval (Jean de), seigneur de Gavre. II, 389. Voir Laval (Guy XIII de).

Laval (Jean de), fils de Guy XIV et d'Isabelle de Bretagne, mari de Jeanne du Perrier, seigneur de la Roche-Bernard, père de Guy XVI. III, 111, 140, 159, 179-185, 210, 212, 228, 235, 236, 254, 260-262, 267, 275, 276, 338 ; IV, 5, 6.

Laval (Jean de), fils de Bouchard de Laval et de Béatrix d'Erquery, seigneur d'Attichy, religieux. II, 254, 258, 259, 262, 266, 267, 275, 278, 282, 295, 329.

Laval (Jean de), fils naturel de Guy de Laval-Attichy. V, 55-58. C'est probablement de lui qu'il s'agit, II, 329.

Laval (Jean de), fils d'André de Laval et d'Eustache de Beauçay, mari d'Isabelle de Tinténiac, seigneur de Châtillon, Meslay, Montsûrs, Tinténiac, Bécherel, Olivet, Vendelais. II, 44, 45, 232-236, 253, 255-257, 260, 265, 266, 269, 270, 274, 288-291, 297, 305, 306, 314, 315, 330, 333-335, 340, 354, 358, 366-368, 376, 395, 401 ; III, 18, 29, 90, 93, 128 ; V, 36-43.

Laval (Jean I de), fils aîné de Guy I de Laval, seigneur de Loué, et de Jeanne de Pommerieux, mari de Marie de Beaupréau et de Mahaud Le Vayer, seigneur de Loué, Fayette, Maillé. II, 301, 315, 339, 340, 390, 396, 397 ; V, 45-47.

Laval (Jean II de), fils de Gilles II de Laval et de Louise de Sainte-Maure, mari de Renée de Rohan et de Françoise de Birague, marquis de Nesle, comte de Joigny et de Maillé, seigneur de Loué. IV, 20, 188, 264, 267, 279, 285, 289, 291, 298, 300, 301, 312, 313. Voir V, 132, la note concernant Françoise de Birague.

Laval (Jean de), fils de Thibaut de Laval et de Jeanne de Maillé, mari de Françoise Gascelin, seigneur de Brée et de Montjean. III, 11, 140, 200, 362.

Laval (Jean de), fils de René I de Laval et de Guyonne de Beauvau, mari de Renée de Saint-Mars, seigneur de Boisdauphin, la Roche-d'Iré, Aulnay, Saint-Aubin-des-Coudrais, vicomte de Bresteau. IV, 14, 44-46, 77, 90, 92, 97, 172.

Laval (Jean de), fils aîné de François de Laval, seigneur de Châteaubriant, et de Françoise de Rieux, mari de Françoise de Foix, seigneur de Châteaubriant, Beaumanoir, Montafilant, Candé, Derval, Malestroit, Chanzeaux, Dinan, Pommerieux, comte de Plorhan. I, XIII, XIV ; II, 102 ; III, 243, 244 ; IV, 7, 19, 36, 38-44, 55, 57-60, 62, 67, 76-78, 85-87, 89-91, 93, 98, 99, 106-108, 113-116, 118, 119, 121-123, 125-127, 129, 133, 136-143, 145, 148-150, 153-156, 159, 160, 162-164, 167, 168, 172, 187, 195-197, 205, 218, 223, 225, 246 ; V, 112, 114, 116.

Laval (Jean de), fils de Hugues de Laval et de Marie de Mézières, mari de Claude de Prunelé, seigneur d'Aveluys, Tartigny, Bussu, Montigny-sur-Avre, Fresnay-le-Samson et Gournay-le-Guérin. IV, 313, 350, 366.

Laval (Jean de), (en procès avec le prieur de Tournay, 1402). II, 375.

Laval (Jean de), seigneur d'Alès près Calais. II, 397.

Laval (Jean de), acquéreur de la terre du Plessis. III, 169.

Laval (Jean de), dit de Meslay, curé de Pléboulle, chapelain de la Chaumissonnière ou des Rivettes. III, 386 ; V, 111.

Laval (Jean-Baptiste de Castelnave, dit). Voir Castelnave.

Laval (Jeanne de), fille de Guy IX

et de Béatrix de Gavre, ou de Guy X et de Béatrix de Bretagne, crue peut-être faussement abbesse de Saint-Georges de Rennes. II, 106.

Laval (Jeanne de), fille de Guy XIII et d'Anne de Laval, deuxième femme de Louis de Bourbon, comte de Vendôme, comtesse de Vendôme. I, XIII; III, 1, 5, 6, 14-16, 31, 40-68, 77, 82, 93, 124, 127-129, 170, 214, 217 ; V, 72-76.

Laval (Jeanne de), fille de Guy XIV et d'Isabelle de Bretagne, deuxième femme de René d'Anjou, reine de Sicile et de Jérusalem, duchesse d'Anjou, de Bar, de Lorraine, comtesse de Provence, de Forcalquier, de Piémont et de Beaufort. I, XIV ; III, 111, 160-166, 172, 175-178, 188, 201, 212, 228-236, 252, 257, 259, 264-266, 271-274, 280, 281, 289-291, 294, 297, 301-305, 307-309, 312, 316, 318, 320, 321, 334, 339, 345, 354, 361, 362, 366, 369, 375-377, 380, 386 ; IV, 7, 26-30, 33, 41; V, 91, 105, 107, 109, 111.

Laval (Jeanne de), fille de Jean de Laval et d'Isabelle de Tinténiac, femme de : 1° Bertrand Du Guesclin ; 2° Guy XII de Laval; comtesse de Longueville, dame de Tinténiac, Laval, Vitré, Châtillon, Bécherel. II, 45, 227, 232, 233, 235-238, 240, 241, 245, 246, 252 [ligne 7, lire *Louise de Châteaubriant*], 279, 300-302, 304, 306-315, 318, 321-327, 329-331, 333, 340-345, 356, 366, 368, 376, 388, 392-395, 398, 400, 401 ; III, 6, 12, 18-21, 24, 26-29, 37, 42, 43, 48-79, 89-94, 135, 169, 213, 214, 216, 230, 331 ; IV, 336 ; V, 38-43, 58-60, 64, 65, 73-76.

Laval (Jeanne de), fille de Thibaut de Laval et de Jeanne de Maillé (et non d'André de Laval et d'Eustache de Beauçay), deuxième femme de Guillaume de Courceriers. II, 356 ; III, 36; V, 130.

Laval (Jeanne de), fille de Jean de Laval et de Françoise Gascelin, femme de Pierre de Hérisson. III, 200.

Laval (Jeanne de), fille de Guy de Laval et de Charlotte de Sainte-Maure, abbesse d'Étival. III, 284, 292, 378, 380; IV, 39, 41; V, 109, 131.

Laval (Jeanne de), fille de René de Laval et d'Anne de Champagne, femme de François de Chauvigny. III, 17.

Laval (Jeanne de), fille de Gilles II de Laval et de Louise de Sainte-Maure, femme de François de Saint-Nectaire, dite Mlle de Senneterre. IV, 250, 371, 396,

Laval (Louis de), fils de Guy VIII et de Jeanne de Beaumont, seigneur d'Aubigné. II, 41, 43, 46, 47, 93-98, 146 ; V, 127.

Laval (Louis de), fils de Guy XII et de Louise de Châteaubriant. II, 227, 245.

Laval (Louis de), fils de Guy XIII et d'Anne de Laval, seigneur de Châtillon-en-Vendelais, Comper, Frinodour. I, XIV, 1, 5, 11-14, 23, 31, 38-42, 57, 79, 82, 84, 87, 93, 99, 109, 112, 114, 129, 130, 177, 178, 182, 183, 185-187, 202-207, 237, 244-253, 255-259, 262, 263, 265, 266, 268, 269, 274, 280, 284, 285, 292, 296, 303, 304, 307, 310, 318, 339, 348, 349, 354, 355, 359, 360, 362, 363 ; V, 78, 80, 81, 91-93, 95.

Laval (Louis de), fils de Guy XV et de Catherine d'Alençon. II, 338, 339.

Laval (Louis de), fils de Guy XVI et de Charlotte d'Aragon. IV, 5, 17, 34-36.

Laval (Louis de), fils de Jean de

Laval et de Françoise Gascelin, mari de Renée Sanglier. III, 314, 379.

Laval (Louis de), fils de René II de Laval, seigneur de la Faigne, et de Marie de Bussu, mari d'Aliénor de Castillio, seigneur de la Faigne. IV, 72, 261.

Laval (Louis de), fils de René II de Laval, seigneur de Loué, et de Renée de Rohan. IV, 262, 266.

Laval (Louis de), second fils de Jean II de Laval, seigneur de Loué, et de Renée de Rohan. IV, 279.

Laval (Louis-Joseph de). Voir Trémoïlle (Louis-Joseph de la).

Laval (Louise de), fille de Guy XIV et d'Isabelle de Bretagne, femme de Jean III de Brosse, dame de Penthièvre. III, 212, 228, 237, 254, 255, 257.

Laval (Louise de), fille de Guy XVI et d'Antoinette de Daillon. IV, 5, 17, 20.

Laval (Louise de), fille de Guy de Laval, seigneur de Passy, et de Jeanne de Montauban, femme de Jean de Villiers. II, 107.

Laval (Louise de), fille de René II de Laval et de Marie de Bussu. IV, 255.

Laval (Louise de), fille unique de Louis de Laval, seigneur de la Faigne, et d'Aliénor de Castillo, femme de François de Chastaigner et de Pierre de Montmorency. IV, 261, 320.

Laval (Madeleine de), fille de René II de Laval et de Marie de Bussu, femme de Pierre de Normanville. IV, 104, 255, 313.

Laval (Marguerite de), fille de Bouchard de Laval et de Béatrix d'Erquery, femme de Philippe de la Roche, dame de Vaux. II, 207, 208, 292.

Laval (Marguerite, alias Catherine de), fille de Guy XVI et d'Anne de Montmorency, femme de Louis V de Rohan, dame de Guémené. IV, 5, 10, 17, 20, 91, 96, 104, 119, 127 [où elle est nommée *Catherine*], 320.

Laval (Marguerite de), ou plutôt Catherine, fille de Guy XIII et d'Anne de Laval. III, 15, ligne 10. Voir Laval (Catherine de).

Laval (Marie de), fille d'André de Laval et d'Eustache de Beauçay, femme de Jacques de Surgères, dame de la Flocelière. II, 334, 336, 390 ; V, 38-43.

Laval (Marie de), fille de Gilles de Laval dit de Retz, femme de Prégent de Coëtivy et d'André de Laval, seigneur de Lohéac, dame de Retz. III, 10, 11, 95, 114, 120, 124, 168, 179 ; V, 91.

Laval (Marie de), fille de Guy II de Laval, seigneur de Loué, et de Charlotte de Sainte-Maure, femme de Jean de Daillon, dame du Lude et d'Aubigné. III, 184, 203, 271, 285, 293, 299, 300, 303, 310, 318, 369 ; V, 96, 100, 101.

Laval (Marquise de), fille de Pierre de Laval, seigneur de Loué, et de Philippa de Beaumont, fiancée en 1479 avec Guy de Matignon, veuve depuis 1531 de René du Bellay. III, 285 ; IV, 130.

Laval (Mathieu de), fils de Guy VII et de Thomasse de Pouancé, Mahé, Maheotus. I, XI ; II, 13, 15, 30, 31, 33, 47, 56, 57, 59 ; V, 32.

Laval (Mathieu de), fils de Guy VIII et de Jeanne de Beaumont, seigneur de Brée. II, 41, 43, 47.

Laval (Mathieu de), fils de Guy IX et de Béatrix de Gavre. II, 101, 106, 123.

Laval (Michel de), fils naturel de Jacques I de Laval-la Faigne. IV, 313.

Laval (Nicolas de). Voir Laval (Guy XVI de).

Laval (Odeline ou Odelinde de). Voir Laval (Hildelinde de).
Laval (Olivier de). II, 362-365.
Laval (Ozanne de), fille de Guy VI et d'Avoise de Craon. I, 130, 135, 171.
Laval (Philippa de), fille de Guy VIII et de Jeanne de Beaumont, femme de : 1o Guillaume Voyer, seigneur de Paulmy ; 2o Guillaume II de Rochefort, vicomte de Donges et sire d'Assérac. II, 41, 43, 47, 48, 93-98, 132, 133.
Laval (Philippa de), fille de Guy de Laval, seigneur de Passy, et de Philippa de Montauban, femme du seigneur de Montauban. II, 105.
Laval (Philippa de), fille de Foulques de Laval et de Jeanne Chabot, femme d'Alain de Saffré. II, 377.
Laval (Philippa de), fille de Guy de Laval-Lezay et de Claude de la Jaille, abbesse de Patience. IV, 116, 117.
Laval (Philippe de), Philippe-Emmanuel de Laval-Boisdauphin, fils d'Urbain de Laval et de Madeleine de Montécler, marquis de Sablé. IV, 350, 407-410.
Laval (Pierre de), fils de Guy IX et de Béatrix de Gavre, prieur de Saint-Nicolas de Vitré, évêque de Quimper et de Rennes. II, 101, 106-108, 178, 185-198, 246, 247, 249-252, 256, 259. Voir aux additions, V, 128, ce qui est relatif à la page 107, ligne 27, du tome II.
Laval (Pierre de), fils de Guy XIV et d'Isabelle de Bretagne, doyen d'Angers et de Tours, abbé de Saint-Aubin et de Saint-Nicolas d'Angers, de Saint-Michel-en-l'Herm, de Saint-Méen, évêque de Saint-Brieuc et de Saint-Malo, archevêque de Reims. III, 194, 195, 200-202, 212, 228, 237-242, 255, 265-270, 272, 273, 279-281, 283-285, 289, 303, 310, 314, 315, 318, 319, 322, 334, 340, 344, 348, 349, 357, 358, 362, 371-373, 376-379; IV, 26 ; V, 97, 131.
Laval (Pierre de), dit Pierre de Montafilant, fils de Guy XIV et de Françoise de Dinan, seigneur de Loiron et de Lancheneil. III, 212, 228, 242, 253, 259, 273, 378.
Laval (Pierre de) dit de Laval-Châteaubriant ou de Laval-Montafilant, fils de François de Laval et de Françoise de Rieux, né en 1480 ou en 1493 (III, 362, 379), seigneur de Montafilant, de Beaumanoir et de la Roche-Bernard. III, 243, 362, 379 ; IV, 36, 43, 55, 57, 58, 60, 61.
Laval (Pierre de), fils de Guy II de Laval, seigneur de Loué, et de Charlotte de Sainte-Maure, mari de Philippa de Beaumont, seigneur de Loué, Bressuire, la Mothe-Saint-Héraye, la Roche-Luzais, Benais, Montsabert, la Machefériòre, Brain-sur-Authion, la Haye en Touraine, Fayette. I, XIII ; III, 301, 382, 386 ; IV, 37, 40, 42-44 ; 59, 75, 76, 87 ; V, 106-112.
Laval (Pierre I de), fils de Guy de Laval-Lezay et de Claude de la Jaille, mari de Jacqueline Clérembault. I, XIII ; IV, 117, 250, 301, 318 ; V, 114, 115.
Laval (Pierre II de), fils des précédents, mari d'Isabelle de Rochechouart, baron de Lezay et de Trèves. IV, 348, 408, 411, 412.
Laval-Lauresse (Pierre de). Voir Montmorency (Pierre de).
Laval (Rasses de), fils de Guy IX et de Béatrix de Gavre, mari de l'héritière de Fauquembergue. II, 101, 106, 107, 113, 123, 140, 156, 157, 185-198, 204, 206, 211, 213, 214, 247.
Laval (René de), fils de Guy XVI et

d'Anne de Montmorency. IV, 5, 17, 19, 58, 105.

Laval (René de), fils de Guy de Laval, seigneur de Retz, et de Marie de Craon, mari d'Anne de Champagne, seigneur de la Suze, Chantocé, Retz, les Huguetières, Saint-Philibert-de-Granlieu, le Loroux-Bottereau, la Benate. I, XIII ; II, 112; III, 17, 28, 73, 94, 99, 110, 115, 120, 186, 187, 193, 251, 279, 286, 316.

Laval (René I de), fils de Thibaud II de Laval et d'Anne de Maimbier, mari de Guyonne de Beauvau, seigneur de Saint-Aubin-des-Coudrais, Boisdauphin. I, XIII ; III, 256, 263, 265, 282, 283, 303, 366, 388 ; IV, 32, 38, 39, 43 [ligne 2, lire *sa mère* au lieu de *sa femme*], 44-46 ; V, 109, 110, 131.

Laval (René II de), fils de Jean de Laval, seigneur de Boisdauphin, et de Renée de Saint-Mars, mari de Catherine de Baïf et de Jeanne de Lenoncourt, seigneur de Boisdauphin. IV, 112, 119, 167, 172, 191, 213-216, 224, 225, 240-243, 249, 251, 255 ; V, 116.

Laval (René de), René de Laval-Auvilliers, fils de Jacques II de Laval-la Faigne et de Marguerite de Mézières, marié le 17 novembre 1584 [et non 1484] à Catherine de l'Hôpital, seigneur d'Auvilliers. III, 312 [au n° 1,033, rectifier la date 1484 et lire 1584] ; IV, 351, 354, 394 ; V, 132.

Laval (René I de), fils de Guy II de Laval, seigneur de Loué, et de Charlotte de Sainte-Maure, mari d'Antoinette de Havart, seigneur de la Faigne. III, 343, 344, 364, 365, 379, 382 ; IV, 83 [ligne 12, lire *René I* au lieu de *Henri I*] ; V, 132.

Laval (René II de), fils des précédents, époux de Marie de Bussu, seigneur de la Faigne, la Puisaye, Aveluys. III, 381 ; IV, 59, 72, 75, 77, 78, 83 [ligne 9, lire *René II* au lieu de *Henri II*], 87, 104, 118, 255, 261, 298 ; V, 132.

Laval (René I de), fils de Gilles I de Laval, seigneur de Loué et de Maillé, et de Françoise de Maillé, mari de Jeanne de Bretagne-Penthièvre, baron de Maillé. IV, 116, 256, 257, 261.

Laval (René II de), fils de Gilles II de Laval et de Louise de Sainte-Maure, mari de Renée de Rohan, baron de Maillé et de la Roche-Corbon, IV, 20, 226, 262, 263.

Laval (René Aux-Épaules, dit de). Voir Aux-Épaules (René).

Laval (Renée de), fille de Pierre I de Laval-Lezay et de Jacqueline Clérembault, femme de René de Bouillé, comtesse de Créance. IV, 301, 345.

Laval (Suzanne de), fille de Jacques II de Laval-la Faigne, et de Marguerite de Mézières, femme d'Esprit d'Allonville. dame d'Allonville. IV, 336, 338, 346, 366.

Laval (Sybille de). Voir Laval (Cécile de).

Laval (Thibaut de), fils de Guy VIII et de Jeanne de Beaumont. II, 41, 43, 47.

Laval (Thibaut I de), fils de Guy I de Laval-Loué et de Jeanne de Pommerieux, mari de Jeanne de Maillé, seigneur de Loué et de Brée. II, 300, 315, 328, 329, 333, 335, 390, 398, 399 ; III, 38-40, 71 (?), 94 ; V, 46-49, 55, 58, 130.

Laval (Thibaut II de), fils des précédents, mari d'Anne de Maimbier, seigneur de Saint-Aubin-des-Coudrais et de Maimbier. III, 44, 71 (?), 115, 125, 142, 171, 184, 380 ; V, 131.

Laval (Thibaut de) (1456). IV, 227.

Laval (Urbain de), dit de Laval-

Boisdauphin, fils de René II de Laval, seigneur de Boisdauphin, et de Jeanne de Lenoncourt, mari de Madeleine de Montéclerc, seigneur de Boisdauphin, vicomte, puis comte de Bresteau, seigneur de Saint-Aubin-des-Coudrais, Ainay, Baïf, Ailligné et Parillé, marquis de Sablé, maréchal de France. I, XII-XIV; IV, 302-304, 317, 324, 336-338, 340-377, 386, 388-397, 401-412; V, 123, 124.

Laval (Urbaine de), sœur du précédent. IV, 296, 303.

Laval (Vivien de), prétendu seigneur de Laval. I, IV, 8.

Laval (Wala de), prétendu seigneur de Laval. I, IV, 8.

Laval (Warinet de), fils de Jean de Laval. II, 307.

Laval (Yolande de), fille de Guy VII et de Thomasse de Pouancé. I, XI; II, 13, 15, 16, 56, 57, 60; V, 32.

Laval (Yolande de), fille de Guy XIV et d'Isabelle de Bretagne, femme d'Alain de Rohan et de Guillaume d'Harcourt, comtesse de Tancarville. III, 93, 96, 99, 114-116, 126, 127, 158, 160, 175, 212, 228, 229, 253, 283, 291, 294, 348; IV, 29, 34.

Laval (Yolande de), femme de Macé de Souvré. III, 284. Selon Du Chesne, elle était fille de Thibaud II de Laval et d'Anne de Malmbier. Hauréau (*Gallia*, XIV, 506) la fait à tort fille de Guy II de Laval-Loué et de Charlotte de Sainte-Maure lorsqu'il dit que Jeanne de Laval, abbesse d'Étival, était la tante d'Antoinette de Souvré, qui lui succéda. Voir Correct., V, 131.

Laval (Yves I et Yves II de), prétendus seigneurs de Laval. I, IV, 8, 10.

Laval (N. de), fille de Hamon et d'Hersende, femme de Raoul de Beaumont. I, 55, 60, 69.

Laval (une fille de), alliée à la maison de Coëtmen. III, 320, 321, 381. Voir Laval (Emmette de).

Laval (le bâtard de), probablement Jean de Laval, fils naturel de Guy de Laval-Attichy. II, 329; V, 55-58.

Laval-Boisdauphin (les). II, 44.

Laval-Brée (les). II, 44.

Laval-Châtillon (les). II, 237, 241; III, 21.

Laval-Coligny (les). I, 271.

Laval-la Faigne (les). II, 44; III, 21, 385.

Laval-Lezay (les). II, 44; IV, 228.

Laval-Loué (les). II, 44; III, 142.

Laval-Marcilly (les). V, 118.

Laval-Montfort (les). I, 271; II, 114, 246; III, 2, 57, 330, 338; IV, 13, 22, 92, 110-112, 229, 236.

Laval-Montmorency (les). I, 11, 81, 154, 271, 313; II, 5, 41, 43, 45, 178, 227, 229, 231-233, 235, 240; III, 1-4, 11, 18, 57, 201, 281, 330, 332-334, 366; IV, 11, 142, 277, 348; V, 110.

Laval-Retz (les). II, 112; III, 11.

Laval-Rieux (les). I, 271; III, 2; IV, 230, 231.

Lavardin (Loir-et-Cher). I, 7; III, 16.

Lavardin (Hugues de), Hugo de Lavarzin. I, 99.

Lavardin (Sarthe) (seigneur de). Voir Beaumanoir (Jean de).

Lavardin (Jean III de Beaumanoir, marquis de), gouverneur du Maine, de Laval et du Perche. IV, 351.

Lavau (les), de la Loire-Inférieure. V, 125.

Lavigneium. Voir Louvigné.

Laye (le pays de). V, 16.

Laz (la terre de). IV, 112.

Le Bacle, Le Barbier, Le Barge, Le Basle, Le Baud. Voir Bacle (Le), Barbier (Le), etc.

Lebaud, greffier. V, 99.

Le Bechex, Le Bègue. Voir Bechex (Le), Bègue (Le).
Leberta (Gauffridus de). I, 115, 140.
Lebeurrier (l'abbé). II, 37, 52, 63, 64 ; III, 169.
Le Bigot, Le Blanc, Le Boche, Le Borgne, Le Borne, Le Boucher, Le Bouteiller, Le Bouvier. Voir Bigot (Le), etc.
Lebret (le sire de). III, 81.
Le Bret, Le Breton. Voir Bret (Le), etc.
Lebuesne (Gillarette). IV, 170.
Le Camus, Le Caux. Voir Camus (Le), etc.
Léchaudé d'Anisy. III, 159.
Lechêne. IV, 175.
Le Cirier, Le Sirier. Voir Cirier (Le), Sirier (Le).
Le Clerc, Le Comte, Le Conte. Voir Clerc (Le), etc.
Lecoq (Jamet). II, 358.
Lecou (Guillaume). I, 254.
Lecoy de la Marche. III, 9, 72, 166, 188, 266.
Ledain (Bélisaire). II, 109.
Ledesham, ecclesia, villa. I, 84, 85.
Ledesma (don Mendo de). IV, 345, 346, 348, 354, 355.
Ledestona, Lodestona. I, 84, 85.
Ledoien. Voir Doyen (Le).
Le Doyen, Le Drenne. Voir Doyen (Le), etc.
Ledru (l'abbé Ambroise). II, 318, 401 ; III, 17, 29, 30, 48, 72, 86, 88, 89, 121, 166, 184, 213, 380 ; IV, 266, 341, 342, 356, 361, 364, 372, 394, 404 ; V, 111.
Le Duc. Voir Duc (Le).
Lefaucheur (Jehan). II, 354.
Le Febvre, Le Fer, Le Ferron, Le Fèvre. Voir Febvre (Le), etc.
Lefeuvre (Pierre), tabellion. V, 118.
Le Fizelier (M.). I, 35, 44, 83 ; III, 6 ; IV, 19.
Le Flament, Le Fort, Le Franc. Voir Flament (Le), etc.
Lefranc (Michel). II, 263.
Legal. III, 359, 376.
Legalais (Guillelmus). I, 226.
Le Gallais. Voir Gallais (Le).
Légat (M. le). IV, 97.
Legay (Jean), receveur. III, 168.
Legay (Jean), sieur de la Bougâtrière. IV, 14, 16.
Legle. Voir Laigle.
Le Gonidec de Traissan. IV, 335.
Legrand. IV, 342, 343.
Legras (Jehan et Thomas). V, 49.
Le Gresle, Le Gros. Voir Gresle (Le), etc.
Lehon. III, 98 ; V, 11, 17. — (Saint-Magloire de). V, 23.
Leicester (le comte de). IV, 321.
Le Jeune, Le Maçon, Le Maignen. Voir Jeune (Le), etc.
Lemaistre (Jean), peintre. III, 177.
Lemarchand (Guillaume), aumônier et prieur de Saint-Yves de Vitré. IV, 69, 72, 170.
Lemarié (Pierre). I, 257.
Lemercier (Louis). II, 366.
Le Mire, Le Moigne. Voir Mire (Le), etc.
Lemoine, Lemoyne (Jean), procureur de Vitré. III, 102, 288.
Lemoine (M.). V, 130.
Le Mousnier, Le Moyne. Voir Mousnier (Le), etc.
Lendormi (Johannes). II, 263.
Lenfant (Raoulin). III, 274.
Lenffant (Colin). II, 280.
Lenffant (Jehan). III, 119.
Lenffant (Séquin, Séguin). II, 186, 211.
Lenffant, Lenfant. Voir Infans.
Lengèes, Longèes. V, 39, 40, 42.
Lenoir (Ph.). IV, 261.
Le Noir. Voir Noir (Le).
Lenoncourt (Henri de), seigneur de Lenoncourt, de Coupvray et de Saint-Amand, premier mari de Françoise de Laval. IV, 303, 325.
Lenoncourt (Jeanne de), seconde femme de René II de Laval-Boisdauphin. IV, 242.

Le Nouvel. Voir Nouvel (Le).
Léon (le pays de). III, 218 ; IV, 136. — (évêque de), episcopus Leonensis. V, 71. Voir Kermavan, Prégent (Jean). — (vicomte de). Voir Rohan (le vicomte de), Rohan (Alain IX et Alain de).
Léon (Anne de), fille d'Hervé, femme de Prégent de Coëtmen. II, 120 ; III, 320.
Léon (Emmette de), peut-être fille d'Hervé II et de Catherine de Laval. II, 14.
Léon (Guen de), prétendue femme d'André II de Vitré. I, 204.
Léon (Hervé I de), vicomte de Léon. II, 14, 21-23.
Léon (Hervé II de), fils du précédent, mari de Catherine de Laval. II, 14, 15, 20-23, 63, 69, 120, 129.
Léon (la fille du vicomte de). III, 320. Voir Léon (Anne de).
Léonard, valet de chambre. IV, 218.
Lepell (Guillaume). II, 267.
Lepeletier (Guihenotus). I, 226.
Lepelletier (Guillaume), orfèvre. III, 177.
Le Picart, Le Porc. Voir Picart (Le), etc.
Le Prévost (Auguste). I, 36, 140 ; II, 37 ; III, 326 ; V, 28.
Lequeu (Perrin). III, 69, 70.
Léran (château de). III, 90, 305, 360 ; IV, 58, 206, 318.
Le Riche, Le Roux, Le Roy, Le Roye. Voir Riche (Le), etc.
Lerron, Lotron (Guibertus de). I, 72.
Lesaige (Raoul). III, 41.
Lescot (Pierre), Pierre Escot, chanoine de Paris et abbé de Clermont. IV, 248.
Lescun (seigneur de). Voir Foix (Thomas de), Laval (Guy XVII de).
Lescun (Jean de), bâtard d'Armagnac. III, 10 ; V, 92.
Lescun (Jeanne de), femme de Jean de Foix, dame de Lautrec. IV, 38.
Lescuyer (Jean). IV, 304.
Lesdobl (Auger, Angerus). I, 120, 160.
Le Sec, Le Sellier, Le Sirier, Le Cirier. Voir Sec (Le), etc.
Lesné (François). III, 376, 377.
Lesnerac (Guillaume de). II, 308.
Lespalce (Nichollas de). II, 291, 294.
Lesparre (seigneur de). Voir Foix (André de).
Lespervier (Jean), évêque de Saint-Malo. III, 322.
Lespinaye. I, 237.
Lespine (Jacques de). III, 65.
Lespine (Michel de). II, 125-128.
Lespoisse (Nicolas de). II, 291, 294.
Lesqueren (Jean de). II, 308.
Lessarest (bordagium). I, 212.
Lestang (M. de), I, 6, 44 ; II, 105.
Lesternic-lès-Vannes. III, 165, 166.
Letondonis (Droetus). II, 263.
Lettenhove (de). Voir Kervyn.
Leuville. IV, 243.
Le Vahé (Hervé). II, 23.
Levant (le). III, 359.
Le Vayer (Bonabbes). II, 185, 248.
Le Vayer (François), prieur de Notre-Dame de Vitré. IV, 55.
Le Vayer (Jean), bailli de Laval. II, 130.
Le Vayer (Jean), Jehan Le Voyer de Méneuf, fils de Bonabbes Le Vayer. II, 248.
Le Vayer (Jean), Jean Le Voyer de Voutré. II, 140.
Le Vayer (Mahaud), femme de Jean de Laval, sire de Maillé. II, 330.
Lévêque, Lévesque. Voir Évêque (l').
Leverrier (Eustache), trésorier. IV, 192.
Lévesque (Guillaume), marchand. IV, 170.
Lévesque, apothicaire. IV, 383.
Levière (le prieur de). I, 269.
Lévis (Jehan de), sieur de Mirepoix. IV, 186.

Lévis (Philippe de), mari de Louise de la Trémoïlle. IV, 141.
Lévis (Mme de). IV, 216. Voir Trémoïlle (Louise de la).
Lévis-Mirepoix (archives de). III, 90, 305, 369; IV, 58, 318.
Le Voyer. Voir Le Vayer.
Lezay (le seigneur de). IV, 14. Voir Laval (Guy, Hilaire et Pierre de).
Liay (Jamet), femme de Pierre de Domaigné. III, 93.
Licois (Guillaume), conseiller. II, 323.
Lice (Maine, filius de). Voir Maine.
Liège. III, 205; V, 93.
Liégeois (les). III, 205.
Lièvre (Jacques Le). IV, 213.
Liffré (le doyenné de). II, 17.
Lignel. IV, 172.
Lignerac (M. de), lieutenant de la Haute-Auvergne, gouverneur d'Aurillac. IV, 341.
Ligny-le-Châtel. I, 213.
Lille, en Flandre. II, 140; III, 166.
Lillebonne (vicomte de). Voir Laval (Guy XIX de).
Limbourg (duc de). Voir Philippe le Hardi.
Limignon (le). I, 198, 199, 254.
Limoges. III, 114; IV, 215. — (la vicomté de). II, 177. — (vicomte, vicomtesse de). Voir Blois (Charles de), Bretagne (Jean III de), Penthièvre (Jeanne de). — (évêque de). Voir Montmorency (Philippe de).
Limours. IV, 159, 160.
Lincoln. I, 119. — (comes). Voir Ranulphus.
Lineham. I, 207.
Lineriis (Henricus de). I, 108, 285.
Lingnan, Lingan. I, 176; V, 20.
Linières, Lynières (M. de). IV, 132, 135.
Lire. I, 201.
Liscoët (le sieur du). IV, 350.
Liscouet (Jehan de). III, 140.
Lisieux, Lizieulx. IV, 378, 379, 386, 387, 392-395, 397-401.
Lisoria, uxor Viviani. I, 23.
Livet. II, 41, 49, 121.
Livré, Livreium, Livreyum. I, 20, 38, 50, 115, 200, 254, 256; II, 17-20, 358; III, 123.
Livreyo (Johannes de). I, 179.
Lizet (Pierre). IV, 107.
Liziardus, Lizeardus, Lisiardus, decanus de Lavalle. I, 99-102.
Lobineau (dom). I, 21, 46, 47, 50, 65, 75, 285, 293; II, 44; III, 167.
Loches. I, 191; III, 75, 269, 270. — (seigneur de). Voir Mello (Dreux de).
Lochet (l'abbé). I, 317; III, 72.
Locoal (l'île de). I, 21.
Loger (Andreas). I, 170.
Lohéac. III, 3, 5, 11, 83, 217; IV, 26, 30, 50, 59, 230. — (seigneur de). Voir Laval (André et Guy XIV de), Montfort (Raoul de). — (dame de). Voir Laval (Isabelle de).
Lohéac (Éon de), fils de Péan, mari de Béatrix de Craon. III, 3.
Lohéac (Guillaume de), Guillelmus, Willelmus de Loheiac. I, 126, 154.
Lohéac (Jean de). II, 114. Lire *Péan*.
Lohéac (P. de) (1206). I, 173.
Lohéac (Péan et non Jean de), mari d'Isabelle de Laval. II, 114, 140, 146, 177; III, 3; V, 128.
Lolet (Pierre). V, 73.
Loir (le). III, 303, 369.
Loire (la). II, 67; III, 68, 178; IV, 75, 87, 144, 272, 367, 411.
Loiron (seigneur de). Voir Laval (Pierre de).
Loiron (Yvo de). I, 152.
Loirrun (Wibertus de). I, 73.
Lois (Herveus). I, 118.
Loiseleur (Pierre), seigneur de Villiers et de Westhaven. IV, 270.
Lombardie (la). III, 158, 230.
Lomiet (Simon), notaire. V, 118.
Lomyeael. III, 261, 262.

Londavran. Voir Landavran.
Londres. III, 178.
Longchamp (l'abbaye de), l'Umilité de Notre-Dame de Saint-Cloud, Humilitas Beate Marie Virginis juxta Sanctum Clodoaldum. I, 387; II, 54, 55, 59, 124.
Longnes. Voir Longues.
Longoledo (abbas de). Voir Hugo.
Longpont (l'abbaye de). II, 49.
Longue Ayne (Colinus). II, 263.
Longuefuye. III, 15, 16.
Longueil (Regnault de). II, 400.
Longue-Jou (Thebault de), seigneur d'Yverny. IV, 213.
Longuemarque (la). II, 194.
Longues (l'abbaye de), au diocèse de Bayeux, Beata Maria de Longis. I, 116, 128, 290; V, 9.
Longueval (Béatrix de), première femme de Rasses VIII de Gavre, mère de Béatrix de Gavre. II, 101, 140.
Longueville (le comté, le duché, la ville, le château de). II, 304, 307, 309-311, 318, 321-327, 340-345, 388, 398. — (comte de). Voir Du Guesclin (Bertrand et Olivier). — (comtesse de). Voir Laval (Jeanne de). — (le prieuré de). IV, 217.
Longueville (Mme de). IV, 322.
Lonjumeau. IV, 180, 181.
Lonlay-l'Abbaye. III, 115.
Lonnelus, Lonnelus, Lanuclus, pater Guidonis. I, 29, 31, 35.
Lonray. II, 204.
Lonray, Lonrai, Loneray (Jeanne de), fille de Philippa de Château-Gontier, femme de Guillaume de Silly. II, 204-206.
Lonray (N. de), mari de Philippa de Château-Gontier. II, 204.
Lonus, testis. I, 22.
Lopeignie (Johannes). II, 263.
Loré (Ambroise, seigneur de), baron d'Ivry. III, 102, 107.
Lorge (le seigneur de). IV, 207.
Lorial. IV, 400.
Lorière. I, 158.
Lorin (Guillaume). V, 45.
Loriot (Pierre), sénéchal de la Roche-d'Iré. IV, 40.
Loriquet. IV, 342.
Loroux (seigneur de). Voir Feuillée (Jacques de la).
Loroux-Bottereau (le). III, 89, 193. — (seigneur du). Voir Laval (René de).
Lorraine. III, 124. — (duc, duchesse de). Voir Anjou (René d'), Laval (Jeanne de).
Lorraine (Anne de), veuve de René de Châlon, prince d'Orange. IV, 241.
Lorraine (Charles de), marquis d'Elbeuf. IV, 326.
Lorraine (Claude de), duc de Guise, baron de Sablé. IV, 250.
Lorraine (François de), duc de Guise. Voir Guise.
Lorraine (Isabelle de), première femme du roi René d'Anjou. III, 230.
Lorraine (Jean de). III, 269.
Lorraine (Louise de), femme d'Henri III. IV, 303.
Lorraine (René II de), duc de Lorraine. III, 229, 312, 313, 357, 361, 362, 369.
Lorrière (Jouhennin de). II, 158.
Lorris. IV, 253.
Loserole (Michel de). II, 391.
Lospital, Lopital (Johan, Jehan de). II, 210, 249, 250.
Lothier (duc de). Voir Philippe le Hardi.
Lotho, filius Ansfredi, Alfredi. I, 48, 63.
Lotin (Jehan). III, 153.
Lotron, Lerron (Guibertus de). I, 72.
Lottin (l'abbé). I, 22.
Louailles (la chapelle Saint-Jacques de). V, 109.
Loubes (Antoine de). IV, 41.
Loudun (gouverneur de). Voir Boisguérin.

Loudun (Geoffroy de), évêque du Mans, Gauffridus. I, 96, 258, 259, 261, 265 ; V, 20.
Loué. I, XIII ; II, 31, 71, 72, 256, 397 ; III, 204-206, 208, 2.9, 378 ; V, 44-46, 109, 128, 129. — (seigneur de). Voir Laval (Gilles, Guy, Jean, Pierre, Thibaud de). — (dame de). Voir Maillé (Jeanne de), Sainte-Maure (Charlotte de). — (prieur de). Voir Moulart (Jehan).
Louet (James). III, 161, 163.
Louffart (Pierre). III, 280.
Louis IV, d'Outremer, roi de France. I, 9.
Louis VI, roi de France. I, 78, 87, 88.
Louis VII, roi de France. I, 53, 87.
Louis IX, roi de France, saint Louis, Ludovicus rex. I, 101, 198, 217-219, 222-224, 228, 229, 232, 233, 238-240, 251, 255, 298, 300, 304 ; II, 7, 17, 18, 27, 28, 35, 39, 54-56, 60, 61.
Louis X, roi de France. II, 175.
Louis XI, roi de France, Ludovicus, delphinus Viennensis, comes Valentinensis et Dyensis. III, 10, 13, 14, 75, 129, 130, 142, 176, 178, 183, 187-193, 200-206, 210, 211, 225, 226, 237, 238, 244-260, 263, 267-272, 277, 280-286, 289-304, 318-320, 326, 329, 360 ; IV, 25, 347 ; V, 80, 91 (Louis II de Dauphiné), 92-96, 101, 104, 105.
Louis XII, roi de France, d'abord duc d'Orléans. III, 336, 339, 342, 349, 360, 371, 372 ; IV, 9, 27, 29, 30, 35-37, 41, 43.
Louis XIII, roi de France. IV, 405-412.
Louis XIV, roi de France. IV, 413.
Louis XV, roi de France. IV, 414.
Louis, comte de Flandre. II, 200.
Lounat (Jean de), sieur de Lounat. IV, 57.
Louplande. II, 374. — (châtelain de). Voir Laval (Guy de).
Louroux (le). II, 212.
Lousmel. II, 16, 24.
Lousmel (Johan de). II, 160.
Louvaines (Maine-et-Loire). IV, 191.
Louvel. III, 89.
Louviers. I, 140 ; III, 84, 85.
Louvigné, paroisse d'Acigné, Lovignie, Lovigneium, Lavigneium. I, 113, 120, 129, 143, 145, 147, 148, 162.
Louville. IV, 346.
Louvre (le), à Paris. III, 235 ; IV, 248, 278, 327.
Lovel, Lovert, Lovelli (Mon, Mons, Mont). Voir Mondevert.
Lovigneium. Voir Louvigné.
Loyne (Benoist la). III, 83.
Loyrie (la), moulin. II, 368.
Lu (le). I, 198, 199.
Luane, Luce-Anne, cloche de Laval. III, 202 ; V, 109.
Lucas (Allain). III, 155.
Lucas (Jehan). III, 352.
Lucas, monachus. I, 124.
Lucas... I, 253.
Lucazeau, orfèvre. IV, 250.
Luce (Siméon). II, 107-115 ; III, 6.
Lucé (seigneur de). Voir Coesmes (Nicolas de).
Luchaire (M.). I, 2, 88 ; III, 220.
Luché. III, 142.
Lucius III, pape.
Luçon. II, 336 ; IV, 224, 263. — (évêque de). Voir Illiers (Miles d'), Richelieu..
Luday, greffier. IV, 289.
Lude (le). III, 80, 142, 184, 203, 271, 279, 318, 369 ; V, 100, 101. — (le comte du). IV, 216, 224 ; V, 116, 123, 124. — (Jean, comte du). IV, 240, 251, 255. — (seigneur du). Voir Daillon (Jacques, Jean et Jean III de). — (dame du). Voir Laval (Marie de). — (le bailli du). IV, 95.
Ludere (feodum de). II, 74, 76, 79.
Lué, Lulacensis (honor). I, 71.
Luillier (Loys). III, 255.

Luillière (Marguerite). III, 255.
Luitré, Lutré, Lustrelum. I, 159; III, 24, 305. — (persona de). Voir Sauner (B.).
Luittier (Arnaud), trésorier de Carcassonne. III, 252.
Lunam (Jacques de). III, 103-107.
Lunelle (Marie). II, 397.
Lusan (M. de). IV, 391.
Lussaut (Pierre). IV, 231.
Lussé, gentilhomme angevin. III, 79.
Lustreio (Augerius de), clericus. I, 159.
Luxembourg (la maison de). III, 84.
Luxembourg (Charles de), vicomte de Martigues, second mari de Claude de Foix. IV, 109, 242, 243, 249, 251.
Luxembourg (Françoise de), fille de Jacques I, femme de Jean d'Egmont. IV, 7.
Luxembourg (Henri de), fils de Charles de Luxembourg et de Claude de Foix. IV, 109, 242.
Luxembourg (Jacques I de). IV, 7.
Luxembourg (Jacques II de), seigneur de Fiennes. IV, 7, 44.
Luxembourg (Philippe de), évêque du Mans. III, 336, 337, 341, 380; IV, 10, 17, 27, 31, 42; V, 103.
Luxembourg (Pierre I de). III, 84.
Luxembourg (Sébastien de), vicomte de Martigues, lieutenant-général de Bretagne. IV, 261, 271, 272, 281-283.
Luxembourg-Tingry (M. de). IV, 405.
Luzais, dit Beaumont, fief. IV, 40.
Lyde, Lydda, Eulida (l'évêque de). V, 107. Voir Raoul.
Lyencourt (Jehan de), chanoine de Saint-Quentin. II, 150.
Lymonnier (G. Le), procureur fiscal de Vitré. IV, 389.
Lyon, Lugdunum. II, 13, 33, 68; III, 130, 176, 381; IV, 76, 77, 118, 119, 163, 223, 355, 356, 381. — (Saint-Just-sur-). IV, 76. — (archevêque de). Voir Bourbon (Charles de).
Lyonnais (le). III, 168; IV, 137; V, 98, 102.
Lyvemfet (Guillaume). V, 111.

M

M., decanus de Ebronio. I, 151.
Maaz. Voir Maz.
Mabille (M.). I, 5.
Mabo, oncle de Guérin de Saint-Berthevin. I, 164.
Mabon, testis. I, 99.
Macan. IV, 289.
Macar, Macard (Jean), ministre protestant. IV, 258-260, 271.
Macé (Pierre). II, 302, 319.
Macé (R.). V, 82.
Macée, femme de Roland Burrel. II, 130-132.
Machecoul, Machecou en Rays. II, 378, 389, 390, 392; III, 28, 82, 83, 342; IV, 168. — (la paroisse Sainte-Croix de). II, 397. — (seigneur, dame de). Voir Chabot III (Girard), Vitré (Eustachie II).
Machecoul (la famille de). I, 313.
Machecoul (Catherine de), fille de Louis, deuxième femme de Pierre de Craon-la Suze. II, 111, 377-379, 383; III, 89.
Machecoul (Eustasse de). II, 385.
Machecoul (Girard de), fils de Jean de Coché. II, 111.
Machecoul (Isabelle de), fille d'Olivier et d'Eustachie de Vitré, Ysabel de Machecou, dame de Viorel et des Huguetières. II, 43, 136-140.

Machecoul (Jean de). Voir Coché (Jean de).
Machecoul (Louis de), fils de Girard. II, 111.
Machecoul (Olivier de), mari d'Eustachie II de Vitré. I, 308-313; II, 63, 65-67, 73; V, 30-33, 127.
Machecoul (Olivier de), fils des précédents. I, 313; II, 70.
Machecoul (Raoul de), doyen et évêque d'Angers. II, 115, 226, 247, 250, 253, 257.
Machecoul (Thomasse de), fille d'Olivier et d'Eustachie de Vitré. I, 313; II, 70.
Macher (Hugo), clericus. V, 20.
Machefer (Jacobus de). I, 152.
Machefer (Michel). III, 84.
Machefer (Robertus de), Robertus Machefert. I, 152, 166.
Macheférière (seigneur de la). Voir Laval (Pierre de).
Macheferrière (Marguerite de la), femme de Guy de Laval, seigneur de Pommerieux. II, 391; III, 42; V, 62.
Machue (Tual), herimannus. I, 159.
Mâcon (Jean de), bourgeois d'Angers. II, 247, 248; V, 34.
Maçon (Robert Le), Le Maczon, baron de Trèves. II, 388; III, 75, 76, 78, 81, 113.
Madeleine (la), près de Séez. V, 111.
Madeleine (la), à Vitré. Voir Vitré.
Maffliers (nemus de). I, 240.
Magne (Lucien). IV, 11.
Maguelonne (évêque de). Voir Roves.
Mahe (Gaufridus). II, 262.
Mahiers (Jacquemin). III, 290.
Maier (Baudoin de). II, 189.
Maignan (Nicolas). III, 48.
Maignan, capitaine. IV, 353.
Maignan. II, 113.
Maigne (J. de). II, 350.
Maignen (Jehan Le). II, 299.
Maillart (Pierre). II, 299.
Maillé. IV, 87, 118, 165, 187, 197, 250, 256, 266, 279. — (la collégiale de). IV, 187. — (seigneur de). Voir Laval (Gilles I, Gilles II, Guy, Jean I, Jean II et René de).
Maillé (Françoise de), femme de Gilles de Laval. IV, 41, 58, 75, 87.
Maillé (Hardouin VI de). II, 125.
Maillé (Hardouin VII de). II, 339.
Maillé (Hardouin VIII de). II, 339; III, 71, 169.
Maillé (Jacquelin de). I, 78.
Maillé (Jeanne de), veuve de Thibaut de Laval, dame de Loué, III, 94; V, 130.
Maillechat (Jehan de). III, 156.
Maillezais (Pierre de). I, 5.
Maimbier. III, 44, 142. — (seigneur de). Voir Laval (Thibaud II de).
Maimbier (Anne de), femme de Thibaud de Laval-Boisdauphin. III, 44, 142, 380; V, 131.
Main, père de Geoffroy. I, 142.
Maine (le), Cenomannicum, Cenomanensis pagus. I, I, IV, XII, 2, 5, 9, 11, 12, 16, 23, 26, 29, 36, 47, 183, 198, 271; II, 11, 31, 40, 96, 103, 105, 108, 112, 127, 140, 151, 152, 176, 181, 212-220, 227, 238, 249, 253, 255, 258, 265, 277, 298, 374; III, 6, 9, 20, 27, 58, 63, 71-73, 97, 154, 179, 226, 293, 295, 298, 299, 322, 323, 365; IV, 6, 27-29, 32, 41, 51, 152, 162, 205, 208, 224, 234, 271, 285, 287, 289, 314, 341, 347, 348, 351, 368, 394; V, 59. — (le comte du). I, 5, 6, 8, 9, 25, 192, 208, 271; II, 40, 121, 124, 140, 151, 154, 198, 216, 217, 238, 334, 392; III, 63, 119, 125, 143, 201. Voir Anjou, Guy, Hélie, Herbert II, Hugues I, Hugues II, Jean II, Valois (Charles de). — (le vicomte du). I, 5; II, 181, 182. Voir Beaumont. — (sénéchal du). Voir Roches (Guillaume des).
Maino, Mamo, filius Delie, Delice, de Liee. I, 107, 122, 148, 285.

Mainon, évêque de Rennes. I, 25, 46.
Maintenay. V, 108.
Maison (la Haute-), paroisse d'Erbrée. III, 167.
Maison-Alard (la). Voir Alard.
Maisoncelles (Mayenne). II, 356.
Maisoncelles (le pertuis de). II, 61.
Maison-Maugis. IV, 256.
Maître (Léon). III, 109; IV, 227, 249.
Malconseil (oseroya juxta). I, 226.
Maldanado (Diego). IV, 345.
Malemort, Mallemort, Meremort, Mer-Morte (Saint-Étienne de). II, 380-383 ; III, 28, 286.
Malenffant (Guido), canonicus. I, 106; V, 126.
Malenna (Petrus de). II, 263.
Malesmains (Nicolas et Thomas). I, 217, 291.
Malestroit. III, 94, 95; IV, 137, 138. — (seigneur de). Voir Laval (Jean de).
Malestroit (Françoise de). Voir Baguenel (Françoise de).
Malestroit (Geoffroy de), sire de Combourg et d'Amanlix. III, 10, 37, 95, 133-140.
Malestroit (Gilles de). IV, 55.
Malestroit (Jean, sire de). II, 211.
Malestroit (Jean de), évêque de Nantes et chancelier de Bretagne. III, 39, 45-48, 88, 193, 230; V, 78.
Malestroit (Jean de), alias Jean de Derval, fils de Geoffroy de Malestroit et mari d'Hélène de Laval, seigneur de Derval, Combourg, Châteaugiron, Rougé et Foulgeray. III, 133-141, 159, 165, 175, 236, 260, 378; V, 101.
Malestroit (Jean), mari de Marguerite. III, 49.
Malestroit (Jean de), seigneur de Mésange. III, 193.
Malestroit (Jeanne de). III, 378.
Malestroit (Jeanne de), dame de Malestroit-Kaër, femme de Jean Raguenel. III, 230, 237.
Malestroit (Louis de), seigneur de Pontcallec. IV, 90.
Malestroit (le fils du sire de), mari d'Anne de Laval. III, 95. — (la fille du sire de), femme du sire de Molac. III, 95.
Malet (Robert). I, 211.
Maleville (sieur de). Voir Audren.
Malicorne. I, 6. — (seigneur de). III, 130. Voir Chources (Félix et Jean de).
Malicorne (Gaudin I de). I, 6, 7, 17, 70.
Malicorne (Gaudin II de). I, 70.
Malines (seigneur de). Voir Philippe le Hardi.
Mallitourne. II, 370, 371.
Mallemort. Voir Malemort.
Malmaison (la), en Iveline. II, 51.
Maloleone (vicecomes de). V, 8.
Malte. IV, 251.
Maltière (la). IV, 308.
Malus Campus, Malo Campo (Gualternus, Gauterius de). I, 29, 35. Voir Bonchamp.
Malusmons, Malomonte (Gauterius de). I, 24.
Mamerot (Sébastien), chanoine de Troyes. III, 14.
Mamo. Voir Maino.
Man (Sohier). II, 194.
Manceaux (les). II, 123.
Mancel (galerie). III, 143, 175.
Manche (la). III, 226.
Mangannière (la). I, 212.
Mangerium. I, 122, 148.
Maugnerye (la). II, 255.
Manneville (Jean de), seigneur de Fontaine. III, 273.
Manoir (le), paroisse de Saint-Melaine. IV, 117.
Mans (le), Cenomannica urbs. I, I, XIII, 6, 35, 41, 46, 48, 73, 74, 89, 90, 96, 98-101, 111, 130, 155, 198, 208; II, 73, 88, 104, 119, 121, 124, 151, 211, 214, 215, 219, 220, 254, 258, 366, 369, 374; III, 175, 253, 341; IV, 19, 29, 32, 33, 40, 42, 59,

200, 208, 234, 266, 279-283, 304, 317, 341, 342, 388, 407; V, 58. — (archidiacre du). Voir Fulcherius, Odo. — (bailli du). Voir Ourceau. — (la cathédrale, Saint-Julien du). I, 105; III, 21; V, 14, 22. — (la chapelle Saint-Jean, dans la cathédrale du). III, 21. — (chantre du). Voir Petrus. — (le chapitre du), capitulum Cenomanense, canonici Beati Juliani. I, 19, 21, 22, 37, 50, 95, 160, 241-243; III, 21, 273; IV, 266; V, 95, 128. — (le diocèse du), diocesis Cenomannensis. I, 248, 251; II, 96, 158, 199, 218, 330, 331. — (le doyen du). I, 160. Voir Domfront (Robert de), G., Geoffroy, Gervais, Laval (Geoffroy et Gilles de), Mathefelon (Juhel de), Nicolas. — (les échevins du) IV, 342. — (l'église du), ecclesia Cenomanensis. I, 75, 212. — (l'évêché du), episcopatus Cenomannensis. I, 110; II, 45, 46, 157, 199-201. — (l'évêque du), episcopus Cenomanensis. I, 158, 161, 177, 203, 208, 223, 242; II, 100, 274, 354; III, 131; IV, 263, 267. Voir Angennes (Charles d'), Arnaud, Avesgaud, Baigneux, Berruyer, Bourbon (Louis de), Château-du-Loir (Gervais de), Châtelain, Étampes (Guy d'), Freslon, Gougeul, Hamelin, Hierray (Jean d'), Hildebert, Hoël, Laval (Geoffroy et Guy de), Loudun (Geoffroy de), Luxembourg (Philippe de), Maurice, Nicolas, Passavant (Guillaume de), Renaud, Saint-Calais (Hugues de). — (les Frères prêcheurs du). II, 124. — (les Jacobins du). IV, 280. — (le manoir de Fouquet du Puy, au). II, 124. — (la mense épiscopale du). II, 164. — (l'official du). II, 45, 46, 331; III, 19, 182. — (le prévôt des maréchaux du). IV, 388. — (la rue de la Fronerie, au). II, 124. — (l'abbaye de la Couture du). Voir Couture (la). — (le prieuré Saint-Victeur du). Voir Saint-Victeur. — (l'abbaye de Saint-Vincent du). Voir Saint-Vincent. — (vidame du). Voir Usages (Guillaume d').

Mansellus (Hugo), de Nus. I, 23, 24.

Mansi. V, 21.

Mansourah. I, 301.

Mantellier (M.). II, 67; IV, 75, 87, 411.

Mantes III, 256, 278.

Mantoue. III, 184.

Mapho (Radulphus de). V, 30.

Maquillé (Olivier de). II, 283.

Marais (les), à Paris. III, 32.

Marays (seigneur du). Voir Barre (Guy de la).

Marbode, évêque de Rennes. I, 76, 99, 100.

Marbolo (Fulcodius de). I, 42.

Marboué (Lucas de). I, 177.

Marc. III, 48.

Marca (Hugo de). I, 86.

Marceoul (Petrus). I, 168.

Marceour (heredes aus). I, 169.

Marchand (Jérôme), secrétaire de Guy XVII, Jérôme, Jherosme, mestre Jerome. IV, 136, 166, 173, 180, 188, 201, 202, 246.

Marchandus, testis. I, 112.

Marche (le comté de la). III, 56. — (le comte de la). II, 303. Voir Bourbon (Jacques II de). — (comtesse de la). Voir Beaujeu (Anne de).

Marche (Isabelle de la), Ysabeau, femme de Maurice IV de Craon. II, 98; IV, 45.

Marche (Lecoy de la). Voir Lecoy de la Marche.

Marchegay (Paul). I, 46, 50, 74, 81, 98, 127, 128, 276, 315; II, 105, 109, 110, 389, 399; III, 9, 26, 28, 143, 289, 350, 351, 357-359, 362, 363, 376; IX, 65, 67, 87, 102, 103,

171, 172, 188, 196, 215, 219, 220, 388; V, 7, 8, 11.
Marchegay (Pierre), clerc. III, 72.
Marchenus, pater Valterii. I, 68.
Mareil (Mlle de), femme d'Adam du Vivier. V, 113.
Mareille (Jehan). V, 80.
Mareillé, Marsillé, Marcilliacus, Marcilleium. I, 21, 25, 46, 67, 139, 169, 219, 245, 261, 262; II, 30, 86, 119, 301, 302, 361-365; III, 95, 121, 263, 264, 349, 387; IV, 37; V, 7, 24. — (châtelain de). Voir Dauvergne, Havard. Voir les Corrections, V, 131.
Marcillé (l'étang de), stagnum de Marcilleyo. I, 167, 168, 233.
Marcillé (le prieuré de), domus de Marcilleyo. I, 20, 273; II, 86.
Marcillé-Robert. Marcilleyum Roberti. II, 85, 86. — (seigneur de). Voir Laval (Guy VIII de).
Marcilleyo (Alana de). I, 169.
Marcilly ou Marcillé, Marcilly-sur-Maulne, I, XIII; IV, 131-133, 135, 142, 143, 371; V, 116, 118, 119. — (curé de). Voir Valeau. — (seigneur de). Voir Alègre (Christophe d'), Laval (François, Gilles I et Guy II de). Voir les corrections, V, 131, 132.
Marcilly (René de). III, 266. Lire Marcilly-sur-Maulne au lieu de Marcillé. Voir Correct., V, 131.
Marck (Charlotte de la), duchesse de Bouillon. IV, 337.
Marck (Henri de la), comte de Brenne. IV, 402.
Maréal, gentilhomme angevin. III, 79.
Marec (Alain), sénéchal de Rennes. IV, 32.
Maréchal (Guillaume), Willelmus Mareschal. III, 37.
Maréchale (Aalips la). II, 250, 251.
Mareil (seigneur de). Voir Trie (Philippe de).
Marellanus. IV, 260.
Mareschal. III, 285.
Mareschallus (Johannes). I, 163.
Marest (Charles). IV, 105, 164.
Mareuil, Marueil près d'Abbeville. III, 200, 201, 332.
Mareuil (le sire de). III, 81.
Mareuil. Marolio (domina de). Voir Pouancé (Thomasse de).
Margarita, neptis Henrici Clarevallis. I, 150.
Margarita, uxor Homerici d'Argénton. V, 31. Voir Vitré (Marguerite de).
Margerie (Brisegault). III, 143.
Margueré, Marguerei, Notre-Dame-de-Marguerey, au diocèse de Coutances. II, 120-122.
Marguerite, femme de Jean Malestroit. III, 49.
Marguerite, fille de saint Louis. II, 56.
Marhalla (la lande de), en Boqueho. IV, 345.
Maria. I, 215.
Marichal. III, 312, 362, 369.
Marie, comtesse de Ponthieu et de Montreuil, femme de Mathieu de Montmorency, Maria, comitissa Pontivi. I, 240.
Marie, femme de Jean de Scepeaux et de Landivy. II, 391.
Marie de Pernef (la), navire. IV, 380.
Mariette (la), chapelle, paroisse de Beaumont-Pied-de-Bœuf [et non du Buret], Sancta Maria de Mariete in silva de Boere. I, 205; II, 334.
Marigné (seigneur de). Voir Coesmes (Nicolas de), Harpin (François).
Marion (P.). II, 359.
Marion. V, 80.
Marion (M.). IV, 322-324.
Marle (de). III, 293.
Marley, en Barrois. III, 312.
Marlot. III, 269, 272, 280, 281, 378.
Marmoutier (l'abbaye de), Majus Monasterium Sancti Martini. I,

VI, VIII, 4, 8, 15, 18, 21, 23-29, 31-47, 49, 50, 53, 54, 60, 62-82, 86, 102, 103, 110-113, 116, 160, 163, 164, 251, 273, 276, 278 ; II, 86, 123, 168-172, 199-201, 269 ; III, 290, 382 ; V, 6-8, 11. — (abbé de). Voir Albert, Bartholomeus, Bernardus, Garnerius, Gérard, Guido, W. — (ministre de), minister capituli Majoris Monasterii. Voir Simon. — (prieur de). Voir Radulfus, Willelmus.
Marmoutier (Jean de). I, 87.
Marne (la). II, 250.
Marolium. Voir Mareuil.
Marolles (M. de). IV, 331.
Marquillé. Voir Maquillé.
Marquise, seconde femme de Hugues de Craon. I, 61, 132.
Marsangy (Louis-Bernard de), dernier prieur de Saint-Martin de Laval. I, 15.
Marseille, Marselles. IV, 168.
Marseille (Petrus). II, 263.
Marsy, près de Metz. III, 275.
Marteau. II, 388.
Martène (dom). I, 36, 40, 151.
Martigné. I, 216.
Martigné-Ferchaud. I, 268 ; II, 99.
Martigneyo (Bartholomeus et Ysambardus de). I, 168.
Martigues (vicomte, vicomtesse de). Voir Foix (Claude de), Luxembourg (Charles et Sébastien de).
Martin (saint). I, 37 ; III, 159.
Martin V, pape. III, 217 ; V, 65-72.
Martin (Aymon), prêtre. IV, 227.
Martin (Guillaume). III, 25.
Martin (Jean). III, 367.
Martin (Jérôme), contrôleur du grenier à sel de Laval. IV, 390.
Martin (M.), cuisinier. IV, 304.
Martines (Jean de), sieur de la Hilguynière, juge de Laval. IV, 311, 323.
Martinier (Pierre de). III, 111.
Martory (Menault de), évêque de Conserans. IV, 93, 107, 128-130, 133, 136, 155-158, 161, 162, 165-167, 172-188, 196, 200-205, 216-218, 220, 221, 237-240, 246.
Mas (le), le Mas-Chambellan, à Brévières-en-Iveline. II, 51.
Mas (Guillaume du). II, 51.
Mas (Robert de). I, 289.
Mascica (le Fief). II, 306.
Mascon (Jehanne de), femme de Jean Courtet. II, 350, 351.
Mascot (Johannes). II, 222.
Maslardière. I, 212.
Masquière (Jean de la), grenetier à sel à Laval. II, 282.
Massny (Godefroy de). II, 262.
Massieire. III, 69.
Massière (la). II, 371.
Masuncellis (Morinus de). I. 23, 24.
Mathefelon. IV, 261. — (le sire de). II, 121, 124, 206, 212, 214. — (dame de). Voir Vitré (Alix et Marquise de).
Mathefelon (la maison de). I, XI, 303, 306.
Mathefelon (Adélaïde de), abbesse de Saint-Georges de Rennes. I, 280, 281.
Mathefelon (Catherine de), abbesse de Saint-Georges de Rennes. I, 307.
Mathefelon (Foulques de), Fulco de Mathefelon. I, 70, 71, 73.
Mathefelon (Foulques de), seigneur de Mathefelon, mari d'Alix de Vitré. I, 217, 243, 245, 305 ; II, 16, 17, 23-27, 29, 31, 57, 67, 74-76.
Mathefelon (Foulques de), Fulco de Mathefelon, dominus de Mathefelon. II, 145-146.
Mathefelon (Foulques de), évêque d'Angers. I, 307.
Mathefelon (Guillaume de), seigneur de la Cropte. II, 288-291.
Mathefelon (Guillaume de), seigneur des Roches. II, 315, — seigneur des Rochiers. II, 361.
Mathefelon (Guillaume de). II, 154, 263, 335.

Mathefelon (G. de). II, 328.
Mathefelon (Hugo de), filius Fulconis. I, 73, 75, 78, 110.
Mathefelon (Hugues de). II, 100.
Mathefelon (Jean de). I, 150.
Mathefelon (Jeanne de), femme de Guillaume VII l'Archevêque. II, 396.
Mathefelon (Juhel de), doyen du Mans. I, 95.
Mathefelon (Philippote de), abbesse de Saint-Georges de Rennes. I, 307.
Mathefelon (Pierre de). II, 334.
Mathefelon (Thibaut de), fils de Hugues. I, 78.
Mathefelon (Thibaut de), seigneur de Mathefelon, mari d'Agnès de Craon. I, 132, 152, 224 ; II, 42, 67, 82, 97, 100, 211.
Mathefelon (Thibaut de), mari de Marquise de Vitré. I, 280.
Mathefelon (Thomasse de), prétendue seconde femme d'André III de Vitré. I, 303; II, 12; V, 30.
Mathellon, Mathillon (Guillaume de). II, 362-364.
Matheron (la famille). III, 235.
Matheus, capellanus Beati Nicholai de Vitreio. I, 178.
Matheus, prior de Rota. I, 166.
Mathieu, doyen de Laval, Matheus, decanus de Lavalle. I, 151, 164.
Mathieu. II, 201.
Mathilde I, comtesse de Nevers. I, 213.
Mathilde, femme d'Hubert de Genor. I, 180.
Mathilde, Mathildis, uxor Andree II de Vitreio. I, 120-122, 124, 146-148.
Mathof (J.). V, 16.
Matignon (Guy de), seigneur de Thorigny. III, 285.
Matignon (le maréchal de). IV, 362; V, 117.
Matz Montmartin. Voir Montmartin (Matz).
Maubuisson (l'abbaye de). II, 48, 49, 98. — (abbesse de). Voir Eu (Blanche d').
Mauclerc (Pierre). Voir Dreux (Pierre de).
Maulay (Petrus de). I, 165, 166.
Maulde-la Clavière (M. de). III, 342.
Mauleon (Jean de). III, 42.
Maulevrier. II, 303. — (le sire, le comte de). II, 124, 255, 256; III, 125. Voir Brezé (Pierre II de).
Maulevrier (Guillaume de), Guillelmus, dominus de Maloleporario. II, 146.
Maulevrier (Renaud de), Regnault, sire de Maulevrier et d'Avoir. II, 303, 304.
Maulne (Pierre de). III, 37.
Maulny. III, 21.
Mauny (seigneur de). Voir Crespin (Guillaume).
Mauny (Alain de). II, 310, 311.
Mauny (Hervé de). II, 307, 309, 321.
Mauny (Jeanne de), femme de Pierre II de Brezé, comtesse d'Évreux. III, 125, 126.
Mauny (Olivier de). II, 269.
Mauny (les), cousins d'Olivier du Guesclin. II, 237.
Maupeou (Vincent). IV, 208, 212.
Maupertuis (sieur de). Voir Bouteiller (Jean Le).
Maurat (Jacques), prêtre. IV, 54, 55.
Maure (François de), seigneur de Maure. IV, 125.
Maure (François de), sieur du Plessis-Augier. IV, 57.
Maure, (Jean, sire de). IV, 57.
Mauregard (André de). III, 293.
Maurevert (dame de). Voir Roche (Jeanne de la).
Maurice, évêque du Mans et archevêque de Rouen, Mauritius, episcopus Cenomanensis. I, 95, 221.
Maurice, évêque de Rennes. Voir Tréséguidi.
Mauritius, episcopus Redonensis. V, 31.

Mauritius, electus Nannetensis. I, 139.
Maurière (la), en Poitou. II, 377-383, 389, 396.
Maurille, archevêque de Rouen, Maurillis, archiepiscopus. I, 35, 37.
Mauron. III, 45.
Mauroy (Charles de). III, 51.
Mautallie, Mautaillé, brolium. I, 248, 249.
Mauvoisin (Guy), Guido Maloviciinus, Mali Vicini. I, 221, 228, 232; II, 65.
Mauvoisin (Guy), fils du précédent, Guido, dominus de Rogniaco. II, 64, 65, 123.
Mauvoisin (Roland), capitaine de Prinçay. III, 84, 85, 88.
Mauvoisin-Rosny (la maison de). II, 65.
Maxe, Maxey. III, 171, 172.
Max-Verly (M.). I, 197.
May (Claude Le), graveur, tailleur de la Monnaie de Paris. IV, 111, 199.
May (Daneau de). II, 190.
Mayenne (la), Meduane (fluvium). I, 214, 271; II, 16; IV, 309, 310, 385, 391, 394.
Mayenne, Maienne, Maenne la Juhée, la Juhis, Meduana. I, I, 5, 6, 59, 60, 76, 191, 266; II, 24, 85, 126, 128; III, 25, 208, 313, 357, 387; V, 7, 27, 28, 125. — (le seigneur de). I, 17; II, 104, 121. Voir Avaugour (Henri d'), Blois (Charles de), Mello (Dreux de). — (dame de). Voir Meulan (Isabelle de), Penthièvre (Jeanne de). — (doyen de). Voir Merlin, Richardus. — (Saint-Jean de), parochia Sancti Johannis de Meduana. I, 106. — (sénéchal de), seneschallus Meduane. I, 164. Voir Tannieto (Gaufridus de).
Mayenne. Maenne (le pont de), à Laval, à Lavauguyon. II, 16, 23, 57.
Mayenne (la maison de). I, 138, 313.
Mayenne (Aubert, prétendu seigneur de). I, 5.
Mayenne (Élisabeth de). Voir Mayenne (Isabelle de).
Mayenne (Gautier de), Gauterius de Meduana. I, 78, 101,; V, 125.
Mayenne (Geoffroy, prétendu seigneur de). I, 5.
Mayenne (Geoffroy I ou le Vieux de), seigneur de Mayenne, fils d'Hamon. I, 5, 7, 17, 48, 65.
Mayenne (Geoffroy de), Geoffroy le Jeune, *nepos* de Geoffroy le Vieux. I, 65.
Mayenne (Geoffroy IV de), seigneur de Mayenne, fils de Juhel II, mari de Constance de Bretagne et d'Isabelle de Meulan. I, 101, 131, 132, 205, 294.
Mayenne (Hamelin de), Hamelinus, fils de Juhel II. I, 101, 102, 149.
Mayenne (Hamon de). I, 5, 6.
Mayenne (Isabelle ou Élisabeth de), fille aînée de Juhel II, femme de Dreux de Mello. I, 191.
Mayenne (Isabelle de). Voir Meulan (Isabelle de).
Mayenne (Juhel, prétendu seigneur de). I, 5.
Mayenne (Juhel de). I, 60, 76.
Mayenne (Juhel II de), Juhellus de Meduana. I, 93, 94, 101, 102; V, 7, 125.
Mayenne (Juhel III de), seigneur de Mayenne et de Dinan, mari de Gervaise de Dinan, Juhellus de Meduana, dominus Meduane et Dinani. I, 130-132, 138, 160, 161, 163, 164, 180, 181, 191, 201, 205, 242, 284, 287-289, 293; V, 23.
Mayenne (Mathilde de), fille de Geoffroy IV et de Constance de Bretagne, première femme d'André II de Vitré, Mathildis de Meduana. I, 150, 291, 294; V, 9, 10.
Mayenne (Méen, prétendu seigneur de). I, 5.

Mayenne (Ruellon, prétendu seigneur de). I, 5.
Mayenne (le duc de). IV, 342, 343.
Mayers (Baudouin de). II, 190.
Mayers (Margarete). II, 190.
Mayeux (Yves), évêque de Rennes. IV, 10, 11, 19.
Mayneuf (seigneur de). Voir Duboys (Julien).
Maz, Maaz (Raoul de). II, 21, 23.
Maz (Raoul du). II, 322, 363.
Mazoins (Reinart de). II, 197.
Meaux. III, 370 ; IV, 93, 292, 360, 405.
Médicis (Catherine de). IV, 243-246, 263, 264, 274, 279, 286, 300, 318, 320 ; V, 117.
Médicis (Marie de). IV, 397, 409.
Medie (senescallus). Voir Châteaubriant (Geoffroy de).
Mée (le pré du). IV, 299.
Mée (du). IV, 304.
Méérendrée, Meerendée, Mérendée, Meerandrée, Merendo, Meerende, Meerendré, Merendie en Flandre. II, 102, 140, 166, 187, 188, 204, 268, 272, 273 ; II, 304.
Mégalleray (la), Mesgaleri, Mesgalerium. I, 119-123, 129, 141, 147, 158, 160, 162, 164.
Mehun-sur-Loire. Voir Meung.
Mehun-sur-Yèvre. III, 168, 187, 252, 370.
Meignen (Pierre), seigneur de Garnaud. IV, 248.
Meilhan (seigneur de). Voir Aligre (Gabriel d').
Méjusseaume (M. de). IV, 299.
Meleil (Chesneia). I, 174.
Melior (Guido). I, 72.
Melis, presbyter. I, 63.
Mellay. Voir Meslay.
Mellei (passus). I, 168.
Melleraie, Melleray (l'abbé de). II, 306. Voir Haye (Pierre de la).
Melleray (la forêt de). II, 306.
Mellin (Johan). II, 226.
Mellin (Petrus). II, 263.
Mellin de Saint-Gelais. IV, 243.
Mello (Dreux de), connétable de France, Droco de Melloto. I, 190, 223.
Mello (Dreux de), le jeune, mari d'Isabelle de Mayenne, seigneur de Loches, de Saint-Maurice et de Mayenne, Droco juvenis de Melloto. I, 190, 191, 223.
Mello (Guillaume de), Guillelmus de Mello. I, 190, 223.
Mello (Guy de), évêque d'Auxerre. I, 191.
Mello (Marguerite de), femme de Maurice VII de Craon. II, 181.
Melun. I, 207 ; III, 251, 327 ; IV, 258, 259, 269, 270.
Melun (Marguerite de), femme de Jacques d'Harcourt. III, 229.
Ménage. I, 6, 51, 73, 182, 236 ; V, 6, 126.
Menardeya, Mesnardeya. I, 169, 170.
Menart (Graalenus, Guiennocus, Hugo, Juliana et Menardus). I, 159.
Mendo de Ledesma (don). IV, 345, 346, 348, 354, 355.
Méneuf. II, 248.
Méneuf (Jean Le Voyer de). Voir Le Vayer.
Méneust de Bréquigny (Le), sénéchal de Rennes. IV, 335, 336.
Mengot (Guillaume), Guillelmus Mengoti. I, 224, 225.
Ménitré, en Rosiers. IV, 318.
Mennetais (la). IV, 161.
Menouet (le clos de). II, 167.
Menul (les Bonshommes de). I, 239.
Ménypény (Guillaume de), seigneur de Concressault. III, 158.
Mer (Honorat de la), de Mari. III, 288.
Méral, Merallum. I, 73 ; II, 265.
Méral, Meraldo (Dominella de), filia Hamelini. I, 68, 73.
Méral (Hamelin de), Hamelinus de Meraldo. I, 67, 68, 73.

Méral. Moraldo (Johanna de), filia Hamelini. I, 73.
Meral (Johannes de). I, 64.
Méral (Osanna de), filia Hamelini. I, 68.
Méral. Merallo (Suhardus de). I, 73.
Mercier (Richart, le). II, 250, 251.
Mercier (Gervais Le). V, 53-55.
Mercœur (le duc de), gouverneur de Bretagne. IV, 326, 327, 331, 335, 341, 345, 346, 351, 353, 354, 368.
Merdrignac, Merdrinac. III, 387; IV, 172.
Meré. II, 51.
Mereil (Gaufredus). I, 153.
Meremort, Mer-Morte. Voir Malemort.
Mérondée, Mérondie, Mérondo. Voir Méérondrée.
Merer (Alart de). II, 188.
Mergret (M.). IV, 147.
Mérlaye (la), près de Vitré. IV, 233, 260.
Mérie (la). II, 189.
Merlet. III, 45.
Merleti (prior de Mota). I, 101.
Merlin (Guillaume), doyen de Mayenne. I, 248.
Merlin (Pierre), ministre calviniste. IV, 311, 319, 359.
Merry-Sec. IV, 350.
Méry. III, 204, 205.
Mésange (seigneur de). Voir Malestroit (Jean de).
Mesbier (Silvester de). I, 143.
Meschin (Jacques). III, 48.
Meschinot (Jehan). III, 264, 265.
Mesdon. Voir Messeden.
Mesgaleri, Mesgalerium. Voir Mégalleray (la).
Meslay, Mellay. I, 79, 80, 87; II, 10, 95, 291, 314, 315, 354, 356; III, 28, 131; IV, 26, 33, 252, 253; V, 97, 98. — (seigneur de). Voir Laval (Jean de).
Meslay (Jean de Laval dit de). Voir Laval (Jean de).
Mesnardeya. Voir Menardeya.
Mesneilleio (Menardus de). I, 170.
Mesnelleyum. I, 170.
Mesnil (Adam du). II, 344.
Mesnil des Planches (le). III, 281.
Messeden, Mossedon, Mesdon, métairie, breil, terres, etc. I, 248, 249; II, 95, 96.
Mestaier (Jehan). V, 45.
Mestbuart (Gaufridus et Petrus de). II, 263.
Mestérie (la). II, 371.
Métais (l'abbé). I, 7, 17, 38, 47, 51; III, 16, 178; IV, 408; V, 127.
Métrec (Jehan de). III, 127.
Metz. III, 275; IV, 372.
Meulan (Galeran de). I, 140.
Meulan (Isabelle de), dite de Mayenne et de Craon, seconde femme de Geoffroy IV de Mayenne, remariée à Maurice de Craon, dame de Mayenne et de Craon. I, 132, 150, 155, 161, 164, 200, 205.
Meulan (Raoul de). II, 399.
Meung, Mehun-sur-Loire. III, 213, 245, 248.
Meuressault, seigneurie en Bourgogne. IV, 48.
Meyguen (Richard Le). II, 225.
Mézières au Maine (baron de). Voir Anjou (Nicolas d').
Mézières près de Vitré, Mésières. II, 95; III, 24, 382-384; IV, 37.
Mézières (Marguerite de), veuve de Jean de Villiers, femme de Jacques II de Laval-la Faigne. IV, 254.
Michel, évêque d'Angers. IV, 45.
Michel et Michon, sommeliers. IV, 304.
Mictry. Voir Mitry.
Migne. I, 69.
Mignonville (M. de). IV, 304.
Mignot (Pierre). II, 371.
Migon. III, 309.
Milan. IV, 268, 270. — (le duc de). III, 14.
Milanais (le). IV, 76.

Milano (Pietro da). III, 232, 233.
Milecent (Guillelmus). I, 226.
Milhet (l'abbé). II, 40.
Millet (Étienne). V, 111.
Millon (Bertrand). III, 139, 176, 186.
Millot (Michel). IV, 231.
Milly-en-Gâtinais. IV, 107; V, 113.
Milon, archidiacre d'Auxerre. I, 191.
Minaud (Guillelmus). II, 78.
Mingot (André), chapelain de Guy XII. V, 44.
Miolans (le sire de). III, 305.
Mire (Clemens de). I, 153.
Mire (Pierre Le). II, 199-201.
Mirebeau. III, 271-274, 281, 302.
Mirepoix (l'évêché de). IV, 227. — (évêque de). Voir Bethon, Guiche. — (le marquis de). IV, 149. — (seigneur de). Voir Lévis (Jehan de).
Misery (dame de). Voir Triboló.
Mitou. Voir Daniel (Jean).
Mitry, Mitri, Mietry. II, 195, 250.
Moaigon (Jehan). III, 167.
Mocillus (Giraldus). I, 49.
Mode (la damiselle de). II, 190.
Moigne (Lubin Le). II, 324.
Moisie (Hugo de). I, 73.
Molac (le sire de). III, 95.
Molgeras, filius Gulfridi. I, 119.
Molière, Mollière, seigneurie. III, 261.
Molin (Jean de). IV, 239.
Molins (Oudart de). II, 313.
Monachi (Gaufridus). II, 264.
Monaco. III, 187.
Monbarot (M. de), gouverneur de Rennes. IV, 381.
Mon Béché (Joffre de). II, 23.
Monborcherio (Guillelmus de). II, 202.
Monborchier (Raoul de). II, 95.
Monbourcher, Monbourchier (Bertrand, sieur de). III, 140; V, 72.
Monbourcher (Jeanne de). V, 72.
Monbray, Montbray, en Normandie. II, 137, 158.
Monceau. IV, 286.
Monceau (Pierre de), élu de Laval. IV, 215.
Monci-le-Neuf. II, 278.
Moncontour. II, 294, 295, 331; III, 218, 325. — (dame de). Voir Rohan (Marguerite de).
Moncontour (Pierre de). V, 8.
Moncontour (Raoul de). I, 60.
Mondaye. I, 209, 216, 217, 222, 291.
Mondevert, Montevert, Mondoulvert, Monduluet, Mon Lovel, Mont Lovert, Mons Lovelli, Mons de Dovesti. I, 63, 64, 174, 202, 237, 262.
Mondion (Pierre de), seigneur de la Boessière. III, 259.
Mondoubleau. I, 6, 131; III, 51; IV, 205. — (châtelain de). Voir Pichouer. — (sire de). Voir Bourbon (Louis de), Doubleau (Hugues).
Mondoulvert, Monduluet. Voir Mondevert.
Mongla (M. de). IV, 304.
Monguyon (Boni Homines de). I, 201. Voir Montguyon.
Mon Lovel. Voir Mondevert.
Monréac, Mouréac. III, 126, 127.
Mons de Dovesti, Mons Lovelli. Voir Mondevert.
Monsieur (la paix de). IV, 274.
Mons Porcarii. Voir Montporcher.
Mons Securus. Voir Montsûrs.
Monstiervillier. II, 344.
Mont (le Petit-), à Bonais. V, 113.
Montabert. I, 224.
Montafilant. III, 178; V, 83-90. — (la tour de). III, 144. — (seigneur de). Voir Bretagne (Gilles de), Dinan (Charles et Jacques de), Laval (François, Jean et Pierre de). — (dame de). Voir Dinan (Françoise de), Rohan (Catherine de). — (receveur de). Voir Verrière (Jean de la).
Montafilant (Pierre de). Voir Laval (Pierre de).

Montafilant (M. de), mari de Françoise de Foix. III, 362, n° 2.031. Lire : François de Laval, seigneur de Châteaubriant et de Montafilant, mari de Françoise de *Rieux*. Voir Laval (François de).
Montafilant (Mlle de). III, 237. Voir Dinan (Françoise de). — (la dame de). V, 80. Voir Rohan (Catherine de). — (la fille de), unie à la maison de Tonquedec. III, 321.
Montaiglon (de). II, 112.
Montaigu, Montagu. II, 252, 259. — (le châtelain de). IV, 190.
Montarfil. IV, 153.
Montargis. III, 248, 250, 251, 311.
Montart (Johan). V. 80.
Montauban (Lot-et-Garonne). IV, 320, 321. — (l'assemblée de). IV, 274.
Montauban. I, 212.
Montauban (Isabeau de), femme de Tristan du Perrier. III, 236, 260, 262.
Montauban (Jean de), grand maître des eaux et forêts. III, 245-248, 260.
Montauban (Philippa de), dame de Passy et de Laigné-le-Bigot, veuve de Guy de Laval. II, 359.
Montauban (Philippe de). IV, 42.
Montauban (Robert de). III, 86.
Montauban (le seigneur de), mari de Philippa de Laval-Passy. II, 105.
Montaudain (seigneur de). Voir Montéclerc (René de).
Montault (Denis de). III, 129.
Montautou, Montauton. I, 25 ; II, 68, 129, 209.
Montbazon. III, 130, 132, 184. — (baron de). Voir Rohan (Louis V de). — (le duc de). IV, 353, 354, 393.
Montbazon (Jeanne de). II, 183.
Montberon, Montbron (Perrette de), prieure d'Avénières. I, 14, 315-317.
Montboucher (Alain de). II, 328.
Montbray. Voir Monbray.
Montchevrier (feodum de). I, 227.
Mont de Gargain. Voir Mont-Gargan.
Mont-de-Marsan, Mons de Marsant. IV, 97, 264, 265.
Mont-de-Piété (l'hôpital et couvent du), à Paris. IV, 407.
Montdidier. IV, 261, 312.
Monte (Helyas de). I, 86.
Monté (le Grand-). II, 372.
Montebourg. III, 268.
Montechean. I, 155.
Montéclerc (Louis de), seigneur de Courcelles. IV, 303.
Montéclerc (Madeleine de), fille de René et de Claude des Hayes, femme d'Urbain de Laval-Boisdauphin. I, XIII ; IV, 302-304, 336, 338, 350, 370, 372, 377, 401.
Montéclerc (René de), seigneur de Bourgon, Montaudain, Torbeschet, Barge, Boisemparé, les Granges et Saint-Remy. IV, 303, 304, 394.
Montéclerc (Renée de), femme de Louis de Montéclerc. IV, 303.
Monteforte (Italie), Monsfortis. II, 62, 63.
Monte Frotinerii (Clarembaldus de). I, 66 ; V, 125.
Monte Frotinerii (Vivianus de). I, 23.
Monte Geraldi (Johannes de). I, 175.
Montélimart. III, 130 ; IV, 136, 138, 139.
Montemerdoso (Gaufridus de). I, 31, 34.
Montenay (Jean, seigneur de). V, 58-60.
Monte Pinconis, Pinsonis, Pinzonis (Robertus de). I, 23, 24, 31, 34.
Monternault - l'Amaury (seigneur de). Voir Lasnier (Guy).
Montescaglioso (comte de). Voir Beaumont (Pierre de).
Montespedon (Phelipes de), dame de Montjean. IV, 127.

Montespilouer (seigneur de). Voir Montmorency (Guillaume de).
Montevert. Voir Mondevert.
Montfaucon, terra Montis Falconis. I, 228. — (le sire de). III, 347.
Montfichet. Voir Muntfichet.
Montfiquet (baron de). Voir Épinay (Guy d').
Montfort-l'Amaury. II, 51 ; III, 326 ; IV, 202. — (comte de). Voir Dreux (Robert de).
Montfort-le-Rotrou. I, I, 130.
Montfort-sur-Meu ou Montfort-la-Cane. I, 287 ; II, 308 ; IV, 35, 108, 146, 199, 214, 215, 226, 231, 257, 261, 276, 284, 285, 328, 413. — (l'abbaye de Saint-Jacques de). IV, 22. — (abbé de). Voir Bertrand, Pineau. — (le prieur de Saint-Jean de). III, 171. — (comte de). Voir Bretagne (François I, François II, Jean IV, Jean V et Pierre II de), Coligny (François de), Laval (Guy XIV à Guy XX de). — (comtesse de). Voir Alençon (Catherine d'), Laval (Guyonne de), etc. — (le sénéchal de). IV, 398, 400, 401. — (vicomte de). Voir Hugo.
Montfort-sur-Meu ou Montfort-la-Cane (la maison de). II, 238 ; III, 2, 4, 5, 19, 59, 60, 99, 110, 112-114, 122, 216, 218, 237, 326, 357 ; IV, 268.
Montfort-sur-Risle. III, 288, 313, 314, 319, 326, 327 ; V, 97-105. — (comte de). Voir Laval (Guy XV de).
Montfort (Amaury de), Amauricius de Monteforti. I, 154.
Montfort (Amaury VI de). II, 51.
Montfort (Aubert de). III, 278.
Montfort (Béatrix de), femme de Robert de Dreux, comtesse de Montfort et de Dreux, dame de Saint-Valery. II, 50-52, 70.
Montfort (Charles de), fils de Raoul VIII. II, 391 ; III, 38-42, 216 ; V, 43, 44.
Montfort (Eon de), dit aussi de Rochefort, fils de Raoul VII de Montfort, premier mari de Jeanne de Rochefort, sire de Rochefort. II, 275, 278, 279, 391.
Montfort (Guillaume de), fils de Raoul VIII, évêque de Saint-Malo. II, 391 ; III, 38-42, 75, 216 ; V, 43, 44, 67.
Montfort (Jean de), frère consanguin de Jean III de Bretagne. Voir Bretagne (Jean IV de).
Montfort (Jean de), fils du précédent. Voir Bretagne (Jean V de).
Montfort (Jean de), fils de Raoul VIII. Voir Laval (Guy XIII de).
Montfort (Jeanne de), femme de Guillaume VI l'Archevêque. II, 109 ; III, 43.
Montfort (Marguerite de), fille d'Amaury VI, femme de Jean de Soissons. II, 51.
Montfort (Raoul VII de). II, 275, 278, 279, 391 ; III, 3, 29.
Montfort (Raoul VIII de), seigneur de Montfort, de Gaël et de la Roche, mari de Jeanne de Kergorlay, père de Guy XIII de Laval. II, 278, 279, 306, 391 ; III, 2-5, 27, 31, 38-42, 57, 216 ; IV, 57 ; V, 43, 44.
Montfort et de Lohéac (Raoul de) (1387). V, 37.
Montfort (Rotrou de), Rotrudus de Monteforti. I, 242.
Montfort (W. de), W. de Monte Forti. I, 205.
Montfou, page. IV, 304.
Montfoulour. II, 371.
Mont-Gargan. II, 309.
Montgirou (Patry de). II, 211.
Montgomery (Roger de), Rotgerius, Rotgerus de Monte Gomerico, de Monte Gulmerico. I, 37, 46.
Montgomery (Mathilde), ou de Mortain, femme de Robert de Conteville, comte de Mortain. I, 52, 279.

Montguyon, Montguion. II, 125; V, 124. Voir Monguyon.

Montigné, Montignelum. I, 98, 213-215; II, 301, 302.

Montigny-sur-Avre. IV, 408. — (seigneur de). Voir Laval (Hugues et Jean de).

Montils-lès-Tours. III, 125, 254, 354, 364, 365, 380

Montilz (Michel des), receveur des tailles à Laval. IV, 218.

Montis, Monteis (via, cheminum). I, 117, 119.

Montjean, Montejan, Montjan, Montjohan, Montjehan, Montjant, Monjon, Mons Johannis. I, 11, 206, 214; III, 179, 180, 337, 359-361, 385; IV, 26, 30, 156, 192, 195, 216, 217, 251; V, 20. — (le seigneur, la dame de). II, 125, 373. Voir Laval (Jean de), Montespedon (Phelipes de).

Montjean, Montjehan (le Petit). IV, 30.

Montjean (la maison de). I, 11.

Montjean (Anne de), dame d'Acigné. IV, 218.

Montjean (Béatrix de), femme de Jacques Meschin. III, 48.

Montjean (Briant de), Brientius, dominus de Monte Johannis. II, 145, 146.

Montjean (Herbert de). I, 20.

Montjean (Mathilde de). I, 20.

Montjean (René de), sire de Montejan. IV, 57, 124-126.

Montjean (l'hôtel de), à Laval. III, 11.

Montjean-lès-Beaulieu. IV, 37.

Montléon (dame de). Voir Nerçay (Mme de).

Mont Lovert. Voir Mondevert.

Montmartin (du Matz de), capitaine, gouverneur de Vitré. IV, 298, 352, 353.

Montmartre-lès-Paris, la bastide, la porte de Montmartre. III, 31, 32, 46, 103, 107.

Montmélian (la tour de). II, 345.

Montmilieu (les forêts de). I, 239.

Montmirail (Jean de), comte de Chartres, Johannes, comes Carnotensis. I, 190, 223.

Montmiran. Voir Montmurant.

Montmorency, Monsmorenciacus, Beatus Martinus de Monte Morenciaco. I, 222, 240, 241; II, 30, 53; IV, 11. — (le seigneur de). II, 31, 73, 120, 266.

Montmorency (le fief du seigneur de). II, 57.

Montmorency (la maison de). I, 136, 186; II, 44, 56, 58, 60, 61; III, 196, 198; IV, 260, 264.

Montmorency (Anne de), duc de Montmorency, maréchal et connétable de France. III, 244; IV, 10, 13, 52, 53, 72-74, 85-88, 90-93, 99-101, 106, 108, 114, 120-129, 140-144, 148-164, 167, 172, 197-200, 205, 211, 218, 219, 246, 263, 265. — (Madeleine de Savoie, femme du connétable Anne de). IV, 263.

Montmorency (Anne de), fille de Guillaume de Montmorency et d'Anne Pot, seconde femme de Guy XVI de Laval. I, xiv; III, 24; IV, 5, 10, 11, 13, 17, 19, 20, 46-54, 58, 63, 64, 66, 76, 90, 105, 106, 124.

Montmorency (Avoise de). Voir Laval (Avoise de).

Montmorency (Bouchard VI de), Buchardus de Monte Morenciaco. I, 136, 186, 217, 227, 239, 240; II, 7, 8.

Montmorency (Charles de), seigneur de Montmorency. II, 112, 266.

Montmorency (Charles de), nom donné par erreur à Guy XIII de Laval. III, 196-199.

Montmorency (François de), dit La Rochepot, fils de Guillaume et d'Anne Pot. IV, 19, 52, 53.

Montmorency (Guillaume de), seigneur de Montmorency, Écouen, Chantilly, Auffoys, Montespilouer et Chavenay. IV, 10, 11, 46-54, 86.
Montmorency (Henri, duc de), connétable de France. IV, 356, 359-367, 371-375, 389-394, 396, 397.
Montmorency (Jean de), fils de Mathieu II. I, 186.
Montmorency (Jean de), sire de Nivelle. III, 288, 304.
Montmorency (Jeanne de), première femme de Guy, dit Brumor de Laval. II, 112, 260, 265, 268.
Montmorency (Jeanne de), fille du connétable Anne de Montmorency, femme de Louis de la Trémoïlle, duchesse de la Trémoïlle. IV, 143, 145, 312, 316-319, 328, 343-345, 386, 387, 392-395, 397-402, 405-408.
Montmorency (Louise de). IV, 279.
Montmorency (Marie de), femme de Guillaume d'Ivry. II, 254, 265, 268.
Montmorency (Mathieu II de), mari d'Emma de Laval, seigneur de Montmorency et de Laval, connétable de France, Matheus de Montemorenciaco, Mahi de Monmorenci. I, 135, 186-190, 195, 208-213, 216, 217, 220, 221, 240, 300; II, 7-9, 38; III, 1.
Montmorency (Mathieu de), dit aussi d'Attichy ou de Ponthieu, fils du précédent, frère consanguin de Guy VII de Laval, comte de Ponthieu et de Montreuil, seigneur d'Attichy, Matheus de Montemorenciaco, comes Pontivi et Monsterolli, dominus de Atechy. I, 186, 239, 240, 258, 264; II, 7, 9.
Montmorency (Mathieu III de). I, 257; II, 56.
Montmorency (Mathieu IV de). II, 73, 129.
Montmorency (Philippe de), évêque de Limoges. IV, 52, 53.
Montmorency (Pierre de), et non Pierre de Laval-Lauresse, marquis de Thury. IV, 320; V, 132.
Montmorency (Pierre de) et non Pierre de Laval-Lauresse, fils du précédent et de Jacqueline d'Avaugour, mari de Louise de Laval-la Faigne, seigneur de Lauresse en Lombron. IV, 320; V, 132.
Montmurant, Montmiran. II, 318, 389; III, 69, 96, 98, 100, 102, 141, 158; IV, 30, 261; V, 130.
Montoire. I, 131; III, 51, 56. — (capitaine de). Voir Richard (André).
Montpellier. IV, 140.
Montpensier (le duc de). IV, 317, 344, 350, 386, 387. — (la duchesse de). IV, 337.
Montporcher, Monporcher, Mons Porcarii. III, 26, 27, 94.
Montrahoul. II, 372.
Montreuil, près de Vitré. I, 46.
Montreuil-Bellay, Monstereul-Bellay. III, 175, 229, 253, 358, 359; IV, 29. — (seigneur de). Voir Laval (Guy XV et Guy XVI de). — (dame de). Voir Harcourt (Jeanne d').
Montreuil-Bonnin (seigneur de). Voir Vernon (Raoul).
Montreuil-sous-Bois, Moulteroul. II, 108, 195, 280.
Montreuil. IV, 406, 407.
Montreuil (comte, comtesse de). Voir Marie, Montmorency (Mathieu de). — (dame de). Voir Gouffier (Anne).
Montrond, Monrond. IV, 109, 183, 243.
Montrouge. III, 107.
Montsabert. III, 381; V, 111. — (seigneur de). Voir Laval-Loué (Guy II de), Laval (Pierre de).
Mont-Saint-Michel (le). I, 25; II, 46; III, 89, 130, 271; IV, 35, 36. — (abbé du). Voir Guillaume.

Montsaugeon. III, 265.
Montsenault, Monsenault, Moncenaut, en Nuillé-sur-Vicoin. I, 214, 215.
Montsoreau. IV, 190, 191. — (seigneur de). Voir Chambes (Philippe de), Craon (Guillaume de). — (dame de). Voir Laval (Anne de).
Montsorel (Guillaume de). I, 160.
Montsûrs, Montseur, Montseures, Mons Securus. I, 202; II, 26, 95, 232, 274, 300, 376; III, 142; IV, 55, 211, 214. — (le chapitre, le collège des Trois-Maries, à). II, 329-331, 376; III, 23, 89, 90, 120, 128, 269. — (la chapelle de). IV, 336. — (seigneur de). Voir Laval (Jean de).
Montuel (le château de). IV, 254, 313, 336, 338, 346, 354.
Mor (Clays et Goussin de). II, 189, 190.
Moréac. III, 378.
Moreau (Christophe), argentier de Guy XVII. IV, 215.
Moreau (Émile). I, 185.
Morehenni (Walterius). I, 73.
Morel (Guillaume). IV, 83.
Morel (Johannes). II, 263.
Moréri. I, 11.
Moret. IV, 376. — (dame de). Voir Bueil (Jacqueline de).
Morga (Vivianus). I, 72.
Morice (dom). I, II, III, passim; IV, 55, 75, 77, 79, 90, 113, 116, 117, 148, 168, 195, 207, 236, 254, 261, 264, 281, 325, 342, 350; V, 7, 11, 12, 18, 23, 81.
Morimont (Remy de). III, 255.
Morin (Guillaume). II, 160.
Morinière (la). II, 371.
Morinière, capitaine. IV, 304.
Morisse (Jehannot). V, 102.
Moritonii (prior). I, 102. Voir Ranulfus.
Morlaix. IV, 38, 380. — (l'église calviniste de). IV, 311.
Morlaye (la). IV, 153.
Morlaye (Guillaume). IV, 34.
Mornay (Philippe de), dit du Plessis-Mornay, seigneur du Plessis-Marly. IV, 274, 320, 321, 329, 350, 353, 354, 368, 378-382.
Mornay (Mme du Plessis-). IV, 380-382.
Mornay (Philippe de), fils de du Plessis-Mornay. IV, 329, 380-382.
Mortagne. III, 270, 379.
Mortain, Moretonium. I, 52, 140; II, 293, 294; V, 12-15. — (comte de). Voir Navarre (Pierre de).
Mortain (Agnès de), fille de Robert, comte de Mortain, et de Mathilde de Montgomery, femme d'André I de Vitré. I, 53, 72, 74, 279-281; V, 8.
Mortain (Denise de), sœur de la précédente, femme de Guy II de Laval. I, IX, X, 44, 52-56, 59, 63-67, 72, 77, 86, 279.
Mortain (Emma de), sœur des précédentes, femme de Guillaume IV de Toulouse. I, 53, 279.
Mortain (Guillaume de), frère des précédentes. I, 53.
Mortain (Mathilde de). Voir Montgomery (Mathilde de).
Mortain (Robert, comte de), Robert de Conteville. I, 52, 279.
Mortemart (Jean de), mari de Pétronille l'Archevêque. II, 375.
Mortevielle, Morteveille, Morteveile. I, 185; II, 32, 57, 96.
Mortier (Katherine). II, 187.
Mortpain (G.). I, 212.
Morvier (Gautier). II, 188.
Mota (Guicerius de). V, 14.
Mota Clerembaldi. I, 129.
Mota Merleti (prior de). I, 101.
Mottais, marchand. IV, 383.
Motte (la), la Mote, Mota. I, 245, 252, 253, 267; II, 16, 29-31; III, 159. — (la dame de la). I, 253.
Motte (la terre de la), sous le Lude. III, 184.
Motte (la). V, 110.

Motte (seigneur de la), M. de la Motte, Lamothe. Voir Hay (Daniel).
Motte (Amaury de la), évêque de Vannes. III, 220, 230.
Motte, Mote (Gilles de la). II, 189.
Motte (Guillaume de la) (1360). II, 261 ; — (1403). II, 386 ; — (1409). V, 46 ; — chevalier, sire de Vallon (1409). V, 46 ; — (1523). IV, 75.
Motte (James de la). I, 252, 253.
Motte, Mote (Robin de la). V, 46.
Motte (Ysabeau de la), femme de Geoffroy du Perrier. III, 200.
Motte Achard (la), en Poitou. II, 377-383, 389, 396 ; III, 27, 28, 120.
Motte-aux-Voyers (la). II, 156.
Motte-d'Acigné (la), chapelle. II, 68.
Motte-de-Choisy (seigneur de la). Voir Ternant.
Motte-d'Évry (la). III, 251.
Motte-de-Gérigné (la). II, 23-27.
Motte-Feuilly (la). IV, 96, 97.
Motte-Jacquelot (M. de la). IV, 345, 346.
Mottel (M. du). IV, 304.
Motte-Sainte-Héraye (seigneur de la). Voir Laval (Gilles II et Pierre de).
Motte-Serrant (M. de la). IV, 341.
Mouchet (Michel). III, 208-210.
Moulart (Jean), prieur de Loué. V, 46.
Moule (Macé de la). II, 209.
Mouligné. III, 69.
Moulimblot (Guillaume), Guillaume du Moulin Belot. II, 374 ; III, 25.
Moulin-de-la-Hune. II, 371.
Moulin-Gerart. II, 134.
Moulins (Allier). III, 225, 362, 366 ; IV, 140.
Moulins (Ille-et-Vilaine). I, 180 ; III, 130.
Moulins, à Beaumont-Pied-de-Bœuf (seigneur de). Voir Fontenailles (Julien de).
Moulins (Oudart de). II, 343.
M[illegible] quin (Guillaume). V, 46.
Moureac. Voir Monreac.
Mousnier (Guillaume Le). I, 266.
Moutier. I, 265.
Mouton. IV, 66.
Mouzon. III, 253.
Moyenart (Guy), chapelain de Saint-Jacques de Louailles. V, 109.
Moyenne (Jean de la). III, 178.
Moyne (Geoffroy Le). II, 125.
Moyne de Blosset (Le). III, 275.
Mozet, pasteur. IV, 372.
Muce (le sieur de la). III, 357. Voir Rochefort (Guy de).
Muce-Ponthus (Jean de la), premier mari de Jeanne Chabot la Folle. II, 109.
Muesart (bordagium). I, 212.
Mulhouse. IV, 273.
Mulot (Alain). IV, 217.
Muntfichet (Ricardus de). I, 165 ; V, 126.
Muntfichet, Munfichet (Willelmus de). I, 86.
Murat (vicomtesse de). Voir Beaujeu (Anne de).
Mussidan (seigneur de), Voir Rochefoucauld (Jean de la).
Mussillac (Jeanne de), femme de Guy de Parné. III, 184.
Mussy-l'Évêque. IV, 300.

N

Nabel, in pago Cenomanico. I, 23. Voir Belveer.
Nael. II, 62.
Namur (palatin de). Voir Philippe le Hardi.
Nancy. III, 312, 362, 369.
Nangis (Guillaume de). II, 35.
Nantes, Nannetae. I, XIII, 71, 108, 261 ; II, 151, 211, 262, 265, 300, 327, 334, 396-398 ; III, 26-28, 37,

43, 86, 87, 91, 93, 113, 114, 178, 217, 218, 228, 242, 263, 274-276, 312, 314, 315, 342, 343, 350, 351, 354, 370, 387 ; IV, 22, 55, 58, 60, 69, 73, 118, 152, 252, 261, 270, 272, 345, 348, 350-352, 354, 375, 399 ; V, 74, 76. — (l'archidiacre de). III, 41. — (le chapitre de). III, 279 ; IV, 38. — (le comté de). V, 37. — (Notre-Dame-des-Carmes de). III, 113. — (prieur des Carmes de). Voir Forest (Jehan de la). — l'église calviniste de). IV, 311. — (élu de), electus Nannetensis. Voir Mauricius. — (l'évêché de). II, 265, 298 ; III, 127, 196. — (l'évêque de). III, 45-48, 88, 242 ; V, 18, 127. Voir Acigné (Amaury et Louis d'), Châteaugiron (Jean de), Gaufridus, Guillaume, Johannes, Malestroit (Jean de). — (l'église des Frères de). I, 255. — (les Frères prêcheurs de). III, 115. — (les Jacobins de). III, 119, 218, 242. — (l'hôtel de Châteaubriant, à). III, 387. — (l'église Saint-Saturnin, à). I, 72. — (l'église Sainte-Croix, à). I, 72. — Nannetensi (ripagium de). V, 21. — Nannetensis (dominus). V, 22. — Nannetensis (thesaurarius). V, 22.

Nanteuil. IV, 75.

Naples, Napoli. II, 13, 33, 35, 36, 53, 54, 62 ; IV, 90, 106, 329. — (le royaume de). IV, 9. — (roi de). Voir Aragon (Frédéric III d'), Stanislas.

Naples (Jeanne de), femme de Jacques II de Bourbon. III, 56.

Narii (Garinus). I, 24.

Naschart (Eudo). I, 143, 147. — (Gaufridus, Legardis et Robertus). I, 143.

Nassau (Charlotte-Brabantine de), princesse d'Orange. IV, 358, 359, 387, 392, 394, 395.

Nassau (Maurice de). IV, 328.

Natalis, pater Hugonis. I, 41.

Nato, testis. I, 22.

Natural (Alain). II, 352.

Naupernes (M. de). IV, 165, 179.

Nauvigne (seigneur de). Voir Thenon.

Navarre (roi de). Voir Bourbon (Antoine de), Henri IV. — (reine de). Voir Angoulême (Marguerite d'), Évreux (Jeanne d'), Foix (Catherine de).

Navarre (Henri de). Voir Henri IV.

Navarre (Jeanne de), femme de Jean IV de Bretagne. II, 355 ; V, 37.

Navarre (Philippe de). II, 321.

Navarre (Pierre de), comte de Mortain. II, 246.

Navarre (le héraut). II, 113, 233.

Navesbi. V, 15. — (Hugo de). V, 16.

Navète (Robin). II, 226.

Nazé (Nicolas). III, 301.

Neaut. V, 74.

Nect (Guillelmus de), monachus Savigneii. I, 108.

Nédonchel (Amaury de), dit Quartier ou Martin. II, 283, 301, 329.

Neel (Goussin de). II, 188.

Nemours (le duc de). III, 387. Voir Armagnac (Jacques d'). — (duchesse de). Voir Bourbon (Éléonore de).

Nepveu (Guillaume). III, 155.

Nepvou (Pierre). II, 353.

Nerçay (Mlle de), dame de Montléon. IV, 216.

Nérerstang (M. de). IV, 405.

Neret (G.). I, 153.

Nervise (le sieur de). IV, 409, 410.

Nesle. IV, 224, 229, 230. — (marquis de). Voir Aux-Épaules (René), Laval (Guy XVIII, Guy et Jean de). — (marquise de). Voir Laval (Gabrielle et Guyonne de). — (la marquise de), belle-mère de Guy de Laval-Nesle (Françoise de Birague). IV, 312, 316.

Nesle (Gertrude de), première

femme de Mathieu II de Montmorency. I, 136, 186, 240; II, 7.
Nesle (Jean de), seigneur d'Offémont. II, 389.
Nesle (Jeanne de), fille du précédent, femme de Guy de Laval-Attichy, dame d'Offémont. II, 358, 389.
Nesly (François de). II, 401.
Neth (Willelmus de). I, 285.
Neufchâtel (la vicomté de). III, 285, 290.
Neufmarché. V, 95.
Neufvile. II, 16, 24.
Neufville (Guillaume de). II, 373.
Neufville (de), secrétaire du roi. IV, 290.
Neuvi (le prieuré de). I, 67.
Neuville (la). IV, 267.
Nève (Guillaume de). V, 98.
Nevers. I, 222. — (comte, duc de). Voir Clèves (François I de), Gonzague (Louis de), Guy. — (comtesse de). Voir Mathilde. — (Mme de). IV, 90, 205. — (évêque de). Voir Albret (Jacques d').
Neveu (Jean), dit de France. V, 97, 98.
Nicolas (saint). IV, 11.
Nicolas V, pape. III, 128.
Nicolas, doyen et évêque du Mans, Nicolaus, decanus Cenomanensis. I, 161, 242, 243; V, 14.
Nicolas, fils de Geoffroy. I, 142.
Nicolas, prior de Plasiaco. I, 128.
Nicolas (Philippe). II, 212.
Nicolaus, capellanus. I, 102.
Nicolaus, episcopus Andegavensis. II, 77.
Nicolaus, monachus. I, 127.
Nicole, femme de Michel Béchet. II, 292.
Nicolière (M. de la). II, 116.
Nicollas, sommelier. IV, 304.
Nicolle (Jean), capitaine. IV, 304.
Niel. III, 244; IV, 106.
Niger (Robertus). I, 169.
Nigon. III, 386.
Nimerle, Nimella (sortoria, sorca de). I, 117, 119.
Nimes. Nemausensis (episcopatus). II, 154.
Nina, abbatissa Sancti Sulpicii Redonensis. V, 9.
Niobey (M. le docteur). IV, 402.
Niort. IV, 286.
Nivelles (le comte, le sire de). V, 103, 109. Voir Montmorency (Jean de).
Noë (G. de la). I, 212.
Noël (Jean). III, 302.
Noes (les). II, 156.
Nogent, Noujent en Champaigne. II, 69.
Nogent-l'Érembert. I, 211.
Nogent-le-Rotrou. I, 195; II, 212, — (seigneur de). Voir Château-Gontier (Jacques de).
Nogent-sur-Seine. IV, 246.
Noir (Le). IV, 304.
Noirlens, Noirlon. I, 176; V, 20.
Noirmoutiers (le marquis de). IV, 369.
Noirreau (Guillaume de). V, 58.
Nonnes (la tour des), à Rome. IV, 380.
Norfolk (comte de). Voir David. — (vicarius). I, 166.
Normand (Hugues), Hugo Normant, Normanius. I, 82, 83.
Normandie (la), Normannia. I, 15, 35, 36, 118, 161, 163, 178, 217, 228, 232, 245, 255, 290, 292, 295, 296, 307, 308; II, 35, 36, 54, 55, 137-140, 181, 199, 200, 207, 228, 307, 308, 326, 340, 394; III, 27, 37, 45, 53, 101, 117, 158, 196, 247, 258-260, 272, 292, 312, 326, 363; IV, 27, 36, 49, 51, 164, 285, 294, 369, 378, 386; V, 30, 31, 34, 36, 107-109. — (le duc de). II, 214, 218, 258; III, 64. Voir Guillaume Ier, Guillaume II, Henri Ier et Henri II d'Angleterre, Jean II, Robert Courte-Heuse. — (sénéchal de). Voir R. — (l'Échiquier de). V, 24.

Normands (les). I, 8, 9.
Normanville (Pierre de), mari de Madeleine de Laval. IV, 313.
Norroy (le sieur de). IV, 367.
Nortuno (Walterus de). V, 16.
Norwicensis (dominus). I, 161.
Nos (les). II, 359.
Nosy. V, 119.
Notre-Dame-de-la-Garde, chapelle à la Bahalle. V, 109.
Notre-Dame-des-Chênes, chapelle en l'église de Loué. V, 109.
Noturum (Guillaume), chevalier. II, 39.
Nouâtre, Nouastre. II, 183. — (seigneur de). Voir Rohan (Louis V de).
Noubes (le sieur des). IV, 316.
Noucaut (Étienne de). V, 63.
Noue (François de la). IV, 291, 337.
Noujent. Voir Nogent.
Nouvel (Guillaume Le). II, 310.
Nouviant. III, 101.
Nouvion, Novions (le travers, le pont de). II, 270-272, 308. Voir Noyon.
Noyal, fief. II, 99.
Noyelles-sur-Mer. III, 372; V, 107-109. — (seigneur de). Voir Laval (Guy XV de). — (dame de). Voir Harcourt (Jeanne d').
Noyellette (dame de). Voir Harcourt (Jeanne d').
Noyers. III, 285; IV, 252, 271.
Noyon, Novyon. III, 256; IV, 149, 150, 152. — (le chapitre de). II, 73. Voir Nouvion.
Nozay. II, 295, 297.
Nueilly, seigneurie. III, 386.
Nuillé (les Boullières de). II, 372.
Nuillé, fief et domaine. II, 372.
Nuillé, paroisse. II, 255.
Nuillé (le sieur de). II, 372.
Nuillé (Guillaume Le Breton de). Voir Breton de Nuillé (Le).
Nuillé-sur-Vicoin. I, 214; V, 60-63.
Nuillio (Guido de). I, 106.
Nulleroys (locus qui dicitur Claricies de). I, 203.
Nus (Hugo Mansellus de). I, 23, 24.

O

O (Robert d'). II, 315.
O (M. d'). III, 316, 317.
Obvillier. IV, 261.
Ocelum. I, 148.
Odeline, femme de Raoul de Vitré. I, 108.
Odo, archidiaconus Cenomanensis. I, 242.
Odo, episcopus Baiocensis. Voir Eudes.
Odo, filius Ivonis. I, 29, 34.
Offémont (seigneur, dame d'). Voir Nesle (Jean et Jeanne de).
Offrasle, femme d'Hugues de Cossé. I, 140.
Ogée. III, 2.
Ogerii (Herveus). I, 170.
Oilerii (servitium). I, 87.
Oilli (Robertus de). I, 85.
Oiron (seigneur d'). Voir Gouffier (Guillaume).
Oise (l'). II, 250.
Oisel (Hubertus), aiocacius Lavallensis. I, 116.
Oissery. V, 119.
Oizé, Oysé. III, 201, 253, 254.
Ol., prior de Lavalle. I, 151.
Olande (les étangs d'). II, 51.
Oldon (Hervé d'). V, 8.
Oléron. II, 73.
Oliverius, filius Juhelli. V, 9.
Olivet, Olivetum, Sanctus Johannes Evangelista de Oliveto. I, 135, 150, 157, 171, 177, 178, 204, 205,

249; II, 32, 57, 95, 113, 165, 232; III, 306, 374, 375, 382; IV, 24, 26, 37. — (le sire d'). II, 113. Voir Laval (André et Jean de). — dame d'). Voir Beauçay (Eustache de).
Olivier (Charles), sieur des Brosses. IV, 304.
Olivier (Jacques). IV, 34.
Olivier (Johan). II, 194.
Olivier, petit-fils de Charles de Blois. V, 64.
Olivier. V, 100.
Ollier (Johan d'). II, 385.
Olliviers (M. d'). II, 357.
Olonne. IV, 77.
Oloron (la vignerie d'). IV, 182.
O'Madden (M.). II, 240.
Onfredus, pater Ricardi. I, 37.
Ongelo (Petrus de). I, 207.
Orange. Orenge (feodum d'). II, 74, 76, 79.
Orange (la principauté d'). IV, 77. — (prince, princesse d'). Voir Chalon (Jean et René de), Nassau (Charlotte de). — (le prince d'). V, 117.
Orange, Orenge (Georges d'), seigneur de la Feuillée. III, 366; IV, 32, 41.
Orange (Guillaume d'), mari de Louise de Coligny. IV, 318, 319.
Orange. Orenga (Guillelmus de). I, 106.
Orange (Guillemette d'). III, 82.
Orange. Orenga (Hugo de). I, 23.
Orange (Marie d'). III, 81, 82.
Orange, Orenges (Marion d'). II, 156, 157.
Oravia, uxor Guarini de Sancto Bertevino. I, 72.
Orbestier (l'abbé d'). III, 120.
Orderic Vital. I, 79, 84.
Orenga, Orenge. Voir Orange.
Oresvf (l'abbé). III, 2; V, 130.
Orfelinus. Voir Orphanus.
Orgemon (Pierre I d'). II, 331.
Orgemont (d'). V, 104, 105.
Orieut, pater Johannis. I, 143.
Origneyo (burgus de). I, 103.
Origny (le prieuré d'). I, 140.
Oriot, femme de Geoffroy de Gasto. I, 145.
Orléans. I, 39; III, 78, 80, 213, 259; IV, 21, 263, 278, 279. — (le duc d'). Voir Henri II, Louis XII. (la duchesse d'). II, 300. — (M. d', l'évêque d'). IV, 165.
Orléans (Charles, duc d'). II, 397; III, 129, 193.
Orléans (François d'). III, 307.
Orléans (Louis, duc d'), fils de Charles V. II, 356, 357, 391.
Orléans (Louis d'). Voir Louis XII.
Orléans (le bâtard d'). III, 76.
Orléans (Marie de Clèves, duchesse d'). III, 129.
Orly-en-Brie. II, 389.
Orphanus, Orfelinus (Gervasius), seneschallus de Lavallo. I, 103, 152, 177.
Orri. II, 333.
Orrici, Horrici (molendinus). I, 198, 199.
Orte (Fulco d'). V, 28.
Orval, Dorval. IV, 164. — (seigneur, dame d'). Voir Albret (Charlotte d'), Foix (Claude et Odet de), Laval (Guy XVII de).
Orvilette. I, 48.
Osane. IV, 377.
Osbertus, pater Willelmi. I, 37, 46.
Osilla, mater Salomonis. I, 71.
Osmundus, filius Richerii. I, 31, 34.
Ossé, Oussé. III, 24, 91.
Ostillelo (Willelmus de). I, 112.
Oudenarde. II, 140, 146.
Oudin (Guillaume). III, 375, 377, 386.
Oudon. III, 43, 85, 86.
Ourceau, Ourseau (Mathurin), bailli du Mans. IV, 355, 360, 372.
Ourscamp (l'abbaye d'). II, 358.
Ousches (des), ministre calviniste. IV, 311.
Oussé, Ossé. III, 24, 91.
Outre (baron d'). Voir Poitiers (Guillaume de).

Ouvrouin (Guillaume), évêque de Rennes. II, 211, 216, 222.
Ouvrouin (Guillaume), seigneur de Poligné. V, 35.
Ouvrouin, Ouvroin, Ovroin (Jean), sénéchal de Laval. II, 186, 214-221.
Ouvrouin (Jean), seigneur de Poligné. III, 28.
Ouvrouin (Jeanne), dame des Roches et de Poligné. III, 45; V, 64, 81.
Oxford. II, 241.
Oxoniensis (vicarius). I, 207.
Ozouer-sur-Trézée. II, 193.

P

Paaignel. Voir Paynel.
Pacollet (le fou). IV, 99.
Pacy. Voir Passy.
Padioleau. IV, 149.
Paganel, Paganelli. Voir Paynel.
Paganellus (Gervasius), canonicus Cenomanensis. I, 75.
Pagani (Radulfus). I, 37.
Paganus, canonicus Cenomanensis. I, 75.
Paganus, pater Guillelmi. I, 154.
Paganus, sacerdos de Bruerota. I, 99.
Paganus, seignor. I, 102.
Paganus, venator. I, 72.
Paienellus. Voir Paynel.
Pail (le flé de). III, 145.
Paileaille, Paileoueille. Voir Pelouaille.
Paillard (Laurent). III, 318.
Paimpol. IV, 75.
Paimpont (l'abbaye de). IV, 24, 98, 101, 139, 149, 168. — (abbé de). Voir Laval (François de).
Palestine (la). Voir Terre-Sainte (la).
Palis (le), en Anjou. III, 312.
Pallais (le bailli de). IV, 161.
Palluau, Paluau. II, 252, 259, 388.
Pamiers, Apania. II, 64.
Pan (Arthur du), seigneur de la Haye du Pan. IV, 36.
Pannier (le champ), à Vitré. IV, 83.
Panier (Thomas). II, 263.
Pauvret (le). III, 261.
Papeillon, in parrochia de Saponeriis. II, 316.
Papeillon (Radulphus). I, 115.
Papelard (Jean), prêtre. IV, 227.
Papin (Marie), veuve de Jean de Feschal. V, 64, 65.
Paranali (vicaria, monachi). I, 86.
Parc (Le), page. IV, 304.
Parc (le Grand-), fief. III, 125, 263; IV, 77, 92, 167.
Parc (la Chartreuse de Notre-Dame du), en Charnie. II, 71, 400; III, 26, 27, 94, 202. — (prieur de). Voir Jehan.
Parçay (la cure de). V, 99.
Parchenéee (Symon Le). II, 226.
Parchyminier (Guillaume Le). II, 226.
Parco (rivus de). I, 113, 148.
Paré (Ambroise). IV, 190.
Parent. III, 345, 352, 353.
Parent de Préaux, pasteur. IV, 386.
Parigné, Parrigné. I, 268, 270; II, 281; V, 37.
Parillé (seigneur de). Voir Laval (Urbain de).
Paris, Parisius. I, 175, 181, 202-204, 232, 250, 263, 265; II, 8, 11, 27, 29, 51-56, 61, 73, 98, 108, 129, 133, 141-144, 147, 148, 154, 155, 166, 204, 217, 241, 249-254, 258-262, 267-270, 274, 277, 286, 288, 292, 299, 302, 315, 318, 321, 327, 328, 336, 344, 345, 357, 361, 375, 376, 388-390; III, 29-36, 46-49, 71, 76, 100-107, 109, 120, 207, 241, 252, 263, 264, 281, 284, 310, 311, 335, 336, 348, 363, 376, 377, 382; IV,

15, 27, 34, 36, 43, 46, 53, 61, 83-89, 95, 96, 101, 102, 107-111, 119, 123, 133, 139, 145, 147, 148, 152, 153, 160-162, 165, 172, 176, 178, 179, 185-187, 200-202, 208-212, 215, 219, 224, 227, 236, 245-250, 254-271, 279, 287-293, 298, 312-331, 335, 336, 348, 349, 352-405, 412; V, 30, 35, 43, 44, 51, 52, 55-58, 60, 62, 93, 123, 124. — (chantre de), cantor Parisiensis. I, 152, 163. Voir Vitré (Robert de). — la coutume de). II, 102. — (le diocèse de). II, 55. — (l'édit de). IV, 266. — (l'église de). I, 155, 161 ; II, 324. — (l'église protestante de). IV, 259. — (l'évêque de), episcopus Parisiensis. II, 31, 56, 57, 60, 141, 258, 267, 280, 319 ; III, 105, 109 ; V, 11. — (évêque, archevêque de). Voir Guillaume, Retz (Henri de), Stephanus. — (le prévôt, la prévôté de). II, 143, 144. — (la Bastille, à). IV, 381. — (les Blancs-Manteaux, à). III, 107. — (la Conciergerie, à). III, 31 ; IV, 360. — (les Feuillants, à). IV, 320. — (la rue Froit-Mantel, à). II, 141. — (la Grange-Batelière, à). Voir Grange-Batelière. — (la rue des Grainetiers, à). IV, 403. — (l'Hôtel-Dieu de). IV, 250. — (prieure de l'Hôtel-Dieu de). Voir Pinelle (Marguerite). — (le receveur de l'Hôtel-Dieu de). IV, 172. — (l'Hôtel de Laval, à). IV, 319. — (le Louvre, à). III, 235 ; IV, 248, 278, 327. — (les Marais, à). III, 32. — (les Mathurins, à). III, 32. — (la Monnaie de). IV, 197. — (le Mont-de-Piété de), hôpital et couvent. IV, 407. — (la bastide Montmartre, à). Voir Montmartre. — (Notre-Dame de). II, 324 ; V, 11, 12. — (l'église Saint-André-des-Arts, à). IV, 10'. — (la rue Saint-André-des-Arts, à). IV, 319. — (les religieuses de Saint-Antoine-des-Champs, à). II, 327, 328 ; III, 31-36, 45-48, 105, 109. — (la paroisse Saint-Eustache, à). IV, 403. — (la bastide, la rue Saint-Honoré, à). II, 141 ; III, 32. — (la paroisse Saint-Nicolas-des-Champs, à). IV, 403. — (la rue Saint-Thomas-du-Louvre, à). II, 141. — (l'abbaye de Saint-Victor, à). Voir Saint-Victor. — (la Sainte-Chapelle de). III, 266. — (la rue Sainte-Marie-Égyptienne, à). IV, 403.

Paris (Julien), notaire. III, 102.

Pâris (Paulin). III, 11.

Pâris-Jallobert (l'abbé). I, 20, 74, 113, 142, 167, 180, 181, 213, 262 ; II, 10, 164, 222, 269, 300 ; III, 71, 72, 203, 259, 269, 286, 340, 385 ; IV, 25, 38, 42, 54, 58, 69, 72, 76, 104, 135, 139, 140, 233, 243, 244, 251, 252, 257, 261, 262, 271, 290, 291, 298, 316, 318, 319, 341, 342, 347, 361, 375, 382, 412.

Parlon (Pierre). IV, 214.

Parné (Guy de). III, 184.

Parrigné. Voir Parigné.

Parthenay. II, 109 ; IV, 322. — (le vicomte de). I, 79. — (seigneur de). Voir Archevêque (Guillaume et Jean L').

Parthenay (Bertrand de). III, 28.

Parthenay (Letitia de), femme de Maurice de Belleville. II, 258.

Parthenay (Marie de). Voir Archevêque (Marie L').

Passais (le), Passeium. I, 101. — (doyen de). Voir Herbertus.

Passavant (Guillaume de), évêque du Mans, Guillelmus, episcopus Cenomanensis. I, 101, 102, 105, 111, 116.

Passy (Louis). III, 326.

Passy-sur-Marne, Pacy. II, 44, 69, 107, 108, 123, 150, 195, 198. — (seigneur, dame de). Voir Laval (Guillaume, Guy et Jean de), Montauban (Philippa de).

Pastis (Jean du). III, 290.
Pastoureau (le capitaine). IV, 335.
Patay. III, 80, 213.
Patience (l'abbaye, le manoir de). Voir Laval.
Patis (le). II, 51.
Patricius, testis. I, 29.
Patrick (Fitz), comte de Salisbury. Voir Salisbury.
Paty de la Hylais. IV, 110.
Pau. IV, 223.
Paul IV, pape. IV, 233, 260.
Paul V, pape. IV, 305.
Paulmy. II, 47. — (seigneur de). Voir Voyer (Guillaume).
Pavie. III, 228.
Paynel (Foulques), Fulco Paaignel, Paganel, Paganelli. I, 197, 198, 231, 252, 291, 295; V, 28.
Paynel (Foulques), seigneur de Hambye et de la Haye-Pesnel. II, 115.
Paynel. Paganel (Guillaume), I, 252.
Paynel (Guillaume), premier mari d'Allénor de Vitré, Willelmus Palenellus. I, 290; V, 9.
Paynel (Jeanne), femme de Gilles de Laval-Retz. II, 115; III, 30.
Paynel (Luce), femme d'André II de Vitré. I, 197, 198, 286, 291, 292, 294, 295.
Paynel (Thiphaine), femme de Jean de Villers. I, 308.
Payonnet (Jherosme). IV, 121.
Pays-Bas (les). IV, 317.
Paz (du). II, 109; III, 243; IV, 38, 40; V, 96.
Péan (Martin). IV, 368.
Peigné-Delacourt. II, 358.
Peinteur (le). IV, 379.
Peiros. III, 150.
Pelé (Andreas). I, 225.
Pélerin (Jean). IV, 60.
Pélicier (M.). III, 310, 347, 348; V, 107, 131.
Pellerin (Pasquier), prieur de Saint-Laurent-de-l'Hermitage, paroisse d'Ahuillé. III, 178.
Pelliparius (Tetbaldus). I, 63.
Pelouaille, Pellouaille, Peileoueille, Paileaille, Paileoueille, Pelle Ovis. II, 248, 303, 332, 333, 350, 351. — (rector de). Voir Dehout, Viel (Gauffridus).
Pelu (André). III, 167, 168.
Penlou (le bois de). II, 95.
Penmarc'h (Christophe de), évêque de Dol et de Saint-Brieuc. III, 241, 280, 282-285, 315.
Pennet (le sire de). III, 316.
Penthièvre (comte de). Voir Brosse (Jean II et Jean III de). — (dame, comtesse de). Voir Clisson (Marguerite de), Laval (Louise de).
Penthièvre (les). II, 238.
Penthièvre (Alain de), Alanus, comes. I, 178, 179, 305.
Penthièvre (Guy de). II, 176.
Penthièvre (Henri de). I, 305.
Penthièvre (Jean de), Jean de Bretagne, comte de Penthièvre. II, 178, 333-335.
Penthièvre (Jeanne de), Jeanne-la-Boiteuse, fille de Guy de Penthièvre et femme de Charles de Blois, duchesse de Bretagne, vicomtesse de Limoges, dame de Guise et de Mayenne. II, 176, 177, 239, 253, 254.
Penthièvre (Olivier de). II, 396; III, 43.
Penthièvre et de Laigle (René de). IV, 43.
Pépin (Macé). IV, 83.
Péray (Sarthe), châtellenie. III, 189, 194, 329; IV, 37.
Perche (le). I, 195, 216, 220; IV, 351. — (le comte du). I, 16; III, 63. Voir Bellême (Yves I de).
Perclos. IV, 304.
Percy (Thomas de), sénéchal de Vitré. II, 275.
Perdu (Johannes et Maria le). II, 319, 320.
Père Garaubert (le), près de Bougon. II, 218.

Perer (Armer). II, 189.
Péricard (François de), évêque d'Évreux. IV, 408.
Péricard (Michelle de), femme de Hugues de Laval. IV, 408.
Périgueux. IV, 220. — (l'évêque de). III, 311.
Pernef (la Marie de), navire. IV, 380.
Peron (Perrotus). II, 264.
Péronne. IV, 312.
Pérou (François), contrôleur de Guy XVI. IV, 43.
Perray (seigneur de). Voir Averton (Mathieu d').
Perreau (Richard). IV, 195.
Perreio (abbatia de). I, 201.
Perret (M.). III, 277.
Perrier (le). IV, 57, 110.
Perrier (Geoffroy et Jean du). III, 260.
Perrier (Jean du), seigneur de Sourdéac. III, 262.
Perrier (Jeanne du), femme de Jean de Laval, seigneur de la Roche-Bernard, et mère de Guy XVI, remariée à Pierre de Rohan. III, 236, 260-262; IV, 6, 41, 57; V, 103.
Perrier (Thomas). II, 263.
Perrier (Tristan du), fils de Geoffroy et père de Jeanne, seigneur de Quintin et du Perrier. III, 236, 260-262; V, 103.
Perrine (la). II, 98; III, 290.
Perrine (prieure de la). Voir Julienne.
Perrine (Geoffroy de la), Geoffroy de la Périnne, Geffroy de Parrene, clerc. II, 91, 92, 98.
Perrine (Hamelin de la), Hamelin de la Périnne, de Parrene. II, 91, 92, 98.
Perrochin (campus), platea Perrochinus. I, 160, 170.
Perronnelle, femme de Guillaume Soubric. I, 206.
Perrota, relicta Charon. II, 263. — uxor Gaufridi de Mestbuart. II, 263.
Perrote, femme de Jehan Bastard. III, 155.
Perseigne (l'abbaye de). I, 155, 184, 185, 208, 289; III, 338; V, 93, 96.
Pertice (Aales, Petronilla et Radulfus). I, 159.
Pertre (le), paroisse, forêt, landes, prieuré, terre, Saint-Martin de Petre, Petrum, Pertrum, Pertreium, Pertricum. I, 146, 173, 175-177, 201, 202, 207, 237, 251, 260, 261; II, 30, 131, 260; III, 145, 153, 180, 286; IV, 37, 299; V, 12.
Pertuis (M.). IV, 374.
Pertvache (Herveus). I, 170.
Pescheray (le seigneur de). IV, 342.
Pétau (dame de). Voir Tribolé (Barbe).
Peterborough (Benoît de). I, 131.
Petit (Ernest). III, 344, 345, 347, 348, 363, 371, 372.
Petit (Estienne), secrétaire. III, 127.
Petit (Guyot). II, 263.
Petit (Pierre). II, 329.
Petit. III, 309.
Petit-Mont (le), à Benais. V, 113.
Petit-Montjohan (le). IV, 30.
Petite-Rivette (la). Voir Chaumissonnière (la).
Petites-Ivelines (la plaine des). II, 51.
Peton, près de Craon. IV, 45.
Petrariis (vinee de), apud Castrum Guntherium, prope vicum de Bazogers. I, 215.
Petresonne. II, 189.
Petrus, archidiaconus Redonensis. I, 140.
Petrus, bajulus. I, 76.
Petrus, cantor Cenomanensis. I, 242.
Petrus, decanus Sabolii. I, 103, 117, 151, 177; V, 16. Voir Anthenaise (Pierre d').
Petrus, episcopus Cenomanensis et Aniciensis, Pierre Gougeul, évêque du Mans et du Puy. II, 157.

Petrus, episcopus Macloviensis. I, 154.
Petrus, episcopus Redonensis. I, 167-172, 175, 177, 180, 200.
Petrus, filius Guillelmi, forestarius. I, 117.
Petrus, nepos Ruelloni. I, 146, 147.
Petrus, pater Ruelloni et Willelmi forestariorum. I, 109, 117, 118, 145, 146.
Petrus, scriptor. I, 154.
Peurière (la). II, 372.
Pezet (le président). I, 279.
Phelipes, capitaine. IV, 352.
Philippe (François). IV, 42.
Philippe II, roi d'Espagne. IV, 345, 346, 348, 350, 351, 355.
Philippe II, Philippe Auguste, roi de France, Philippus, rex Francorum. I, 130, 131, 138, 151, 171, 173, 175, 181, 183, 184, 186, 198, 202-204, 208-211, 242, 243, 299, 305; V, 18.
Philippe III le Hardi, roi de France. II, 35, 39, 64.
Philippe IV le Bel, roi de France. II, 93, 94, 97, 105, 124, 150.
Philippe V le Long, roi de France. II, 105.
Philippe VI de Valois, roi de France. II, 123, 124, 176, 177, 197, 212-214, 219-221, 226, 252, 253; III, 364, 365; V, 34.
Philippe, fils aîné de Louis VI. I, 87.
Philippe le Hardi, duc de Bourgogne, de Lothier, de Brabant et de Limbourg, comte de Flandre, d'Artois, de Boulogne, palatin de Hainaut, de Hollande, de Zélande et de Namur, marquis du Saint-Empire, seigneur de Frize, de Salm et de Malines. III, 142, 196-199, 331. Voir Corr., V, 130, concernant la page 196 du tome III.
Philippus, abbas Clarimontis. I, 101, 106.
Philippus (magister). I, 109.
Philippus, pater magistri Roberti. I, 107.
Picardie (la). III, 27, 258, 388; IV, 355, 356; V, 107-109.
Picart (Henricus le). II, 263. — (Jean). III, 26. — (J. le). III, 81.
Picassière (M. de). IV, 304.
Pichois (Lorens). V, 73.
Pichon (Pierre), l'aîné et le jeune, notaires. IV, 46.
Pichon. IV, 53, 54.
Pichon (le baron). II, 202; III, 116, 123, 170, 345, 371; IV, 301, 314.
Pichot (Joseph). II, 279, 280.
Pichouer (Laurens), châtelain de Mondoubleau. III, 51.
Pidalet (Benoît). V, 44, 45, 55, 63.
Pie II, pape. III, 184, 185, 201.
Pieau (M. F.). II, 240.
Piéboulle. III, 386. — (curé de). Voir Laval (Jean de).
Piechastel. Voir Piéchâtel.
Piédefer (Antoine de). IV, 221.
Piédors (Michel), chanoine de Rouen. I, 248.
Piedru (Pierre), évêque de Tréguier. III, 228.
Pie Gaye (Johanninus). II, 222.
Piel, moulin. II, 129, 130.
Piel (Guillelmus). II, 263.
Piémont (comte, comtesse de). Voir Anjou (René d'), Laval (Jeanne de).
Piennes (le sire de). III, 365.
Pierre, doyen de Laval. I, 256; V, 29.
Pierre, notaire. V, 90.
Pierre, palefrenier. IV, 304.
Pierre (le sieur de la). IV, 342.
Pierrefiete (M. de). IV, 304.
Pierrefitte. IV, 350.
Pierrefonds. IV, 347, 356; V, 55, 56.
Pignardiau, Pignardou (Jehan). II, 197.
Pilasnon (ortus juxta). I, 225.
Pileste, page. V, 132. Lire *Pileste* au lieu de *Barvileste*, IV, 304.
Pilet (A.). V, 18.

Pilet (Herveus). I, 123.
Piliers (l'hôtel des), à Attichy. V, 56, 57.
Pillet (Petrus). II, 263.
Pilot de Thorey. III, 307; V, 81, 91-93, 101, 130.
Pinardière (la). III, 193.
Pinart, secrétaire du roi. IV, 300.
Pincé (seigneur de). Voir Blony (Jean de).
Pincemor (ortus). I, 169.
Pineau (Charles), abbé de Saint-Jacques de Montfort, chanoine de Dol. IV, 22.
Pinel (Guillelmus). II, 263.
Pinel (Hamelinus de). I, 115, 123, 127, 149.
Pinelle, Pinèle (Marguerite), prieure de l'Hôtel-Dieu de Paris. II, 293, 299.
Pinellus, testis. I, 72.
Piolin (dom). I, IV, 8, 9, 12-14, 19-21, 24, 25, 31, 33, 35, 38, 59, 73, 101-104, 110, 111, 140, 149, 165, 200, 204, 207, 208, 224, 316; II, 45, 46, 160, 222; III, 382, 385; V, 10, 96, 113.
Pipriac. III, 261.
Piré. IV, 34, 137, 138.
Piriac (l'église calviniste de). IV, 311.
Pirmil (Loire-Inférieure). III, 83, 84.
Piron (Jehan). III, 208-210.
Piscis (Radulfus), monachus. I, 118, 120. Voir Poisson.
Pise (Julie de). III, 277.
Pisy (seigneur de). Voir Arragonais, Aux-Épaules (François).
Pizand (Pierre). IV, 125, 128.
Placier (Guillaume). III, 25.
Plaçon (Martin). II, 226.
Plaine (dom). II, 177.
Plaisance, Plessans. III, 111, 112.
Plaisses (les), nemus. I, 249.
Planches (le Mesnil des). III, 281.
Plancoet. III, 273.
Planeval. IV, 301.
Planté (M.). I, 98.
Plantollz (Hervé dou). II, 168.
Plasiacus. Voir Plessis (le).
Plébihan. V, 6.
Pléchâtel, Plechastel. I, 256, 257.
Pléguen (Bertrand de). IV, 168.
Plélan, Plélans, Plélain. III, 50, 52, 260; IV, 26, 30, 50; V, 73, 75.
Plenillere (domina de la). II, 155.
Plerguer. I, 253.
Pleseit (Guillelmus et Raffroy de). I, 173.
Plessans. Voir Plaisance.
Plesseils (Alain du). II, 186.
Plesseilz (la métairie du). II, 162.
Pleisseiz (la paroisse du). II, 248.
Plesseiz (Jean du). I, 179.
Plesseiz (Ravallonus de). I, 159.
Plesseys (Brisegaut et Philippon du). II, 385.
Plesseys (du). IV, 33.
Plessicio (Willelmus de). I, 158.
Plessis (le), terre. III, 169.
Plessis (P. du). II, 257.
Plessis (le). Plasiaco (prior de). I, 128. Voir Nicolas.
Plessis (seigneur du). Voir Laval (François de).
Plessis (Gilles du), prévôt de Bretagne. IV, 298-300.
Plessis (M. du), conseiller au parlement de Rennes. IV, 335, 336.
Plessis-Augier (seigneur du). Voir Maure (François de).
Plessis-Bertrand (seigneur du). Voir Châteaubriant (Briant de), Dinan (Bertrand de).
Plessis-Bordage (du). IV, 91, 93.
Plessis-Bourré (le). III, 303; IV, 87, 88. — (seigneur du). Voir Bourré (Jean).
Plessis-Brion (le). V, 118-123.
Plessis-d'Argentré (le). IV, 298. — (les du). IV, 298, 299.
Plessis-d'Argentré (Pierre-Marie-Alexis, vicomte du), gouverneur de Laval. IV, 414; V, 16, 26.
Plessis-de-Juigné (du). IV, 408.

Plessis-de-la-Rivière (le sieur du). IV, 313, 314.

Plessis-du-Parc (le). III, 269, 300, 349, 360.

Plessis-Grimould (le), prieuré. III, 159.

Plessis-lès-Tours (le). III, 293, 303, 375.

Plessis-Macé (le). IV, 251.

Plessis-Marly (seigneur du). Voir Mornay (Philippe de).

Plessis-Milcent (le), prieuré, capella de Plessiaco Milesendis, Plessetum Milescent, Millescendis. I, 99, 153, 166. — (prieur du). Voir Rigicaldus.

Plessis-Mornay (du). Voir Mornay (Philippe de).

Plessis-Richelieu (François du), mari de Guyonne de Laval. III, 302.

Pleubalanec. III, 159.

Pleumandon. I, 128.

Ploërmel, Ploermellum. I, 154; II, 98, 350, 388, 395; III, 71, 126, 218, 236; IV, 100. — (l'église calviniste de). IV, 311.

Ploesinec, près d'Hennebont. III, 253.

Plorebauch (Jehan). II, 141.

Plorhan (comte de). Voir Laval (Jean de).

Plou (Denis). IV, 231.

Plouane, Plouasne. I, 51, 112.

Plouazec. IV, 318.

Plouha. IV, 318.

Plourin. III. 388.

Pluscheria, sanctimonialis. I, 113.

Plusinec. III, 126, 127.

Pô, Pau (le). IV, 256, 269.

Poe (la). II, 104.

Pocé (seigneur de). Voir Laval (Guy II de), seigneur de Loué.

Poce (Robertus de). I, 145.

Pochon (Thomas). II, 263.

Poenceyacus. Voir Pouancé.

Poigny. II, 51.

Poil (aqua de). I, 168. — (terra de Ultra). I, 170.

Poillé (Jeanne de), femme de Jean Sanglier. II, 336.

Poilleio (Hubertus de). I, 83.

Poillé-lès-Angers. V, 95.

Pointeau (Guillemette). III, 278.

Pointeau (l'abbé). I, 20.

Pointel (Guillelmus). I, 170.

Poisson (Radulfus), monachus Savignell. I, 110. Voir Piscis.

Poissy. V, 35.

Poitiers. II, 47, 205; III, 82, 87; IV, 406; V, 64, 65. — (le comté de). II, 299. — (le comte de). II, 298. Voir Alphonsus, Jean II. — (le diocèse de), diocesis Pictavensis. I, 215; II, 42, 155. — (l'évêque de). II, 288.

Poitiers (Alphonse de), oncle de Philippe le Hardi. II, 30.

Poitiers (Guillaume de), baron d'Outre. IV, 269.

Poitou (le). I, 130; II, 249, 306, 308, 377-383; III, 77; IV, 252, 324, 369, 384, 406; V, 123. — (le sénéchal du). III, 263. Voir Percy (Thomas de), Rochefoucault (Jean de la).

Polhaim (Wolfgang de). III, 225.

Poll (Oscar de). III, 265, 311, 366.

Poligné, Polignelum, Pollignelum. I, 206, 214, 260; IV, 137, 138. — (seigneur, dame de). Voir Ouvrouin (Guillaume, Jean et Jeanne).

Pollet (Pierre). III, 96.

Pommainville, fief. I, 175.

Pommeraye (François de la), de la Pommerais. IV, 41, 85.

Pommeraye (Gilles de la). IV, 124, 149, 150, 153-161.

Pommeraye (Henri de la), Henricus de Pomerayo. V, 23.

Pommeraye (Olivier de la), doyen de Saint-Tugal de Laval. IV, 163.

Pommerede (la). IV, 187.

Pommereux, Pommerieux. II, 380; IV, 41. — (seigneur de). Voir Laval (Guy I de), seigneur de Loué, Laval (Jean de).

Pommereux (Guy de). II, 240.
Pommereux (Jeanne de), femme de Guy I de Laval-Loué. II, 301.
Pommeryt, seigneurie. III, 261.
Pommier (Alphonse). IV, 112.
Pommier (Claude), marchand. IV, 402-404.
Pommiers. IV, 140.
Poncé (Geoffroy de). I, 216.
Poncé (Hervé de). II, 23.
Ponent (le vicaire du). III, 187.
Pons, Pontz. IV, 143-145.
Pons Peregrinorum. I, 107, 121, 148.
Pont (l'église calviniste de). IV, 311.
Pont (Arthur du). III, 243.
Pont (Gilet du). II, 162, 163.
Pont (Joulain du Port, ou plutôt du). II, 385.
Pont (Louis du), sieur de Kermenguy. IV, 57.
Pont-Audemer. II, 294. — (le vicomte de). V, 103-105.
Pont-Autou, Pont-Authou. III, 268. — (le vicomte de). V, 103-105.
Pontavert. IV, 342.
Pontbriant (Jean de). III, 314, 315. — (Charles et Simon de). V, 112.
Pontcallec (seigneur de). Voir Malestroit (Louis de).
Pontchartrain (le sieur de). IV, 273.
Pontchâteau. IV, 270. — (baron de). Voir Rohan (Pierre de).
Pontchâteau (Eon de). I, 171.
Pont-de-l'Arche. III, 202, 211.
Pont-de-Mayenne, faubourg de Laval. V, 107.
Pontfract, Pons Fractus. I, 59, 83, 84, 86, 206, 207.
Pontheau. III, 268.
Ponthieu (comte, comtesse de). Voir Marie, Montmorency (Mathieu de).
Ponthieu (Mathieu de). Voir Montmorency (Mathieu de).
Pontifex (Summus). I, 151.
Pontivy (l'église calviniste de). IV, 311.
Pontiz (Aaliz de). II, 60.
Pont-Joulin, alias Clerisse, métairie. II, 264.
Pont-Jousselin (le). II, 134. — (Gilet de). II, 133-136.
Pontlevoy (l'abbaye de). V, 9, 20, 21.
Pontoise, Pontisara. I, 232, 233, 240 ; II, 122, 399 ; III, 277, 278 ; V, 53.
Pontorson. II, 287.
Pontouin (Guillaume). II, 205.
Pontpierre. II, 255.
Pont-Rioul. I, 243.
Pontron (l'abbaye de). I, 155.
Pont-Saint-Pierre. IV, 164.
Pont-Sainte-Maxence. Voir Saint-Maxent.
Ponts-de-Cé (les), Pont de Sée. III, 68, 69, 267, 268 ; IV, 367, 409.
Pontvallain. III, 364, 365 ; IV, 83. — (seigneur de). Voir Roches (Beaudoin des).
Popardus, molendinarius. I, 63-65.
Popart (familia). I, 226.
Porc (Charles Le), seigneur de la Chesnais. III, 130, 177.
Porc (Floridus ou Floridas Le), connétable de Vitré. III, 130, 139, 177.
Porc (Juhel Le), baron de Vezins. I, 296.
Porhoët, Porhouet, Porhoël. I, 233. — (seigneur, comte de). Voir Rohan.
Porlemue (terra de). V, 23.
Pornic. II, 389, 390.
Port (Célestin). I, 110, 276, 307 ; II, 175, 316 ; III, 75, 194, 282 ; IV, 396.
Port (Joulain du), ou plutôt du Pont. II, 385.
Porta (de). III, 122.
Port-Brillet. III, 334 ; IV, 22-24.
Porte (M. de la). IV, 187.
Portejole (Guillaume). III, 27, 65.
Portevoye (Pierre). III, 165.
Portien (le prince de). IV, 263, 264.

Port-Ringeard, prieuré. I, 224 ; III, 366 ; IV, 234, 350.
Portugal (le). IV, 305. — (Emmanuel de). IV, 99.
Portulas (Ermenaldus). I, 65.
Poscé (Jamin de). II, 222.
Posterne, Pousterne (la). II, 156.
Pot (Anne), femme de Guillaume de Montmorency. IV, 10, 46.
Pot de Rhodes (Jean), seigneur de Cherneaux. IV, 251.
Poterie (seigneur de la). Voir Fèvre (Julien Le).
Potier (Jean). III, 99.
Potier de Grandmesnil. Voir Grandmesnil.
Potier de Gesvres. Voir Gesvres.
Pouancé, Pouencé, Poencé. III, 179, 268 ; IV, 371. — (seigneur de). Voir Beaumont (Jean de).
Pouancé (la famille de). I, 313 ; II, 6. Voir Guerche (la).
Pouancé (Geoffroy I de), seigneur de la Guerche. I, xi, 217, 236, 239, 303.
Pouancé (Geoffroy II de), fils du précédent, premier mari d'Emmette de Château-Gontier, seigneur de la Guerche et de Pouancé, Gaufridus de Poenceyaco, dominus de Guerchia. I, 195, 268 ; II, 17, 18, 28.
Pouancé (Hugues de). I, 265.
Pouancé (Jeanne de), alias de la Guerche, fille de Geoffroy II et d'Emmette de Château-Gontier, femme de Jean de Beaumont. II, 17, 18, 28, 29, 85, 94.
Pouancé (Pierre de). II, 70.
Pouancé (Thibaud de). I, 265.
Pouancé (Thomasse de), fille de Geoffroy I, seconde femme d'André III de Vitré et de Guy VII de Laval, dame de Mareuil et de Châtillon, Thomassia, domina de Marolio et de Castellione. I, xi, 239, 243, 245, 264, 265, 298, 303 ; II, 12, 13, 15-17, 25, 27, 30-33, 46, 52-54, 56-61, 64, 65, 123, 124, 137 ; V, 30-32.
Pouancé (l'héritier de la maison de), fiancé à Philippa de Vitré. I, 301 ; II, 6.
Poulard (Guillaume), évêque de Rennes, Guillelmus Poulardus, canonicus Briocensis et episcopus Redonensis. II, 259.
Poulard (Pierre), évêque de Rennes. II, 108.
Poullain (Guillaume), chapelain des Rivettes. V, 114.
Poullenière (la), village. III, 305.
Poullet (Jehan). IV, 169.
Poultière (la), en Vitré, IV, 316. — (seigneur de). Voir Frain (Pierre).
Poupart (Guihomarus et Petrus). I, 225.
Poupart (M.). IV, 304.
Pouque (messire de). II, 189.
Pourioul (le), manoir. I, 245, 246.
Pousterne, Posterne (la). II, 156.
Poux (Joseph). III, 90, 305, 369 ; IV, 206.
Pouzauges (seigneur de). Voir Laval (Gilles de).
Poyvet (Jehan). V, 46.
Prado (seigneur du). Voir Saint-Gilles (Jean de).
Prat (Antoinette du), femme de Christophe d'Alègre, dame de Blanville, Marcilly, Saint-André, Nosy, la Motte, Allincourt, Oissery et le Plessis-Brion. IV, 278, 327, 338, 339 ; V, 119-123.
Pratellis (Hubertus de). I, 104.
Préaux (sire de). Voir Bourbon (Louis de).
Préaux (Parent de), pasteur IV, 386.
Précigné en Anjou, Présigné. I, 118 ; IV, 44, 45, 303, 394. — (seigneur de). Voir Laval (Claude de).
Précigné en Touraine. Voir Pressigny.
Prégent (Jean), évêque de Léon. III, 235.

Prés (le lieu des). III, 81.
Présigné. Voir Précigné.
Presle (M. de). IV, 189.
Presse (Jean de), trésorier des guerres. II, 309.
Pressigny en Touraine, Précigné. II, 183, 207 ; IV, 44. — (baron, dame de). Voir Beauvau (Bertrand de), Laval (Hardouine de).
Prestesaille (Jehan). III, 25.
Preston, écossais. III, 321.
Preudhomme (Guillaume), conseiller des finances. IV, 120-122.
Prévallais (le sieur de la), capitaine du château de Vitré. IV, 324.
Prévost (Le). Voir Le Prévost.
Prévostaye (seigneur de la). Voir Rieux (René de).
Prévostière (seigneur de la). Voir Gastin (René).
Prez (Olivier de), seigneur de Beauçay. III, 71.
Prières (l'abbaye de). III, 86, 94, 110.
Prigny. II, 389.
Prinçay (capitaine de). Voir Mauvoisin (Roland).
Priz (le prieuré de Notre-Dame de). I, 100, 103, 180, 257.
Procé (seigneur de). Voir Grimault (François).
Prodhomme. IV, 289, 311.
Proisy (le fief, la maison de). III, 387.
Proisy, Proësy (Jean de), baron de Boves, troisième mari de Françoise de Dinan. III, 227, 228, 387, 388; IV, 76.
Prolle (parrochia de). II, 155.
Prouvousté (Gillete la). II, 281.
Provence (la). III, 124, 236, 266, 288, 289, 301. —(comte, comtesse, marquis de). Voir Anjou (Charles et René de), Laval (Jeanne de). — Provincie (senescallus). II, 62.
Puisaye (la) (Eure-et-Loir). IV, 72, 89, 118. — (seigneur de la). Voir Laval (René II de).
Puisaye (la) (Yonne). I, 190.
Puisoye (dame de). Voir Braine (Jeanne de).
Puissant (Guillaume et Jean). III, 121.
Puits-Ferrier (seigneur du). Voir Vivier (Adam du).
Pulchro Morterio (Herveyus de). I, 108.
Putei (prata de). I, 174.
Puy (évêque du), episcopus Aniciensis. Voir Gougeul.
Puy (le manoir de Fouquet du), au Mans. II, 124.
Puybouillart, Puiboulart (dame de). Voir Touche (Marguerite de la).
Puycalvary. IV, 215. — (dame de). Voir Baissey (Philippe de).
Puycharic (de). IV, 367.
Puy-du-Fou (François du), premier mari de Catherine de Laval-Boisdauphin. IV, 90, 143, 144.
Puy-du-Fou (Françoise du), femme d'Hilaire de Laval-Lezay. IV, 413.
Puy-du-Fou (le seigneur du). IV, 342.
Puymorin, fief. IV, 42.
Pychart (Perrone). II, 226.
Pydna. V, 112.
Pyennes. IV, 165.
Pynete. I, 226.
Pyraud. IV, 153.

Q

Quanselinus, pater Eudonis. I, 35. Voir Gauscelinus.
Quantin. I, 102, 265.
Quarrel (Robertus). I, 207.
Quarte (la), fief près de Saint-Laud d'Angers. II, 247, 270, 280, 283; III, 45, 94.
Quatrebarbes (Gilles de), chevalier. II, 385-388.
Quatrebarbes (Isabeau de). III, 82.
Quatrebarbes (Jean de), sieur de la Bruyère. III, 114.
Quatrebarbes (Pierre de), sieur de la Rongère. II, 373.
Quatrebarbes (de). III, 274, 386.
Quelaines. III, 318. — (le sire de). II, 373.
Quenart (Jehan). II, 343.
Quercus Apodiata. I, 108, 109.
Quercyn, page. IV, 304.
Querlavoine (Raoul) III, 365, 366; IV, 32.
Queuzillon. Voir Cauzillon.
Quevelo (Quarinus de). I, 72.
Quicherat. III, 75.
Quienart (Jehan). V, 49, 52.
Quimper (l'évêché de), Corisopitensis (episcopatus). II, 45, 154, 157. — (évêque de). Voir Bernardus, Laval (Guy et Pierre de), Ider (Guillaume).
Quinedort (Jehan). II, 351.
Quintin. IV, 50, 52, 61, 75, 185, 186, 382, 383. — (le comté de). IV, 215, 226, 257. — (le sire de). III, 203; V, 43, 44. — (comte, comtesse de). Voir Laval (Guy XVI à Guy XX, Guyonne de). — (la capitainerie de). IV, 213. — (la forêt de). IV, 39.
Quiriti. III, 159.
Quoce. Voir Cossé.
Quoguin, garde des sceaux du bailliage de Senlis. V, 118.

R

R., episcopus Cicerstrensis. I, 119.
R., senescallus Normanniae. I, 163.
Raab, autrement dit Javarin. IV, 331.
Rabanet (Guillaume). II, 100.
Rabatru (Jean). V, 43.
Rabaud (André). II, 352.
Rabaud (Guillelmus). II, 75.
Rabault (Guillaume). II, 140.
Rabaut (Andreas, Johanna et Petrus). I, 144, 145.
Rabodanges (Louis de), seigneur de Rabodanges. IV, 163, 210, 213.
Rabuceau (Gilet). II, 193.
Racappé (Robin), sénéchal de Vitré. II, 68.
Rachat (le), à Vitré, Rachaz, Raschaz. II, 223; IV, 83, 169, 170.
Racine (Nicolle). IV, 32.
Radepont, seigneurie. IV, 164.
Raderetum. I, 155.
Radulfus, archidiaconus Redonensis. I, 100.
Radulfus, camerarius. I, 37.
Radulfus, cognatus Gaufridi Basle. I, 144.
Radulfus, episcopus Albanensis, legatus sedis apostolice. II, 55.
Radulfus, filius Alberici castellani de Lavalle. I, 104.

Radulfus, filius Erliani. I, 37.
Radulfus, filius Raguelli senescalli. I, 152.
Radulfus, frater Hamelini. I, 166.
Radulfus, prepositus. I, 112.
Radulfus, prior Majoris Monasterii. I, 112.
Radulfus, prior Sablolii. I, 83.
Radulfus. I, 148.
Radulphus Archipresbiter. I, 153.
Radulphus, clericus, thesaurarius de Vitreio. II, 75.
Raffin (Antoine), sénéchal d'Agenais. IV, 215.
Raganarius, Raganerius, Ragananius, pater Roberti. I, 28, 31, 34.
Rage (brolium le). I, 248.
Raginaldi (Guillotus et Lucas). II, 263.
Raginaldus, capellanus. I, 120, 149.
Raginaldus, testis. I, 22.
Ragnier (Jehan). III, 272. Voir Regnier.
Ragot (Jamet). II, 186.
Ragot, Ragoth (Americus, Hugo, Isembardus, Vivianus). I, 68, 73.
Ragotière (seigneur de la). Voir Saint-Amadour (Jean de).
Ragotius (Ysembardus). I, 23.
Ragotus (Isembardus). I, 49.
Raguellus (Michael), canonicus de Lavalle. I, 151.
Raguellus, decanus Lavallensis. I, 177.
Raguellus, senescallus. I, 151, 152.
Raguenel (Françoise), dite de Malestroit, première femme de Jean de Rieux. III, 242 ; IV, 42.
Raguenel (Jean). II, 258.
Raguenel (Tiphaine), première femme de Bertrand du Guesclin. II, 236.
Raguier (Hilaire), veuve d'Antoine de Plédefer, femme de Jean de la Boissière. IV, 221.
Raherius, testis. I, 22.
Rahier (Gaudinus). I, 116.
Raimundus, cognatus Girardi. I, 20.
Rainaldus, abbas de Cultura. I, 40, 41.
Rainaldus, prior Sancti Lupi. I, 83.
Rainbauderia. I, 170.
Rainelmus, Ramelinus, Hamelinus, pater Arnoldi, Ernoldi. I, 28, 31, 34.
Rainerius, Reneius, pater Johannis. I, 64, 65.
Rallais, capitaine. IV, 347.
Rallu (Jean), auneur de toiles à Laval. IV, 388, 389.
Rambouillet. II, 50, 51, 70, 201. — (Colombe de). II, 51.
Ranfredi (senior). Voir G.
Rangerius, cardinalis. I, 70.
Rannulphus, vicarius. I, 23.
Ranrouet, châtellenie. III, 112.
Ranulfus, prior Moritonii. I, 102.
Ranulfus, vicecomes Baiocacensis. I, 42.
Ranulfus. I, 139.
Ranulphus, comes Cestriae et Lincoln. I, 119 ; V, 12-15, 127.
Raoul, abbé de Saint-Jouin-de-Marne. I, 60 ; V, 8.
Raoul, abbé de Saint-Melaine. I, 81.
Raoul, abbé de Savigny. I, 177.
Raoul, archevêque de Tours. I, 44, 50.
Raoul, évêque d'Eulida ou de Lydda. III, 338.
Raoul, prêtre. I, 25.
Raoulet. V, 80.
Rarécourt. III, 302.
Raschaz (le). Voir Rachat (le).
Rasilly (Jean de). V, 80.
Rasoire (Hubert), premier seigneur de Durtal. V, 125.
Ratfridus, testis. I, 68.
Raton (Gilles), seigneur de Ville-Auffray. IV, 267.
Raton (le sieur de), sergent-major. IV, 353.
Ravardière (la). II, 371.
Ravenel (Daniel), seigneur de Cohigné. II, 366.

Ravenel (Jean), sieur de la Grange, commandant de Vitré. IV, 317.
Ravenel (Jean), fermier général. IV, 394.
Raymond (Jean). III, 263.
Rays. Voir Retz.
Réau (l'abbaye de la), ou de la Réal, près de Charnay, en Poitou, Beata Maria de Regali. I, 215; II, 42, 155, 301; III, 366. — (abbé de la). Voir Jean, Territus.
Réaulté (Jean de la). III, 252; V, 80.
Rebrayé (Thomin le). III, 130.
Recordel (greia). I, 169.
Reculée (l'hôtel de), à Angers. III, 104.
Redon. I, 261; III, 74, 86, 88, 89, 92, 102, 144, 160, 217, 218, 220, 235, 342, 343; IV, 6. — (l'abbaye de). I, 21, 25, 38. — (l'abbé de). III, 176. (la pescherie de). II, 180.
Reginaldus. V, 67.
Regnart (Fouquet). II, 354.
Regnaudel (Jouhennin). II, 160.
Regnauldin (Jehan). II, 385.
Regnault (Nicolas), prêtre. V, 49, 52.
Regneta. I, 170.
Regnier (Jean), lieutenant à Laval. III, 359; IV, 32. Voir Ragnier.
Regnot (Estienne). V, 45.
Reilhac (Jean de). III, 182, 183, 254.
Reims. I, 101; III, 9, 49, 78-80, 203-205, 207, 213, 280, 281, 310, 336; IV, 327. — (l'archevêché de). II, 35; III, 238, 241, 269, 270, 285. — (l'archevêque de), archiepiscopus Remensis. I, 17, 228. Voir Château-du-Loir (Gervais de), Laval (Pierre de), Ursins (Jean Juvénal des), Vienne (Jean de). — (le chapitre de). III, 269, 270.
Reinaldus, filius Walteri de Nortuno. V, 16.
Remalard (sire de). Voir Bourbon (Louis de).
Remefort (la dame de). II, 373.
Remelin (Macé de), Romelin, sénéchal de Vitré. III, 288, 307.
Rémont (M.). IV, 379.
Remundus, cognatus Giraldi. I, 35.
Renaldus, monachus. I, 65.
Renanet. I, 212.
Renard (Pierre). IV, 171.
Renatus, decanus de Gevrone. I, 151.
Renaud, abbé de Saint-Florent de Saumur. II, 129.
Renaud, évêque d'Angers. I, 74.
Renaud, évêque du Mans. I, 139.
Renaudière (la), à Saint-Julien-en-Champagne. III, 18.
Renaut (Johannes). I, 236.
Renaut. IV, 66.
Reneius. Voir Rainerius.
Renerius, sacerdos. I, 99.
Renier, terre près de Bréal. V, 7.
Rennes, Rènes, Reynes, Redoni, Redonae, Redo, Rotho. I, 21, 46, 51, 65, 76, 97, 100, 105, 108, 112, 115, 121, 128, 140, 142, 145, 146, 150, 151, 180, 199, 200, 228, 230-232, 235, 246; II, 70, 107, 133, 135, 136, 149, 151, 162, 163, 168, 211, 222, 254, 278, 345-355, 365, 376, 390; III, 38, 41, 44, 49, 58, 63, 67, 72, 73, 81, 88, 95, 100, 109, 111, 116, 118, 119, 121, 128-131, 133, 139, 140, 142, 144, 145, 147-151, 153-157, 203, 223, 226, 227, 275, 276, 328, 366, 373; IV, 15, 29, 32, 33, 72, 75, 87, 89, 92, 114-117, 119, 125-127, 137-139, 152, 154, 168, 172, 215, 216, 218, 231, 233, 257, 298, 313-316, 335, 336, 342, 347, 350, 354, 370, 413; V, 37, 77, 81, 82, 85, 86. — (l'archidiacre de). III, 41, 235. Voir Petrus, Radulphus, Rivallo, Willelmus. — (le chapitre de). IV, 41. — (le château de). IV, 114-116. — (le comté de). I, 16. — (comte de). Voir Geoffroy. — (le diocèse de), Redonensis diocesis. II, 17, 66, 74, 76, 80, 84, 96. — (l'église, l'évê-

ché, la cathédrale de), Redonensis ecclesia. I, 75, 140; II, 107, 166, 316, 333, 346, 348, 353 ; III, 128, 204, 370; IV, 168. — (l'église calviniste de). IV, 311. — (l'évêque de), Redonensis episcopus. I, 21, 25, 167-171, 180, 261 ; II, 100, 346-348, 353 ; III, 66, 89, 128-130, 185, 237 ; V, 11. Voir Alain I, Alain II, Brillet (François et Guillaume), Chantemerle (Anseaume de), Châteaugiron (Alain de), Épinay (Jacques d'), Étienne, Garin, Gicquel, Gilles I, Guibé (Michel), Hamelin, Herbert, Hervé, Jean, Johannes, Laval (Pierre de), Mainon, Marbode, Mauritius, Mayeux (Yves), Ouvrouin (Guillaume), Petrus, Poulard (Guillaume et Pierre), Robert, Saint-Léon (Jean de), Tréséguidi (Maurice de). — (la chapelle Notre-Dame, dans la cathédrale de). II, 166, 316, 333. — (la forêt de), foresta de Redone, Redonis. I, 108, 109, 213, 227, 231 ; II, 358. — (gouverneur de). Voir Monbarot. — (la Madeleine de), maladrerie. II, 346. — (l'official de). Redonensis officialis. II, 65, 67, 164. — (la porte de), Redonensis porta, apud Vallem. I, 29. — (Saint-Étienne de). II, 346. — (l'abbaye Saint-Georges de). Voir Saint-Georges. — (le bourg, la chapelle Saint-Lazare de), vicus, capella Sancti Lazari Redonensis. I, 225, 226. — (l'abbaye de Saint-Mélaine de). Voir Saint-Mélaine. — (l'abbaye de Saint-Sulpice de). Voir Saint-Sulpice. — (la chapellenie Saint-Thomas de), capellania Sancti Thomae Redonensis. I, 225. — (le sénéchal de), Redonensis senescallus. I, 200 ; IV, 138, 160, 209, 342. Voir Argentré (Pierre d'), Duceller (Jean), Guernier (Oliverus), Marec (Alain), Meneust de Bréquigny, W. — (sergent de). Voir Vivien. — (l'abbaye de Toussaint, à). Voir Toussaint. — (le chemin de), Redonensis via. I, 107, 121, 148. — (vicomte, vicomtesse de). Voir Laval (Guy XIV à Guy XIX et Guyonne de).

Rennes. Redonis (Guienodus de). I, 123.

Rennes. Redone (Robertus de). I, 125.

Renneville, Reyneville. III, 158.

Renoul, comte de Chester. Ranulfus, comes Cestrie et Lincoln. I, 119; V, 12-15, 127.

Renoul (Jehan). IV, 84.

Rest (l'église Saint-Pierre de), en Monsoreau (Maine-et-Loire). IV, 260.

Resti (Gilot, dit), sergent. II, 150.

Restigné. II, 255, 256 ; V, 112, 113.

Rethel. IV, 191. — (le comté de). IV, 107, 112, 226. — Rethel, Rethelois (comte, comtesse de). Voir Albret (Charlotte d'), Foix (Claude, Henri et Odet de), Laval (Guy XVII de).

Rétiers, Restiers, Restier, Reztiers, Rhétiers. I, 142; II, 99, 361-366; III, 44 ; IV, 242.

Retz, Rays-sur-Mer. II, 112, 250, 253, 301, 377-383, 392; III, 193, 342. — (le sire de), Radesiarum dominus. II, 108, 253. Voir Chabot, Chauvigny (André de), Laval (Gilles, Guy et René de). — (la dame de). II, 360, 361, 374, 376. Voir Chabot (Jeanne), Laval (Marie de). — (l'abbaye de). I, 268.

Retz (la maison de). I, 294; II, 108, 109, 111, 113-116, 374, 375, 377-385; III, 11, 12, 115.

Retz (Eustachie de), femme de Girard Chabot I. II, 108, 109.

Retz (Eustachie de), femme d'André II de Vitré. Voir Chabot (Eustachie).

Retz (Girard, seigneur de). V, 34.
Retz (Harscoët, Harcois de), beau-père d'André II de Vitré, Harcodus Radesiensis. V, 10, 11, 21, 22.
Retz (Henri de), archevêque de Paris. IV, 320.
Retz (Marie de), femme d'André de Laval-Lohéac. III, 140-142.
Revel (Perrette). IV, 205.
Rex, seigneurie. III, 137, 138. — (Ysabeau de). III, 138.
Reynaud (Jehan). III, 127.
Reyneville. Voir Renneville.
Rhétiers. Voir Retiers.
Rhin (le). IV, 336.
Rhodes. III, 5, 28.
Rhodes (Jean Pot de), seigneur de Chemeaux. IV, 251.
Rhuis, terre. IV, 140.
Ria... (terra de). I, 116.
Ria (ecclesia de). I, 108. — (Robertus de). I, 108.
Ribier. IV, 141, 142.
Ribonne (le clos de). II, 248.
Ribot (Hubertus), monachus. I, 112.
Riboul (Foulques). II, 124.
Riboul (Hubert). II, 67.
Riboul (Jeanne), dame d'Assé et de la Chapelle-Gâtinel. III, 125.
Riboul (Marie), femme de Jean de Beaumanoir. III, 8.
Ricardus, comes Ebroicae urbis. I, 37.
Ricardus, filius Onfredi. I, 37.
Ricardus, filius Torestini. I, 39.
Ricardus, forestarius. I, 64.
Ricardus, monachus. I, 29.
Ricardus, vicecomes Abrincatinus. I, 42.
Ricarville. II, 310, 311.
Riccio (Minieri). II, 35.
Riceys (les). IV, 350.
Richard (André), capitaine de Montoire. III, 51.
Richard (Jean). IV, 318.
Richard (Jules-Marie). I, 210; IV, 102.
Richard, évêque d'Hereford, Ricardus, episcopus Herefordensis. I, 83, 86.
Richard Cœur de Lion, Ricardus, rex Anglie. I, 130, 131, 140, 151, 202, 294; V, 9-12.
Richardus, decanus de Meduana. V, 29, 30.
Richardus, frater Valterii, I, 68.
Richardus, presbyter. I, 48.
Richart, le Mercier. II, 250, 251.
Richart, prieur des Frères prêcheurs de Dinan. I, 247, 253.
Riche (Michel Le). IV, 325.
Richelieu, évêque de Luçon. IV, 407.
Richemont (comte de), Richemundie comes. I, 123. — (Monseigneur de). V, 79. — (comte de). Voir Bretagne, Dreux (Pierre de). — (comtesse de), Richemontis comitissa. I, 154. Voir Bretagne (Constance de).
Richerius, pater Osmundi. I, 31, 34.
Richet (Simon), sieur de Laubinière. IV, 388, 390.
Richilde, abbesse du Ronceray. I, 74.
Richildis, mater Rotberti. I, 112.
Richomme (Jean). III, 297, 298.
Ricouart (Louis). IV, 77, 350.
Rieux. III, 102; IV, 267, 270, 323. — (le seigneur de) (1348). II, 247; — (1592). IV, 349, 356, 357. — (la veuve du sire de) (après 1595), Hélène de Sermoise. IV, 356, 357. Voir Coligny (François de), Laval (Guy XVIII, Guy XIX et Guyonne de).
Rieux (la maison de). IV, 268, 281, 284, 285. Voir Laval-Rieux (les).
Rieux (Claude I de), fils de Jean de Rieux et d'Isabeau de Brosse, mari de Catherine de Laval, sire de Rieux et comte d'Harcourt, maréchal de France. IV, 17, 19, 56, 57, 66, 70, 78, 89, 106, 108, 229, 267.
Rieux (Claude II de), seigneur de

Rochefort, comte d'Harcourt et d'Aumale, frère consanguin de Guyonne de Laval. IV, 229, 246.
Rieux (Claude de), fille de Claude I et de Catherine de Laval, femme de François de Coligny, mère de Guy XIX de Laval. IV, 17, 18, 110, 192, 229-231, 244, 245, 254, 255, 261, 268, 269, 284, 287, 292-295 ; V, 118.
Rieux (François de), seigneur de Rieux. III, 112, 142, 177.
Rieux (François de), sire de Châteauneuf. IV, 57.
Rieux (François de). IV, 295.
Rieux (Françoise de), fille de Jean de Rieux et de Françoise Raguenel, femme de François de Laval-Châteaubriant-Montafilant, dame de Châteaubriant. III, 242, 243, 299, 351, 362 [ligne 22, lire *Françoise de Rieux* au lieu de *Françoise de Foix*], 378, 388 ; IV, 34, 42, 106, 118 ; V, 131.
Rieux (Jean de), seigneur de Rieux et de Rochefort, maréchal de France. II, 391 ; III, 142.
Rieux (Jean de), sire de Rieux, de Rochefort et d'Ancenis, comte d'Harcourt, maréchal de Bretagne, père de Françoise et de Claude de Rieux. III, 210, 211, 224-226, 242, 342, 343, 370, 373, 378, 382 ; — IV, 17, 42, 56, 229.
Rieux (Jean de), marquis d'Assérac, mari de Philippe de Saint-Amadour. IV, 293.
Rieux (Jean de), mari de Béatrix de Jonchère, père de René de Rieux. IV, 326.
Rieux (Louise de), marquise d'Elbœuf, sœur consanguine de Renée de Rieux. IV, 230, 400.
Rieux (Pierre de), seigneur de Rochefort. III, 9, 142.
Rieux (René de), fils de Jean et de Philippe de Saint-Amadour, seigneur de la Feuillée, du Guignen et de la Prévostaye. IV, 273, 293-295.
Rieux (René de), marquis d'Assérac. IV, 296, 297.
Rieux (René de). IV, 300.
Rieux (René de), fils de Jean et de Béatrix de Jonchère, seigneur de Sourdéac. IV, 326, 343, 344.
Rieux (Renée de). Voir Laval (Guyonne de).
Rigicaldus, prior du Plessis [-Millcent]. I, 166.
Rigoyau. III, 266.
Rimacé (medietaria de). I, 215.
Rimefault, seigneurie relevant de Lannion. IV, 76.
Ringues (Étienne), fermier général. IV, 394.
Riollaye (sieur de la). Voir Bertran (Pierre).
Rions-sur-Garonne. II, 41.
Riou (Thomas de). III, 376.
Rioul (Raoullet). IV, 169.
Ripagium. V, 22.
Rivallo, archidiaconus Redonensis. I, 100.
Rivallon (Hubert), Hubertus Rivallo, prior [Sanctae Crucis] de Vitreio. I, 65, 75, 118 ; V, 7.
Rivallon, Riwallon, gendre d'Hervé de Vitré. I, 38.
Rivallon, seigneur de Combourg. I, 42.
Rivallon, seigneur de Dol. I, 51.
Rivallonus, monachus. I, 64.
Rivalonus (Armillius), filius Tetbaldi. I, 64.
Rivault (David), seigneur de Florence. IV, 331.
Rive (la). III, 177.
Rivectes. III, 302.
Riverelles, seigneurie à Saint-Gervais-de-Vic. IV, 119
Riveria (Benedictus de). I, 106.
Rivero (Matheus et Richardus de). I, 210.
Rivet, ministre protestant. IV, 378.
Rivette (la). III, 304, 305.

Rivette (la Petite-). Voir Chaumissonnière (la).
Rivettes (les), ou la Grande-Rivette, chapelle. III, 380; IV, 261, 266, 267, 289, 290; V, 111-114, 116. — (chapelain des). Voir Beaune (René de), Bellenger (Guillaume), Esnault (Jean), Éveillard (Charles et Jacques), Garnier (Jean), Girard (Regnier), Haurez (Jean), Joubert (Nicolle), Labbé (Ives), Laval (Jean de), dit de Meslay, Poullain (Guillaume), Rohan (Virgile de), Ronsard (Charles de), Vallée (René), Vallin (René).
Rivière (seigneur de la). Voir Épinay (Henri d').
Rivière (Gilles de la). III, 342.
Rivière (du Plessis de la). Voir Plessis-de-la-Rivière (du).
Roaldus, gener Andree. I, 226.
Roaud (Petrus). V, 44.
Roaudus, filius Hugonis. I, 169.
Robarnier (Drouet et Jean). II, 260.
Robarnier (Jamet), trésorier de la Madeleine de Vitré. II, 260,
Robert, abbé de Toussaint d'Angers. I, 164.
Robert, évêque de Rennes. III, 128, 129.
Robert, fils d'Erneis. I, 211.
Robert, provincial de France. III, 122.
Robert (monsor). V, 30, 31.
Robert Courte-Heuse, duc de Normandie, Robertus, comes. I, 37, 45, 46.
Robert le Bourguignon. Voir Craon (Robert de).
Robertet. III, 12, 308, 359, 360; IV, 71, 72.
Robertus, abbas Clarimontis. I, 141.
Robertus, archidiaconus Transmeduanensis in ecclesia Andegavensi. II, 74-77.
Robertus, capellanus. I, 285.
Robertus, episcopus Cestrensis. I, 85.
Robertus, Rotbertus, episcopus. I, 37.
Robertus, filius Aelesie. I, 234.
Robertus, filius Erchenulphi. I, 23.
Robertus, filius Ermenaldi Portulas. I, 65.
Robertus, Rotbertus, filius Ermenaldi prepositi. I, 63.
Robertus, Rotbertus, filius Girogii, Gerogii. I, 37, 39.
Robertus, filius Gundini de Gervroniensi. I, 35.
Robertus, filius Gunduini de Theurondis. I, 31.
Robertus, Rotbertus, filius Haimerici. I, 49.
Robertus (magister), filius Philippi. I, 107.
Robertus, Rotbertus, filius Raganaii, Raganarii. I, 28, 31, 34.
Robertus, Rotbertus, filius Richildis. I, 112.
Robertus, Rotbertus, filius Rogerii. I, 37.
Robertus, filius Willelmi. I, 68.
Robertus, prepositus. I, 102.
Robertus, prior. I, 127.
Robertus, senescallus de Filgeriis. I, 173.
Robidas (Jean). V, 102, 103.
Robillart (Pierre), sergent. III, 107.
Robin (Lucas et Petrus). II, 263.
Robineau. III, 347.
Robiners (les). II, 263.
Roca (Reginaldus de). II, 263.
Roc-Amadour, Rocha Amadoris. I, 260; II, 10, 11.
Rochais, messager. IV, 188.
Roche (la), près de Meslay. V, 97, 98.
Roche (alloué de la). Voir Compaign.
Roche (seigneur de la). Voir Chapelle (Mathurin de la).
Roche (Fouquet de la). III, 51, 92, 98.
Roche (Jean de la). II, 374; V, 96.
Roche (Jeanne de la), dame de Maurevert. II, 292.

Roche (Marie de la), fille de Marguerite de Laval. II, 202.
Roche (Philippe de la), mari de Marguerite de Laval. II, 268.
Roche (Pierre de la), prieur de Notre-Dame de Vitré. II, 202.
Roche (Robin de la). II, 369, 374.
Roche-Bernard (la). III, 3, 59, 83, 126, 217, 310 ; IV, 43, 270, 272, 326, 398, 401 ; V, 117, 120, 121. — (seigneur de la). Voir Laval (Guy XIV, Guy XVI, Guy XVII, Guy XIX, Jean et Pierre de), Montfort (Raoul VIII de).
Roche-Bernard (Isabeau de la), arrière-grand'mère d'André de Laval-Lohéac. III, 5.
Roche-Chandio (Antoine de la). IV, 259.
Rochechouart (Isabeau de), femme de Pierre II de Laval-Lezay. IV, 348, 408.
Roche-Corbon (la). I, 131. — (baron de). Voir Laval (René de).
Roche-de-Chanzé (la), Rocha de Chanzé, prope Andegavum. II, 74, 76, 78, 80, 84 ; III, 143.
Roche-Derrien (la). II, 114, 177, 178, 180, 211, 222, 229.
Roche-d'Iré (la). II, 276, 277, 295, 296 ; III, 261 ; IV, 39, 40, 65, 93-95, 97, 98, 101. — (seigneur de la). Voir Laval (Guy XVI et Jean de). — (Mme de la). III, 261, 262. — (sénéchal de la). Voir Loriot (Pierre).
Roche-du-Maine (seigneur de la). Voir Tiercelin (Charles).
Roche-en-Nord (la). III, 310. — (seigneur de la). Voir Laval (Guy XIX de).
Rochefol. I, 170.
Rochefordière (seigneur de la). Voir Labbé (Jean).
Rochefort, au diocèse de Vannes. II, 48, 132.
Rochefort (la seigneurie de). IV, 253.
Rochefort en Bretagne. IV, 270.
Rochefort (le sire de). II, 211, 306. — Voir Laval (Guy XIX et Guy de), Montfort (Éon de), Rieux (Claude II, Jean et Pierre de), Silly (Louis de).
Rochefort (la maison de). II, 48.
Rochefort (Béatrix de), femme de Jean de Craon-la Suze. II, 381.
Rochefort. Rupe forti (Clarembaudus de). I, 49.
Rochefort (Éon de). Voir Montfort (Éon de).
Rochefort (Guillaume II de), vicomte de Donges et sire d'Assérac, deuxième mari de Philippa de Laval. II, 41, 48, 132.
Rochefort (Guillaume de) (1348). II, 247.
Rochefort (Guillaume de) (1430). III, 83.
Rochefort (Guy de), seigneur d'Assérac et de la Muce. II, 262, 278.
Rochefort (Jeanne, dame de), vicomtesse de Donges. II, 275, 278, 391.
Rochefort (Thibaut de), seigneur d'Assérac et vicomte de Donges. II, 48.
Rochefoucauld (Jean de la), seigneur de Barbezieux, Verteuil, Mussidan, sénéchal de Poitou. III, 77.
Rochefoucauld (le cardinal de la). IV, 409.
Rochefoucauld (le comte de la). IV, 262.
Rochefoucauld (Mme de la), nièce de Gaspard de Coligny. IV, 287.
Roche-Guyon (la). IV, 206, 208. — (seigneur de la). Voir Silly (Louis de).
Roche-Guyon (Guy de la). II, 115.
Roche-Huc (M. de la). IV, 346.
Rochelle (la). IV, 344, 413. — (évêque de la). Voir Laval-Boisdauphin (Henri-Marie de).
Roche-Luzais (la), fief relevant de

Thouars. IV, 85, 208, 249. — (seigneur de la). Voir Laval (Gilles I, Gilles II et Pierre de).
Roche-Moisan (seigneur de la). Voir Rohan (Louis V de).
Rocheposay (seigneur de la). Voir Chastaigner (François de).
Rochepot (M. de la). IV, 351, 352, 360, 368, 369.
Rocher (Marc). II, 367-369.
Rocherin (frater de), preceptor Thevalis. I, 153.
Rochers (les), château proche Vitré. IV, 169. — (seigneur des). Voir Mathefelon (Guillaume de).
Roches (seigneur des). Voir Clerc (Louis Le), Mathefelon (Guillaume de), Touche (Hardouin de la).
Roches (dame des). Voir Ouvrouin (Jeanne).
Roches (Beaudoin des), seigneur de Pontvallain. III, 364.
Roches (Guillaume des), sénéchal de Touraine, Anjou et Maine, Guillelmus, Willelmus, senescallus in Cenomania et Andegavia. I, 134, 155, 161, 182, 183, 198, 208, 242.
Roches (René des). IV, 97, 98.
Roches-Baritaud (les). IV, 338.
Roches-l'Évêque (les). I, 131.
Roche-Suhart (la), fief en Trémusson. III, 218, 307, 311, 388; V, 78.
Roche-sur-Yon (la). II, 208, 275, 334. — (le prince de la). IV, 250.
Roche-Talbot (seigneur de la). Voir Anjou (Pierre d').
Roche-Tesson (la). III, 170, 176, 187, 188. — (comte de). Voir Du Guesclin (Olivier).
Rodoer (Bertrandus de). II, 263.
Rodolphe II (l'empereur). IV, 331.
Roë (l'abbaye de la), Sancta Maria de Rota. I, 60, 79, 80, 88, 98, 99, 166; II, 69; V, 24. — (prieur de la). Voir Matheus.
Roë (la). Voir Roue (la).
Roessel (Andreas de). I, 72.
Rogeium. Voir Rougé.
Roger, abbé de Saint-Florent-de-Saumur, Rogerus, abbas Sancti Florencii Salmurensis. II, 18-20.
Roger-Bernard III, comte de Foix. II, 30.
Rogerius, cancellarius. I, 128.
Rogerius, pater Rotberti. I, 37.
Rogerus, episcopus Salisbiriensis. I, 85.
Rogerus, monachus Savigneii. I, 144.
Rogerville, ferme. II, 344.
Rogier (Robert). III, 156.
Rogisius, canonicus Cenomanensis. I, 242, 243.
Rogniacus. Voir Rosny.
Rogol (Briencius). I, 170.
Rohan (la vicomté de). III, 120. — (le vicomte de) (1342). II, 211; — (1380). II, 334; — (1483-1485). III, 304, 312, 316; — (1480), vicomte de Rohan et de Léon, comte de Porhoët et de la Garnache. III, 340, 342, 357; — (1519). IV, 58. — (vicomtesse de). Voir Clisson (Béatrix de). — (Mlle de) (1432). III, 229.
Rohan (Alain VIII de), vicomte de Rohan, mari de Béatrix de Clisson. II, 178; III, 36.
Rohan (Alain IX de), vicomte de Rohan, comte de Porhoët et sire de Léon, mari de Marguerite de Bretagne. III, 99, 115, 116, 119, 120, 126, 127, 141, 158, 160, 169, 220, 229, 236.
Rohan (Alain de), fils des précédents, comte de Porhoët et sire de Léon, premier mari d'Yolande de Laval, mort en 1449. III, 96, 114-116, 126, 127, 229, 291, 294.
Rohan (Anne de). IV, 328.
Rohan (Béatrix de), fiancée de Gilles de Laval-Retz. III, 36.
Rohan (Catherine de), deuxième femme d'Olivier IV de Clisson. II, 178, 179.

Rohan (Catherine de), fille d'Alain de Rohan, femme de Jacques de Dinan et de Jean d'Albret, dame de Montafilant, vicomtesse de Tartas. III, 119, 158, 160, 218-220, 222, 225, 328 [ligne 8, lire *Catherine de Rohan* au lieu de *Catherine de Thouars*], 388 ; V, 81, 84, 88, 131.

Rohan (Christophe de), fils de Pierre de Rohan et de Jeanne du Perrier, frère utérin de Guy XVI de Laval. IV, 41.

Rohan (François de), seigneur de Gié. IV, 263.

Rohan (Jacques de). IV, 58.

Rohan (Jean de), fils d'Alain, mineur en 1454. III, 160.

Rohan (Jean II, vicomte de) (1480). III, 225.

Rohan (Jean de), sire de Landal (1518). IV, 57.

Rohan (Jeanne de), dame d'Ancenis. III, 310.

Rohan (Louis de), Louis de Rohan-Guémené (1485). III, 315.

Rohan (Louis V de), seigneur de Guémené, la Roche-Moisan, Nouâtre, baron de Montbazon, Sainte-Maure et Lanvaux, mari de Marguerite de Laval. IV, 20, 90-93, 96, 110, 161, 199, 254.

Rohan (Louis VI de), fils des précédents, prince de Guémené, mari de Françoise de Laval, veuve d'Henri de Lenoncourt. IV, 20, 263, 296, 320, 325, 359, 405, 407.

Rohan (Marguerite de), dame de Beaumanoir et de Moncontour. II, 295.

Rohan (Pierre de), baron de Pontchâteau, deuxième mari de Jeanne du Perrier. III, 228, 230, 290 ; IV, 6, 41.

Rohan (Pierre de), seigneur de Gié, maréchal de France. IV, 40.

Rohan (René de). IV, 230, 266.

Rohan (Renée de), Renée de Rohan-Guémené-Montbazon, fille de Louis V, femme de : 1° François de Rohan, seigneur de Gié ; 2° René II de Laval-Loué ; 3° Jean de Laval-Loué, marquis de Nesle. IV, 20, 226, 262-264, 279, 280.

Rohan (Suzanne de), fille de Pierre et de Jeanne du Perrier, sœur utérine de Guy XVI. IV, 41.

Rohan (Virgile de), chapelain des Rivettes. V, 113, 116.

Rohyer (Thomas). II, 226.

Roie (Alix et Barthélemy de). I, 165.

Roisselo (Guido de). I, 106.

Roland (Adam). III, 201.

Rolhenwella (ecclesia de). I, 87.

Rollans (Margarite). II, 189.

Romagné. I, 206. — (seigneur de). Voir Sobric (Guillaume).

Romains (roi des). Voir Autriche (Maximilien d').

Romanelo (Galterus de), monachus. I, 141.

Romanet (de). I, 216.

Romans. III, 130.

Rome. III, 45, 86, 284, 285, 315, 322 ; IV, 34, 55, 380, 381 ; V, 65-71. — (la tour des Nonnes, à). IV, 380.

Romeigneium. V, 13.

Romelin. Voir Remelin.

Romillé. II, 232 ; III, 59, 90, 141.

Rommelin (Yvon de). III, 139.

Romorantin. III, 76 ; IV, 216.

Roncé, Ronssé (seigneur de). Voir Availloles.

Ronceray (l'abbaye du), à Angers, Beata Maria Andegavensis. I, 12-14, 18, 19, 24, 43, 44, 47, 48, 50, 52, 56, 58-60, 63, 71, 74-76, 81, 123, 315-317 ; II, 396 ; III, 264, 265 ; V, 8. — (l'abbesse du). II, 396. Voir Coesmes (Marguerite de), Laval (Emma de), Richilde, Tetburgis.

Ronceray (Gefroy du). II, 373.

Roncheville (vicomtesse de). Voir Bertran (Philippe).
Rongère (seigneur de la). Voir Quatrebarbes (Pierre de).
Rongeria (Hamolinus de la). I, 72.
Ronsard (Charles de), chapelain de la Grande-Rivette. IV, 289, 290.
Ronsart (Marie de), femme de François de Laval-Marcilly. III, 325, 342, 343.
Ropho-Jouberti (la chapelle de). V, 64.
Roque (l'Abbey de la). III, 6.
Roque (de la), généalogiste. I, 183, 308; II, 39, 249.
Roquefort. II, 51.
Rosel (Alain). V, 73.
Roseto (Geffridus de). I, 23.
Rosiers (les). III, 235. Voir Rouziers.
Rosiers. IV, 318.
Rosny. Rogniaco (dominus de). Voir Mauvoisin (Guy).
Rosny (la maison de Mauvoisin-). II, 65.
Rosny (M. de), duc de Sully. IV, 376, 377, 381.
Rosny (Mlle de). IV, 376.
Rosnyvinen (Guillaume de). III, 168.
Rossel (Gaufridus). I, 112.
Rosset (M. du). IV, 384, 385.
Rosset. V, 51.
Rossieu (le sieur de). IV, 300.
Rossignol (Macé). III, 290.
Rota. Voir Roë (la).
Rotbertus. Voir Robertus.
Rothelin (Marie, comtesse de). III, 357.
Rotomago (Willelmus de). V, 23.
Rotorio (Johannes). II, 263.
Rouault (Joachim), maréchal de France. III, 256.
Roucy, Rouci, Roussy (le comte de). II, 198; III, 372. — (comtesse de). Voir Braine (Jeanne de).
Roucy (Blanche de), première femme de Louis de Bourbon, comte de Vendôme. III, 14.
Roucy (Jeanne de), femme de Charles de Montmorency. II, 112.
Roüe (la). II, 255. Voir Roë (la).
Roue, Roë (le seigneur de la). IV, 107, 108.
Rouen, Roan, Rothomagus, Rotomagus urbs, Rothomagensis civitas, Rothomagi castrum. I, 35, 45, 95, 161, 248; II, 200; III, 37, 244, 274, 348; IV, 55, 88, 149, 205, 293, 329, 387; V, 119, 124. — (l'archevêque de). Voir Geoffroy, Maurice, Maurille.
Rougé (seigneur de). Voir Malestroit (Jean de). — (dame de). Voir Laval (Hélène de).
Rougé (Bonnabes de), Bonabe de Rogelo (1175-1184). I, 124.
Rougé (Bonnabes de) (1248). I, 247, 248.
Rougé (Bonnabes de), sire de Rougé et de Derval (1372). II, 276, 277, 294-297.
Rougé (Jean de), sire de Rougé et de Derval. II, 294-297.
Rougé (Olivier de), seigneur de Rougé. II, 90, 99.
Rouillees. III, 302.
Rouillon (Guillaume). II, 370, 373, 374.
Roulant (Giefroy). II, 329.
Rousé (le pré). II, 156.
Rousseau (Ja.). II, 201.
Roussel (Gilles). IV, 55.
Roussière (la). IV, 118.
Roussigneul (Guillaume). II, 374.
Roussillé (Madeleine). IV, 408, 411.
Roussillon (le). III, 301. — (le gouverneur du). III, 268.
Roussin. III, 70.
Rousson (L. de). IV, 141.
Roussy. Voir Roucy.
Roux (Guillaume Le), trésorier. III, 167, 169, 193.
Roux (Le). IV, 33.
Rouxière, Douxière (Guy de la). II, 362-365.
Rouzeau (Pierre et Jean). IV, 368.

Rouziers. II, 255. Voir Rosiers (les).
Rovère (Julien de la), légat du pape. III, 313.
Roves (Robert de), évêque de Maguelonne. III, 126.
Rovraye, Rovreya (stagnum, stagna de). I, 228, 230, 232, 235.
Roxeio (Guido de). I, 112.
Roy (Jehan Le). II, 294.
Roy (Le), secrétaire. IV, 311.
Roye. IV, 312, 405.
Roye (Éléonore de). IV, 263.
Roye (Jean Le). III, 277.
Royer (Michel-Antoine), seigneur de Cérizolle. IV, 244.
Roynette (Huin). III, 362, 369.
Ru (le fief du), paroisse d'Aulnoy. IV, 187.
Ruallinus, cancellarius. I, 102.
Ruaut (Petrus). I, 295.
Rubaudière (seigneur de la). Voir Feuillée (Jacques de la).
Rue (Simon de la). III, 32.
Ruellium. I, 206.
Ruellonus, capellanus. I, 101.
Ruellonus, filius Petri. I, 109, 145-147.
Rufet (Johannes). I, 164.
Ruffec, Rouffec (M. de). IV, 134, 135.
Rufus (Fulcodius). I, 23. — (Guillelmus). I, 114. — (Hamelinus). I, 164. — (Johannes). I, 112.
Ruille. V, 20.
Rumanai (bordagium de). I, 212.
Runigeria (Isembardus de). I, 49.
Rupart, Rupast, feodum. II, 74, 76, 79.
Ruperroux (Gilles de). II, 292.
Rupibus (Guillelmus de), miles (1408). II, 396.
Rupibus (Theobaldus de), presbyter. II, 262.
Rusereya (Robeyus de). I, 170.
Rustel (Boldwin et Hylaria). I, 291.
Ruxiaco (Guido de). I, 48.
Ruybon (Pierre). III, 207.
Ruzé (Guillaume), évêque d'Angers (1582). IV, 318.
Ruzé, docteur en Sorbonne. IV, 259.
Rychardus, filius Goscelini senescalli. I, 23.
Ryes, Rye, Ria. I, 128, 163, 209, 270, 290.
Rymer. I, 161 ; II, 73 ; III, 123.

S

S. (Silvestre de). I, 74.
Sablain (Guillaume et Jehan). III, 154.
Sablé, Sabolium, Sablolium. I, 1, 4-6, 35, 44, 46, 51, 69, 78, 79, 82, 83, 103, 117, 129 ; II, 181, 182, 207, 212, 304, 335 ; III, 44, 85, 130, 313, 357 ; IV, 356, 360, 361, 364, 391, 392, 410, 411. — (Notre-Dame de). III, 334. — (Saint-Malo de), ecclesia Sancti Macuti. I, 4, 5, 44, 46, 51. — (Saint-Nicolas de), prieuré. II, 181, 182. — (le doyen de), decanus de Sabolio. I, 151, 156, 177. Voir Anthenaise (Pierre d'), Petrus. — (prieur de). Voir Radulfus. — (seigneur, baron, marquis de). Voir Craon (Maurice IV, Robert de), Laval (Philippe et Urbain de), Lorraine (Claude de).
Sablé (Avoise de). I, 35.
Sablé (Geoffroy de), alias Geoffroy le Vieux, premier seigneur de Sablé. I, 5, 7.
Sablé (Guy de), Guido de Sablolio, clericus, filius Salomonis de Sabolio. I, 29, 31, 35.
Sablé (Liziard de), Liziardus de Sabolio, dominus Sabloliensis. I, 4, 51, 73, 78, 79, 81-83.
Sablé (Marguerite de), femme de

Guillaume des Roches, Margarita de Sabolio. I, 201.
Sablé (Robert de), père de Robert et grand-père de Liziard. I, 73.
Sablé (Robert de), fils de Robert et père de Liziard. I, 73.
Sablé (Robert IV de), Robertus de Sabolio. I, 118, 139; IV, 45.
Sablé (Salomon de), Salomo de Sabolio, pater Guidonis clerici. I, 29, 31, 35.
Sablé (le seigneur de) (1172). IV, 45. Voir Sablé (Robert IV de).
Sacé. I, 266; II, 74, 76, 79, 130, 371.
Saccio (Odo de). I, 158.
Sacquenville (Guillaume de), sire de Blaru. II, 266.
Saffré (Alain de). II, 376, 377, 392.
Saffroy (librairie). IV, 78, 291.
Sage Badiet (la maison au), à Vitré, II, 160.
Sagium. Voir Séez.
Sai, fief. I, 175.
Saige (M. G.). II, 115; III, 187.
Sailly (seigneur de). Voir Coligny (Benjamin de).
Sailly (Marguerite de). IV, 77.
Saincte (Jeanne de), veuve de Michel Millot. IV, 231.
Saint-Aignan en Berry, Sainct Agnan. III, 75, 76.
Saint-Aignan au Maine. II, 277.
Saint-Aignan. V, 99.
Saint-Aignan (seigneur de). Voir Bocquet (Gabriel du).
Saint-Aignan, Saint-Aignen (Pierre de), seigneur du Boulay. III, 177, 188.
Saint-Amadour (Jean de). III, 362.
Saint-Amadour (Jean de), sieur de Launay, des Vallées et de la Ragotière. IV, 57, 59.
Saint-Amadour (Philippe de), femme de Jean de Rieux. IV, 293.
Saint-Aman (le sieur de). IV, 373.
Saint-Amand (seigneur de). Voir Châtelet (Guillaume du), Lenoncourt (Henri de).
Saint-André. V, 119.
Saint-André (la foire), à Laval. I, 49.
Saint-André (d'Alban de). III, 369.
Saint-André (Pierre de), président au parlement de Toulouse. IV, 88.
Saint-André-des-Arts (l'église), à Paris. IV, 109.
Saint-Antoine-des-Champs (les religieuses de), à Paris. II, 327, 328; III, 31-36, 45-48, 105, 109.
Saint-Arnoul en Yveline. II, 258.
Saint-Aubin d'Angers (l'abbaye de). I, 19, 47, 53, 70, 71; II, 359; III, 201, 238, 242, 279, 318, 377; IV, 303; V, 125. — (l'abbé de). II, 359. Voir Girard, Laval (Pierre de), Theobaldus.
Saint-Aubin-d'Aubigné (Ille-et-Vilaine), Sanctus Albinus. I, 228, 230, 232, 235; II, 156. — (la forêt de). II, 358.
Saint-Aubin-de-Luigné. IV, 303.
Saint-Aubin-des-Châteaux. III, 50, 52; V, 73, 74.
Saint-Aubin-des-Coudrais. II, 398; III, 265; V, 46-49. — (seigneur de). Voir Laval (Claude, Jean, René I, Thibaud II, Urbain de).
Saint-Aubin-des-Landes. II, 163; III, 69.
Saint-Aubin-du-Cormier. I, 216; III, 358, 366; V, 91.
Saint-Aubin (Geoffroy, Salomon et Gautier de). V, 26.
Saint-Augustin (les ermites de). II, 262-264.
Saint-Avit, capella Sancti Aviti. I, 98.
Saint-Avit, Sancto Avito (Gauterius et Men de). I, 99.
Saint-Barthélemy, prepositura de Sancto Bartholomeo. I, 63.
Saint-Bernardin (la chapelle de), aux Cordeliers d'Angers. V, 105.
Saint-Berthevin, fief. III, 387.
Saint-Berthevin, ecclesia, feria Sancti Bertevini. I, 62, 63, 72; V, 29. — (seigneur de). Voir Chapelle (Olivier de la).

Saint-Berthevin (la famille de). I, 14.
Saint-Berthevin (Guérin de), Guarinus, Guarnerius de Sancto Bertevino. I, 13-15, 43, 47, 48, 50, 62, 63, 72, 74, 102, 164, 316.
Saint-Berthevin (Hubert de), fils du précédent. Hubertus de Sancto Bertevino. I, 72, 164 ; V, 20.
Saint-Berthevin (Odet de). V, 27.
Saint-Berthevin (Odon de), Odo de Sancto Bertevino. I, 152, 158.
Saint-Berthevin (Sylvestre de), Sylvester de Sancto Bertevino, filius Guarini. I, 48.
Saint-Bonnet (le capitaine). IV, 283.
Saint-Brice. Sancto Briccio (Algerius de). I, 83.
Saint-Brice. Sancto Bricio (Gaufridus de). I, 173 ; V, 14.
Saint-Brice (Payen de). I, 108.
Saint-Brice. Sancto Brycio (Willelmus de). V, 14.
Saint-Brieuc (le chapitre, le diocèse, l'évêché de). II, 259 ; III, 203, 238, 241, 280-285, 315 ; IV, 75 ; V, 67, 97, 131. — (évêque de). Voir Châteaugiron (Jean de), Laval (Pierre de), Penmarc'h (Christophe de).
Saint-Briou-des-Vaulx (évêque de), *pour* Saint-Brieuc. Voir Châteaugiron (Jean de).
Saint-Calais. IV, 119, 205. — (l'abbaye de), abbatia Sancti Carilefli. I, 41.
Saint-Calais (Hugues de), évêque du Mans, Ugo. I, 60, 79, 80, 89, 99, 100.
Saint-Ceneré. II, 274.
Saint-Chéreau (le sieur de). IV, 360, 367.
Saint-Christophe, près de Livré. I, 38, 254.
Saint-Claude (la chapelle), en l'église des Cordeliers de Châteauroux. III, 17.
Saint-Clément (la chapelle de), en Angleterre, capella Sancti Clementis. I, 84, 85.
Saint-Clément de Craon. I, 47, 70.
Saint-Cloud, près de Paris, Sanctus Clodoaldus. II, 54, 55.
Saint-Côme-lès-Tours. III, 266.
Saint-Cosme-de-Vair. IV, 254.
Saint-Cyr-en-Bourg (Maine-et-Loire). IV, 142.
Saint-Denis. I, 224. — (l'abbaye de), ecclesia Beati Dionysii. I, 239, 240, 263 ; II, 282 ; V, 34, 35. — (la bataille de). IV, 394. — (le travers de). II, 57.
Saint-Denis. Sancto Dionisio (Drogo de). I, 23, 24, 31, 34, 49.
Saint-Denis. Saint-Denys (Jean de). II, 374.
Saint-Denis. Sancto Dionisio (Simon de). I, 152.
Saint-Didier (Jean de). II, 315, 335.
Saint-Didier. Sancto Disdier (Lucas de). I, 143.
Saint-Didier. Sancto Desiderio (Robertus de), senescallus. I, 123, 127, 177.
Saint-Dier (seigneur de). Voir Aligre (Gabriel d').
Saint-Empire (comte du). Voir Basta. — (marquis du). Voir Philippe le Hardi.
Saint-Esprit (l'ordre du). IV, 322, 361.
Saint-Étienne, à Rennes. II, 346.
Saint-Étienne, Beati Stephani (capella), in burgo de Origneyo. I, 103.
Saint-Étienne. Sanctus Stephanus. V, 21.
Saint-Étienne-de-Malemort. Voir Malemort.
Saint-Fargeau. I, 190 ; IV, 281.
Saint-Florent-de-Saumur (l'abbaye de). I, 19, 20, 38, 46, 50, 51, 71, 115. — (l'abbé de). III, 156. Voir Guillaume, Renaud, Roger, Simon. — (le trépas de la Loire, à). II, 67.

Saint-Florentin (la vicomté de). IV, 164, 221. — (vicomte de). Voir Laval (Guy XVII de).
Saint-François (la chapelle), à Vitré. [illegible], 135.
Saint-Fremin-dou-Bonais. II, 193.
Saint-Gal. Sancto Gallo (Amaldus de). I, 101.
Saint-Gelais (Mellin de). IV, 243.
Saint-Georges (le prévôt de), Sancto Georgio (villicus de). I, 211, 212.
Saint-Georges. Sancti Georgii (Gaufridus). I, 177.
Saint-Georges de Rennes (l'abbaye de). I, 21, 274, 280, 283, 307 ; III, 273 ; V, 6, 128. — (l'abbesse de). III, 158 ; IV, 261, 289. Voir Bretagne (Adèle de), Laval (Jeanne de), Mathefelon (Adélaïde, Catherine et Philippote de), Vitré (Adélaïde de).
Saint-Georges-sur-Loire (l'abbaye de), abbatia Sancti Georgii supra Ligerium. II, 316-318. — (abbé de). Voir Hugues.
Saint-Germain, aumônier. IV, 182.
Saint-Germain-en-Laye. IV, 58, 67, 79, 80, 87, 89, 108, 120, 122, 161, 190, 205, 227, 236, 249, 321, 351, 366, 409, 410, 413.
Saint-Germain-lès-Compiègne. V, 50, 52.
Saint-Gildas-du-Bois-Guillaume (abbé de). Voir Ider (Guillaume).
Saint-Gilles (Bertrand de), fils de Guillaume. I, 160, 164.
Saint-Gilles (Guillaume de), G., Willelmus de Sancto Egidio. I, 123, 124, 164, 173.
Saint-Gilles (Jean de), Jehan de Sainct-Gille, seigneur de Beicton. III, 39, 40, 71.
Saint-Gilles (Jean de), sieur du Prado. IV, 57.
Saint-Gilles, capitaine. IV, 361.
Saint-Gondon. IV, 78.
Saint-Guingalois de Château-du-Loir. I, 46.
Saint-Hilaire. Sancto Hilario (Joannes de). I, 157, 158.
Saint-Hilaire. Sancto Hilario (Jordanus de). I, 150, 152, 177 ; V, 10.
Saint-Hilaire. Sancto Hylario (Petrus de). I, 295 ; V, 14.
Saint-Honoré (la bastide, la rue), à Paris. II, 141 ; III, 32.
Saint-Jacques de Louailles (la chapelle de). V, 109.
Saint-Jacques (l'abbaye de), à Montfort. IV, 22.
Saint-Jacques. Sancto Jacobo (Gaufridus de). I, 122.
Saint-Jean (la chapelle), dans la cathédrale du Mans. III, 21.
Saint-Jean. Sancto Johanne (Thomas de). I, 85.
Saint-Jean-d'Angély. IV, 272, 275.
Saint-Jean-de-Béré. Voir Béré.
Saint-Jean de Montfort (le prieur de). III, 171.
Saint-Jean-de-Jérusalem (le prieuré de), à Clisson. II, 299.
Saint-Jean-l'Évangéliste. Monasterium Sancti Johannis Evangelistae de Kirkeby. I, 84, 85.
Saint-Jean-l'Hospitalier. Domus, vicus Sancti Hospitalis, Beati Johannis Hospitalis. I, 152, 153.
Saint-Jean-sur-Couasnon, Sanctus Johannes super Couasnon. I, 254, 298 ; II, 95, 346 ; III, 42 ; V, 74.
Saint-Jean-sur-Vilaine. I, 108, 117.
Saint-Jean-Baptiste (la chapelle), en l'église des Cordeliers d'Angers. II, 183.
Saint-Jean-Baptiste (la chapelle), à Boisdauphin. III, 388.
Saint-Jean-Baptiste (la chapelle), en l'église Notre-Dame de Vitré. III, 259 ; IV, 135, 139, 140.
Saint-Jouin-de-Marne (l'abbaye de), Sanctus Jovinus, Sanctus Juinius. I, 60, 65, 175-177. — (abbé de). Voir Raoul.

Saint-Julien. Beati Juliani (canonici). I, 22. Voir Mans (le chapitre du).
Saint-Julien. Terra Beati Juliani quam Asinerias nominant. I, 22.
Saint-Julien-de-Vouvantes. V, 37.
Saint-Julien de Laval. Voir Laval.
Saint-Julien-en-Champagne. III, 18.
Saint-Just (seigneur de). Voir Aligre (Gabriel d').
Saint-Just-sur-Lyon. IV, 76.
Saint-Ladre de Vitré. Voir Vitré.
Saint-Laud d'Angers, Saint-Lô. II, 247, 383, 316.
Saint-Laurens. IV, 90.
Saint-Laurent (la bataille de). IV, 394.
Saint - Laurent - de - l'Hermitage (prieur de). Voir Pellerin (Pasquier).
Saint - Lazare de Rennes. Voir Rennes.
Saint-Léger-en-Charnie (la terre de), dans la baronnie de Sainte-Suzanne. II, 400 ; III, 42 ; IV, 331.
Saint-Léger-en-Iveline. II, 51.
Saint-Léger (Jean de). II, 304.
Saint-Léon (Jean de), évêque de Rennes. V, 78.
Saint-Leu (Léonore de), notaire. IV, 370.
Saint-Lô (Manche). I, 91, 285, 294 ; III, 141.
Saint-Lou (Gilles de). I, 253.
Saint-Loup. Sanctus Lupus, obedientia Majoris Monasterii. I, 82, 83. — (prieur de). Voir Rainaldus.
Saint-Loup (le fort de), Sanctus Lupus. I, 78, 82.
Saint-Maixent. IV, 324, 325. — (abbé de). Voir Ansegisus.
Saint-Malo. II, 297 ; III, 362 ; IV, 70, 74, 85, 145. — (l'église calviniste de). IV, 311. — (l'évêché de). III, 127, 241, 322. — (l'évêque de), episcopus Macloviensis, Sancti Maclovei. I, 154, 295 ; III, 236. Voir Laval (Pierre de), Lespervier (Jean), Montfort (Guillaume de), Petrus. — (le roi du papegaut de). IV, 145.
Saint-Malo-de-Beignon. IV, 71, 72.
Saint-Malo de Sablé (l'église), ecclesia Sancti Macuti. I, 4, 5, 44, 46, 51.
Saint-Marcouf, prieuré. I, 142.
Saint-Mars (Renée de), mère [et non femme] de René de Laval-Boisdauphin. IV, 43 ; V, 131.
Saint-Mars-d'Égrenne. II, 199-201.
Saint-Mars-de-la-Futaye. IV, 368.
Saint-Mars-sous-Ballon. IV, 282.
Saint-Martin (la chapelle de), au manoir de Ménitré, en Rosiers. IV, 318. — (chapelain de). Voir Cador (Jacques), Fresne (Louis du).
Saint - Martin - d'Arsis, parrochia Sancti Martini Arsi, diocesis Pictavensis. II, 155.
Saint-Martin de Laval. Voir Laval.
Saint-Martin de Montmorency. Voir Montmorency.
Saint-Martin de Tours. II, 334 ; III, 380 ; IV, 45 ; V, 132.
Saint-Martin de Vitré. Voir Vitré.
Saint-Martin-du-Bois, Sanctus Martinus de Nemore. II, 36, 37, 64, 68. — (seigneur de). Voir Beaumont (Guillaume de).
Saint-Martin-du-Pertre. Voir Pertre (le).
Saint-Mathieu. IV, 69.
Saint-Maur-des-Fossés. IV, 285.
Saint-Maurice (seigneur de). Voir Mello (Dreux de).
Saint-Maurice d'Angers. Voir Angers.
Saint-Maxent (le pont de), Pont-Sainte-Maxence (Oise). IV, 405.
Saint-Medard de Soissons. II, 201.
Saint-Méen, Sanctus Mevennius de Gadello, diocesis Macloviensis. III, 241, 377. — (abbé de). Voir Coëtlogon (Robert de), Laval (Pierre de).

Saint-Mélaine de Laval. Voir Laval.
Saint-Mélaine (l'abbaye de), à Rennes, Sanctus Melanius Redonensis. I, 76, 81, 99-101, 104, 105, 128, 142, 144, 146, 148, 160, 180, 200 ; III, 130, 151, 154, 237. — (abbé de). Voir Geoffroy, Raoul. — (prieur de). Voir Guillelmus.
Saint-Mélaine (Olivier de), sénéchal de Vitré. III, 140, 154, 181.
Saint-Mélaine. Sancto Melanio (Raginaldus de). I, 118.
Saint-Mervé. II, 129, 131, 208.
Saint-Mervé. Sancto Mervelo (Willelmus de). I, 110.
Saint-Mesmin (le bois de). I, 150.
Saint-Michel (l'ordre de). III, 259, 332, 344, 347, 366 ; IV, 108, 118, 300, 404.
Saint-Michel. Sancto Michael (Willelmus de). I, 165.
Saint-Michel-de-Champ (la chapelle de), près d'Auray. II, 355.
Saint-Michel-Chef-Chef. III, 27, 28.
Saint-Michel de Laval. Voir Laval.
Saint-Michel-du-Bois. IV, 224.
Saint-Michel-en-l'Herm (l'abbaye de). III, 241, 284, 285. — (abbé de). Voir Laval (Pierre de).
Saint-Mor, en Normandie. II, 137.
Saint-Nectaire, Sénectère (François de), mari de Jeanne de Laval-Loué-Maillé, seigneur de la Ferté-Habert. IV, 250, 371, 396.
Saint-Nectaire, Senneterre, Sénéterre (Mlle de), Jeanne de Laval-Loué. IV, 396. Voir Laval (Jeanne de), fille de Gilles II de Laval.
Saint-Nicolas d'Angers (l'abbaye de), Sanctus Nicolaus Andegavensis. I, 55, 74, 76, 86, 140, 251, 269 ; III, 230, 238, 242, 279, 378. — (l'abbé de). I, 269. Voir Jean, Lambert, Laval (Pierre de).
Saint-Nicolas de Sablé. Voir Sablé.
Saint-Nicolas de Vitré. Voir Vitré.
Saint-Offange (de). IV, 367.
Saint-Osmald. Sancti Osmaldi (canonici). I, 84.
Saint-Ouen. II, 396 ; III, 53, 59, 293 ; IV, 26, 213, 392 ; V, 58-60.
Saint-Ouën-des-Toits. IV, 37.
Saint-Ouën. Sancto Audoeno (Petrus de), capellanus Guidonis V. I, 102.
Saint-Paul (Jean de). II, 269 ; III, 86, 217.
Saint-Paul (Roland de). III, 86.
Saint-Père-de-Tronchey, en Normandie. II, 137.
Saint-Père-en-Retz. II, 213, 214.
Saint-Phalle (M. de). IV, 368.
Saint-Philibert-de-Granlieu. II, 73 ; III, 186, 187 ; V, 99. — (seigneur de). Voir Laval (René de). Voir Grandlieu.
Saint-Pierre (l'abbé de). IV, 271.
Saint-Pierre de Vannes (l'église). III, 235.
Saint-Pierre de Vitré (la chapelle). I, 99 ; II, 164.
Saint-Pierre-des-Landes. II, 164.
Saint-Polqué (Dauphin de), seigneur dudit lieu. IV, 125, 133, 166, 167, 206.
Saint-Priest, en Dauphiné. V, 92.
Saint-Priest (Louise de). III, 292, 303, 310.
Saint-Quentin. II, 150, 210 ; IV, 92.
Saint-Remy (seigneur de). Voir Montéclerc (René de).
Saint-Remy-du-Plain. I, 186, 187, 208 ; III, 322-324.
Saint-Renan. III, 85.
Saint-Romain, seigneurie en Bourgogne. IV, 48.
Saint-Sacrement (la confrérie du), à Vitré. II, 222-226.
Saint-Samson-sur-Risle, seigneurie. IV, 149.
Saint-Saturnin (l'église), à Nantes. I, 71.
Saint-Sauveur (le prieuré de). I, 265.
Saint-Sauveur (l'église de), à Aix. III, 288.

Saint-Sauveur-le-Vicomte. I, 308; II, 209; III, 185. — (l'abbaye de). II, 120-122. — (le vicomte de). II, 265.
Saint-Savinien. II, 376. — (seigneur de). Voir Archevêque (Guy L').
Saint-Seine (l'abbaye de). I, 150.
Saint-Serge (l'abbaye de), à Angers. I, 38, 46, 48, 49, 54, 65, 67, 68, 70, 71, 73, 75, 145, 286; IV, 12, 141; V, 7. — (l'abbé de). I, 209. Voir Achard, Daibert, Gautier.
Saint-Sever. I, 292, 296.
Saint-Sever (Landes). II, 41, 42.
Saint-Sévère. I, 173.
Saint-Siége (le). I, 161.
Saint-Silvin. Voir Saint-Souvin.
Saint-Siro [le Gravelais]. IV, 299.
Saint-Sonnin. Voir Saint-Souvin.
Saint-Souvin [et non Saint-Sonnin], aujourd'hui Saint-Silvin. II, 248, 281; V, 34, 37.
Saint-Sulpice de Bourges. IV, 189.
Saint-Sulpice de Genest. Voir Genest (le).
Saint-Sulpice de Rennes (l'abbaye de). I, 112; III, 88, 144, 145; V, 9, 18, 27, 31. — (abbesse de). Voir Anorda, Nina. — (chapelain de). Voir Herbertus.
Saint-Thomas-du-Louvre (la rue), à Paris. II, 141.
Saint-Thomas. Capellania Sancti Thome Redonensis. I, 225.
Saint-Tugal de Laval. Voir Laval.
Saint-Valery (seigneur, dame de). Voir Dreux (Robert de), Montfort (Béatrix de).
Saint-Venant. Sanctus Venantius. II, 320.
Saint - Vénérand de Laval. Voir Laval.
Saint-Verain (le bailli de). IV, 195. — (seigneur de). Voir Laval (Guy XVII de).
Saint-Vérin-du-Bois. IV, 227.
Saint-Victeur (le prieuré de), au Mans. I, 6; II, 46.
Saint-Victor (l'abbaye de), à Paris. I, 217; III, 103.
Saint-Victor de Trungeio. I, 217.
Saint-Vincent (l'abbaye de), au Mans. I, 5, 48, 55, 58, 67, 69.
Saint-Yves de Vitré. Voir Vitré.
Saints-Apôtres. Sancti Apostoli, apud Romam. V, 66, 68, 70, 71.
Sainte-Catherine-de-Fierbois. III, 75, 77.
Sainte - Catherine de Laval. Voir Laval.
Sainte-Catherine de Savigny (la chapelle). I, 122, 123, 142, 148.
Sainte-Chapelle (la), à Paris. III, 266.
Sainte-Cécile, en Normandie. II, 137.
Sainte-Croix de Bordeaux (abbé de). Voir Trémoïlle (Louis-Joseph de la).
Sainte-Croix de Nantes (l'église de). I, 71.
Sainte-Croix de Vitré. Voir Vitré.
Sainte-Gemme, près de Luçon. II, 336.
Sainte - Gemmes - sur - Loire (seigneur de). Voir Lasnier (Guy).
Sainte-Geneviève (le sieur de). IV, 352.
Sainte-Hermine. IV, 216.
Sainte-Marie. Terra Sanctae Mariae. I, 210.
Sainte - Marie. Sancta Maria de Caritate, monasterium in Anglia. I, 84.
Sainte-Marie. Sancta Maria de Foro, ecclesia. I, 84.
Sainte-Marie de Laval. Voir Laval.
Sainte - Marie - Madeleine. Sanctae Mariae Magdalenae (ecclesia), in Anglia. I, 85.
Sainte-Maure. II, 183; IV, 405, 406. — (seigneur de). Voir Craon (Jean et Maurice VII de), Rohan (Louis V de).
Sainte-Maure (Charlotte de), femme de Guy II de Laval-Loué, dame de

Loué. III, 142, 184, 282, 312, 313, 343, 387.
Sainte-Maure (Goscelin de) I, 78.
Sainte-Maure (Jean III de), mari d'Anne d'Humières, père de Louis de Sainte-Maure. IV, 229.
Sainte-Maure (Louis de). Voir Laval (Guy XVIII de).
Sainte-Maure (Louise de), femme de Gilles II de Laval-Loué. IV, 20, 197.
Sainte-Suzanne. IV, 331. — (le vicomte de). I, 206.
Sainte-Suzanne. Sancta Susanna (Rainardus et Rainardus de), pater et filius. I, 63.
Saintes, Sainctes. IV, 143, 286. — (l'évêque de). III, 120.
Saintrailles (Poton de), dit la Hire. III, 70, 86.
Salée (baillie de). II, 30.
Salerne (le prince de). II, 73.
Salisbury, Saleburon (comtesse de). Voir Vitré (Aliénor de). — (évêque de). Voir Rogerus.
Salisbury (Fitz Patrick, comte de), troisième mari d'Aliénor de Vitré. I, 216, 217, 291 ; V, 10.
Salisbury (Isabelle de), fille des précédents, abbesse. I, 291.
Salisbury (Julienne de), comtesse de Salisbury, sœur de la précédente. I, 216.
Salle (la), capitaine. IV, 301.
Salle (Notre-Dame de la), à Précigné. IV, 394.
Salm (seigneur de). Voir Philippe le Hardi. — (la comtesse de). IV, 319.
Salm (Anne de), deuxième femme de François de Coligny, seigneur d'Andelot. IV, 264, 269, 271-273, 287, 291, 295, 319.
Salomon (Durandus). I, 225.
Salomon, filius Osille. I, 71.
Salomon, père d'André. I, 142.
Salomon (le sieur). IV, 338-340, 368, 393.
Salsa (Fulco Johannes). I, 24.
Samblançay (M. de). IV, 73.
Samond. III, 347.
Samso, abbas Cadomi. V, 14.
Sancerre, Censaire (comte de). Voir Bueil (Jacques de).
Sancerre (Marguerite de), femme de Girard Chabot V. II, 115.
Sandrecourt. III, 155.
Sandrot (M.). I, 220 ; II, 109.
Sanglier (Jean). II, 336.
Sanglier (Renée), femme de Louis de Laval-Brée. III, 314.
Saponeriis (parrochia de). II, 316.
Saracedus (Joannes). II, 64.
Sarcel (Pierre). V, 80.
Sarcelles (le sire de). III, 251.
Sarmesiis (Odo de). I, 73.
Sauge (le bois de). I, 267.
Saugière (Jehan, seigneur de la). III, 27.
Saulaye (M. de la). IV, 359.
Saulces (M. de). III, 316, 317.
Saulcy (de). III, 130, 177.
Saulges (seigneur de). Voir Franc (Yves Le).
Saumoussay, fief en Anjou. IV, 142. — (seigneur de). Voir Laval (François de).
Saumur, Salmurus. I, 46, 263, 264 ; II, 50, 93, 98, 259, 274 ; III, 69, 126, 161, 232, 267, 301, 311, 316, 320, 339, 357, 359, 361, 371, 386 ; IV, 134, 368, 369, 381, 382 ; V, 109. — (le synode de). IV, 359.
Sauner (B.), persona de Lustreio. I, 159.
Saunier (Jehan de). II, 385.
Sauquentot, ferme. II, 343.
Sautellerie (la). III, 271.
Sauvagère (la), terre. III, 114.
Sauveterre de Guyenne. IV, 215.
Sauville. III, 262.
Savaille. I, 198, 199.
Savenay. III, 309.
Saveuses (Jean de). III, 129.
Savigner, pièce de terre. II, 156.
Savigny (l'abbaye de), Savigné, Sa-

vigniacus, Savigneium, Savineium, Sancta Trinitas de Savigneio. I, 101-110, 113, 116-126, 128, 139-150, 158, 160-162, 164, 177, 180, 200, 243, 252, 272, 285, 286, 289, 290, 291; V, 8, 10, 13, 29. — (la chapelle Sainte-Catherine, à). I, 122, 123, 142, 148. — (la chapelle de Vitré, à). I, 289. — (l'abbé de). III, 145. Voir Alexandre, Raoul, Symo, Willelmus. — (cellérier de). Voir Galterus. — (prieur, sous-prieur de). Voir Gaufridus, Willelmus.
Savoie (la). IV, 137, 374. — (le duc de). III, 236; IV, 374.
Savoie (Anne de), première femme de Frédéric III d'Aragon, mère de Catherine d'Aragon. IV, 7, 8.
Savoie (Louise de), mère de François Ier, régente en 1525. IV, 15, 77.
Savoie (Madeleine de), femme d'Anne de Montmorency. Voir Montmorency (la connétable de).
Savoie (Marguerite de), femme de Louis III d'Anjou. III, 215.
Savonnière (la terre de). III, 82; IV, 75.
Scales (Thomas de). III, 114.
Scariot (Gaufridus). I, 71.
Scepeaux (Amaury de). II, 391.
Scepeaux (Guy de). IV, 90.
Scepeaux (Jean de). II, 391.
Schaffouse. IV, 273, 296, 298.
Schot (Michael). II, 263.
Séant-en-Othe, aujourd'hui Bérulles (Aube). IV, 164.
Sec (Marie Le), seconde femme de Jacques I de Laval-la Faigne. IV, 313.
Secilia. Voir Cécile.
Sedan. IV, 252, 327, 334, 337, 338, 340, 379, 380.
Sédille (Nicolas), curé de la Trinité de Laval. V, 81.
Séez, Sagium. I, 56, 78, 163; III, 316, 317, 321; V, 111. — (l'abbé de). V, 24. — (l'église, l'évêché de). III, 289, 300, 310-312, 316, 317, 321, 348. — (l'évêque de). III, 69, 81. Voir Cornegrue, Goupillon, Laval (Gilles de).
Segnore (Guillelmus). I, 152.
Segré (la cure de). II, 164.
Séguier, conseiller. IV, 414.
Seiche (la), Sicia, riparia. I, 261, 262.
Seiches. Voir Ceiche.
Seillons (Abel de), procureur d'Anjou. IV, 32.
Seine (la), Saine. II, 250; III, 80; V, 34.
Selby (l'abbaye de). V, 15.
Selle (le sire de). III, 347.
Sellerie (la). III, 96.
Selles-en-Berry. III, 75-79.
Sellier (le). III, 85.
Sellier (Antoine Le), Leselier. III, 273, 274, 294, 297, 303, 320.
Semblançay (Alcaume II de). I, 78.
Semur (seigneur de). Voir Cirier (François Le).
Sénectère. Voir Saint-Nectaire.
Senlis. II, 210; III, 255, 273; V, 91. — (le bailli de). II, 129, 147. — (le bailliage de). V, 118-123.
Senlis (les Bouteillers de). II, 331.
Senneterre. Voir Saint-Nectaire.
Sens. I, 190, 191; III, 279. — (le diocèse de). IV, 263. — (la terre de). III, 86. — (prieur des Frères prêcheurs de). Voir Bernard.
Sens (le cardinal de), légat et chancelier de France. IV, 115.
Sentier (l'église du). I, 47.
Senz (Adam de). II, 251.
Sérière (A. de). III, 5.
Serigni, Serigné, Serigneio, Serigneyo (Robertus de). I, 108, 114, 115.
Serizay (Pierres du). III, 65.
Servande (Alain de). II, 332.
Servin, avocat. IV, 327.
Servois (M.). II, 11.
Servon. I, 172; V, 6.

Servonio (Hervous de). I, 178.
Seuilli. I, 78.
Sevaldus, servus. I, 40.
Sévigné (Guillaume de). II, 362.
Sévigné (Guillaume de), seigneur de Sévigné. III, 287, 307.
Sévigné (Jehan de). II, 299.
Sicia. Voir Seiche (la).
Sicile (la), Cecile. II, 13, 35 ; IV, 26. — (roi de). Voir Anjou (Charles, Louis et René d'). — (la reine de). II, 355, 360; III, 45. Voir Anjou (Yolande d'), Laval (Jeanne de).
Sicilia. Voir Cécile.
Sienne. III, 201.
Sigillo (Robertus de). I, 85.
Signore (Paganus). I, 112.
Signori (Bertrand). II, 226.
Sigon, abbé de Saint-Florent-de-Saumur. I, 38.
Sigon (M. de). IV, 304.
Silkeston. I, 85.
Sillé (Robert de). I, 78.
Sillé (le seigneur de). II, 121. — (la dame de). II, 72.
Sillé-le-Guillaume. I, I. — (seigneur de). Voir Beauvau (Bertrand de).
Silly (la maison de). II, 204.
Silly (Guillaume de), mari de Jeanne de Lonrai. II, 204, 205.
Silly (Jacques de). III, 357.
Silly (Louis de), seigneur de la Roche-Guyon et de Rochefort, mari d'Anne de Laval. III, 171 ; IV, 20, 210, 213, 250.
Simon, associé d'Étienne, incessor Parisiensis. I, 240.
Simon, minister capituli Majoris Monasterii. II, 168-172.
Simon (M. Clément). III, 77, 220, 225.
Sion (l'église calviniste de). IV, 311.
Sirier (Jehan Le), sergent au Châtelet. III, 32, 35.
Sixte IV, pape. III, 238, 241, 266, 280, 282 [lire *Sixte IV* au lieu de *Sixte VI*], 285 ; V, 131.
Sleteburna (ecclesia de). I, 85.
Smith. IV, 263.
Smythère (le docteur). I, 190.
Sobric (Guillaume), alias Sobrio, seigneur de Larchapt en Romagné. I, 296.
Sobric (Jeanne), alias Sobrio, femme de Robert de Vitré, seigneur de Landavran. I, 296 ; II, 54 ; V, 28.
Sobric (Perronnelle), femme de Juhel Le Porc. I, 296.
Soissons. I, 264 ; IV, 357 ; V, 55. — (le diocèse de), diocesis Suessionensis. I, 258. — (Saint-Médard de). II, 201.
Soissons (Jean de). II, 51.
Soissons (M. de). IV, 150, 153.
Solacius. Voir Soulaz.
Solariis (Willelmus de). I, 125.
Solemni (fluvius Barbatus). I, 28.
Solesmes (les Bénédictins de). I, 51 ; II, 181.
Soleure. IV, 296, 297.
Somerset (Marguerite, duchesse de Kendalle et de). III, 171, 172.
Sonnois (le). III, 189, 191, 194, 289, 329, 369 ; IV, 37 ; V, 96. — (seigneur, dame de). Voir Alençon (Catherine d'), Laval (Guy XV de).
Sorel, seigneurie près de Dreux. III, 385 ; IV, 26, 33.
Sorrée ou Forrée (Johenne la). II, 202.
Souancé (le vicomte de). I, 195, 239.
Soubise (Jacques de). IV, 262.
Soubise (Mme de). IV, 266.
Soubric. Voir Sobric.
Souché. V, 99.
Souchière (Guillaume). II, 188.
Soudan (Guillaume). II, 354.
Soudi (J. de). III, 27.
Souette, capitaine. IV, 304.
Souffrete, Soffrete, feodum. II, 74, 76, 79.
Soulas, Soulaz (Pierre), Petrus Solacius. II, 277, 294, 315.
Souligné-sous-Vallon. IV, 112.
Soullays (Bertrand et Jean). III, 305-307.

Sourches, seigneurie et château. III, 286, 380.
Sourches (Jeanne de), femme de Patry d'Argenson. II, 398; V, 46-49.
Sourches (Patry de). V, 46-49.
Sourches. Voir Chources.
Sourdéac. III, 262. — (seigneur de). Voir Perrier (Jean du), Rieux (René de).
Sourdis (M. de). IV, 142.
Sourfeit (Jametus). II, 263.
Southwark, Suwee. I, 161, 165.
Souton, métairie. V, 93.
Souvigné. III, 125.
Souvré (Antoinette de), abbesse d'Étival-en-Charnie. III, 284. Voir Correct., V, 131.
Souvré (Madeleine de). IV, 394.
Soybant (Pierre). II, 387.
Soymans (Agnès), deuxième femme de Guy Turpin. III, 20.
Spézet. IV, 199.
Spina (Berengerius). Voir Toësny (Béranger de).
Spina (Gauffridus de). I, 205.
Spina (Herveus de). I, 114.
Spinae (medietaria). I, 212.
Spineto (Ricardus de), monachus. I, 114, 125, 127.
Spinolle (André), marchand de Gênes. III, 83, 111.
Stabilis (Cadinus). I, 65.
Stains (Seine). I, 263.
Stanislas, roi de Naples. III, 56.
Stavellis (Robertus de). I, 203.
Stephanus, episcopus Redonensis. Voir Étienne.
Stephanus, episcopus Parisiensis. II, 56.
Stephanus, prior de Gahart. I, 113.
Strelins. IV, 70.
Stryen (Béatrix de), deuxième femme de Rasses VIII de Gavre. II, 101.
Suarès, Suarez. II, 154, 156-158, 162, 183, 258, 259.
Suaulx (André de). II, 362, 363.
Succinio. III, 87, 92, 95, 107, 110, 112; IV, 140.
Sucre (Guillaume de). II, 188.
Suffolk et Norfolk (vicarius). I, 166.
Suisse (la). IV, 273.
Sulebi (abbatia de). V, 15.
Suleny (Hasculfus de). V, 23.
Sully (les bois de). IV, 188, 189.
Sully-sur-Loire, Seuli. II, 113, 182, 261, 262; III, 80, 81; IV, 78. — (duc de). Voir Rosny (M. de).
Sully (Henry de). I, 233.
Sully (Jean II de). II, 182.
Sully (Louis de), seigneur de Sully-sur-Loire et de Craon, deuxième mari d'Isabelle de Craon, veuve de Guy XI de Laval. II, 182, 228, 261, 262, 280, 283-286.
Sully (Marie de), femme de Robert Bertran VII. II, 115.
Sully (Marie de), fille de Louis de Sully et d'Isabeau de Craon. II, 182.
Sulmerius (Johannes), baillivus de Cahan. II, 54.
Sulton (Rodland et Willelmus de). I, 118.
Sunninges, Sunning. V, 23, 24.
Surgères (Jacques I de), seigneur de la Flocellière, époux de Marie de Laval. II, 390; V, 38-43.
Surgères (Jacques II de), seigneur de la Flocelière, fils des précédents. II, 300, 303, 336; V, 38-43.
Surie (Pierre de). II, 262.
Surrey (vicarius). I, 165.
Suthkerchebi (ecclesia de). I, 87.
Sutri. I, 104.
Suynderby (Walterius de). I, 119.
Suze (la). II, 176, 197, 198, 212-214, 268; III, 17. — (seigneur de la). Voir Chauvigny (André de), Craon (Jean et Pierre de), Laval (René de). — (la dame, Mme de la). II, 291, 397.
Swanus, filius Ailrici. I, 85.
Symo, abbas Savignei. I, 141.

T

T. W. I, 165.
Taillandier (dom). IV, 254, 272, 311, 370.
Taillandier (Le). V, 37.
Taillebourg. II, 376 ; III, 120 ; IV, 97, 99, 112, 113, 143, 144, 276, 324, 326. — (seigneur, comte de). Voir Archevêque (Guillaume, Guy et Louis L'), Trémoïlle (Claude de la).
Taillefer (Guillelmus). II, 263.
Taillie. Tallie (Guillaume de). II, 362, 363.
Taillie (Mérie, Renaud et Rénier de). I, 65.
Taillie, Talie, Taillis, Tailli (Thibaut de). II, 267, 299, 302, 319.
Taillis (le), dans l'évêché de Rennes, Tealderia, Tealdera. I, 110, 122, 144, 145, 148.
Talbot. III, 6, 8, 9, 21, 22, 72-74, 178.
Talebardi (Johannes). II, 320.
Tallement des Réaux. IV, 276.
Tallennye (seigneur de). Voir Aubays.
Tallensac. III, 99.
Tallie. III, 150.
Tallie (Guillaume de). II, 362, 363.
Talmont. II, 396 ; IV, 77. — (prince, princesse de). Voir Laval (Anne de), Trémoïlle (Claude, François et Louis III de la).
Talourdel. III, 154.
Tancarville. IV, 26, 30, 34 ; V, 107. — (comte, comtesse de). Voir Harcourt (Guillaume et Jeanne d'), Laval (Yolande de).
Tanlay. IV, 281. — (seigneur de). Voir Coligny (François de).
Tanneur (Jean Le). II, 374.
Tannière (la), la Thaonnère, Thoannerla. V, 27, 28.
Tannieto (Gaufridus de), senescallus Meduane. I, 163.
Taupes (Mme). IV, 196.
Tanthurier (Michel Le), trésorier des finances. V, 102.
Tarascon. III, 273, 280.
Tardif (René). IV, 231.
Tarente (prince, princesse de). Voir Aragon (Charlotte d'), Trémoïlle (Henri-Charles de la).
Tartas (vicomte, vicomtesse de). Voir Albret (Jean d'), Rohan (Catherine de).
Tartifume (Bruneau de). I, 81.
Tartigny. IV, 104. — (seigneur de). Voir Laval (Jean de).
Tartreux (Le), prieur de Saint-Nicolas de Vitré. IV, 169.
Tartroux (François), lieutenant de Laval. IV, 285 ; V, 124.
Taslia (Hamelinus de). I, 115.
Tasse (Pierre). II, 374.
Tassin. II, 253.
Taxoris (Radulfus). I, 39.
Tealderia, Tealdera. Voir Taillis (le).
Tebaldus, pater Huberti. I, 65.
Tehel (Gaufridus). I, 123.
Téhillac, Thehillac (Jean de), sieur dudit lieu. IV, 14, 57.
Téhillac (une fille de). IV, 15.
Teil (le Fau du). III, 131. Voir Theil (le).
Teilleio (Gaufridus de). I, 120.
Teillay, hébergement. II, 373.
Telent (feodum). I, 170.
Téligny (seigneur de). Voir Laval (Claude de).
Téligny (Charles de), premier mari de Louise de Coligny. IV, 319.
Tempier (M.). III, 218, 219.
Templiers (les). Voir Hospitaliers de Jérusalem (les).
Tende (le comte de). III, 187.

Tenière (la), au fief de Vitré. III, 102.
Tennie. II, 318; III, 18. — (seigneur de). Voir Turpin (Jean).
Teobaldus, capellanus. I, 37.
Teppesfeld. I, 119.
Teratus (furnus). I, 168.
Ternant (Philippe de), seigneur de Ternant et de la Motte-de-Choisy. III, 102.
Terre-Sainte (la), la Palestine. I, 75, 275, 292, 297, 301, 313; II, 181; III, 5; V, 32.
Territus, abbé de la Réau. II, 202, 203.
Tertre (le), manoir. III, 45.
Tertre (Jehan du). III, 127.
Terzet (seigneur de). Voir Aligre (Gabriel d').
Testart (Ferry Le), contrôleur de Guy XVII et élu de Laval. IV, 215, 247, 248.
Tetbaldus, abbas Colombensis. I, 62, 63.
Tetbaldus, filius Bernerii. I, 39.
Tetbaldus, pater Armillii Rivaloni. I, 64.
Tetbaldus, pelliparius. I, 63.
Tetburgis, abbesse du Ronceray. I, 56, 74.
Teutonicus (Theodericus). V, 24-26.
Teutonicus (Waleranus). V, 26.
Thaun (Mealgerus de). I, 158.
Thébaudaye (la). III, 261, 262.
Thébaut (Colin et Jean). III, 25, 26.
Théhillac. Voir Téhillac.
Theil, Teil (sire du). Voir Bourbon (Louis de). — Theil (le). Voir Teil.
Théligny. Voir Téligny.
Thenon (Jean), seigneur de Nauvigne. IV, 205.
Theobaldus, abbas Sancti Albini Andegavensis. II, 396.
Theoguisa, femme de Raoul Chotard. I, 75.
Theszelinus, testis. I, 22.
Theurondis (Gunduinus de). I, 31.
Thevales (le seignor, le moulin de). I, 267.
Thevalis (preceptor). I, 153. Voir Rocheria.
Thézart (Mathieu). II, 56.
Thibaut, abbé de Coulombs. I, 62, 63.
Thibaut, père d'Adam. V. 7.
Thidmarch. I, 165, 166.
Thiriart. III, 270.
Thiron, Tiron, Tyron (l'abbaye de). I, 253; II, 212.
Thomas (Étienne et Jehan). III, 382-384.
Thomas (Guillaume). III, 71.
Thomas, cuisinier. IV, 301.
Thomas de Cantorbéry (saint). II, 116.
Thomasse, dame de Châtillon. Voir Pouancé (Thomasse de).
Thomyn (Pierre), marchand. IV, 169.
Thoré. II, 269.
Thorey (Pilot de). Voir Pilot de Thorey.
Thorigny (seigneur de). Voir Matignon (Guy de).
Thorineio (Radulfus de). I, 152.
Thoroude. V, 62.
Thou (Christophe de), seigneur de Cély, dit le président de Thou ou de Cély. IV, 200, 204, 205, 210, 211, 213, 249.
Thou (François de), secrétaire et avocat de Guy XVII. IV, 162, 166, 167, 175, 184-186, 196, 204, 213, 214.
Thouars, Thouarz, Touars. I, 97; II, 89, 112, 175, 253; III, 393; IV, 40, 41, 44, 66, 67, 78, 85, 132, 139, 143, 149, 186, 208, 220, 249, 250, 253, 256, 291, 318, 320, 369, 378, 412. — (les Cordeliers de). IV, 220. — (le vicomte de). I, 79. Voir Amboise (Pierre d'). Trémoïlle (Claude et Henri de la). — (la duchesse de). IV, 389. — (dame de). Voir Laval (Cécile de).

Thouars (Aimery VII de), vicomte de Thouars et de Châtellerault, mari de Cécile, alias Sybile de Laval. I, x, 97, 98, 127, 138, 211, 214 ; II, 33, 87, 88.
Thouars (Aliénor de), femme de Girard de Machecoul. II, 111.
Thouars (Alix de), fille de Guy I de Thouars et de Constance de Bretagne, femme de Pierre de Dreux dit Mauclerc, duchesse de Bretagne. I, 198-200, 299, 305; II, 6, 174.
Thouars (Aumou ou Aumur de), sœur de la précédente, femme de Geoffroy IV de Châteaubriant et d'Olivier de l'Isle, dame de Candé. I, x, 97 ; II, 33, 87.
Thouars (Belleassez de), sœur des précédentes, femme de Geoffroy V de Châteaubriant. I, x, 97 ; II, 33, 50, 87-89.
Thouars (Catherine de), dite Catherine de Bretagne, sœur des précédentes, première femme d'André III de Vitré. I, 198-200, 227, 231, 237, 298, 299, 301, 304 ; II, 6 ; V, 27, 127.
Thouars (Catherine de), femme de Gilles de Laval-Retz. III, 45, 71, 72, 85.
Thouars (Catherine de), mère de Françoise de Dinan. III, 328. Lire *Catherine de Rohan*. Voir V, 131.
Thouars (Guy I de), fils d'Aimery VII et mari de Constance de Bretagne, vicomte de Thouars et duc de Bretagne. I, xi, 97, 98, 164, 198-200, 299; II, 87, 174, 175; V, 23.
Thouars (Hugues I de). I, 97.
Thouars (Marie de). III, 72.
Thouars (Nicolas de), seigneur en Saint-Mars-sous-Ballon. IV, 282.
Thouars (Pernelle de), dame de Craon. II, 259.
Thouars (Raymond I de). I, 97.
Thouars (Willelmus de). I, 177.
Thouin (Jamet). IV, 83.
Thourotte, Thorotte. V, 119-123.
Thouvoie, Thouvoye, Thouvoys, Thouvoy, châtellenie. II, 380, 382, 383.
Thuandière (seigneur de la). Voir Jaille (Claude de la).
Thugaldus (sanctus). III, 341.
Thureyum. V, 64.
Thury (marquis de). Voir Montmorency (Pierre de).
Tiberville. I, 217.
Tiercelin (Charles), seigneur de la Roche-du-Maine. IV, 255.
Tiercelin (Loys), lieutenant en la sénéchaussée du Maine. IV, 32.
Tiercelin, pannetier d'Anne de Bretagne. IV, 35, 36.
Tiercelin (le régiment de). IV, 275.
Thierry (Catherine). IV, 221, 225.
Tilenus (Michel). IV, 329, 379, 380, 382.
Tilhart. III, 268.
Tillé en Beauvoisis. III, 276.
Tillères (dame de), Voir Hylaria.
Tillères (Gilbert des), deuxième mari d'Aliénor de Vitré. I, 291.
Tillères (Jeanne des), fille de Gilbert, femme de Thomas Malesmains. I, 291.
Tillères (Julienne des), sœur de la précédente, femme de Boldwin Rustel. I, 291.
Tillet (Jean du). IV, 162, 392.
Tilleul (le). III, 131.
Tillon (Jehan). II, 374.
Tillon (Olivier). II, 351, 369, 370, 373, 374.
Tinchebray. I, 53.
Tinténiac. II, 232, 233, 330, 331 ; III, 59, 90 ; IV, 30. — (Saint-Georges de). IV, 289. — (seigneur de). Voir Laval (Guy XII et Jean de). — (dame de). Voir Laval (Anne et Jeanne de).
Tinténiac (la maison de). II, 233.
Tinténiac (Alain de). II, 233.

Tinténiac (Ambroys de). II, 361-364.
Tinténiac (Isabelle de), fille de Jean de Tinténiac et de Jeanne de Dol, femme de Jean de Laval-Châtillon. II, 45, 232, 233, 236.
Tinténiac (Jean de), mari de Jeanne de Dol. II, 45, 232.
Tinténiac (Oliverius de). I, 199.
Tirel (Jean). V, 96.
Tirel (Pierre). IV, 83, 84.
Tirellus (Gualterius). I, 42.
Tiron. Voir Thiron.
Tisserant ou Tisserat (Jean), évêque de Pydna. V, 113.
Tixier (Durant), sergent. II, 150.
Toceium, Tociacus. Voir Toucy.
Toësny (la maison de). I, VIII, 15.
Toësny (Béranger de), fils de Robert, Berengerius, filius Rotberti de Toeniaco. I, 39.
Toësny (Béranger de), Béranger l'Épine, frère de Berthe de Toësny, Berengerius Spina. I, 16, 39.
Toësny (Berthe de), première femme de Guy I de Laval. I, VIII, 1, 15-18, 35, 36, 43, 50.
Toësny (Robert de), frère de Berthe, Robertus de Toeniaco. I, 15, 16, 38, 39.
Tombelaine, III, 271.
Tonnaire (Pierres de). II, 204.
Tonnebelle, en Saint-Laud, près d'Angers. II, 316.
Tonnerre. III, 263. — (le comte de). III, 125. Voir Chalon (Jean de).
Tonquédec (le sire de). III, 320, 381. — (vicomte de). Voir Coëtmen (Prégent de). — (la maison de). III, 382.
Torbeschet (seigneur de). Voir Montécler (René de).
Torcé (la Haye de). IV, 208, 209.
Torcé (Gaufridus de). I, 159.
Torcé (Guillaume de), prieur des Alleux. III, 279.
Torcy (le sieur, M. de). III, 169; IV, 322; V, 91.
Toreneio (Jacobus de), monachus. I, 141.
Torestinus, pater Ricardi. I, 39.
Torigni (Robert de). I, 283, 284, 286, 287.
Torre (l'abbaye de), dans le Devonshire. I, 140.
Touchardière (seigneur de la). Voir Chevallerie (Jean).
Touche (Georges de la). II, 201.
Touche. Tousche (Hardouin de la), seigneur des Roches. III, 281.
Touche. Tousche (Marguerite de la), dame de Puybouillart. IV, 66.
Touche-Abelin (Guillaume de la), sénéchal de Vitré. II, 287, 302.
Toucy. I, 190.
Toucy (Ansérie de), Ansericus de Toceio. I, 190, 223.
Toucy (Ithier V de), seigneur de Toucy et de Bazarne. I, 190, 192.
Toucy (Jean de), troisième mari d'Emma de Laval, Johannes de Tociaco, dominus de Toceio. I. 190-196, 213, 222, 224, 233, 236, 239, 251, 265, 301.
Toucy (Jeanne de), fille des précédents, femme de Thibaut II, comte de Bar-le-Duc. I, 191, 192, 195-197; II, 30, 31, 33, 47, 57.
Toucy (Narjot de). I, 190.
Touin (le), de Merende. II, 187. — de Vindrent. II, 189.
Toul. V, 116.
Touloeria (Hermesendis de). I, 170.
Toulou (Johannes). I, 170.
Toulouse. I, 53; IV, 88, 293. — (comte de). Voir Alphonsus. — (président de). Voir Saint-André (Pierre de).
Toulouse (Guillaume IV de). I, 53, 279.
Tour (le sire de la). III, 73.
Touraine (la). I, 183, 198; II, 212, 249, 265; III, 227, 246, 249, 366, 368; V, 60, 62. — (le bailli de). II, 360, 397; V, 45.

Tour-Landry (le chevalier de la). II, 112.
Tour-Landry (le sire de la). III, 9.
Tour-Landry (François de la), seigneur d'Ampoigné. IV, 368.
Tournay. II, 176, 177, 302, 303, 375.
Tournebelle (seigneur de). Voir Bigot (Le).
Tournebu (Thomas de), baron de Tournebu et de Bec. II, 268.
Tourneham (Robert de), sénéchal d'Anjou. V, 11.
Tournemine (dame de). Voir Coligny (Marguerite de).
Tournemine (Françoise de), femme de Pierre de Laval-Châteaubriant. III, 243.
Tournemine (Georges de), baron de la Hunaudaye. IV, 58.
Tournemine (Jean de). III, 28.
Tournemine (Jean, dit). II, 258.
Tournier (Guillaume). III, 366-369.
Tournon (le cardinal de). IV, 107.
Tournus. IV, 36.
Tourrie (la terre de). II, 99.
Tours, Turoni, Turones. I, 44, 58, 69, 70, 79, 86, 87, 91, 95, 105, 131, 214, 223; II, 29, 30, 33, 39, 150, 269, 334, 335 ; III, 16, 126, 130, 158, 159, 182, 188, 192, 195, 237, 254, 255, 257, 259, 263, 328, 362-364, 380 ; IV, 72, 73, 75, 183, 184, 300, 368, 394, 411, 413; V, 93, 103, 104. — (l'archevêque de), archiepiscopus Turonensis. I, 180, 181, 203 ; II, 157, 274 ; III, 195, 217, 237 ; IV, 72 ; V, 53. Voir Bartholomeus, Coetquis (Philippe de), Faye (Jean de), Hildebert, Jean, Joscius, Juhel, Raoul. — (le bailli de). II, 105, 124. — (le chapitre de). V, 21. — (le comté de). I, 16. — (le concile de), concilium Turonense. I, 68. — (doyen de). Voir Laval (Pierre de), Vignolle (Jean de la). — (l'église de). I, 161, 289. — (l'église et chapitre Saint-Martin de). I, 118; II, 334, 335; III, 238, 380 ; IV, 45. — (l'official de), officialis Turonensis. II, 29-31, 58 ; III, 19.
Tous (M. de). IV, 402.
Tousche (la). Voir Touche (la).
Toussaint (l'abbaye de), à Angers. I, 164 ; II, 37, 68. — (abbé de). Voir Robert.
Toussaint (l'abbaye de), à Rennes, ecclesia Omnium Sanctorum. I, 225, 226.
Toustain, Toustaing, Toutain (L.). III, 248, 250, 296, 299.
Toutin (Jehan). II, 194.
Tout-le-Monde (Robinet, Robinus). II, 160, 263.
Touvoie (la baronnie de), près du Mans. II, 354.
Towton. III, 278.
Transmeduanensis (archidiaconus). Voir Robertus.
Transylvanie (la). IV, 331.
Tréal (Bertrand de). III, 358.
Tréguier (l'évêché de). III, 127, 157. — (l'évêque de). III, 29. — (évêque de). Voir Bruc (Jean de), Piedru (Pierre).
Trehu (Johanninus). II, 222.
Trehu (Lucas). II, 263.
Tremault (A. de). I, 6, 47 ; III, 16.
Trembleio, Trenbleio (Gaufridus de). I, 121, 141.
Trémoïlle (la dame de la) (1427-1429). Voir Isle-Bouchard (Catherine de l'). — (Mme de la, la douairière de la) (1516-1530). IV, 44-46, 79. Voir Valentinois (Louise de). — (la dame, la duchesse de la). Voir Laval (Anne de), Montmorency (Jeanne de).
Trémoïlle (la maison de la). I, II, 271 ; III, 229, 254, 304, 354 ; IV, 110, 105, 327, 328, 333.
Trémoïlle (Anne de la), fille de François et d'Anne de Laval. IV, 102.
Trémoïlle (Charles de la), frère de

la précédente. IV, 102, 103, 123, 159, 160, 227, 296.
Trémoïlle (Charlotte de la), sœur des précédents, religieuse à Fontevrault. IV, 102, 103, 130, 221, 251.
Trémoïlle (Claude de la), frère des précédents. IV, 102.
Trémoïlle (Claude de la), duc de Thouars, prince de Talmont, comte de Guines, Benon et Taillebourg. IV, 18, 251, 368-370.
Trémoïlle (François de la), prince de Talmont, mari d'Anne de Laval. IV, 18, 19, 61-67, 75-79, 85, 89, 96, 97, 99, 102, 104-106, 112, 113, 122, 123, 130-135, 139, 143-145, 159, 185, 186, 189, 195, 206, 250, 296, 370; V, 115.
Trémoïlle (François de la), fils des précédents. IV, 102, 103, 123, 167, 168.
Trémoïlle (Georges de la), second mari de Catherine de l'Isle-Bouchard, père de Jean de la Trémoïlle. III, 75, 78, 81, 84, 98, 229.
Trémoïlle (Georges de la), fils de François et d'Anne de Laval. IV, 102, 123.
Trémoïlle (Guy de la), frère du précédent. IV, 102, 123, 141.
Trémoïlle (Guy de la). Voir Trémoïlle (Jean de la).
Trémoïlle (Guy-André-Pierre de la), marquis de Laval. IV, 414.
Trémoïlle (Henri de la), fils de Claude, duc de Thouars, baron de Vitré, comte de Laval. II, 365, 366; IV, 18, 333, 344, 392, 395, 405, 407-413; V, 124.
Trémoïlle (Henri-Charles de la), fils d'Henri, prince de Tarente, baron de Vitré. IV, 333, 412, 413.
Trémoïlle (Jacqueline de la), fille de François et d'Anne de Laval. IV, 18, 102, 186.
Trémoïlle (Jean de la), fiancé, mais non marié à Yolande de Laval (1433-1435). III, 93, 98, 228.
Trémoïlle (Jean [et non Guy] de la), fils posthume de François et d'Anne de Laval. IV, 18, 102, 186.
Trémoïlle (Louis II de la). III, 347, 349-354, 369; IV, 18, 44, 45, 61-68, 76, 189.
Trémoïlle (Louis III de la), fils de François et d'Anne de Laval, mari de Jeanne de Montmorency, prince de Talmont, seigneur de Craon. IV, 18, 101-103, 143, 188-190, 197-200, 205, 208, 224, 241, 253, 256, 257, 291.
Trémoïlle (Louis-Joseph de la), dit de Laval, abbé de Sainte-Croix de Bordeaux. IV, 414.
Trémoïlle (Louis-Maurice de la), comte de Laval, fils d'Henri de la Trémoïlle. IV, 333.
Trémoïlle (Louise de la), fille de François et d'Anne de Laval, femme de Philippe de Lévis, dame de Lévis. IV, 102, 103, 116, 141, 216, 219.
Trémoïlle (duc, archives de la). I, II, III, XV, 154, 272; II, 43, 99, 110, 114, 231, 262, 351, 366, 369, 390, 401; III, 87, 160, 179, 193, 196, 201, 213, 345, 350-354, 357, 359, 362, 371; IV, 18, 40, 41, 44, 45, 61, 62, 67, 68, 75, 79, 85, 89, 93-98, 102, 112, 113, 123, 130-135, 139, 143-148, 176, 180-208, 227, 241, 249, 253, 278, 284, 291, 301, 314, 316, 319-321, 330-334, 338, 343, 368, 376, 378, 382-386, 392-413; V, 37, 71, 107, 115, 124.
Trémusson, Trémuzon. III, 218, 219, 307, 388; V, 78.
Trenel, Tresnel (le marquis de). IV, 389.
Trepelière (medietaria de la). I, 215.
Tréséguidi (Maurice de), évêque de Rennes, Morice, évêque de Rennes. II, 20-23.
Trespillos (Normannus). I, 24.

Trèves (Anjou). IV, 408. — (seigneur, baron, marquis de). Voir Laval (Hilaire et Pierre de), Maçon (Robert Le).
Triboló (Barbe), veuve de Denis d'Étampes, dame de Pétau et de Misery. IV, 350.
Trie (Philippe de), seigneur de Mareil. II, 345.
Trie (Renaud de), Regnaut de Trye, chevalier, seigneur de Cloye. II, 249-252.
Trient (Guillaume de). III, 140.
Trifflent (seigneur de). Voir Évêque (Guillaume L').
Trinité (l'abbaye, l'église de la), à Châteaubriant, Fougères, Laval, Vendôme, Vitré. Voir Châteaubriant, etc.
Triquant (Guillaume). II, 346.
Troarn, Trouart (l'abbaye de). IV, 217-219.
Trodéart (Jean). II, 319.
Troignardière (la). III, 367.
Trois-Maries (les), à Montsûrs, à Vitré. Voir Montsûrs, Vitré.
Trolent. III, 130.
Trolop, Trollop (André). III, 277, 278.
Tronchet (l'abbaye du), le Troncheit en Plerguer, Tronqueia. I, 247, 248, 253, 295; IV, 123, 149. — (abbé du). Voir Jehan, Laval (François de).
Tronchey (Saint-Père de), en Normandie. II, 137.
Tronssay, page. IV, 304. Lire Troussay. Voir V, 132.
Trôo. I, 131.
Trossarius (Guillelmus et Simon). I, 112.
Trosseleria (feodum de). I, 169.
Trosselorum (feodum). I, 169.
Troussay, page. IV, 304; V, 132.
Troussière (la), fief. III, 387.
Troyes. III, 14, 213, 262, 264-266; IV, 164, 223, 252; V, 93.
Troyes (Nicolas de), trésorier des guerres. IV, 245, 246.
Trungeio (Saint-Vigor de). I, 217. — (molendinus de). I, 178.
Trungie (le four de). I, 222.
Tual (Perrot). III, 307.
Tuandon (Jamet). III, 167.
Tubœuf (le sieur de). II, 373.
Tucé (le sire de). III, 73. Voir Champagne (Beaudouin de).
Tuebeuf (Geffrey de). II, 267.
Tuisse (Fulco de). I, 200.
Tuit (la terre de). II, 269.
Tunes (le roi de). IV, 168.
Tunis. II, 39.
Turc (le). IV, 168.
Turcs (les). IV, 330-332.
Turenne (le vicomte de). III, 257.
Turin, Thurin. IV, 256, 269.
Turmel (Olivier), aumônier de la confrérie de Saint-Yves de Vitré. IV, 69.
Turpin (la maison), de Tennie et de la Renaudière. III, 18, 19.
Turpin (Guy), fils de Jean et d'Ysabeau de Coesmes, second mari d'Anne de Laval, remarié à Agnès Soymans, seigneur de Gavre, Laval et châtelain de Hardrelo, capitaine de Hédé. II, 388; III, 17-20, 29-36, 45-49, 72, 85, 86, 88, 89, 121.
Turpin (Jean), seigneur de Tennie, mari d'Ysabeau de Coesmes. II, 318; III, 18, 42.
Turpin (Jean), seigneur de la Turpinière. III, 177.
Turpinière (la). III, 177.
Turquet, notaire. IV, 404.
Turremonde (le bailli de). II, 204.
Turstinus, archiepiscopus Eboracensium (York). I. 84.
Turstinus, conversus. I, 114.
Tusche, Fusche (caput), que vocatur les Alcoz, Aloez, Alvez. I, 107, 121, 148.
Tusculum. IV, 395.

Tyrel (Pierre), sieur de la Gaulayrie. IV, 170.
Tyron. Voir Thiron.
Tyse, Tysi, Tysie. I, 107, 122, 147, 148, 283.
Tywernail. V, 25.

U

Ubertus, juvenis. I, 29.
Ulmo (Jametus de). II, 263.
Ulricus, clericus. I, 63.
Ultra Poil (terra de). I, 170.
Urbanus, papa. I, 70.
Urbanus V, papa. II, 264.
Urfé (Pierre II d'). III, 370. — Urphé (le sire d'). III, 347.
Urseau (l'abbé). III, 232.
Urseriae (vinee de Dioreait). I, 150.
Ursins (Jean Juvenal des), archevêque de Reims. III, 238.
Ursion, abbé de la Couture. I, 100.
Urvodius, monachus. I, 29.
Urvodius, précepteur. I, 21.
Usages (Eustache d'), fils de Guillaume d'Usages. III, 18.
Usages (Guillaume d'), vidame du Mans, premier mari d'Eustache de Beauçay. II, 44, 232, 255; III, 18.
Usselot. IV, 350.
Usson. I, 198.
Uxelles (collection d'). IV, 277.
Uzès (le duc d'). IV, 298.

V

Vaalon (Guillaume), prêtre. II, 385.
Vado de Follena (terra de). I, 166.
Vaelin (Guillaume), frère mineur. I, 269.
Vaerie (Jehan de la). III, 140.
Vaesen. III, 176, 206, 269.
Vag (le), rivière. IV, 332.
Vahé (Hervé Le). II, 23.
Vaier (Le). Voir Le Vayer.
Vaige. IV, 26. Voir Vegia.
Vailliaco (Johannes de). V, 65.
Val (l'abbaye de Notre-Dame du), Vallis Beatae Virginis (ecclesia). I, 220, 239, 240.
Val (du). Voir Duval.
Val-Coquatrix (le). V, 34.
Valeau (Nicolas), curé de Marcilly. III, 387.
Valée (l'ayve de). II, 208.
Valentinois (Louise de), dame de Busset, femme de Louis II de la Trémoïlle et de Philippe de Bourbon-Busset. IV, 96, 97, 189. Voir Trémoïlle (la dame de la).
Valercio (Gaulinus et Roschelinus de). I, 23.
Valesto (Adam de). V, 17.
Valeya (foresta de), la Vallée, en Anjou. I, 263.
Valjuas (feodum de). II, 74, 76, 78.
Vallée (Eugène). I, xvi; IV, 110.
Vallée (René), chapelain des Rivettes. V, 112.
Vallées (seigneur des). Voir Saint-Amadour (Jean de).
Vallegiraudi (Jacobus de). III, 386.
Vallery (Hugues de). I, 237.
Vallet de Viriville. III, 7, 12, 125, 221.
Vallette (la Grande et la Petite-). II, 372.
Vallier (Gustave). III, 235.
Vallière (le sieur de la). IV, 323. Voir Jourdain (Jean).
Vallin (René), chapelain des Rivettes. V, 111.
Vallon-sur-Gée. II, 307; V, 44. — (seigneur de). Voir Motte (Guillaume de la).

Valognes, Valongnes, Valogniae. I, 114 ; III, 132, 274. — (capitaine de). Voir Chizenal.
Valois (le). II, 356. —(le comte de). II, 41.
Valois (les). IV, 263, 286.
Valois (Charles de), comte d'Anjou et du Maine. II, 104, 105, 119, 121.
Valois (Isabelle de), fille du précédent, femme de Jean III de Bretagne. II, 104, 105, 119, 121.
Valon, maréchal des logis. IV, 365.
Valterius, filius Marcheni. I, 68.
Valton (Louis de). III, 366.
Vandebusche (Giles). II, 188.
Vandefolde (Jean). II, 188.
Vanderfaront (Jean). II, 188.
Vanereule, Vaserolis. I, 176 ; V, 20.
Vannes, Vennes. II, 300, 335, 356, 358, 359, 395 ; III, 30, 36, 43-45, 74, 96, 110, 114, 122, 131, 141, 169, 170, 186, 195, 214, 215, 217, 218, 227, 229, 235, 236, 242, 257, 272 ; IV, 72, 401 ; V, 37, 76-78, 89. — (l'église Saint-Pierre de). III, 235. — (l'église calviniste de). IV, 311. — (l'évêque de), episcopus Venetensis. I, 154 ; III, 236 ; V, 71. Voir Guillelmus, Motte (Amaury de la).
Vanzé (Gaufridus et Guillelmus de). I, 169, 170.
Varanne (la). IV, 356.
Varenne (le sieur de la), contrôleur des postes. IV, 371.
Varennes. III, 303, 369 ; IV, 260.
Vascot (la dame de). II, 194.
Vascueil. II, 324.
Vaserolis, Vanereule. I, 176 ; V, 20.
Vaslinus, famulus. I, 102.
Vassé (Grognet de). III, 25.
Vateau (André). IV, 123.
Vatteville. IV, 123.
Vau (le seigneur du), en Vendômois. IV, 341.
Vau (Jean du), dit le Bègue. II, 355, 356, 360.
Vaubecourt (le baron de). IV, 331.
Vauberger, Vaubergez, Vaubergier (Robert de), sieur dudit lieu. IV, 15, 57, 94, 98.
Vauclerc (une fille de). IV, 15.
Vaucon, rivière. II, 96.
Vaudreuil (le). I, 165.
Vaudrinière, capitaine. IV, 304.
Vauferré (Jean de). III, 83.
Vaugais (M. de). IV, 304.
Vaugon, lieu entre la Seine, la Marne et l'Oise. II, 250, 251.
Vaujours, Vauljoux (la forêt de). IV, 135. — (baron de). Voir Bueil (Jacques de).
Vaulx (Étienne de), chirurgien à Laval. IV, 372.
Vaumerain... cousine de Béatrix de Gavre. II, 146.
Vaurigaud. IV, 359, 386.
Vaus (la terre de). I, 289.
Vauscrato. II, 187, 193.
Vaux (dame de). Voir Laval (Marguerite de).
Vaux (Guillaume des), seigneur de Bois-du-Pin. IV, 281.
Vaux (Jean des). III, 7, 72.
Vaux-de-Cernay (l'abbaye des). I, 136, 257.
Vaux-en-Arrouaise. II, 85.
Vayer (Le). Voir Le Vayer.
Veau (Jacques Le), trésorier des guerres. IV, 246-248.
Veau (Liger). V, 45.
Vegia (aqua que vocatur). I, 82. Voir Vaige.
Vegia (Gauscelinus et Hamelinus de). I, 49.
Vegia (Paganus de). I, 152, 210.
Veillagne (Jehan). III, 127.
Veisose. I, 170.
Velletri. I, 128.
Vély (le sieur de), maître des requêtes. IV, 152.
Venant (Gauffridus). II, 222.
Vendel (Guy de). III, 385. — Vendel-Guérinière (Jean de). III, 385.
Vendelais, Vendelays (le). I, 25,

244, 245, 255; II, 366-370; III, 155. — (seigneur de). Voir Châtillon-en-Vendelais.
Vendeour (Radulphus le). I, 225.
Venderest (Jaquemin). II, 188.
Vendeuvre-sur-Barse (Aube). IV, 223.
Vendôme. III, 183, 329; IV, 341; V, 93. — (le comté de). I, 16. — (le comte de Marche et de). II, 303. — (comte de). Voir Bourbon (Charles, Jean II et Louis de). — (comtesse de). Voir Laval (Jeanne de). — (l'abbaye de la Trinité de). I, 25, 47, 51; III, 16. — (abbé de). Voir Avesgaud.
Vendôme (Geoffroy de). V, 7, 8.
Vendôme (Geoffroy de), Gieffroy de Vendosme, seigneur de Laçay, Lassay. II, 97, 98, 100, 104, 121, 124.
Vendôme (le seigneur de). Voir l'article précédent.
Vendômois (le). IV, 341.
Vénérand (saint). III, 288, 364.
Venise. III, 277; IV, 385.
Vénitiens (les). IV, 74.
Venneur (Jehan Le). II, 369.
Ventadour (le duc de). IV, 397.
Ventadour (Loys de). III, 297.
Verdun. II, 35.
Verger (le), métairie. II, 289, 290.
Verger (le), en Vermandois. II, 389.
Verger (Jean du). III, 316, 317.
Vergne (Jeanne de la), femme de Louis Le Clerc. III, 278.
Verliacus. Voir Vesly.
Vermandois (le). II, 389; III, 272; V, 55.
Vern. II, 352.
Vernay (Corneille de). IV, 383.
Vernaye (la). V, 8.
Verneia, juxta Tysi. I, 107, 122, 148, 283.
Verneuil. II, 39.
Vernnique (Yvem de). II, 190.
Vernon. IV, 289, 290.
Vernon (Raoul), seigneur de Montreuil-Bonnin. IV, 102.
Verny. III, 291.
Verrière (Jean de la), receveur de Montafilant. III, 178.
Versailles. I, xiv; II, 179; IV, 342, 414.
Verteuil (seigneur de). Voir Rochefoucauld (Jean de la).
Vertou (Bernardus de). I, 177.
Vertus (comte de). Voir Bretagne (François II de).
Verumque (Simon de). II, 189.
Vervande (Matheus de). II, 263.
Vesly (Eure), Verliacus. I, 15, 18, 36.
Vesoy (Johannes). II, 222.
Vessosa (Chrétienne). I, 71.
Vestebeque. II, 193.
Vexin (le). I, viii, 15.
Vézines (le sieur de). IV, 286.
Vezins (le seigneur de). III, 376. — (seigneur, baron de). Voir Fontenailles (Guyon de), Porc (Juhel Le).
Viard (M.). II, 212.
Viau (Jean). III, 65.
Viaudi (Johannes). V, 64.
Vicarius (Guido). I, 31.
Viceconia, Vicenonia. I, 115, 121, 148.
Vico (le marquis de). IV, 259.
Vieille-Église, Vier Église en Iveline. II, 51, 291.
Vieille-Vigne (l'église calviniste de). IV, 311.
Vieilleville (le maréchal de). IV, 250, 282. — (la maréchale de). IV, 224.
Viel (Gauffridus), rector de Pelle Ovis. II, 332.
Viel (Geoffroy). IV, 32.
Vielgen (le seigneur de). II, 260.
Vienne (Autriche). IV, 114, 385.
Vienne (l'archevêque de). III, 206, 209.
Vienne (Jean de), archevêque de Reims. II, 35.

Vienne (de), contrôleur des finances. IV, 387.
Vierzon. III, 280, 284, 304, 310, 348, 349, 360, 362, 363, 389 ; IV, 7.
Vieuville (la), II, 306 ; V, 101.
Vieux Marché (le), à Laval. II, 91.
Vignacourt (le sieur de). IV, 352.
Vigneium. V, 21.
Vignolle (Jean de la), doyen d'Angers et de Tours. III, 194, 238.
Vigny (François de), receveur de la ville de Paris. IV, 292.
Vilas (Georget). II, 353, 354.
Vilcassinum (territorium), in Normannia. I, 36.
Viledegont. II, 187.
Villa Cocta (Willelmus de). I, 110.
Villaines (marquis de). Voir Champagne (Brandelis de).
Villancher. Voir Ville-au-Chef.
Villandry, en Touraine (seigneur de). Voir Breton (Jean).
Villaris (Gervasius de). I, 153.
Ville (dame de la). Voir Hayes (Claude des).
Ville (Simon de la). IV, 45.
Ville-au-Chef en Rosay, alias Villancher. IV, 87-91, 145, 153, 175.
Ville-Auffray (seigneur de). Voir Raton (Gilles).
Ville-Balin (seigneur de la). Voir Borgne (Le). Voir Correct. V, 131.
Villeblanche (Pierre de la), seigneur de Broons. III, 318.
Villeblanche (Yves de), clerc. II, 282, 283.
Villechartre (de). III, 251.
Villedieu (le temple de), en Drougessin. I, 297.
Ville-l'Évêque (la), la Ville-de-l'Évesque, Villevesque. II, 248 ; III, 103.
Villemaden (Jehan), receveur de Guy XII à Paris. II, 328.
Villemomble. II, 52, 108, 150, 178, 195, 196, 249-251, 260, 280 ; V, 36. — (seigneur de). Voir Beaumont (Guillaume de).
Villeneuve (l'abbaye de la). I, 313 ; II, 73.
Villeneuve (Jean de), seigneur de Villeneuve. IV, 303.
Villeneuve-la-Vicomtesse. IV, 325.
Villeneuve-lès-Avignon, Villa Nova. II, 258, 259.
Villeneuve-Saint-Georges. IV, 256, 257.
Villéon (Jacques de la), seigneur du Bois-Feuillé. III, 342.
Villepor (le fié de). II, 99.
Villerabel (le vicomte Arthur du Bois de la). III, 218, 219, 328.
Villeroy (M. de). IV, 372, 381 ; V, 117.
Villers-Cotterets. IV, 116, 386.
Villers-sur-Port. I, 308. — (dame de). Voir Vitré (Alienor de).
Villers (Enguerrand de). I, 308.
Villers (Guillaume I de), mari d'Alienor de Vitré. I, 308 ; II, 56, 120-122.
Villers (Guillaume II de), fils des précédents. I, 308 ; II, 121.
Villers (Jean de), père de Guillaume I de Villers. I, 308.
Villers (Jean I et Jean II de), fils de Guillaume I. I, 308.
Villers (Raoul et Thomas de). I, 308.
Villesavin. IV, 141.
Villevieille (dom). I, 25, 290, 296, 299, 301 ; II, 36, 54, 261, 262, 274, 301, 306, 328, 329, 333, 334, 359, 374, 389, 396, 400 ; V, 10.
Villevoysin (le sieur de la), lieutenant. IV, 353.
Villicus (Adam). I, 152.
Villicus (Hamo), miles, Hamon le Vilain. I, 234.
Villicus (Horricus). I, 159.
Villicus (Johannes), miles. II, 146.
Villiers (seigneur de). Voir Blosset, Loyseleur.
Villiers (Jean de), seigneur de Champagne-Hommet, mari de Louise de Laval-Passy. II, 105, 107.

Villiers (Jean de), seigneur de l'Etang, en Saint-Cosme-de-Vair. IV, 251.
Villiers (Marguerite de). III, 82.
Villiers (Marie de), fille de Jean et de Marguerite de Mézières, femme de Jacques I de Laval-la Faigne. IV, 251.
Villiers (Robert de), second mari de Jeanne de Vitré. V, 33.
Villiers-Charlemagne, Vilex Caroli Magni. I, 75.
Viloisel. II, 215.
Vinan (Philippe de). II, 262.
Vincennes. II, 300 ; IV, 299, 300, 354.
Vincent (Guerinus). II, 263.
Vinderhoust, en Flandre, Vinderhoute, Winderhoust, Windrout. II, 102, 140, 166, 204, 268, 272, 273; III, 304.
Vindrent. II, 189.
Vineau (le sieur du). IV, 351.
Vino fuso (pratus de). I, 120, 146, 147.
Vioreau, Viorel (dame de). Voir Dinan (Françoise de), Machecoul (Isabelle de).
Vire. III, 158.
Virgulto (Petrus de). V, 20.
Visseiche. I, 282.
Vitaher (Georgius de). I, 120.
Vital (Orderic). I, 79, 84.
Vitré, Vytré, Vittri, Vitreium, Vitreyacus, Vitriacus, Vitreiensis villa, terra. I, II, III, XI, 7, 8, 10, 20, 25, 38, 46, 47, 53, 54, 65, 68, 74, 76, 81, 97, 99, 105, 107, 113, 114, 118-126, 142-144, 149, 154, 155, 159, 167, 178-180, 198, 219, 226, 230, 234-237, 244-248, 251-257, 260, 261, 271-314 ; II, 6, 10, 13, 19-22, 30, 39, 43, 65-69, 90, 93, 103, 117-162, 202-225, 240-269, 333, 345-354, 368, 400 ; III, 20-24, 30-45, 59-61, 69-74, 89-98, 102, 109, 116-185, 203, 214, 223, 228, 250, 263-265, 269, 271, 286-288, 306, 307, 316-320, 339-385 ; IV, 10-19, 25, 28, 34-42, 54, 58, 60, 65-67, 72-84, 91-106, 113, 118, 133-148, 156, 169-181, 187-216, 225-227, 233, 234, 242-244, 251-262, 274, 275, 284, 285, 290, 298-305, 311-319, 333-336, 341-368, 382, 386, 389, 408, 412, 413 ; V, 16, 25, 27, 30, 31, 35, 36, 43, 44, 79, 80, 96, 105-107, 117, 119, 131.
Vitré (les bouchers de). II, 160-162. — (les boulangers de). II, 117. — (la capitainerie de). IV, 233, 261, 271. — (capitaine, gouverneur de). Voir Gennes (Georges et Jean de), Montmartin (Matz), Prévallais (de la), Ravenel (Jean). — (les chanoines de). III, 130, 266. — (le châtelain de). II, 246, 331. — (connétable de). Voir Porc (Floridus Le). — (le curé de). III, 107. — (le doyen de). I, 109 ; II, 159, 222, 225, 264. Voir Jean. — (juge de). Voir Duhoux (Jacques). — (lieutenant de). Voir Gué (du). — (le maire et échevins de). IV, 257. — (miseur de). Voir Gouverneur (Jean Le). — (les moines de), monachi de Vitreio. I, 58, 59. — (la penneterie de). II, 160. — (la prévôté de). II, 70. — (le prieuré de). I, 64, 65, 75. — (le prieur de), prior de Vitriaco. I, 102; II, 150; V, 36. Voir Bonenfant, Rivallon, Willelmus. — (procureur de). Voir Colin (R.), Hardy (Jean), Lemoine (Jean), Lymonnier (G. Le). — (le papegaut de). IV, 145, 2.9, 375, 408. — (le sénéchal de). I, 173. Voir Argentré (Bertrand d'), Bertran (Pierre), Doumatz (Raoul), Erbreia (J. de), Foucher (Hubertus), Haraut (Pierre), Hoguerel (Jamet et Jean), Racappé (Robin), Remelin (Macé de), Saint-Mélaine (Olivier de), Touche-Abelin (Guillaume de). —

(trésorier de), thesaurarius de Vitreio. Voir Radulphus.

Vitré (le château de). IV, 169, 170, 234, 262, 290, 301, 302, 311, 324, 335, 342, 353, 382; V, 64, 119.

Vitré (les Augustins de). II, 395. — (le pont Billon, à). IV, 389. — (le carrefour de la Bourrienne, à), Borriana apud Vitreium. I, 125; II, 160. — (le pont de Cantache, à). IV, 389. — (la chaussée de l'étang de). II, 223; IV, 169. — (la chaussée du faubourg de). IV, 169. — (l'église calviniste de). IV, 311, 312, 319. — (la forêt de). I, 143, 145, 146, 244, 246; II, 70, 287, 318, 319; IV, 76; V, 106. — (les fossés de). I, 213. — (le four à ban de). IV, 171. — (les hôpitaux de). IV, 291. — (le Rachat, à). II, 223; IV, 83, 169, 170. — (la maison au Sage Badiet, à). II, 160. — (la ladrerie Saint-Étienne de). IV, 316. — (la chapelle Saint-François de). IV, 135. — (la chapelle Saint-Pierre de). I, 99; II, 164. Voir Hamelin. — (la confrérie du Saint-Sacrement de). II, 222-226. — (les Trois-Maries de), chapelle. IV, 83.

Vitré (la Madeleine de), Beata Maria de Vitreio, l'église collégiale. I, 179, 180, 255, 298, 299; II, 160, 178, 180, 211, 240, 264; III, 70, 92, 98, 169, 173-175, 179, 214, 375; IV, 101, 170; V, 23. — (trésorier de la). Voir Andreas, Robarnier.

Vitré (Notre-Dame de), Sancta, Beata Maria de Vitreio, l'église, la paroisse de Vitré. I, 47, 81, 99-101, 104, 105, 155, 160, 177, 280, 283, 298; II, 90, 202, 223; III, 10, 44, 145, 203, 259, 385; IV, 18, 20, 38, 101, 135, 139, 140, 215, 243, 252, 413; V, 9, 92. — (prêtre de). Voir Herveus. — (prieur de). Voir Le Vayer (François), Roche (Pierre de la). — (trésorier de). Voir Chalet. — (la chapelle Saint-Jean-Baptiste dans l'église Notre-Dame de). III, 259; IV, 135, 139, 140.

Vitré (la maison-Dieu Saint-Ladre de). II, 160; III, 139. — (prieur de). Voir Geslin (François).

Vitré (Saint-Martin de), l'église. III, 44, 94, 107, 286; — le bourg. IV, 170; — le cimetière. IV, 413.

Vitré (Saint-Nicolas de), chapelle, chapellenie, aumônerie, maison-Dieu, hôpital, hospice, prieuré; Beatus Nicholaus de Vitreio. I, 142, 167, 178, 180, 181, 213, 233, 297, 298; II, 117-119, 160, 164, 231, 234, 235, 244-246, 264, 269, 318, 319, 331; III, 71, 340, 355, 356; IV, 17, 83, 84, 169-171, 251, 252, 257, 290, 318; V, 25, 105-107. — (administrateur, chapelain, prieur). Voir Argentré (Jean d'), Aussays (Fr. d'), Balande, Bouchet (Jean du), Courbe (Jean de la), Grasmenil (Robert de), Laval (Pierre de), Matheus, Tartreux (Le). — (le bourg Saint-Nicolas de). II, 223. — (le four de Saint-Nicolas de). IV, 170.

Vitré (Saint-Yves de), aumônerie, maison-Dieu, hôpital. II, 264; IV, 69, 72. — (aumônier de). Voir Lemarchand (Guillaume), Turmel (Olivier).

Vitré (Sainte-Croix de), Sancta Crux de Vitreio, prieuré, abbaye. I, 25, 47, 68, 73, 74, 81, 99, 103, 105, 113, 118, 139, 146, 150, 151, 159, 173, 230, 251, 262, 278, 301; II, 85, 86, 254; III, 153, 157; V, 11, 27, 28. — (prieur de). Voir B., Corsolt (Gaufridus de), Dinan (Bernard de), Rivallon (Hubert), Vitré (Bernard de).

Vitré (la Trinité de), III, 121, 122.

Vitré (la chapelle de), à l'abbaye de Savigny. I, 289.

Vitré (Adélaïde de), fille de Robert

II et d'Emma de la Guerche, abbesse de Saint-Georges de Rennes. I, 280-283.

Vitré (Agnès de), fille de Goranton de Vitré, femme de Guillaume de Fontenay. I, 230.

Vitré (Alain de), dit Alain de Dinan, fils de Robert III et d'Emma de Dinan, mari de Clémence de Fougères, Alanus de Vitreio seu de Dinanno, dominus de Dinan. I, 112, 116, 121, 124-126, 139, 141, 142, 146-148, 151, 155, 158, 283, 284, 286-290 ; V, 9-15, 23, 126, 127. Voir V, 126, la rectification du nº 158 du *Cartulaire*.

Vitré (Alain III de). I, 243. Lire *André III*.

Vitré (Alienor de), fille de Robert III et d'Emma de Dinan, femme de : 1º Guillaume Paynel ; 2º Gilbert des Tillères ; 3º Fitz Patrick, comte de Salisbury ; Alienor de Vitrey, de Vitri, de Vitreio, comitissa Salisburiensis, comtesse de Saleburon, de Salisbury. I, 142, 167, 178, 209, 216, 217, 222, 279, 283, 286, 290, 291 ; V, 9, 10, 126.

Vitré (Alienor de), fille d'André II, femme d'Ardouin, alias Jédouin de Dol. I, 224, 291, 295, 298.

Vitré (Alienor ou Aliette de), fille d'André III et de Thomasse de Pouancé, femme de Guillaume de Villers, dame de Villers. I, 298, 304, 308 ; II, 25-27, 56, 120-122.

Vitré (Alix de), fille d'André III et de Catherine de Thouars, femme de Foulques de Mathefelon, dame de Mathefelon. I, 243, 245, 246, 298, 300, 304-308 ; II, 24, 25, 27, 67, 74-85.

Vitré (André I de), fils de Robert I et de Berthe, mari d'Agnès de Mortain. I, 46, 51, 53, 65, 68, 71-76, 81, 99, 104, 275-282 ; V, 7, 8, 125.

Vitré (André II de), fils de Robert III et d'Emma de Dinan, mari de Mathilde de Mayenne, d'Eustachie de Retz et de Luce Paynel. I, 103, 107, 112, 114, 115, 118-129, 139-152, 154, 155, 158-160, 162-165, 167-181, 197, 199, 243, 247, 279, 283, 285, 286, 288, 290-299 ; II, 260, 319 ; V, 7-12, 16-18, 21-24, 26.

Vitré (André III de), fils d'André II et d'Eustachie de Retz, mari de Catherine de Thouars et de Thomasse de Pouancé. I, XI, 179, 198-200, 202, 212, 213, 216-219, 222, 224-240, 243 [ligne 13, lire *André III* au lieu de *Alain III*], 244-248, 250-256, 264, 265, 291, 292, 294-314 ; II, 6, 7, 12, 25, 54, 55, 65, 123-125, 164, 165 ; III, 339 ; V, 18, 23-30, 33, 126.

Vitré (André IV de), fils d'André III et de Thomasse de Pouancé, mort jeune. I, 256, 298, 304, 305, 313, 314 ; II, 6, 7.

Vitré (André de), fils de Robert II et d'Emma de la Guerche, mort jeune. I, 107, 281-283.

Vitré (Anne de), fille d'André II. V, 11. Voir Vitré (Emma de).

Vitré (Bernard de), prieur de Sainte-Croix de Vitré. I, 103.

Vitré (Élie de), fils d'André I et d'Agnès de Mortain. I, 72, 74, 278, 280 ; V, 8.

Vitré (Emma de), fille d'André II, femme d'Alard de Château-Gontier. I, 167, 179, 291, 292, 295, 297-299 ; V, 10, 18, 23. C'est peut-être elle qui est désignée sous le nom d'Anne au nº 3.200 du *Cartulaire*, V, 11. Voir sa notice, I, 297.

Vitré (Emma de). I, 298, note 3, lire *Jeanne* au lieu de *Emma*.

Vitré (Enoguen, Domita ou Domitella de), fille de Robert I et de Berthe de Craon, femme de Renaud de Craon. I, 47, 51, 275-278.

Vitré (Eustachie I de), fille d'André III et de Catherine de Thouars, femme de Geoffroy Boterel. I, 243, 245, 246, 298, 300, 304, 305, 308.

Vitré (Eustachie II de), alias Andrea de Vitré, fille d'André III et de Thomasse de Pouancé, femme d'Olivier de Machecoul, dame de Machecoul et des Huguetières. I, 298, 304, 305, 308-313 ; II, 25-27, 43, 65-67, 70, 73 ; V, 30-33, 127.

Vitré (Gautier de), fils de Rivallon le Vicaire et de Junargonda. I, 21, 273, 274.

Vitré (Geoffroy de), frère du précédent. I, 21, 273, 274.

Vitré (Geoffroy de), frère de Goranton de Vitré (1164). I, 112.

Vitré (Geoffroy de) (1321). II, 151, 152.

Vitré (Gervais de), fils d'André I et d'Agnès de Mortain. I, 74, 278, 280.

Vitré (Gervaise de), alias Gervaise de Dinan, fille d'Alain de Vitré, dit de Dinan, femme de Juhel de Mayenne. I, 287, 289 ; V, 13, 17, 23.

Vitré (Gervaise de), fille de Raoul de Vitré, femme de Payen de Saint-Brice. I, 108.

Vitré (Goranton de), fils d'Hervé de Vitré (1055-1070). I, 38.

Vitré (Goranton de), père d'Hervé de Vitré (1090-1173). I, 68, 112, 114.

Vitré (Goranton de), père d'Agnès (1222). I, 213, 239.

Vitré (Guillaume de), frère de Raoul de Vitré. I, 108.

Vitré (Hervé de), époux de Cécile, père de Goranton (1055-1070). I, 38, 275.

Vitré (Hervé de), fils de Goranton (1093, 1164). I, 68, 112.

Vitré (Hervé de), Herveus de Vitreio (1155-1211). I, 114, 124, 139, 158, 295; V, 14.

Vitré (Jean de), Johannes de Vitreio (1173-1211). I, 145, 150; V, 10.

Vitré (Jeanne de), fille d'André III et de Thomasse de Pouancé, femme de Robert de la Haye et de Robert de Villiers. I, 298 [note 3, lire *Jeanne* au lieu de *Emma*], 304, 307 ; II, 25-27 ; V, 30, 33, 127.

Vitré (Joscelin de), fils de Robert III et d'Emma de Dinan, Joscelinus de Vitreio. I, 125, 126, 139, 141, 142, 146, 148, 158, 283, 286, 290; V, 10.

Vitré (Marguerite de), fille d'André III et de Thomasse de Pouancé, femme d'Aimery d'Argenton, dame d'Argenton. I, 298, 304, 307, 308 ; II, 25-27, 98, 136-140; V, 31.

Vitré (Marquise de), fille d'André I et d'Agnès de Mortain, femme de Thibaut de Mathefelon, dame de Mathefelon. I, 278, 280, 281.

Vitré (Martin de), fils de Robert III et d'Emma de Dinan, prêtre. I, 283, 286, 290 ; V, 10.

Vitré (Martin de), prétendu seigneur de Vitré. I, 273.

Vitré (Mathilde de), Mathildis de Vitreio. I, 150.

Vitré (Philippa I de), fille d'André III et de Catherine de Thouars, femme de Guy VII de Laval, dame de Laval et de Vitré. I, x, 20, 236, 237, 243, 246, 248, 260-263, 265, 271, 298, 300, 301, 304, 305, 314; II, 6, 10-15, 21, 30, 33, 34, 47, 100, 124, 174 ; V, 27.

Vitré (Philippa II de), fille d'André III et de Thomasse de Pouancé, religieuse à Longchamp. I, 298, 304, 307 ; II, 25-27, 54, 55.

Vitré (Philippe de), fils de Robert I et de Berthe. I, 74, 275, 277, 278.

Vitré (Philippe de), peut-être fils d'André I et d'Agnès de Mortain, Philippus de Vre (?). I, 153, 280.

Vitré (Raoul de). I, 108.
Vitré (Renaud de), seigneur d'Acigné. I, 81.
Vitré (Rivallon de), Rivallon le Vicaire, premier seigneur de Vitré. I, 7, 8, 20, 21, 46, 273, 274; V, 6.
Vitré (Robert I de), fils de Triscan et d'Énoguen, Robertus, princeps de Vitreio, Robertus Vitriacensis. I, 21, 25, 38, 46-48, 50, 65, 67, 73, 274-278; V, 7, 125.
Vitré (Robert II de), fils d'André I et d'Agnès de Mortain, Robertus vetus de Vitreio (I, 172). I, 72, 74, 76, 172, 278-283; V, 9.
Vitré (Robert III de), fils de Robert II et d'Emma de la Guerche, Robertus junior de Vitreio (I, 172). I, 104-109, 112-118, 120-125, 128, 129, 142, 146, 148, 155, 163, 172, 180, 279, 281-291; V, 8, 9.
Vitré (Robert de), fils de Robert I et de Berthe. I, 46, 68, 71, 73-75, 275-278; V, 7, 125.
Vitré (Robert de), fils de Robert III et d'Emma de Dinan, chantre de l'église de Paris, Robertus de Vitreio, clericus, canonicus Cenomannensis et cantor seu precentor Parisiensis. I, XIII, 121, 124-126, 130, 141-143, 146-148, 151, 152, 155, 158, 161, 163-165, 171, 173, 175, 179, 283, 285-287, 289; V, 7, 10-12, 16-18, 21-23. Voir notre brochure sur *Robert de Vitré*, Le Mans, 1903, et *Province du Maine*, année 1903.
Vitré (Robert de), alias Robert de Landavran, fils d'André II et d'Eustachie de Retz, seigneur de Landavran. I, 243, 247, 256, 291, 292, 295-297, 299; II, 54; V, 23, 28. Voir la rectification, V, 127, concernant les Vitré du Drougessin.
Vitré (Roger de), frère de Raoul de Vitré. I, 108.
Vitré (Triscan, Tristan, Driscan, Driscamn de), fils de Rivallon le Vicaire et de Junargonda. I, 20, 21, 273-275; V, 6.
Vitré (Vitruvius de), prétendu seigneur de Vitré. I, 273.
Vitré (N. de), fille de Rivallon le Vicaire et de Junargonda, religieuse à Saint-Georges de Rennes. I, 273, 274.
Vitry (M. de). IV, 306.
Vivianus, frater Fulcodii. I, 23, 24.
Vivianus, scutarius. I, 63.
Vivien, sergent de Rennes. III, 157.
Vivier (Adam du), seigneur du Puits-Ferrier et des Granges. V, 113.
Vivier (Jehan du). V, 50-53.
Vivier (Jehannin du). II, 388.
Vivier-des-Landes (le), commune de Courcelles (Indre-et-Loire). IV, 123, 135.
Vivoin (le prieuré de). I, 46; III, 289.
Voie-Houdebert (la), la Grange-Audebert, métairie, en la châtellenie des Essarts-le-Roi. II, 51.
Voilenne (Jehan). II, 400.
Voirest. V, 80.
Volue (feodum de la). I, 227.
Volva (Sylvester de). I, 152, 158, 206.
Volvire (Jean de). III, 48.
Voutré (Jean Le Voyer de). Voir Le Vayer.
Vouvray-sur-Loir. I, 16.
Vovura. I, 148.
Voyer (Guillaume), seigneur de Paulmy en Touraine, premier mari de Philippa de Laval. II, 47.
Voyer (Guillaume), fils des précédents. II, 47.
Voyer (Jean), seigneur de Paulmy. IV, 145.
Voyer (Renaud II), fils de Guillaume Voyer et de Philippa de Laval. II, 47.
Voyer (Le). Voir Le Vayer.

Voyère (Mahaud la), femme de Jean de Laval-Maillé. II, 339.
Voyers (la Motte aux). Voir Motte-aux-Voyers (la).
Vre (Philippus de). I, 153. Voir Vitré (Philippe de).
Vuilde. II, 188.
Vulcanus, Vulcanum, Vulco, le Vicoin, rivière. I, 47, 63, 149, 207; V, 19.
Vysent. II, 201.

W

W., abbas Majoris Monasterii. I, 76.
W., senescallus de Rennes. I, 295.
W. (T.). I, 165.
Wade Worde. II, 194.
Waignemaille (Jacob), sergent. V, 56, 57.
Walcheren (la bataille de). II, 101.
Walleya (ecclesia de). I, 85.
Walsingham. IV, 320; V, 124.
Walterius, abbas Sancti Sergii, Gautier. I, 71, 72.
Wande (Jacob). II, 194.
Wanuire (Guillaume). II, 194.
Warwick. III, 72.
Westhaven (seigneur de). Voir Loiseleur (Pierre).
Westkinton, in Anglia. V, 14.
Westminster. II, 118, 119; III, 371; V, 24, 26.
Westuon (Ricardus de). V, 16.
Willelmus, abbas Savigneii. I, 126.
Willelmus Andegavensis. I, 149.
Willelmus, coquus. I, 102.
Willelmus, filius Osberti. I, 37, 46.
Willelmus, filius Petri. I, 109, 146.
Willelmus, filius Willelmi filii Osberti. I, 46.
Willelmus, pater Gaufridi. V, 16.
Willelmus, pater Petri Angeri. I, 109.
Willelmus, pater Roberti. I, 68.
Willelmus, prior de Gahart. I, 102.
Willelmus, prior Majoris Monasterii, quondam archidiaconus Redonensis. I, 76.
Willelmus, prior Savigneii. I, 149.
Willelmus, prior de Vitriaco. I, 102.
Willelmus, prior. I, 83.
Willelmus, seignor. I, 110.
Winderhoust, Windrout. Voir Vinderhoust.
Winton (dominus). V, 23.
Wischardus (Robertus). V, 16.
Wismes (le baron de). I, 13.
Witewodum. I, 85.
Witt (Mme de). IV, 380.
Worde (Wade). II, 194.
Wurtemberg (le duc Louis de). IV, 286.
Wydo, testis. I, 22.

Y, Z

York (archevêque d'), archiepiscopus Eboracensium. Voir Turstinus.
Yorkshire (le). I, 59.
Ysabeau, femme de Maurice de Craon. Voir Marche (Isabelle de la).
Ysé. I, 254.
Ysembart (Gervaise). II, 360.
Yverny (seigneur d'). Voir Longuejou.
Yves, père de Guérin. I, 24.
Yvo, pater Hamelini. I, 34.
Yvo, pater Odonis. I, 34.

Zamet (Sébastien), seigneur de Moret. IV, 376, 378.
Zègre. II, 194.
Zélande (palatin de). Voir Philippe le Hardi.
Ziemèque (l'abbaye de). II, 146.
Zoene. II, 194.

TABLE DES MATIÈRES

CARTULAIRE DE LAVAL ET DE VITRÉ

Nouvelles recherches (3171-3410), 1020-1605 5

ADDITIONS ET CORRECTIONS 125

TABLE ALPHABÉTIQUE DES NOMS 133

GRAVURES

205-206. — Sceau et contre-sceau de Guy VI de Laval 15
207. — Sceau de Robert de Vitré, chantre de l'église de Paris, 1203 17
208. — Sceau de Geoffroy de Laval en qualité de doyen du Mans, 1229 26
209-210. — Sceau et contre-sceau de Catherine d'Alençon, épouse de Guy XV 94
211. — Sceau de René I de Laval-Boisdauphin, 1496 110
212. — Sceau de Pierre de Laval-Loué, 1496 110
213. — Sceau de François de Laval-Marcilly, 1501 112
214-215. — Sceau et contre-sceau de la vicomté de Bresteau, 1529 114
216. — Sceau de Pierre I de Laval-Lezay, 1563 115
217. — Sceau de d'Andelot, 1564 116
218-219. — Sceau et contre-sceau des contrats de Marcilly-sur-Maulne, 1575 116
220-221. — Deux clefs de voûte de l'église de Marcilly-sur-Maulne 118
222-223. — Sceau des contrats de Loué, 1331 129

FIN DU TOME CINQUIÈME ET DERNIER.

Laval. — Imprimerie A. Goupil.

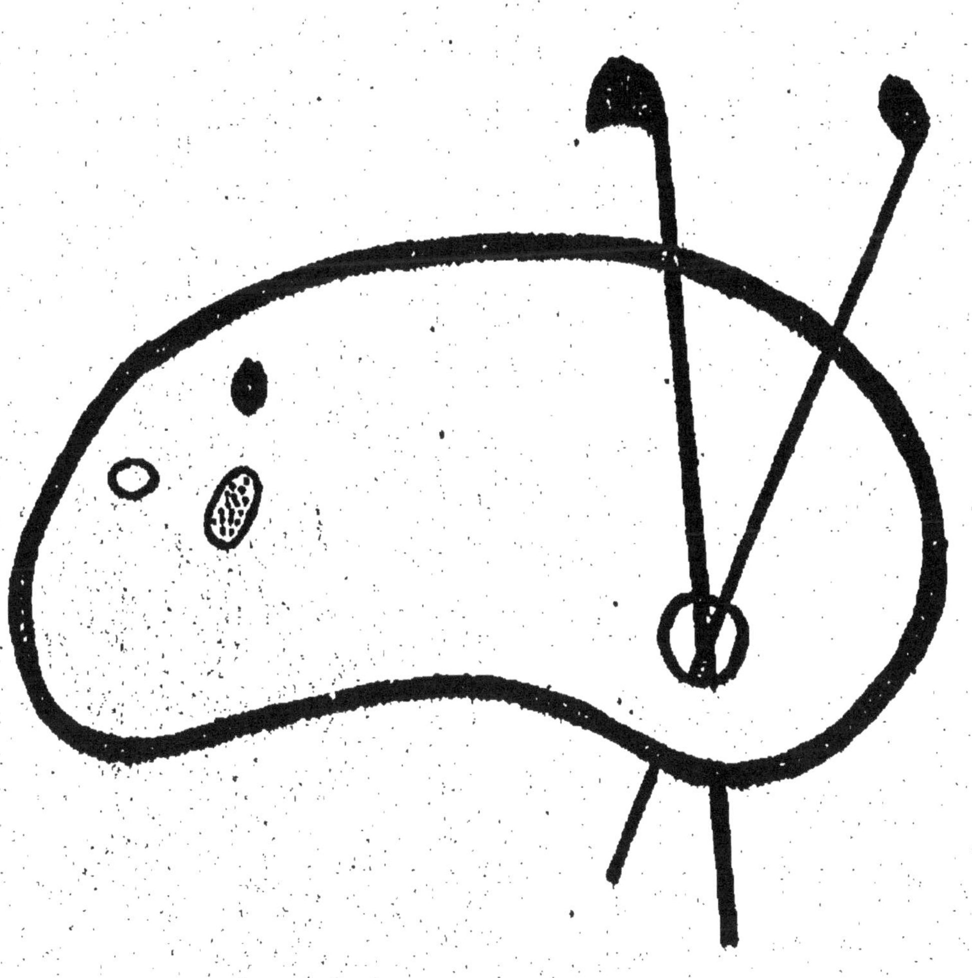

www.ingramcontent.com/pod-product-compliance
Ingram Content Group UK Ltd.
Pitfield, Milton Keynes, MK11 3LW, UK
UKHW012158240726
13966UKWH00002B/431

9 782012 865587